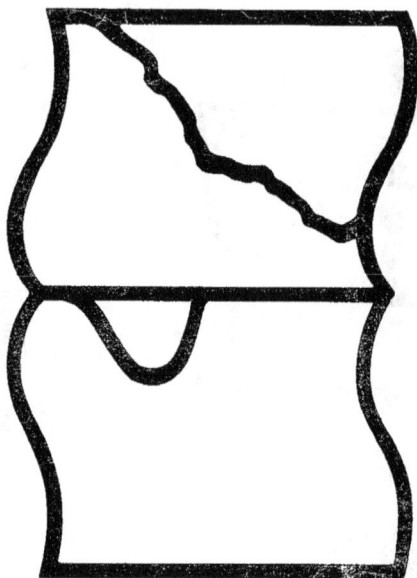

Texte détérioré — reliure défectueuse

NF Z 43-120-11

MEMOIRES
D'ARTILLERIE,

OÙ IL EST TRAITÉ DES

MORTIERS, PETARDS, ARQUEBUSES A CROC, MOUSQUETS, FUSILS,

& de ce qui peut servir à l'exécution & au service
de toutes ces Armes;

DES BOMBES, CARCASSES, GRENADES, &c.

De la Fonte des PIE'CES, *de la Fabrication du* SALPETRE & *de
la* POUDRE; *des* PONTONS, *des* MINES, *des* CHARETTES
& CHARIOTS, *des* CHEVAUX, & *généralement
de tout ce qui dépend de* L'ARTILLERIE

tant par MER que par TERRE;

De l'Arrangement des MAGASINS; *de la Formation des* EQUIPAGES & *des* PARCS
à la suite des Armées & pour les Siéges; de la Marche des EQUIPAGES,
& *leur disposition dans un jour de Combat;*

La Manière de défendre les PLACES, & le Devoir des Officiers, &c.

Par le Sr. SURIREY DE SAINT-REMY.

DERNIÈRE EDITION,

Augmentée de nouvelles Matières, & de plusieurs Planches.

V. 1604
2.

TOME SECOND.

A LA HAYE,
Chez JEAN NEAULME,
M. DCC. XLI.

TABLE DES FIGURES
qui doivent être placées dans
ce fecond Tome.

TROISIÈME PARTIE.

Tome II.   a   151. Eprou-

Table des Figures.

* *Nota.* Cette 3e figure, & les deux qui l'accompagnent à la même page 183, n'ont été comprises dans le discours que sous le titre de 3e figure, parce que de ces trois, les deux dernières ne sont apportées que pour exemple de ce qui se dit dans l'autre : ce sont pourtant trois planches distinctes & différentes.

QUA.

QUATRIEME PARTIE.

TABLE
DES
TITRES ET MATIERES
contenus dans ce Recueil.

TROISIÈME PARTIE.

QUATRIÈME PARTIE.

a 3 Tit.

Table des Titres & Matières.

MEMOIRES.

MEMOIRES D'ARTILLERIE.

TROISIÈME PARTIE.

JE commencerai le second Volume qui contient les deux dernières Parties de cet Ouvrage, sans en subdiviser les matières. J'y ai déja préparé mon Lecteur dans ma Préface, par la raison que j'ai dite, que toutes ces matières sont tellement distinctes & détachées les unes des autres par leur nature, qu'on ne peut presque leur donner d'ordre successif.

Tome II.   A   Titre

TITRE PREMIER.

Des Outils à Pionniers.

SOus ce nom d'outils à Pionniers, on ne doit entendre
que,
   Les hoyaux.
   Picqs-hoyaux.
   Picqs à roc.
   Picqs à tête.
   Picqs à feuille de fauge.
   La bêche.
   Et l'écoupe.
   Cependant on y comprend encore pour l'ordinaire,
   La ferpe.
   Et la hache.

EXPLICATION DE LA FIGURE
qui repréfente les Outils du département
d'Allemagne.

A *Hoyau.*
B *Serpe.*
C *Picq à feuille de fauge.*
D *Picq à roc.*
E *Picq-hoyau.*
F *Picq à tête.*
G *Hacho ou cognée.*
H *Ecoupe.*
I *Bêche.*
K *Pelle de bois ferrée.*
L *Manche pour les hoyaux & pour les picqs de toutes fortes.*
M *Manche de bêche & d'écoupe.*

                                        EN

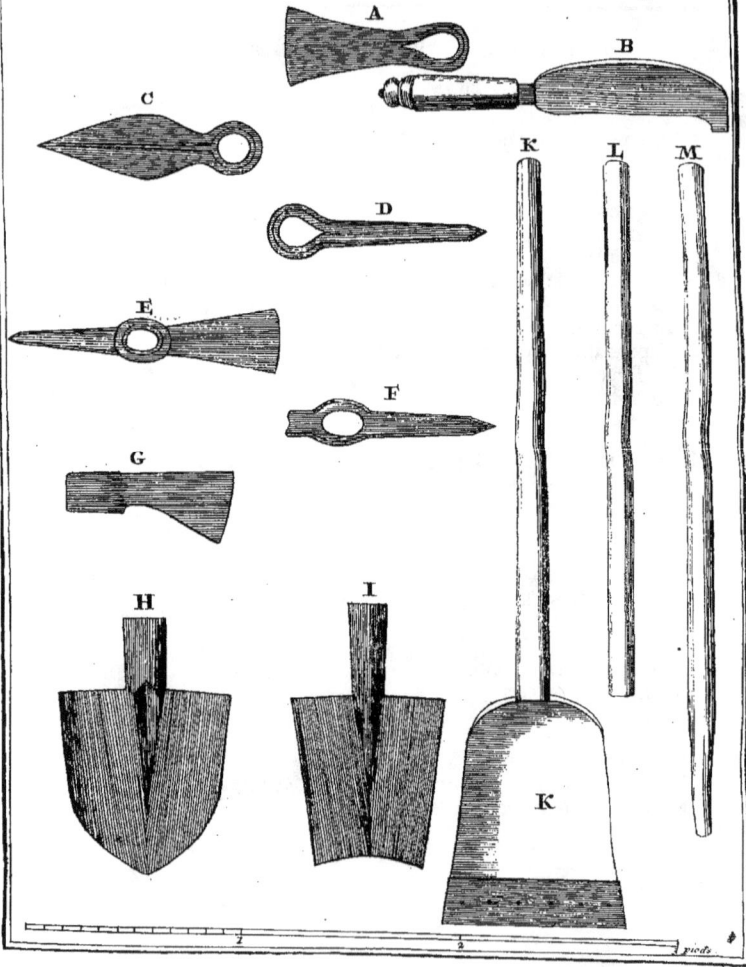

A

B

C

D

E

F

G

H

I

K

L

M

K

pieds

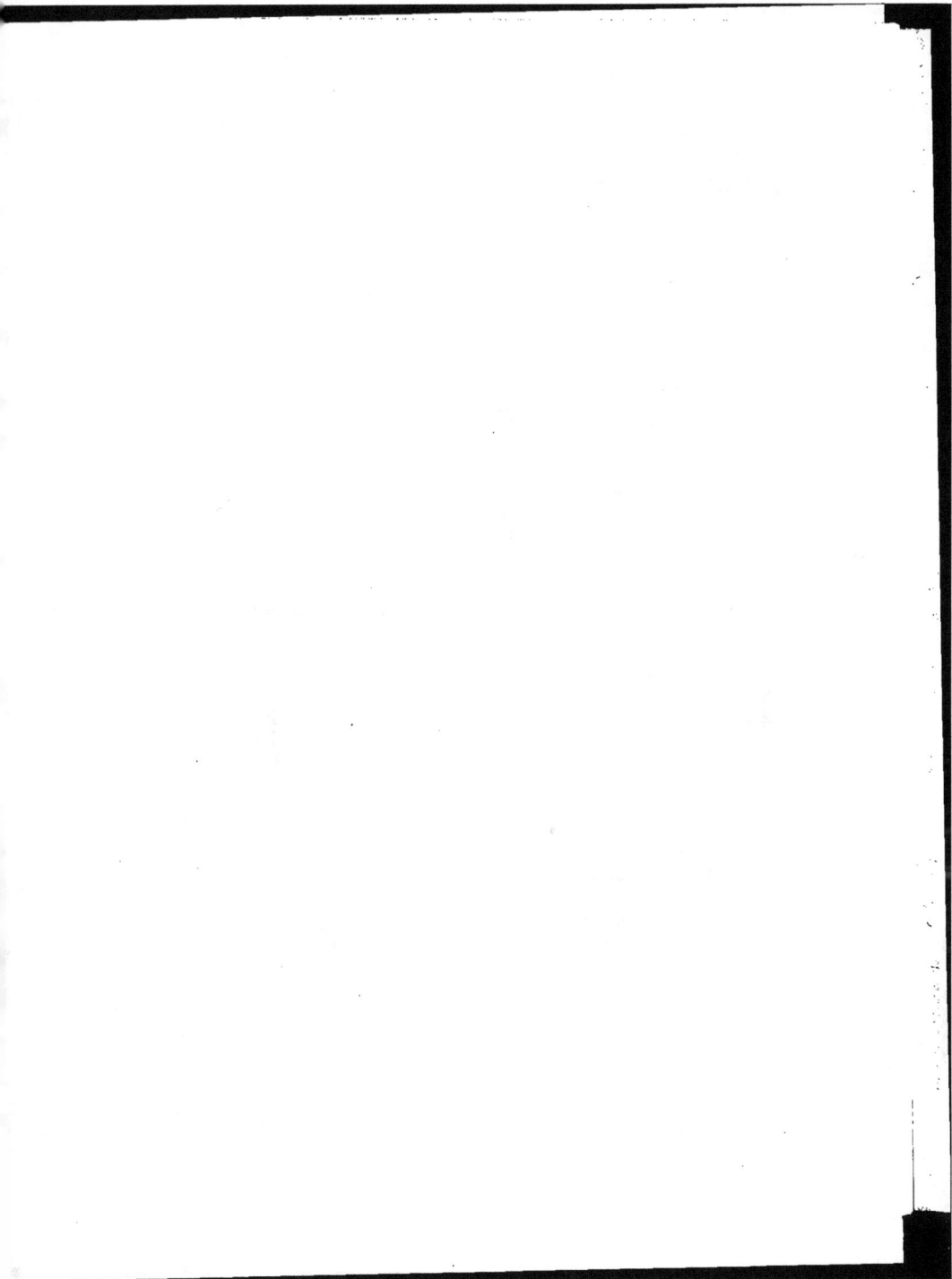

EN Comté leurs proportions font celles qui fuivent : fçavoir,

Du Picq-hoyau.

LOngueur du hoyau . . . . 6 pouces.
Largeur près de l'œil . . . . . . 1 pouce 8 lig.
Largeur du bout du tranchant . . . 3 pouces ½.
Epaiffeur près de l'œil 0   8 à 9 lig.
toûjours en diminuant à proportion juf-
qu'au bout du tranchant.
Longueur du picq . . . . 6 pouces ½.
Sa largeur en quarré près de l'œil . 1 pouce 1 lig.
toûjours en diminuant à proportion juf-
qu'à la pointe.
Diamétre de l'œil . . . . 1 pouc. 10 lig.
Epaiffeur de l'œil 0   4 lig.
Hauteur de l'œil par le milieu . . . 1 pouce 7 lig.
D'acerage au hoyau . . . . . . 1 pouce.
Et à la pointe . . . . 1 pouce ½.
Longueur de tout le picq-hoyau . . 14 pouc. 4 lig.

Il péfe 4 livres.

Du Hoyau fimple.

LOngueur depuis l'œil . . . . . 6 pouc. 8 lig.
Epaiffeur près de l'œil 0   9 à 10 lig.
toûjours en diminuant à proportion juf-
qu'au tranchant.
Largeur près de l'œil . . . . . 1 pouc. 10 lig.
Largeur du bout du tranchant . . . 3 pouces ½.
D'acerage . . . . 1 pouce.
Diamétre à l'œil . . . . 1 pouc. 10 lig.
Epaiffeur de l'œil 0   4 lig.
Hauteur du milieu de l'œil . . . 1 pou. 8 à 9 lig.
Longueur de tout le hoyau . . . . 8 pouc. 4 lig.

Il péfe 3 livres & un quart.

A 2   *Du*

Du Picq à roc.

LOngueur depuis l'œil. . . . . . . 8 pouces.
   Largeur en quarré près de l'œil . . 1 pouce   4 lig.
toûjours en diminuant à proportion juf-
qu'à la pointe.
    Diamétre de l'œil . . . . 1 pouce 10 lig.
    Epaiffeur de l'œil 0   4 lig.
    Hauteur du milieu de l'œil . . . . 1 pouc. 8 à 9 lig.
    D'acerage . . . . 1 pouce ½.
    Longueur du tout. . . . . 10 pouces 2 lig.

Il péfe 3 livres & demie.

Du Picq à tête.

IL a les mêmes proportions que le
picq à roc, à la réferve que fa tête
au-deffus de fon œil a . . . . . . 1 p. 3 lig. en quarré.

Il péfe 3 livres & demie à 4 livres.

Du Picq à feuille de fauge.

LOngueur du picq à feuille de fauge
depuis l'œil . . . . 9 pouces.
    Largeur au collet près de l'œil . . . 1 pouce 10 lig.
    Hauteur du collet . . . . 1 pouce.
    Diamétre de l'ouverture de l'œil par-
deffus. . . . . 1 pouce 9 lig.
    Diamétre de l'ouverture de l'œil par-
deffous . . . . 1 pouce 8 lig.
    Epaiffeur du fer à l'œil au plus foible
endroit qui eft au derrière 0   4 lig.
ce qui augmente toûjours en épaiffeur
en approchant du collet.
    La plus grande hauteur au derrière

dc

de l'œil. . . . . 2 pouces.
ce qui va en diminuant en approchant
du collet.

Le picq à feuille de fauge a dans fa
plus grande largeur. . . . . . . 2 pouces 7 lig.
ce qui fe termine infenfiblement en
pointe.

Le fer a d'épaiffeur par tout le corps
de l'outil . . . . o 4 à 5 lig.

Par-deffous, la feuille de fauge forme
une petite élévation ou arrête, qui règne
depuis le collet jufqu'à la pointe de l'outil; ce qui lui donne en cet endroit plus
d'épaiffeur qu'au refte.

Toute la longueur du picq à feuille de
fauge, en comprenant l'œil, eft de . 11 pouc. 5 à 6 lig.

L'œil a un trou de chaque côté pour
placer les cloux qui doivent attacher
le manche.

Son poids eſt de 4 livres, & il y entre un quatron d'acier.
De l'Ecoupe.

Longueur de la douille jufqu'à la coupe . . . . 5 pouces.

Longueur de l'arrête de la douille
qui entre dans l'écoupe . . . . . 4 pouces 4 lig.

Longueur de l'écoupe depuis le bout
de l'arrête . . . . 4 pouces. 10 lig.

Largeur du derrière de l'écoupe, y
compris la douille . . . . 10 pouces.
laquelle largeur vient infenfiblement en
rondeur jufqu'au bout.

Diamétre de la douille . . . . . 1 pouce 10 lig.

Epaiffeur de la douille . . . . . 1 lig. ⅓ à 2 lig.

Longueur de toute l'écoupe . . . 13 pouc. 9 à 10 lig.

Elle péſe 3 livres & un quart.

A 3

De

De la Bêche.

LOngueur de la douille jufqu'à la coupe . . . . 5 pouces.

Longueur de l'arrête de la douille entrant dans la béche . . . . 4 pouces 4 lig.

Largeur de la béche depuis le bout de l'arrête jufqu'au bout du tranchant. 4 pouces 4 lig.

Largeur par le haut, compris la douille . . . . 8 pouces 2 lig.

Largeur d'en-bas en quarré . . . 6 pouces.

D'acerage . . . . 1 pouce.

Diamétre de la douille . . . . . 1 pouce 10 lig.

Epaiffeur de la douille . . . . . 1 lig. ¼ à 2 lig.

Elle péfe 3 livres & demie.

De la Serpe.

LOngueur de la lame. . . . . . 9 pouces ¼.

Largeur de la lame . . . . . . 3 pouces.

D'acerage 0   6 lig.

Epaiffeur du dos 0   3 lig.

Longueur du manche . . . . . 8 pouces.

La foye de la ferpe bien rivée à l'autre bout du manche, une virolie de 8 lignes de large, & de 2 à 3 lignes d'épaiffeur, bien foudée.

Diamétre du manche . . . . . 1 pouce ¼.

Elle péfe 2 livres au plus, compris le manche.

De la Hache.

LOngueur du corps de la hache . . 6 pouces.

Largeur près de l'œil . . . . . . 2 pouces.

Largeur du taillant . . . . 4 pouces.

Epaif-

Epaiſſeur du dos près de l'œil . . . . o   10 lig.
qui va inſenſiblement en diminuant à
proportion juſqu'au bout du taillant.

Longueur de la tête . . . . 2 pouces ½.
Largeur au-deſſus de la tête . . . 2 pouces.
Ouverture de l'œil en quarré à la tête. 1 pouce   1 lig.
Ouverture du bas de l'œil . . . .   6 lig.
Longueur de tout l'œil . . . . . 2 pouces 1 lig.
Epaiſſeur de l'œil par-tout . . . . o   4 lig.
D'acerage . . . . 1 pouce ½.

Elle péſe 3 livres & demie à 4 livres.

Il faut obſerver que la douille de l'écoupe & de la béche ſoit fermée de 3 pouces.

Que la ſoudûre de la douille croiſe les deux côtez l'un ſur l'autre de 1 pouce.

Que le col de la douille ait trois pouces de diamétre.

Il eſt vrai que ces manières de béches ne ſont pas approuvées; car le manche, ſe trouvant découvert par-deſſous la béche, s'arrête, & ſe rompt à la moindre réſiſtance qu'il rencontre, & la béche ſe caſſe auſſi aiſément au collet. Ainſi on fait à préſent la douille toute pleine, 4 pouces en dedans, & 4 pouces en dehors.

M. de la Frézelière a quelquefois fait marché à 3 ſ. 9 d. la livre peſant des outils de toutes ſortes, hors la ſerpe & la hache.

En 1690, ils ne valoient en Comté que 3 ſ. 6 d.

La hache a valu quelquefois 20 ſ.

Et la ſerpe 10 ou 12 ſ. au même païs.

Mais depuis, ils ont coûté 9 ſ. 6 d. la ſerpe.

Et 16 ſ. la hache.

Ainſi chaque outil ſur le pied de 3 ſ. 6 d. la livre, revient, ſuivant ſon poids, aux prix ſuivans.

12 ſ. 3 d. la béche de 3 livres ½.
11. 4   l'écoupe de 3 livres ½.
12. 3   le picq à roc de 3 livres ½.

                                      15 ſ.

15 f. 9 d. le picq à tête de 4 livres ½
14.   0   le picq-hoyau de 4 livres.
10.   6.   le hoyau de 3 livres.
10.   6.   le picq à feuille de fauge de 3 livres. *Nota* qu'il
           le faut plus pefant.
 9.   6.   la ferpe,
16.   0   la hache.

Les conditions générales des marchez.

QU'ils foient de bon fer, doux, liant, bien battu & façonné, & l'acier de Hongrie ou à la rofe bien trempé & corroïé, & emploïé entre deux fers à chacun de ces outils.

Que les béches auront 6 onces d'acier.
Le picq-hoyau 6 onces d'acier.
Le hoyau 6 onces d'acier.
Le picq à roc & à tête un quartron d'acier.
La hache ½ livre d'acier.
La ferpe 6 onces.
Il n'en faut point dans l'écoupe.
Que le manche de la ferpe fera de bon bois de tilleul, & le bout bien rivé.

Dans quelques marchez de M. de la Frézelière, on trouve les outils mefurés comme il fuit.

LA béche péfera 3 livres, compris 6 onces d'acier.
Elle fera faite à douille fermée, la douille longue de 5 pouces au moins, ouverte de 1 pouce & ½ de diamétre, percée de deux trous pour clouer le manche.

L'épaiffeur de la douille aura 2 lignes.

Elle fera renforcée au collet, qui fera de fer maffif, de ½ pouce, enforte qu'il n'y ait aucune ouverture, & que le manche ne puiffe entrer dans le corps de la béche.

Sera tiré du renfort de la douille une arrête pleine qui fera continuée au dos de la béche, en diminuant jufqu'à deux pouces du taillant.

La

La bêche aura 8 pouces & ½ de longueur.

7 pouces de large par en haut.

Et fes deux oreilles tirées droites.

Elle aura 5 pouces de large par le taillant, qui fera auffi tiré droit, trempé, & émoulu de 2 pouces.

Le picq-hoyau fera du poids de 4 livres, compris 6 onces d'acier.

L'œil du picq-hoyau fera bien rond, & ouvert de 20 lignes de diamétre, percé de deux trous pour attacher le manche, où il y aura deux oreilles pour embraffer le manche.

L'épaiffeur du fer à l'œil aura 4 lignes.

Au collet du hoyau 6 lignes.

Au collet du picq 11 lignes fur 16.

La longueur de l'outil 14 pouces: fçavoir,

Le picq 7 pouces moins 1 ligne.

Le hoyau 5 pouces 5 lignes.

Et l'œil 1 pouce 8 lignes.

Le taillant du hoyau aura 3 pouces & ½ de large.

Le picq à roc & à tête aura 7 pouces & ½ de long, de la même épaiffeur du picq ci-deffus.

L'œil formé de même.

Une tête quarrée d'un bon pouce de hauteur: auquel picq on mettra un quartron de bon acier, & péfera 3 livres & ½, y compris l'acier.

La hache fera chargée de demi livre d'acier de Carme à la rofe, qui fera corroïé avant que d'être emploïé.

Elle péfera 4 livres, compris l'acier.

Elle aura 4 pouces de large au taillant.

7 pouces de long depuis la douille jufqu'au taillant.

La douille 3 pouces.

Ce qui fait en tout 10 pouces de longueur, 15 lignes d'épaiffeur au dos, en diminuant jufqu'au taillant.

La douille ouverte de 18 lignes fur 2 pouces 4 lignes.

Le fer de la douille épais de 5 lignes.

La douille haute de 3 pouces, percée pour attacher le manche avec deux cloux.

La hache bien émoulue.

Tome II. B La

La ferpe péfera au plus 2 livres, compris 6 onces d'acier, & le manche de bois de tilleul, & le bout du manche bien rivé.

Sa longueur depuis le manche jufqu'au bout de la ferpe fera de 10 pouces.

La ferpe bien émoulue au dos de 4 lignes.

M. de Vigny fait faire en Flandres les outils fuivant les modéles ci à côté.

EXPLICATION DE LA FIGURE
des Outils de Flandres.

A *Picq à feuille de fauge.*
B *Serpe.*
C *Hoyau.*
D *Picq-boyau.*
E *Picq à roc.*
F *Hache ou cognée.*
G *Picq à tête.*
H *Ecoupe.*
I *Béche.*
K *Pelle de bois ferrée.*
L *Manche à boyau & à picq.*
M *Manche à béche & à écoupe.*

IL s'eft fait quelquefois à Auxonne des vouges ou ferpes à eſſarter, leſquelles ont 1 pied depuis la douille jufqu'à la tête.

La douille a 6 pouces & ½ de long.

Et d'ouverture 22 lignes.

Faites de bon fer, bien liant, & bien battu.

Et où on met ½ de bon acier d'Allemagne bien corroïé & bien trempé. Chaque ferpe péfe 3 livres & ¼ au plus, & 3 livres au moins.

II

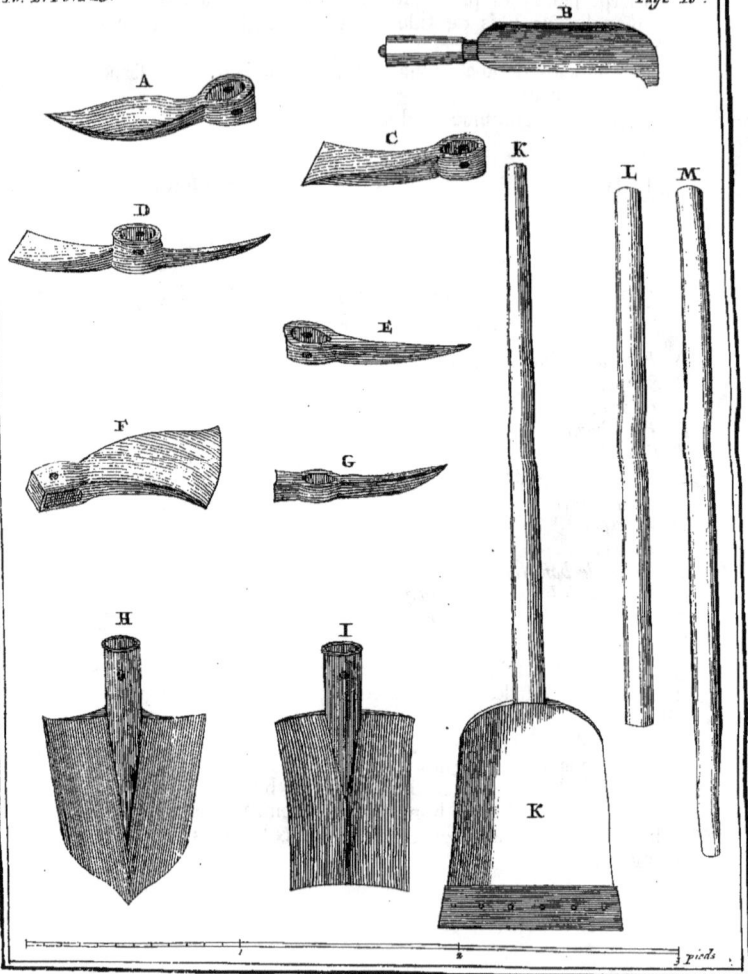

pieds

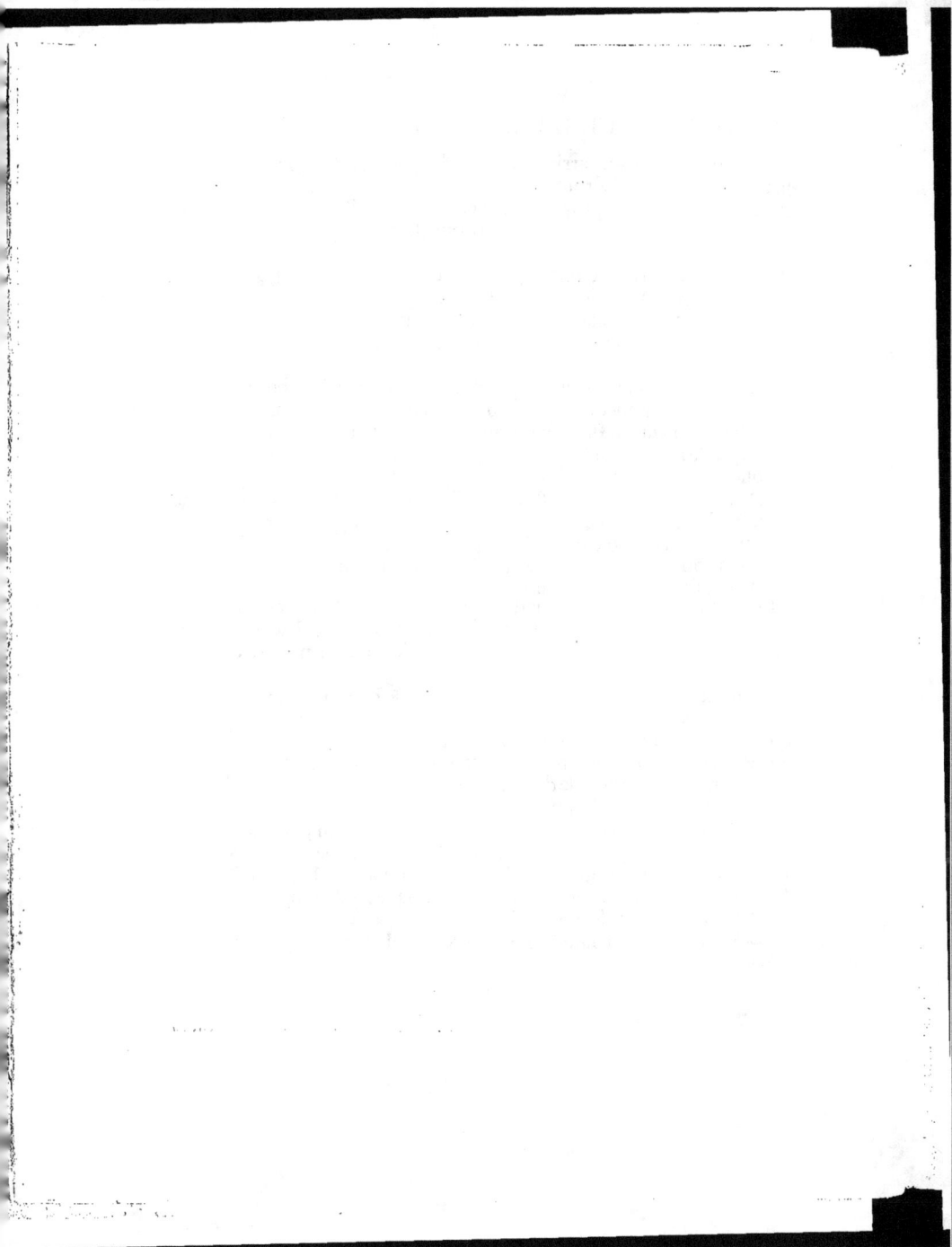

Il est aussi quelquefois arrivé que M. le Marquis de la Frézelière a fait faire en Lorraine

Des picqs, appellés picqs à tranche.

Et des râteaux, dont les proportions sont particulières,
comme on le peut voir ici.

Les hoyaux à tranche ont 13 pouces & ½ de long; l'œil a
1 pouces 8 lignes pied de Roi de diamétre par le haut, & 1
pouce 5 lignes par le dessous; la hauteur de l'œil est d'un pouce 8 lignes, & son épaisseur par en haut est de 5 lignes, & de
3 lignes par en bas.

Il a d'un côté une hache longue depuis l'œil jusqu'au bout
du taillant, de 6 pouces 2 lignes, dont le collet porte 1 pouce
d'épaisseur, allant en diminuant au bout du taillant de la hache, & a de largeur par le taillant 3 pouces 8 lignes, & auprès
du collet 14 lignes : & de l'autre, le hoyau à tranche a de longueur depuis l'œil jusqu'à l'extrémité de son taillant 6 pouces & ½ de longueur, & 4 pouces 4 lignes de largeur par le
taillant, & à l'endroit du collet 1 pouce & ½.

Il a à son collet 8 lignes d'épaisseur, allant aussi en diminuant jusqu'au bout du taillant.

Les picqs-hoyaux à tranche sont du poids de 4 livres poids
de marc chacun, y compris une demi livre d'acier, lesquels
fer & acier sont bons & bien corroïés; le tout bien aceré,
émoulu, & uni comme une glace.

Pour les râteaux, il y en a à couteaux, lesquels râteaux &
couteaux ont chacun 10 pointes, longues de 4 pouces 6 lignes, non compris la queuë qui est de quatre pouces pour
entrer dans le bois. Ils ont au collet un pouce de largeur en
diminuant en couteau; le dos est de 5 lignes d'épaisseur allant
en diminuant jusqu'à la pointe.

Les autres râteaux sont aussi à 10 pointes chacun, lesquelles pointes ont quatre côté chacune, longueur de 4 pouces
& ½, & ½ pouce en quarré allant en diminuant à la pointe,
sans comprendre la queuë qui a 4 pouces & ½ de long pour
entrer dans le bois du râteau.

Les pointes sont faites en dos, & pareillement posées en
dos.

Ces

Ces outils coûtent 35 f. chacun, l'un portant l'autre.

LEs outils dont on s'eft fervi au Siége de Montmelian, font des poids & des prix fuivans; ils ont été faits à Grenoble.

Les béches du poids de 3 livres 4 onces.

Les picqs-hoyaux de 3 livres.

Les picqs à roc de 2 livres 10 onces.

Les haches de 3 livres 3 onces.

Les ferpes à l'ordinaire, & conformes aux ferpes qui fe font ailleurs.

Ces outils ont été rendus tout emmanchés à raifon de 15 f. 8 d. piéce, l'un portant l'autre.

Le poids de ces outils eft poids de marc.

Quand on reçoit des outils, il faut s'attacher particulière-ment & principalement au poids, ou à peu près, l'un pe-fant un peu plus, l'autre un peu moins, cela revenant toûjours au même, pourvû pourtant qu'il n'y ait pas une différence confidérable.

Que l'œil foit bien fait & bon, une tournûre ou façon d'outil qui ne déplaife point à la vûë.

Enfin qu'il foit bien aceré ; ce qui s'éprouve en frappant contre du fer, ou contre une pierre dure, ou avec la lime.

Il s'eft fait des outils noirs à Paris qui revenoient à 4 f. 3 d. la livre.

La béche 20 f.

La hache 20 f.

L'écoupe 20 f.

La ferpe 12 f.

Le manche avec le cloud pour l'attacher, 1 f. 3 d.

Ce font de très-beaux & bons outils.

La béche péfe 3 à 3 livres & ½, compris 6 onces d'acier.

La douille a 8 pouces, fçavoir 4 en dehors, & 4 en de-dans, 22 lignes d'ouverture.

7 pouces & ½ de large par les oreilles en haut.

6 pouces & ¼ de largeur par le taillant.

9 pouces & ¼ de long depuis les oreilles jufqu'au bout du taillant.

Le hoyau péfe 3 livres & ¼, compris 6 onces d'acier.

Le picq-hoyau péfe 3 livres ¼ à 4 l., compris 6 onces d'acier.

Il a 14 pouces de longueur.

6 pouces le picq.

6 pouces le hoyau.

2 pouces la douille ou l'œil.

La douille a deux pouces de haut.

Et eft ouverte de 22 lignes par deffus, & 20 lignes par le deffous.

Le picq à roc péfe 3 livres & ¼, compris 4 onces d'acier.

Le picq à tête péfe 3 livres & ½, compris 4 onces d'acier.

Le picq à feuille de fauge péfe 4 l., compris 4 onces d'acier.

L'écoupe péfe 3 à 3 livres & ¼; il n'y entre point d'acier.

La hache péfe 3 livres & ½ à 4 l., compris 8 onces d'acier.

La ferpe péfe au plus 2 livres, compris 6 onces d'acier.

Et le manche de bois de tilleul.

Le bout du manche bien rivé.

Le fer en eft doux, bon, & liant, bien battu & façonné, & l'acier de Hongrie ou de Carme à la rofe, bien trempé & corroïé, & emploïé entre deux fers, à chacun de ces outils.

Le manche du picq-hoyau, du hoyau, du picq à roc & à tête, du picq à feuille de fauge, & de la hache, eft long de 2 pieds & ½.

Fait de bon bois de frène, & érable, bien fec, plané & façonné.

Le manche des béches & écoupes eft long de 3 pieds 2 pouces.

Et tous du diamétre de 18 lignes par le haut, & taillés au bas de la manière qu'il convient pour entrer dans l'outil.

Les yeux des outils, & des têtes d'outils, font bien percés & bien ouverts, afin que les cloux y puiffent entrer facilement.

IL n'y a guéres de régles certaines pour fixer le nombre des outils de chaque efpéce qui doivent entrer dans une fourniture; cela dépend toûjours du terrain où ces outils doivent être emploïés: car, dans les lieux ou il y a du roc, &

où le terrain eſt dur , il y faut bien moins de béches & d'é-
coupes qu'ailleurs.

On ſe ſervoit autrefois beaucoup de pelles de bois , & de
pelles de bois ferrées , dont les proportions ſont d'être , ſçavoir les pelles de bois.

longues de 3 pieds & ½ , compris le manche.

Profondes dans leur creux , qui eſt de 12 à 13 pouces de
long.

Sur 9 à 10 pouces de large.

Elles coûtent 8 , 10 ou 12 ſ. ſelon les païs.

Et les pelles ferrées , de

3 pieds 7 pouces de haut , compris le manche.

13 pouces la hauteur de la pelle ſans le manche.

10 pouces de large par le bas.

18 pouces par le haut.

Le fer a 2 pouces & ½ de haut , & eſt attaché de 6 cloux
au bois de la pelle , qu'il embraſſe dans toute ſa largeur devant & derriere.

Elles coûtent 15 ou 16 ſ. piéce.

Mais les écoupes ont été trouvées d'un meilleur uſage.

Quelquefois pour compoſer une fourniture de 12000 outils , on met :

    2400 béches.
    1600 écoupes.
    3000 hoyaux.
    1400 picqs-hoyaux.
     400 picqs à tête.
     400 picqs à roc.
     800 picqs à feuille de ſauge.
    ——————
10000

    1600 ſerpes.
     400 haches.
    ——————
12000

D'au-

D'autres fois pour compofer des mêmes outils un nombre de 15000, on y a mis :

3000 béches.
1950 picqs-hoyaux.
4500 hoyaux.
750 picqs à tête.
750 picqs à roc.
1050 picqs à feuille de fauge.

_____

12000

2250 ferpes.
750 haches.

_____

15000

Si on a à envoïer ces 15000 outils en plufieurs Places, voici le démembrement qu'on en peut faire. Par exemple,

6000 à l'Ifle de Ré.

4000 à la Ville de S. Martin.

2000 à la Citad. de S. Martin.

1200 béches
780 picqs-hoyaux.
1800 hoyaux.
300 picqs à tête.
300 picqs à roc.
420 picqs à feuille de fauge.
900 ferpes.
300 haches.

_____

6000.

1500 à Belliffe.

300 béches
195 picqs-hoyaux.
450 hoyaux.
75 picqs à tête.
75 picqs à roc.
105 picqs à feuille de fauge.
225 ferpes.
75 haches.

_____

1500.   2000 à

2000 à Breſt.	400 béches.
	260 picqs-hoyaux.
	600 hoyaux.
	100 picqs à tête.
	100 picqs à roc.
	140 picqs à feuille de ſauge.
	300 ſerpes.
	100 haches.

2000.

1400 au Havre-de-Grace.	280 béches.
	182 picqs-hoyaux.
	420 hoyaux.
	70 picqs à tête.
	70 picqs à roc.
	98 picqs à feuille de ſauge.
	210 ſerpes.
	70 haches.

1400.

1000 à Oleron.	200 béches.
	130 picqs-hoyaux.
	300 hoyaux.
	50 picqs à tête.
	50 picqs à roc.
	70 picqs à feuille de ſauge.
	150 ſerpes.
	50 haches.

1000.

1100 à Blaye.	220 béches.
	143 picqs-hoyaux.
	330 hoyaux.
	55 picqs à tête.
	55 picqs à roc.
	77 picqs à feuille de ſauge.
	165 ſerpes.
	55 hacques.

1100.   700 au

700 au Château-Trompette.
$$\left\{\begin{array}{l} 140 \text{ béches.} \\ 91 \text{ picqs-hoyaux.} \\ 210 \text{ hoyaux.} \\ 35 \text{ picqs à tête.} \\ 35 \text{ picqs à roc.} \\ 49 \text{ picqs à feuille de fauge.} \\ 105 \text{ ferpes.} \\ 35 \text{ haches.} \end{array}\right.$$

700.

1300 au Port-Louis.
$$\left\{\begin{array}{l} 260 \text{ béches.} \\ 169 \text{ picqs-hoyaux.} \\ 390 \text{ hoyaux.} \\ 65 \text{ picqs à tête.} \\ 65 \text{ picqs à roc.} \\ 91 \text{ picqs à feuille de fauge.} \\ 195 \text{ ferpes.} \\ 65 \text{ haches.} \end{array}\right.$$

1300.

Total de ces outils . . . . 15000.

Un Officier du Corps fort habile, & accoutumé au détail, m'a dit qu'il proportionnoit un nombre de 9000 outils de la manière qui fuit,

$$\left\{\begin{array}{l} 2000 \text{ hoyaux.} \\ 3000 \text{ picqs-hoyaux.} \\ 300 \text{ picqs à tête.} \\ 300 \text{ picqs à roc.} \\ 300 \text{ picqs à feuille de fauge.} \\ 1500 \text{ béches.} \\ 500 \text{ écoupes.} \\ 800 \text{ ferpes.} \\ 300 \text{ haches.} \end{array}\right.$$

9000.

Quelques Officiers eſtiment, que dans un nombre d'outils qui aura été ordonné,

Il faut
- Un cinquième de bêches.
- Un ſeptième & demi d'écoupes.
- Un quart de hoyaux.
- Un dixième de picqs-hoyaux.
- Un trentième de picqs à tête.
- Un trentième de picqs à roc.
- Un quinzième de picqs à feuille de ſauge.
- Un ſeptième & demi de ſerpes.
- Un trentième de haches.

Il ne faut pourtant point négliger les pelles de bois, ni les pelles de bois ferrées, dans les terrains ſablonneux & doux; elles ſont d'un très-bon uſage.

Dans les Forts de Languedoc où le terrain eſt rude, on a mis dans 150 outils: par exemple,

  50 pelles.
  50 écoupes.
  30 picqs-hoyaux.
  10 picqs à roc.
  ————
  140.
   4 haches.
   6 ſerpes.
  ————
  150.

Quelques mémoires du département de M. le Marquis de la Frézelière portent, que les outils à Pionniers ſont fournis à 4 ſ. la livre par les Marchands de Bâle; & en France dans les Places de la frontière,

La bêche 15 & juſqu'à 17 ſ.
Les écoupes 13 ſ. 6 d.
Les picqs-hoyaux 14 ſ.
Les picqs à roc 12 & juſqu'à 13 ſ. 6 d.
Les haches 20 ſ.
Et les ſerpes 10 ſ.
Les manches d'outils à 10 d. piéce & juſqu'à 1 ſ.

Par

Par ces mémoires il est aussi dit que le manche d'outil sera long de 2 pieds & ½.

Celui de l'écoupe & de la bêche sera long de 3 pieds 2 pouces, fait de bon bois de frêne & érable, bien sec, bien plané, & bien façonné, avec deux coins dans le manche qui sera fendu en dedans de la douille de chaque outil.

M. de la Frézelière a quelquefois donné 6 liv. 5 f., tant pour le cent des manches, que pour emmancher un cent d'outils.

Les manches valent 8, 10, 12, & jusqu'à 18 d. pièce; mais quand ils sont si chers, le Marchand fournit le cloud pour les attacher.

Ils pésent 2 l. & ½, & jusqu'à 3 livres.

Les manches des râteaux sont aussi de frêne, & les têtes des râteaux de bois de chêne.

M. le Marquis de la Frézelière a donné 30 liv., tant pour le prix des manches & des têtes, que pour emmancher 150 de ces râteaux.

En 1692, au mois de Décembre, on mandoit d'Avènes que les outils ci-après, faits par l'ordre de M. de Vigny, coûtoient : sçavoir,

Les bêches qui se font dans ce qu'on appelle la vieille-France, 18 f. monnoie de France.

Les bêches qui se font dans le Hainaut, 17 f. 6. d.

Les picqs-hoyaux, pesant près d'une livre plus que la bêche, ne coûtoient que 17 f., à cause qu'il ne faut que deux personnes pour faire un picq-hoyau, au lieu qu'il en faut trois pour faire la bêche.

Il entre dans chacun de ces outils 3 onces d'acier.

Les manches pour ces outils sont de bois de frêne, & coûtent 1 f. 9 d.

Moyennant quoi, l'Ouvrier s'oblige de les emmancher avec deux bons cloux chacun, qu'il fournit à ses dépens.

En 1696, les bêches coûtoient à Douay 18 f., les picqs-hoyaux autant, & les manches 8 liv. 15 f. le cent; le tout monnoie de France.

Titre II.

Des Outils à Ouvriers.

COmme tous les outils fuivans font affez généralement connus, & qu'il n'arrive guéres qu'un Officier d'Artillerie foit obligé d'en faire faire; ou que, quand il y eft obligé, il a avec lui des Ouvriers qui en fçavent les proportions ; je ne m'amuferai point ici à en faire le détail.

Ceux à Charpentier confiftent en

GRande régle.
Petite régle platte.
Grands compas.
Petits compas.
Couteau.
Niveau.
Niveau à plomb plain.
Niveau à plomb percé.
Calibre.
Equerre.
Fauffe équerre.
Equerre de bois à épaulement.
Sauterelle.
Scie à refendre.
Scie à débiter.
Ebauchoir.
Jauges à tracer les mortoifes.
Bézaigues.
Cifeaux à manche de bois avec viroles.
Autre cifeau.
Amorçoir.

Laceret ou petit tarrière.
Gros tarrière.
Maillets gros & médiocres.
Marteau de fer.
Petites coignées à grand manche, pour abattre le bois & ébaucher.
Grande coignée à équarrir.
D'autres de diverfes grandeurs.
Hachettes à marteau.
Traceret.
Roinette.
Chevilles de fer pour affembler.
Repouffoir.
Rabot rond.
Galére.
Herminette.
Leviers.
Pinces.
Pied de chevre.

Ceux

Ceux à Charron font,

Une coignée.
Une gouge quarrée.
Une gouge ronde.
Un ciſeau.
Un tarrière.

Une ſcie à main.
Une plane.
Une grande ſcie,
Un ciſeau à écolter.
Un terreau.

Outils de bois.

Un chevalet.   Un vidoir.   Un maillet.

Ceux à Forgeur ſeront connus par ce qu'on appelle une forge complette à faire travailler trois hommes.

Forge à faire travailler trois hommes, il leur faut

Un ſoufflet de 3 pieds.
Une enclume peſant environ 150 livres.
Une bigorne peſant 50 livres ou environ.
Un eſtoc.
Deux paires de tenailles à crochet.
Deux autres droites.
Deux marteaux de devant.
Deux marteaux à main.
Une tranche.
Un poinçon plat.
Six limes quarreaux & demi-quarreaux.

Un paquet de limes d'Alle-magne de 4 au paquet.
Une perçoire.
Une pointe.
Deux coins de fer.
Quatre ciſeaux de 18 pou-ces.
Une chaſſe.
Une étampe.
Un tiſonnier crochu, & un pointu.
Une clouière.
Une thuière de fer forgé.
Un marteau fendu de la groſ-ſeur du marteau à main.

Ceux

Ceux à Menuisier font,

SCie à refendre.
Scie à débiter
Scie à tenon.
Scie à tourner.
Scie à enrafer.
Scie à main, ou egohine.
Scie à cheville.
Entailles pour limer les fcies.
Etablie.
Crochets.
Valet.
Petit maillet.
Crochet ou fergent.
Etraignoirs.
Preffe de bois.
Feuilleret.
Outils qu'on appelle à fûts.
Rifflard.
Varlopes de plufieurs grandeurs.
Varlope à onglet ou anglée.
Guillaume à ébaucher.
Guillaume à plattebande.
Guillaume a reculer.
Guillaume de bout.
Rabot.
Mouchettes.
Mouchettes à grain d'orge.

Bouvet.
Bec-de-canne.
Guide.
Outils à manche de bois, & autres.
Cifeaux; il y en a à deux bifeaux.
Cifeaux de lumière.
Fermoir.
Fermoir à nez rond.
Bec-d'âne.
Gouge.
Trufquin d'affemblage.
Trufquin à longue pointe.
Guilboquet.
Réglet plat.
Equerre.
Fauffe équerre.
Triangle quarré.
Triangle anglé.
Compas.
Marteau.
Limes.
Rape.
Tenaille.
Villebrequin.
Tourne à gauche.
Réglet à pied.

A Tourneur.

LEs Tourneurs fe fervent d'outils à Menuifiers & de Sculpteurs pour leurs ouvrages. Outre cela,
    Ils en ont qui leur font particuliers, comme des cifeaux bi-

biseaux, gouges, grains d'orge, des becs-d'âne, toutes fortes de pas, des fers dentelés, des fers croches, des taraux,
des vis de fer, & tant d'autres de manières si différentes, qu'il
n'est pas possible ici d'en donner le détail, lequel d'ailleurs
ne sçauroit être que d'une très-médiocre utilité pour un Officier d'Artillerie.

Ceux de Tonnelier sont

Essette   Chevalets.
Trétoire.   Gabloire.
Planne.   Scie à tourner.
Tirefonds.

Il semble qu'on devroit mettre ici les outils à Mineurs,
mais je les réserve pour le Chapitre des Mines.

TITRE III.

Cordages.

LEs noms des cordages dont on se sert dans l'Artillerie,
sont
Des cinquenelles.
Des combleaux.
Des cables de chevres.
Des prolonges doubles.
Des prolonges simples.
Des travers.
Des paires de traits à canon.
Des alognes.
Des commandes.
Menu cordage.
En quelques endroits on donne d'autres noms à quelques-
uns de ces cordages; mais il en faut toûjours revenir à l'usage
général.

Les

Les groffeurs & les proportions des cordages, comme on les fait à Paris, font celles-ci.

UNe cinquenelle de 110 toifes de long doit avoir 40 fils par cordon, 1 pouce 8 lignes de diamétre, & péfe . . . .   500 l. ou environ.

Une alogne, 35 toifes de long, 22 fils par cordon, 1 pouce de diamétre, péfe   100 l.

Un combleau, 18 toifes de long, 26 fils par cordon, 1 pouce 6 lignes de diamétre, péfe . . . .   100 l.

Un cable de chevre, 12 toifes de long, 28 fils par cordon, 1 pouce 7 lignes de diamétre, péfe . . . .   60 l.

Une double prolonge, 12 toifes de long, 12 fils par cordon, 1 pouce de diamétre, péfe . . . .   25 l.

Une fimple prolonge, 8 toifes de long, 8 fils par cordon, 10 lignes de diamétre, péfe . . . .   13 l.

Un travers, 4 toifes de long, 8 fils par cordon, 10 lignes de diamétre, péfe . .   7 l.

Traits à Canon, 13 pieds de long, 24 fils par cordon, 1 pouce 3 lignes de diamétre, péfent . . . .   14 l.

Traits bâtards, 10 pieds & ½ de long, 20 fils par cordon, 1 pouce de diamétre, péfent . . . .   9 l. ou environ.

Traits de 7 l., 10 pieds de long, 14 fils par cordon, 11 lignes de diamétre, péfent   7 l.

Traits de 6 l. de même longueur, 12 fils par cordon, 10 lignes de diamétre, péfent   6 l.

Traits de 5 l., 9 pieds de long, 10 fils par cordon, 9 lignes de diamétre, péfent .   5 l.

Traits de 4 l. même longueur, 8 fils par cordon, 9 lignes de diamétre, péfent .   4 l.

Traits

Traits à chariot, 8 pieds de long, 6 fils
par cordon, 8 lignes de diamétre, pésent   3 l.

Une commande, 9 pieds de long, 2 fils
par cordon, 4 lignes de diamétre, péfe $\frac{1}{2}$ l.

Il faut remarquer que la cinquenelle & l'alogne font à trois
cordons chacune, & le refte en quatre cordons.

Un Officier de Franche-Comté aiant les Piéces ci-deffous
à faire voiturer, y a emploïé les cordages de la
groffeur & du poids qui fuit.

Une Piéce de feize longue.
Deux de douze, dont une de la nouvelle invention.
Dix de quatre.

En tout 13 Piéces.

Les 408 paires de traits font partagés en gros, moyens, & petits.	Trois attelages fur la Piéce de feize, à 6 paires de traits par chacun cheval.	72.
	Deux attelages fur chaque Piéce de 12, paires de traits	96.
	Un attelage fur chaque Piéce de 4, paires de traits	240.

Total des paires de traits. . . . 408.

30 livres de cordeau pour fervir à guider les chevaux.
12 combleaux pour charger & décharger les Piéces.
12 prolonges pour tirer les Piéces de Canon en retraite.
12 travers pour brêler.

Cordages qu'il faut en tout pour conduire cet équipage de
13 Piéces, avec les munitions qui y fervent.

100 prolonges.	50 livres de cordeau.
100 travers.	600 paires de traits de toutes
20 combleaux.	fortes.

Poids, longueur, & diamétre de ces Cordages en Comté.

GRos traits, de 10 pieds de long, y compris les retours, réduits à 7 livres, pesant chaque paire 12 l., de diamétre 14 lignes.

Moyens, 8 à 9 livres pesant, diamétre 12 lignes, de même
longueur.

Communs, 5 à 6 livres pesant, diamétre 10 lignes, auffi
de même longueur.

Prolonges, 6 toifes de longueur, diamétre 16 lignes, du
poids de 17 à 18 livres.

Doubles prolonges, 12 toifes de longueur, même diamétre, du poids de 35 à 36 livres.

Travers, 4 toifes de longueur, diamétre 14 lig. pefant 12 livres.

Combleaux, 10 toifes de longueur, diamétre 18 à 20 lignes, pefant 38 à 40 livres.

Le cordeau à la livre, de la groffeur du petit doigt.

Depuis quelques années il a été fourni à Paris dans l'Arfenal fix milliers de cordages des efpéces fuivantes, qui eft
une proportion ou un affortiment qui peut fervir de régle
pour une fourniture.

2 cables de chevre de 60 livres chacun, pefant.	120 l.
16 doubles prolonges de 25 livres chacune, pefant.	400.
100 prolonges de 12 livres chacune, pefant . .	1200.
240 travers de 7 livres chacun, pefant	1680.
30 paires de traits à Canon, de 10 livres chacun, pefant	300.
60 paires de traits bâtards, de 8 livres chacun, pefant	480.
90 paires de traits, de 6 livres la paire, pefant.	540.
300 paires de traits, de 4 livres la paire, pefant.	1200.
Menu cordage, pefant	80.
Le montant ci-deffus en tout.	6000 l.

C'eft-à-dire,
240 paires de
traits de 4.
60 paires de
traits à
chariot.

D

Il est aisé de voir par les Mémoires ci-dessus, que les cordages ne sont pas toûjours, ni de même grosseur, ni de même poids ; cela varie selon le sentiment des Officiers principaux, ou selon la qualité des matières, ou suivant l'usage qu'on en veut faire.

Les cables servent aux chevres, & pour lever des fardeaux.

Les cinquenelles servent à toutes sortes d'usages dans l'Artillerie, tant sur terre que sur mer.

Les alognes servent sur l'eau aux batteaux.

Les combleaux servent à charger & décharger les Piéces, & lever d'autres gros fardeaux avec une grue, ou à des tours d'éclufes.

Les prolonges doubles servent à tirer le Canon en retraite, & quand une Piéce est embourbée.

Les Prolonges simples servent au même usage.

Les travers servent à brêler les Piéces, & à les attacher sur leurs chariots & triqueballes, & à attacher d'autres fardeaux.

Les traits communs & bâtards servent pour charrier & voiturer les Canons & autres munitions.

Les commandes servent sur l'eau.

Le menu cordage sert à guider les chevaux, à renouer de gros cordages, & à plusieurs autres usages différens.

Dans le département de M. le Marquis de la Frézelière, le cordage ne vaut que 4 s. 6 d. la livre ; & il est dit dans les marchez, que le chanvre doit être mâle, bon, loyal, & bien conditionné.

A Paris on en paie 25 liv. du cent pesant poids de marc, qui est 5 s. la livre.

Ordinairement on met les cordages dans des tonnes qui en peuvent contenir 400 livres pesant. Les tonnes sont de bon bois de sapin sec, les douves aiant un pouce d'épaisseur, reliées chacune de 16 bons cercles, sçavoir 4 pour chaque bout & 6 sur le ventre, & d'un cercle à chaque bout pour tenir le fond ; les fonds sont barrés, les barres bien clouées, & les cercles bien reliés d'ozier, à raison de 36 cloux pour chaque tonne : elles coûtent ordinairement 3 liv. 4 s. chacune, ou environ.

TITRE

TITRE IV.

Sacs à terre.

On a vû leur figure dans le Chapitre qui traite des Batteries, au premier Tome.

POur pouvoir connoître la hauteur & la largeur qu'il faut donner aux sacs à terre , il faut sçavoir ce que c'est que l'aune de Paris.

Le tiers d'aune de Paris a . . . . 14 pouces 8 lignes.
                                   14 pouces 8 lignes.
                                   14 pouces 8 lignes.

Cela mis trois fois , l'aune fait . . 44 po. de Roi , qui vallent 3 pieds 8 pouc.

M. de la Frézelière fait donner aux toiles qui se font dans son département,

⅔ de largeur , aune de Paris , entre les deux lisières , afin que les sacs à terre aient 28 pouces franc de hauteur , & qu'il y ait un pouce pour faire les ourlets haut & bas.

Par ce moyen on prend la largeur des sacs à terre , qui doit être de ⅔ & un peu plus ; ce qui fait 15 pouces ou environ , la couture comprise dans la longueur de la toile , dont deux aunes doivent faire trois sacs à terre.

On observe de faire les coutures doubles & rabattues , & de mettre la ficelle à deux doigts du bord , passée & arrêtée dans des œillets faits du côté de la couture.

Il faut que ce soit de bonne toile d'étoupes ou telas , faite de bon fil , le plus fort qu'il se peut , & d'une bonne fabrique , & bien serrée.

Ces toilles coûtent ordinairement 6 s. 6 d., ou 7 s. l'aune de Paris , bien emballées , & rendues dans les Magasins des Places où elles se font.

Il est quelquefois arrrivé que des Entrepreneurs de fournitures , & même des Officiers , n'ont donné que 24 à 25 pouces de hauteur aux sacs; mais c'est un abus : car , si on veut
bien

bien confidérer l'ufage auquel on emploie un fac à terre, lequel eft deftiné pour couvrir en partie un Soldat, lorfqu'il fait fa décharge fur le bord d'une Tranchée ou ailleurs, deux facs remplis de terre, & s'accôtant comme on l'a déja vû, & laiffant un jour entre deux pour paffer le canon du Mouf- quet, il eft fûr que fi le fac fe trouve avoir 4 pouces moins de hauteur qu'il ne doit, il ne couvre que fort peu le Soldat, qui par là eft extrêmement expofé, & c'eft affûrément auffi ce qui fait que la plûpart du tems on en perd un fi grand nombre.

Si la toille n'a pas ⅜ & un peu plus de largeur, on fera obli- gé de faire le fac de deux piéces; il y aura plus de façon à païer, & il n'en vaudra pas mieux.

Les prix des facs à terre font différens, fuivant les lieux : ils reviennent tout entonnés dans des futailles, ou tout em- ballés, à 4 f., 4 f. 1 d., 4 f. 2 d., 4 f. 3 d., 4 f. 6 d., 4 f. 9 d., & juf- qu'à 5 f.; quand ils paffent ce prix, ils font un peu chers.

Titre V.

Des Hottes & des Paniers.

Hottes.

On en a vû la figure au Titre qui traite des Batteries, au premier Tome.

LEs hottes fe peuvent faire de bois de bourdaine, de cou- dre, de faule, & d'ozier.

Elles doivent avoir 14 pouces de hauteur.

14 pouces de largeur par le haut.

Et 4 à 5 pouces de largeur & autant de long par le bas.

Elles coûtent à Breft 50 f. la douzaine, qui eft un peu *plus* de 4 f. 2 d. la piéce.

Sans y comprendre les bretelles qui coûtent 2 f. 6 d. la paire.

Ainfi la hotte revient à 6 f. 8 d. toute équipée, qui eft un bon marché.

A Troyes elles reviennent à 10 f., sçavoir 8 f. la hotte, 2 f. les bretelles.

A Orléans elles ont coûté autant.

Ces hottes servent à porter des terres sur un Baston, ou dans des Tranchées, & pour nettoïer les endroits où on veut mettre des troupes ou des munitions.

Paniers.

LEs paniers doivent être faits de bon bois d'ozier coupé au déclin de la lune, comme les hottes.

Ou de bois de coudre au défaut d'ozier.

Il faut qu'ils aient 15 pouces de hauteur,

12 pouces de diamétre par en-haut,

Et 10 pouces par en-bas.

Aiant deux anses assez fortes pour les pouvoir porter quand ils font pleins de terre, & assez grandes pour y pouvoir passer la main d'un Soldat.

Ce font les derniers marchez de M. de la Frézelière.

Mais les premiers leur donnent 18 pouces de hauteur,

15 pouces de diamétre par le haut, revenant à

11 pouces par le bas.

Et aiant les anses comme dessus.

Ils ont été trouvés trop pesans de cette grandeur; c'est ce qui a obligé d'en diminuer quelque chofe.

Ces paniers coûtent, felon le païs, 4 f. 6 d., 4. f. 7 d., 5 f., 5 f. 3 d., & 6 f.

Ces paniers servent pour porter les terres hors de la Tranchée; on les place auffi tout pleins fur les bords de la Tranchée pour couvrir le Soldat quand il tire.

Les paniers qui servent à charger les Pierriers, font différens de ceux-ci, comme il a été déja expliqué.

T I T R E

Titre VI.

Galiottes, & leurs Chariots.

Il eſt certains petits batteaux de bois à faire pont, qu'on nomme en quelques endroits Galiottes, & qui ſe portent ſur des chariots : mais comme il eſt traité amplement de toutes ſortes de ponts dans un des Chapitres ou Titres ci-après, je n'en dirai rien davantage ici.

Il y a des Galiottes qui ſervent ſur les canaux de Flandres, & qui ſont armées de Canon : ces bâtimens ſont très-propres pour favoriſer le Siége d'une Place inondée dans ſes environs, ou pour aider à faire des ponts.

A Condé ſur l'Eſcaut il y a pluſieurs de ces Galiottes, leſquelles ſont commandées par M. Martin, qui eſt auſſi Capitaine des Galiottes de Verſailles.

Les deux plus groſſes ont chacune,

de
$\begin{cases} \text{Longueur.} & \text{. . . . . 64 pieds.} \\ \text{Largeur.} & \text{. . . . . 15 pieds.} \\ \text{Hauteur.} & \text{. . . . . 7 pieds }\frac{1}{2}. \end{cases}$

Elles ſont armées chacune de 12 Piéces de Canon de 4 l. & au-deſſous, & de 4 Pierriers.

Leur équipage eſt compſé de

12 rames de 18 pieds de long.

1 mât de 46 pieds de haut, garni de deux voiles, qui eſt la grande, & la trinquette.

16 matelots pour ramer.

4 hommes pour manœuvrer.

1 pour gouverner.

Les douze moyennes Galiottes ont chacune

de
$\begin{cases} \text{Longueur.} & \text{. . . . . 47 pieds.} \\ \text{Largeur} & \text{. . . . . 13 pieds.} \\ \text{Hauteur} & \text{. . . . . 6 pieds }\frac{1}{2}. \end{cases}$

Elles ſont armées chacune de 4 Piéces de Canon, & de 8 Pierriers.

Leur

Leur équipage eſt compoſé de
18 rames de 15 pieds de long.
  1 mât de 40 pieds de haut garni de ſes deux voiles.
18 matelots pour ramer.
  4 hommes pour manœuvrer.
  1 pour gouverner.

Il y au auſſi trois Barques longues faites à quille , chacune

de $\left\{\begin{array}{l}\text{Longueur.} \\ \text{Largeur.} \\ \text{Hauteur.}\end{array}\right.$
  . . . . 34 pieds.
  . . . . 10 pieds ;
  . . . . 4 pieds ;

Elles ſont armées de 4 Pierriers chacune.
Equipage,
16 rames de 12 à 13 pieds de long.
  1 grand mât, & un mât de boſſet garni de trois voiles.
16 matelots pour ramer.
  4 hommes pour manœuvrer & gouverner.

La Galiotte que j'ai fait graver ici, eſt des moyennes.

EX-

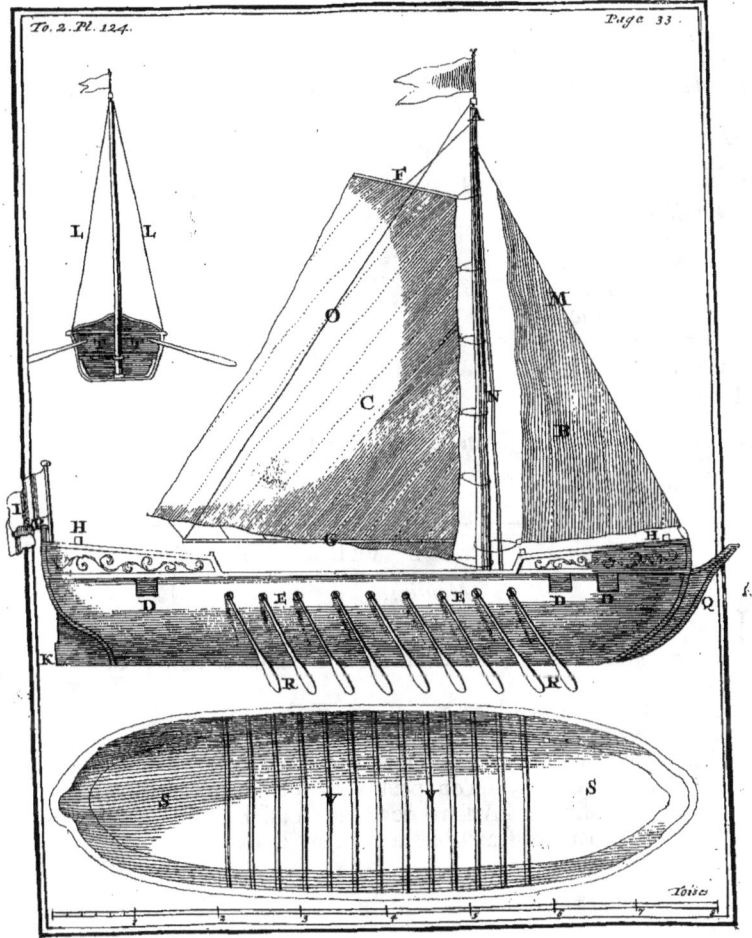

Toises

EXPLICATION DE LA FIGURE
d'une des moyennes Galiottes de Condé.

A *Grand mât.*
B *La trinquette.*
C *La grande voile.*
D *Sabords à canon.*
E *Sabords à rames.*
F *La corne.*
G *La baume.*
H *Chandeliers à mettre les Pierriers.*
I *Pavillon.*
K *Gouvernail.*
L *Corde de bauban.*
M *Corde d'étaye.*
N *Corde d'itaque.*
O *Corde de val-enseigne.*
P *Chouquet.*
Q *Lavantage.*
R *Rames.*
S *Endroit des plattes formes à mettre le Canon.*
T *Banc de rameurs.*
V *Courbes.*

Titre VII.

Moulins.

IL y a de plusieurs fortes de moulins dans les Places pour faire moudre le bled, au défaut des moulins à vent, & à eau.

Il y a des moulins à bras.

Il y a des moulins à cheval.

Les moulins à bras font composés de ce qui suit, au moins ceux de cette qualité, qu'on peut voir encore actuellement dans les Magasins de l'Arsenal de Paris en assez grand nombre, tous d'acier, & semblables à la figure ci à côté.

Tome II. E Ils

Ils doivent être montés sur un banc de bois en forme de chevalet ou tréteau d'environ 2 pieds & ½ de hauteur, & long de 4 pieds, fermé par en-bas avec de petits ais de sapin pour pouvoir mettre des pierres ou boulets, afin de donner un poids à ces moulins, pour empêcher qu'ils ne tombent quand on les fait travailler : il faut une caisse de bois d'environ deux boisseaux pour recevoir la farine.

Le corps de chaque moulin est posé sur un fond de bois de chêne attaché avec 4 vis en bois, & aux deux extrémitez du fond il y a deux grosses vis en bois, qui arrètent le moulin sur le banc par le moyen d'une clef à vis.

Les meules du moulin ont depuis 5 pouces jusqu'à 6 de cir-conférence, & font d'acier.

L'arbre du moulin est de 14 à 15 pouces de long, dont la manivelle est placée à droite du côté où il y a deux petites vis qui servent à faire moudre ou plus fin ou plus gros, en les tournant à droite pour faire la farine fine, & à gauche pour la faire grosse.

De l'autre côté de l'arbre il y a un balancier composé de deux tringles, où aux quatre extrémitez il y a des boulets de fer fondu du poids d'environ 3 livres & ½ chacun, & les tringles font de 6 pieds de long chacune.

La trémie est posée sur le moulin, aussi de bois de noyer, & contient environ un demi boisseau de bled : elle est retenue avec une vis qui la fait tenir au corps du moulin.

Pour monter deux tringles à chaque moulin, il y a des chiffres sur le poids des balanciers, & dans les trémies de chaque moulin.

Il faut poser le balancier à gauche du moulin du côté par-où entre le bled de dedans la trémie, & prendre une des deux tringles dont le chiffre sera de même que dans la trémie, où il se trouvera trois petits coups de pointeau ou poinçon, ou pour mieux dire, comme trois points marqués à côté du trou quarré de la tringle, dont il y en a un marqué d'un côté, & les deux autres de l'autre. Il faut exposer le côté, où il n'y a qu'un coup de poinçon ou pointeau sur le bout de l'arbre du moulin : & les deux autres coups se trouvant à découvert vers

le

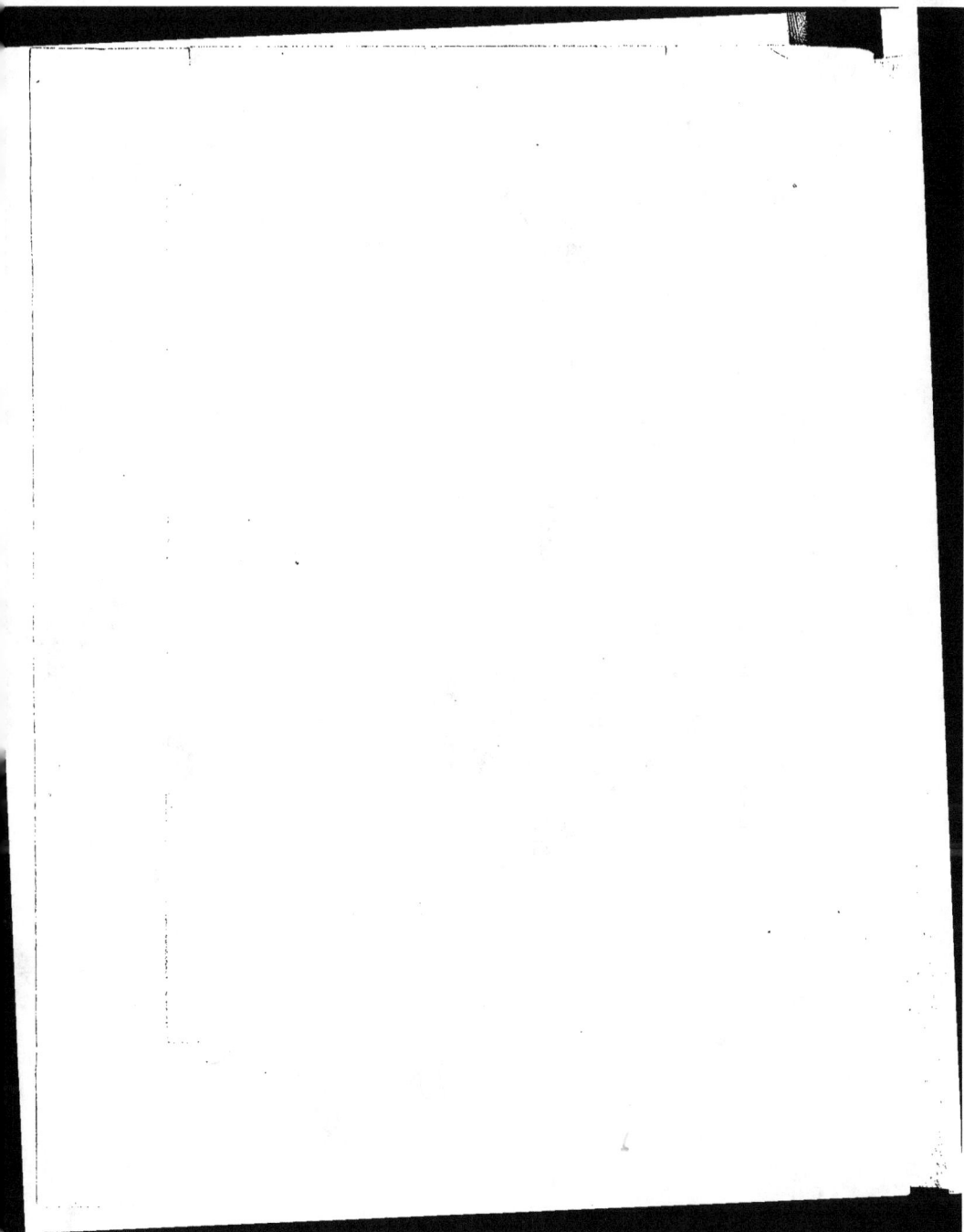

le bout de l'arbre, il faut prendre l'autre tringle & mettre le côté où les deux coups de pointeau font auſſi marqués, ſur les deux autres qui ſont ſur la premiere poſée ; & enſuite y mettre la clavette le plus fort qu'on pourra.

Il faut obſerver, à l'égard des deux vis qui ſervent à faire moudre fin ou gros, pendant le tems qu'on les tourne, qu'il faut faire un peu tourner à rebours le moulin, parce que ſi on pouſſoit trop les vis, les rouës du moulin s'accroche-roient enſemble, & rendroient le moulin trop difficile à tour-ner.

Pour les cinquante qui ſont à l'Arſenal de Paris, il y a 100 vis pour ſervir à les monter.

50 clefs pour ſervir à monter les vis, &

100 tringles où il y a des boulets au bout.

POur connoître les piéces de fer & de bois qui entrent dans un moulin à cheval, & les proportions qu'on leur don-ne, il n'y a qu'à lire le devis fait pour retablir & remettre en état quatre moulins qui ſont à la Citadelle du Havre.

EXPLICATION DE LA FIGURE
de l'un des Moulins à cheval du Havre.

A *Tête de chevre à deux poulies, qui sert à lever & baisser*
　la meule qui est sous la trémie.
B *Cage dans laquelle la farine tombe.*
C *Plancher fait de bois de bordage de deux pouces d'épais-*
　seur, soutenu par des sommiers de 8 pouces en quarré.
D *Traverse soutenue par quatre verges de fer, ou les che-*
　vaux sont attelés. On n'en a mis qu'un, parce que
　l'autre auroit caché la figure.
E *Verge de fer.*
F *Pivôt sur lequel la grande rouë tourne.*
G *Trémie.*
H *Ce qui contient la meule.*

Devis

Devis pour remettre en état quatre Moulins sous l'une des voutes d'un des bâtimens.

Pour chaque moulin.

Une roüe de 4 pieds & ½ de diamétre, compofée des piéces ci-après mentionnées.

Un arbre tournant de 8 pieds & ½ de long, & de 14 pouces de diamétre.

16 traverfes de 7 pieds 3 pouces de long chacune, & de 2 pouces d'épaiffeur, & 7 pouces de large.

16 écharpes de 7 pieds de long chacune, 8 pouces & ½ d'épaiffeur, & 4 pouces de large.

8 jantes chacune de 7 pieds de long, & 6 pouces & ½ de large, 4 pouces d'épaiffeur, affemblées l'une fur l'autre.

Affembler des dents autour de la roüe, efpacées de 4 pouces & ½ de milieu en milieu, de bois de frène fec.

Affembler une barre de bois de chêne, d'un jeune balliveau de 15 pieds de long, & 4 pouces en quarré.

Les deux tourtes de la lanterne doivent avoir 22 pouces de diamétre, d'épaiffeur 3 pouces, de bois d'orme, dans lefquelles il fera affemblé 11 fufeaux, qui doivent avoir chacun 18 pouces de long, & 2 pouces de diamétre, de bois de pommier-bofquet.

Faire un paillé compofé de deux poteaux de bois de chêne de 7 pieds & ½ de long, & 6 pouces en quarré, chacun avec deux traverfes de pareille longueur & échantillon.

Faire un caiffon pour recevoir la farine, une enchevétrure pour pofer les meules.

Faire un revêtement de douelles de bois de chêne aux meules revêtues de cercles.

Faire une trémie & un chaffis pour la pofer deffus : la ferrure du moulin à l'arbre tournant, trois cercles de fer, un pivôt, une crapaudine acerée, une lunette de fer en haut, & un dez à revêtir le goujon pour foutenir la barre fur laquelle on attelle le cheval.

Quatre branchettes, deux crocs pour arrêter le bacul à la lanterne.

E 3   Un

Un arbre de fer aceré.

Une nille à la poterie bien acerée.

Deux cercles de fer sur chacune des tourtes de la lanterne.

Retailler & rajuster les meules, pour les rendre d'un diamétre égal & bien rondes, enforte qu'elles aient un bon
moulage.

Pour les planches de chaque moulin, cinq sommiers de
20 pieds de long chacun, sur 8 pouces quarrez, de bois de
chêne ou pruffe.

Il doit entrer aussi pour chaque plancher de 21 pieds en
longueur, sur 18 pieds de largeur, 378 pieds quarrez de planches de pruffe, affemblées de languettes l'une dans l'autre.

Il faut aussi fermer la voute sous laquelle seront ces moulins aux deux bouts, dans lesquelles fermetures il faudra observer à chacune une porte ouvrante à deux panneaux ou
vanteaux, affez large pour paffer les chariots pour porter le
Canon sur les remparts.

A chacune fermeture des voutes il doit entrer 35 pieds de
bois de chêne de 6 pouces quarrez pour les dépôtilles, &
60 pieds de membrures de 6 pouces de large, & 2 pouces
d'épaisseur, & 260 pieds quarrez ou environ de planches de
sapin.

Ferrures.

HUit pentures avec leurs gonds, verrouils, crampons, &
ferrures aux portes, & la clouterie néceffaire tant pour les
planchers que pour les fermetures.

Un moulin entier fait de cette façon revient à près de 500
livres.

TITRE

TITRE VIII.

Bois de remontage, de Plattes-formes, & à Ponts.

IL n'y a rien à mettre ici fur cet article : car fous ce titre de bois de remontage, on n'entend que les bois qui peuvent être propres à remonter les Piéces de Canon, & a conftruire des Affûts, Avantrains, Chariots, &c.

Et les proportions de ces bois font expliquées dans les Chapitres précédents.

On voit au Chapitre des Batteries les proportions des bois à Plattes-formes.

Et on verra celles des bois à Ponts au Chapitre des Ponts.

TITRE IX.

Des Fontes & Fonderies, où il eft auffi parlé de l'épreuve des Piéces.

ON a parlé des Fondeurs dans la première Partie de cet Ouvrage : on verra ci-après les prix qu'on leur donne pour la fonte & fabrication de toutes les Piéces, & des Mortiers, Pierriers & Pétards, dont on fe fert en France pour la terre.

Il faut auparavant parler des proportions qu'on donne à une Piéce de Canon ; & enfuite nous parlerons de la manière d'en former le moule, & de mêlanger & allier les métaux.

Le mémoire qui fuit, vient de la Fonderie de Doüay, & fût donné autrefois aux Officiers qui y étoient à l'Ecole d'Artillerie.

Pour faire la Piéce de Canon portant 24. livres de boulet.

IL faut faire la Piéce de 10 pieds de longueur, qui eft ordinairement la longueur des Piéces de Batterie qui fe frabriquent en France pour la terre, & 5 pouces 8 lignes ou environ

ron pour le diamétre de l'ame marquée A. Vous partage-
rez cette longueur en fept parties égales. Vous prendrez
deux de ces fept parties, vous les porterez à *B* & à *C* qui
fera au définitif de *C* le premier renfort ; & une autre partie, & un demi calibre pour placer le fecond renfort marqué
D. Pour vos épaiffeurs de métal, il faut partager le diamétre de l'ame, ou bien le calibre, qu'on appelle ordinairement en terme d'Artillerie, en 16 parties égales, marquées
E, dont vous en mettrez en bas 15 parties, comme il eſt
marqué *F*, & enſuite de toutes les épaiffeurs, comme vous
le voïez fur la Piéce, 14 parties, 13, 12, & 11 parties, & à la
volée ½ de calibre, comme vous le voïez marqué *G*. Pour
placer les tourillons, il les faut mettre un demi pouce au-deffous du haut du fecond renfort marqué *D*, & leur donner
un calibre de longueur, & un de diamétre, comme il paroît
ponctué fur le tourillon. Pour former les aftragalles de la Piéce, il faut partager le calibre *H* en 24 parties égales, & donner de hauteur aux aftragalles autant de parties de 24, qu'il
en paroît de marquées fur chacun des aftragalles. Pour la
faillie, il leur faut donner à la culaffe 5 parties du calibre partagé en 24, & au premier renfort 3 parties, au fecond de même, & au bourrelet un tiers de calibre pour la faillie. Pour la
longueur du bouton 2 calibres, pour fa groffeur par en-bas,
un calibre, & diminuer le refte à proportion, comme il eſt
fur la Piéce. Pour ce qui eſt de la petite chambre qui eſt au
défaut de l'ame, il faut qu'elle ait ⅓ de calibre de profondeur, & ⅓ de diamétre ; & ainfi des autres Piéces qui ont 8
pieds de longueur, & partager auffi leur hauteur en 7 parties
pour trouver où placer leur renfort, & de même des autres, quand elles n'auroient que 5 à 6 pieds de longueur.

Ce font les mefures qu'on donnoit aux Piéces en l'année 1685, & elles font femblables aux deffeins ou modéles
qui font repréfentés dans la première Partie de ces Mémoires.

Un Officier qui a fort étudié les fontes, veut que les proportions fe donnent aux Piéces, comme il va être expliqué.

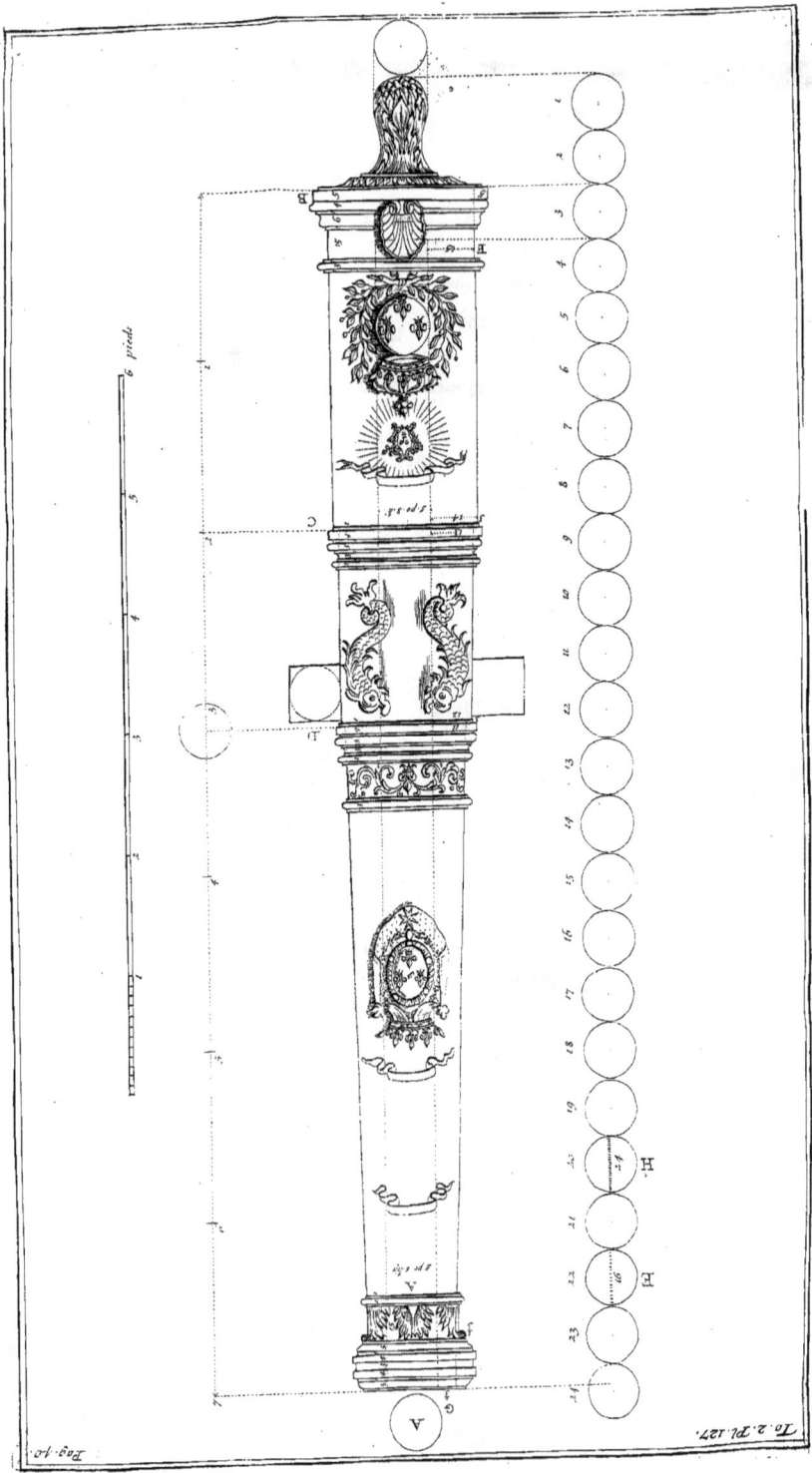

TABLE DES PROPORTIONS DE CHAQUE PIÉCE.

	Piéces de 33.	de 24.	de 16.	de 12.	de 8.	de 4.
PEsanteur des Piéces suivant les proportions ci-dessous, sera d'environ	6200 l.	5100 l.	4100 l.	3400 l.	1950 l.	1300 l.
Longueur des Piéces depuis le derriére de la plattebande de la culasse jusqu'à la bouche	10 pieds.	10 pieds.	10 pieds.	10 pieds.	8 pieds.	8 pieds.
Longueur de l'ame depuis la bouche jusqu'à la culasse doit être de	9 pieds 5 po. $\frac{3}{4}$.	9 pieds 6 pouces $\frac{1}{3}$.	9 pieds 7 po. 1. lig.	9 pieds 7 pouces. $\frac{1}{2}$	7 pieds 8 po. 1. lig.	7 pieds 8 po. 11 lig. $\frac{1}{2}$
La culasse aura en longueur, depuis le fond de l'ame jusqu'au derriére de la plattebande, un calibre de la Piéce.						
Le derriére de la culasse un $\frac{1}{2}$ calibre jusqu'au bouton, qui aura aussi un calibre, & un $\frac{1}{2}$ calibre pour la pomme du bout du bouton.						
Son diamétre par le collet près la pomme aura un calibre.						
La pomme un calibre $\frac{1}{3}$.						
Et un calibre $\frac{1}{2}$ proche le derriére de la culasse.						
La culasse y viendra finir en cul de lampe.						
Le diamétre des Piéces à la culasse, sans y comprendre la moulure, doit être de	19 pouces.	17 pouces.	15 pouces.	14 pouces.	12 pouces.	10 pouces.
La moulure depuis le derriére de la plattebande, aura en longueur un calibre, & un autre calibre depuis le devant de la moulure jusqu'au devant de l'astragalle du double renfort.						
L'astragalle aura plus d'un pouce de long pour les grosses Piéces, & quelque chose de moins pour les petites.						
Son épaisseur de même.						
La moulure de la culasse finira à peu de chose sur le renfort.						
Le diamétre de la plattebande doit être de	22 pouces.	20 pouces.	18 pouces.	16 pouces $\frac{1}{2}$.	14 pouces.	12 pouces.
Longueur du premier renfort, depuis le derriére de la plattebande de la culasse jusqu'au devant de la moulure du devant du renfort, sera de	3 pieds 2 pouc.	3 pieds 2 pouces.	3 pieds 2 pouces.	3 pieds 2 pouces.	2 pieds 6 pouces.	2 pieds 6 pouces.
Diamétre du devant du renfort proche la plattebande sera de	18 pouces.	16 pouces.	14 pouces.	13 pouces.	11 pouces.	9 pouces.
Longueur du second renfort, depuis la moulure du premier renfort jusqu'au devant de celle du second, est de.	20 pouces.	20 pouces.	20 pouces.	20 pouces.	14 pouces.	14 pouces.
Diamétre du renfort sur le derriére est de	18 pouces.	15 pouces.	13 pouces.	12 pouces.	10 pouces $\frac{1}{2}$.	8 pouces $\frac{1}{2}$.
Diamétre du renfort sur le devant est de	16 pouces. $\frac{1}{2}$.	14 pouces $\frac{1}{2}$.	12 pouces $\frac{1}{2}$.	11 pouces $\frac{1}{2}$.	9 pouces $\frac{3}{4}$.	8 pouces.
La moulure du devant du premier renfort aura en longueur un calibre depuis le derriére de la plattebande jusqu'au devant de l'astragalle du second renfort.						
La moulure du devant du second renfort sera égale à celle du premier.						
Les anses seront passées sur le second renfort entre les deux moulures.						
Les tourillons seront posés sur les côtez du renfort près la plattebande; le dessus des tourillons sera presque égal au ventre de la Piéce; leurs longueur & diamétre seront du calibre de la Piéce.						
Longueur de la volée des Piéces, depuis le devant de la moulure du second renfort jusqu'à la bouche, doit être de.	5 pieds 2 pouc.	5 pieds 2 pouces.	5 pieds 2 pouces.	5 pieds 2 pouces.	4 pieds 4 pouces.	4 pieds 4 pouces.
Diamétre de la volée proche le devant de la moulure du second renfort, sera en cet endroit de.	15 pouces $\frac{1}{2}$.	13 pouces $\frac{1}{2}$.	12 pouces.	11 pouces.	9 pouces $\frac{3}{4}$.	8 pouces.
Diamétre du collet près l'astragalle du devant de la volée de	11 pouces $\frac{1}{2}$.	10 pouces 4. lig.	9 pouces.	8 pouces.	6 pouces $\frac{1}{3}$.	5 pouces 8 lignes.
Diamétre du bourrelet sur les plattesbandes sera de	15 pouces.	13 pouces.	12 pouces.	11 pouces.	9 pouces	7 pouces $\frac{1}{2}$.
L'ornement de volée des Piéces doit avoir en longueur, y compris l'astragalle, un calibre depuis le devant de la moulure du second renfort jusqu'au derriére de l'astragalle.						

L'ornement du collet aura aussi de longueur, y compris l'astragalle, un calibre jusqu'au bourrelet.

Le bourrelet doit avoir en longueur un calibre. Sur la seconde plattebande il y aura un bouton de mire qui sera égal en hauteur à la plattebande du second renfort, & à l'extrémité du devant du premier renfort.

Sur la plattebande de la culasse il y aura une visiére qui répondra droit au bouton de mire.

Le premier renfort sera orné des Armes de France, avec Trophées d'Armes, & de la Devise du Roi au-dessus de la Couronne.

La volée sera aussi ornée des Armes du Grand-Maître de l'Artillerie, avec Trophées d'Armes, de la Devise du Canon, & du nom qu'on donnera à la Piéce. Le poids des Piéces doit être gravé sur la face du tourillon droit. Le bouton & le derriére de la culasse seront ornés de feuillages & de Fleurs de Lis. Les astragalles des Piéces seront égaux entre eux.

Proportions des Piéces de la nouvelle invention, ou carabinées.

ELles ont de longueur 12 calibres pour la profondeur de l'ame, y compris la chambre, & un calibre pour l'épaisseur du métal autour de la chambre, dans lequel se prend la petite chambre qui est d'un quart de calibre, & un calibre un quart pour la longueur du bouton. Au premier renfort il y a 15 parties du calibre divisé en 16, à finir au second renfort à $\frac{2}{3}$ de calibre, & à la volée $\frac{1}{2}$ calibre, à finir au bourrelet à $\frac{1}{3}$ de calibre. Les tourillons se posent à $\frac{1}{2}$ pouce au-dessous du commencement de la volée: ils sont différens des autres, aiant un épaulement pour égaler la grosseur de la culasse, afin qu'elle se loge sur son affût sans le rendre difforme. La chambre a un calibre $\frac{1}{2}$ de diamétre.

Il faut vous faire souvenir, qu'aux Piéces de 33, de 24, & de 16, on fait de petites chambres dans le fond de l'ame, où la lumière répond : elles ont en longueur & diamétre le tiers du calibre de la Piéce.

Les Piéces de 12 & au-dessous n'en ont point.

Ces petites chambres se font pour donner plus d'épaisseur à la lumière, & pour empêcher que la grande violence du feu de la Poudre ne l'évase, comme il arrivoit lorsqu'elle répondoit encore dans l'ame des Piéces, après avoir tiré environ 1000 coups ; de cette façon elles doivent résister beaucoup plus.

Cependant quelques-uns de nos anciens & plus habiles Officiers font plus de cas des lumières qui sont percées obliquement, & qui répondent à l'endroit où l'ame de la Piéce se joint à la petite chambre, que de celles qui sont percées perpendiculairement, & qui répondent dans cette petite chambre même. La raison qu'ils en donnent, est, que, quand on se sert de Gargouges pour charger les Piéces, il faut que le dégorgeoir qu'on fait entrer par la lumière, aille percer la Gargouge par derrière, afin que le feu de l'amorce s'y puisse communiquer : & quand la lumière tombe à plomb dans la petite chambre, le dégorgeoir ne touche point à la Gargouge ; il seroit même douteux qu'il pût y toucher, quand même la lumière viendroit aboutir à la jonction de la petite chambre avec l'ame.

Au surplus ils ajoutent, qu'aux Piéces qui se fondent en Alsace, la chambre est un peu arrondie, comme on l'a vû à la figure des Piéces, au lieu qu'en Flandres elle est faite en forme d'un quarré long.

Mais afin de m'assûrer une fois pour toutes des véritables proportions qu'on donne aux Piéces en les fondant, j'ai eu recours à M. Balthazard Keller, qui m'a aidé de ce dessein, sur lequel on pourra remarquer, qu'aux dernières Piéces qu'il a faites, il y a mis moins de moulures qu'aux précédentes. Le raisonnement est court ; mais il est aussi intelligible que les autres, étant aidé de la démonstration.

E X P L I C A T I O N D E L A F I G U R E

qui repréſente une Piéce de 24 pareille aux dernières
que les *Keller* ont fondues en Flandres.

Longueur.

LA longueur de la Piéce *AB*, qui eſt de 10 pieds, ſera par-
tagée en 7 parties.

Le grand renfort *AD* aura deux parties.
Le ſecond renfort *DC*, une partie.
La volée *CB*, quatre parties.

Groſſeur.

Le calibre de la Piéce ſera partagé en 12 parties égales.
A la culaſſe il y aura 12 parties.
Au premier renfort *D*, 11 parties.
Au ſecond renfort *E*, 10 parties.
Au troiſième *C*, 9 parties.
Au quatrième *F*, 8 parties.
A l'aſtragalle *G* de la volée, 4 parties.
Pour former les hauteurs & ſaillies des aſtragalles, on di-
viſera l'un des calibres en 24 parties égales ; & on prendra au-
tant de parties de ces 24 pour former chaque hauteur d'aſ-
tragalle qu'il eſt marqué ſur chaque moulure du deſſein. On
fera la même choſe pour les ſaillies.

Les tourillons ont de ſaillie & de groſſeur le calibre de la
Piéce comme il eſt ponctué.

LEs Fondeurs ne s'accordent pas tous ſur les proportions
qu'on doit donner aux Piéces, ni ſur leurs ornemens. Le
Sieur Emery de Lion a fondu quelques Piéces du calibre de
24 & de 8 à l'ordinaire, conformes au deſſein que vous pouvez voir ici, & qui ont réuſſi parfaitement.

E X.

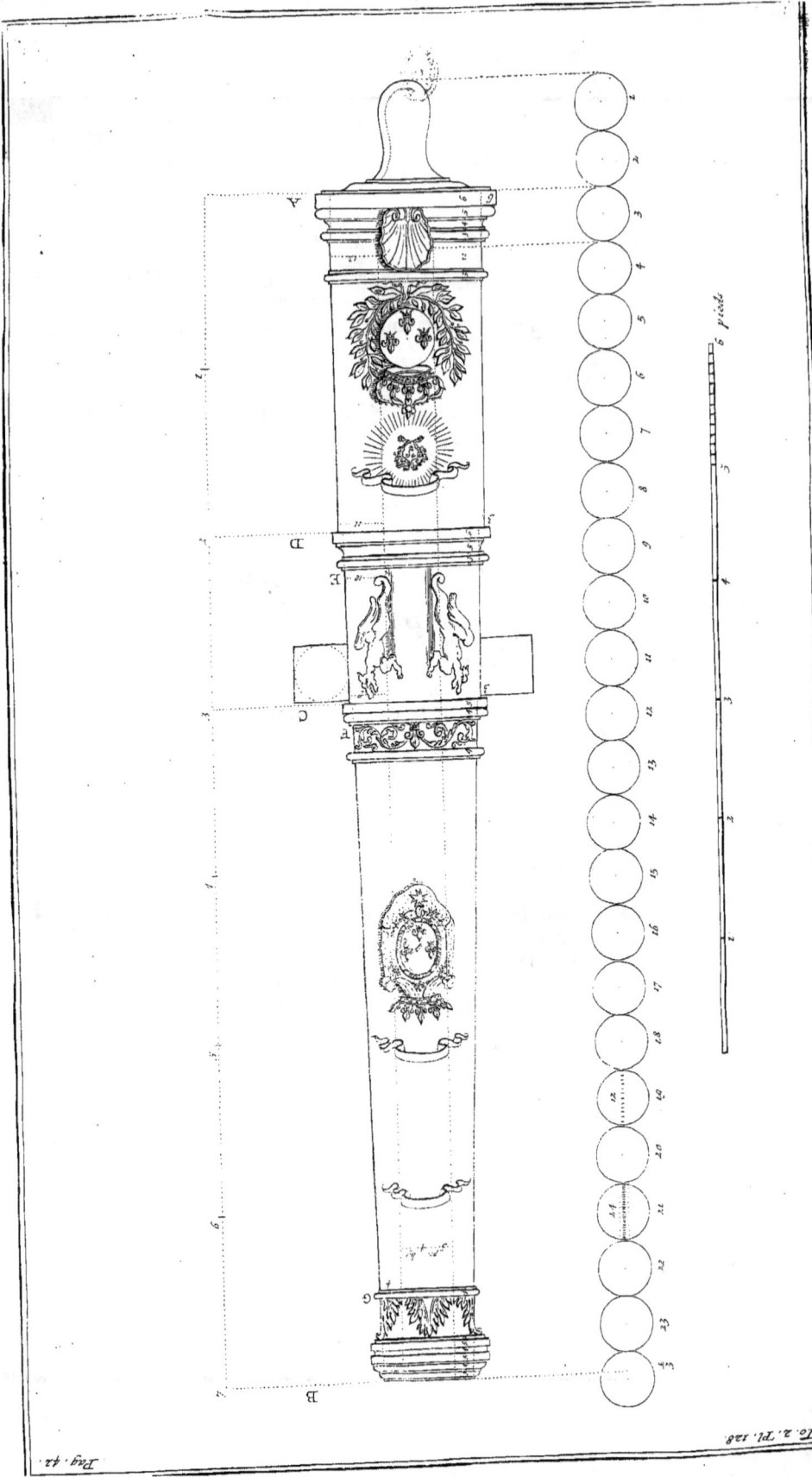

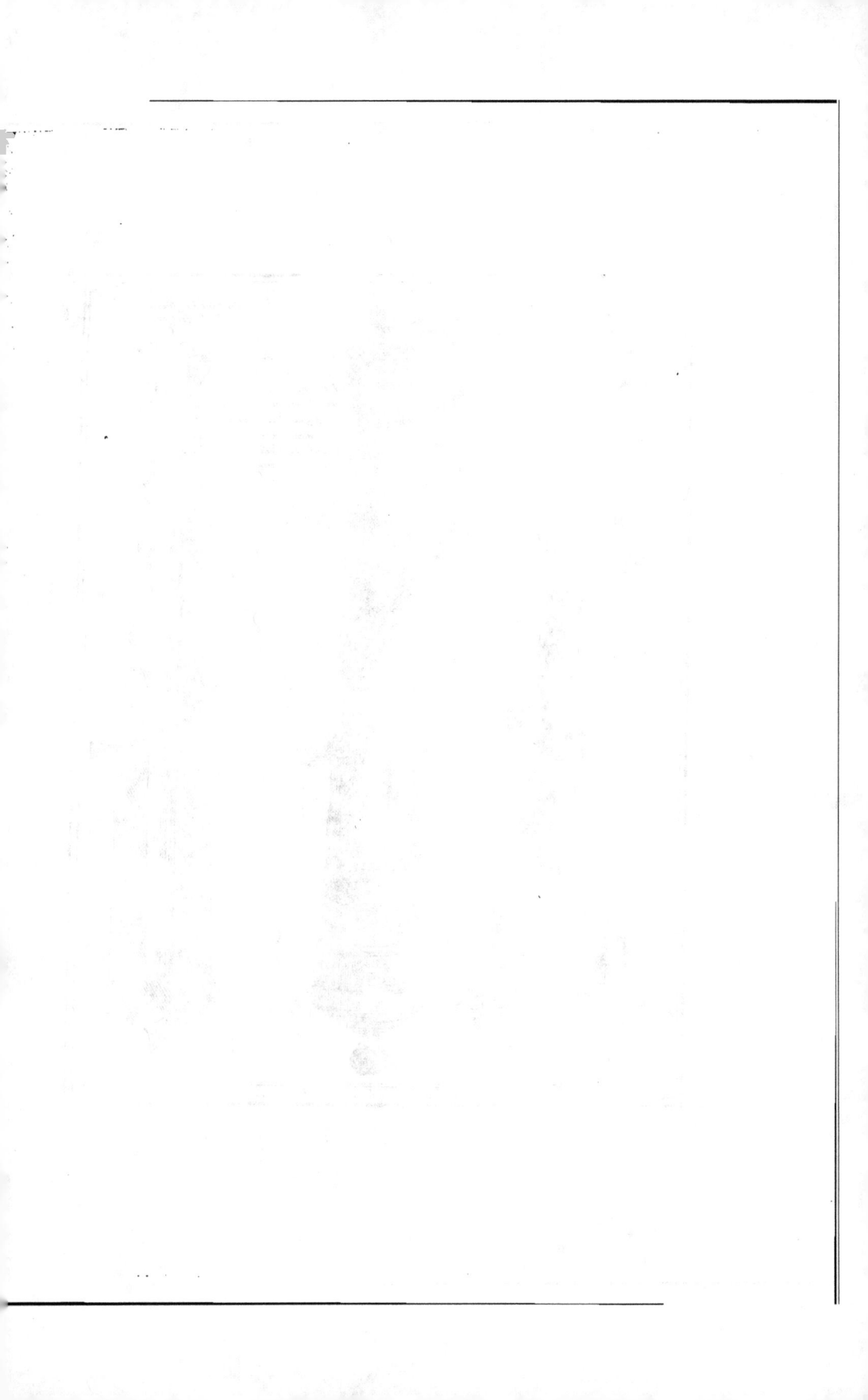

De 24 a l'ordinaire d'Emery

De 4 de Baure
nouvelle invention

E

Coupe de la piece
de 4 de Baure

E

De 24 a l'ordinaire
de l'Officier

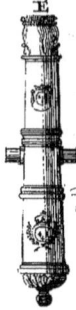

C

De 8 d'Emery
nouvelle invention

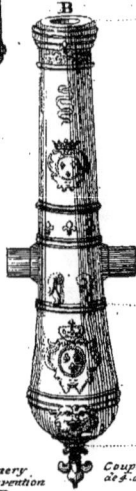

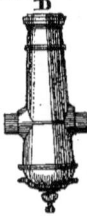

B

Les Pieces de 24 et
de 8 a l'ordinaire
d'Emery sont conformes
pour le dessein a la Piece
de 24 que l'on voit
icy, mais cette Piece de
8 qui est a coté, est de
la nouvelle invention

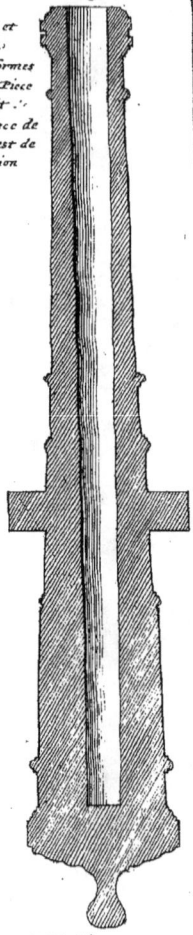

De 4 d'Emery
nouvelle invention

D

Coupe de la piece
de 4 d'Emery

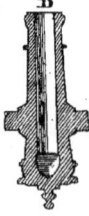

D

1   2   3   4   5   6 pieds

EXPLICATION DE LA FIGURE
des Piéces d'*Emery*, de *Faure*, & d'un Officier.

A *Piéce de 24. d'Emery.*
B *Piéce de 8 d'Emery.*

C *Piéce de l'Officier* . . $\left\{\begin{array}{l} \text{1 ceci eft le diamétre de la Piéce} \\ \text{\quad fous la lumière,} \\ \text{2 ceci eft le diamétre de la Piéce} \\ \text{\quad à la volée,} \end{array}\right.$ 4 pou. ⅔
5 pou. 7 lig.

D *Piéce de 4. d'Emery.*
E *Piéce de Faure.*

UN Officier très-ancien dans le Corps de l'Artillerie, & très-capable, a cru, fur quelques expériences qu'il a faites, qu'il étoit bon d'avoir une attention particulière à obferver que l'ame d'une Piéce fût auffi large au fond qu'à la bouche: car, fi elle étoit faite comme la figure C le démontre, il prétend qu'il n'y auroit rien de furprenant, qu'une Piéce de forme conique pouffât un boulet plus loin qu'une autre Piéce ne feroit. Il en donne la raifon dans le difcours qui fuit.

L'expérience, dit-il, a fait connoître que le Canon qui a fervi long-tems, eft moins fujet à créver, que celui qui eft fondu de nouveau. Ce n'eft pas que la matière fe rectifie, comme quelques-uns fe le font voulu perfuader; mais plûtôt par la raifon que le boulet par la multiplicité des coups faifant l'iffuë plus facile, le coup fait moins d'effort à la Piéce.

Par ce même raifonnement, le Maître Fondeur qui eft obligé à l'épreuve de fon Canon, peut en le fondant faciliter de même la fortie du boulet, en obfervant ce qui eft marqué à la figure; c'eft-à-dire, que la Piéce de vingt-quatre qui a ordinairement 10 pieds & ⅓ ou environ de longueur, fur 5 pouces 7 lignes de diamétre ou environ, n'aura au fond de l'ame que 4 pouces & ⅔: enforte que fa charge de poudre avec fon boulet & fon fourage occupant l'efpace de l'ame le plus étroit, néanmoins toûjours en augmentant du côté de la bouche, & trouvant toûjours plus de facilité le diamétre augmentant toûjours d'une ligne par pied; la fortie étant moins forcée, ne peut endommager la Piéce, ni accroître fa lumière que par un très-long ufage.

F 2   J'avois

J'avois, ajoute-t-il, autrefois un Fufil dont le canon étoit beaucoup plus large à fon embouchure, qu'au fond de fon ame; aufli écartoit-il bien plus qu'un autre, & m'afluroit prefque toûjours du gibier que je tirois. Ce fut un chaffeur de mes amis qui s'apperçut le premier de ce fecret, aiant démonté le Fufil pour le nettoïer: & il me parut fort perfuadé que l'Ouvrier ne l'avoit pas tant fait pour en pouvoir écarter mieux la dragée, que pour mieux foutenir l'épreuve qu'on devoit faire du canon, parce que des armes ainfi forgées ne crèvent que fort rarement.

Je laiffe faire là-deffus les réflexions qu'on voudra.

Les Piéces légéres étant très-utiles dans les montagnes à caufe de la commodité du tranfport, comme nous l'avons dit aux Piéces de 1 livre de Faure, Fondeur à Perpignan; on ne s'eft pas contenté de ces Piéces qui ont été faites. Faure en vient de couler d'autres de plus gros calibre, pour être portées à la fuite des équipages: elles font de 4 livres de boulet, longues de 3 pieds 3 pouces, & ne péfent chacune que 150 livres, enforte qu'un mulet en porte deux: on les a éprouvées à 10 onces de poudre. La figure *E* vous les donnera mieux à connoître.

Cette autre petite Piéce *D* qui eft d'Emery, eft de même calibre; mais elle n'eft que de deux pieds de long. On la monte fur un Affût de fer à queuë, comme fe montent auffi préfentement les Piéces de 1 livre de Faure; car ces Affûts de fer deviennent beaucoup à la mode en quelques départemens, & même Meffieurs de la Marine qui en ont fort approuvé l'invention, femblent vouloir s'en fervir, M. Foüard leur en aiant fait faire des modèles pareils à ceux-ci.

L'Affût de Marine *F* qui eft à 4 rouës, fert aux Piéces de 36, de 33, de 24, de 18, de 16 & de 12, & péfe environ 11 à 12 quintaux.

L'Affût de Marine *G* à deux rouës eft pour l'ufage des Piéces de 8, de 6 & de 4, & péfe 4 à 6 quintaux.

L'autre Affût *H* qui eft à queuë, fert, comme on vient de le dire, pour les Piéces carabinées de 2 pieds de long, & de 4 de boulet, appellées émerillons, & qui fe fondent à Lion; cet Affût péfe environ 120 livres.

Di-

H

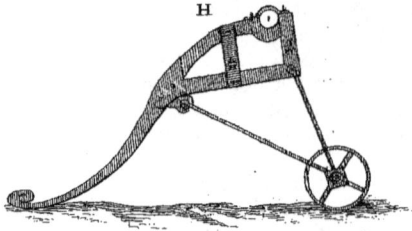

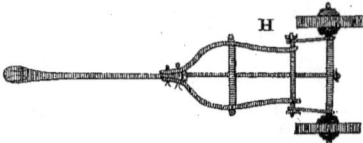

*Affust de bois et de fer qui
sert a monter les pieces de 4
de l'invention du Sieur Faure*

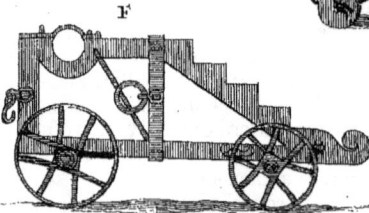

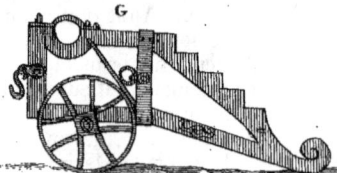

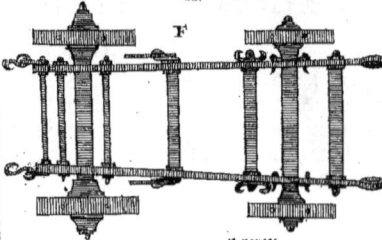

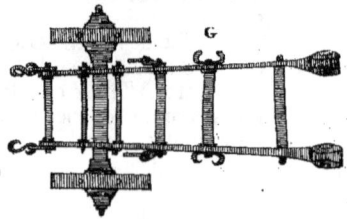

H

F

G

F

G

12 pouces

1   2   3   4   5   6   pieds

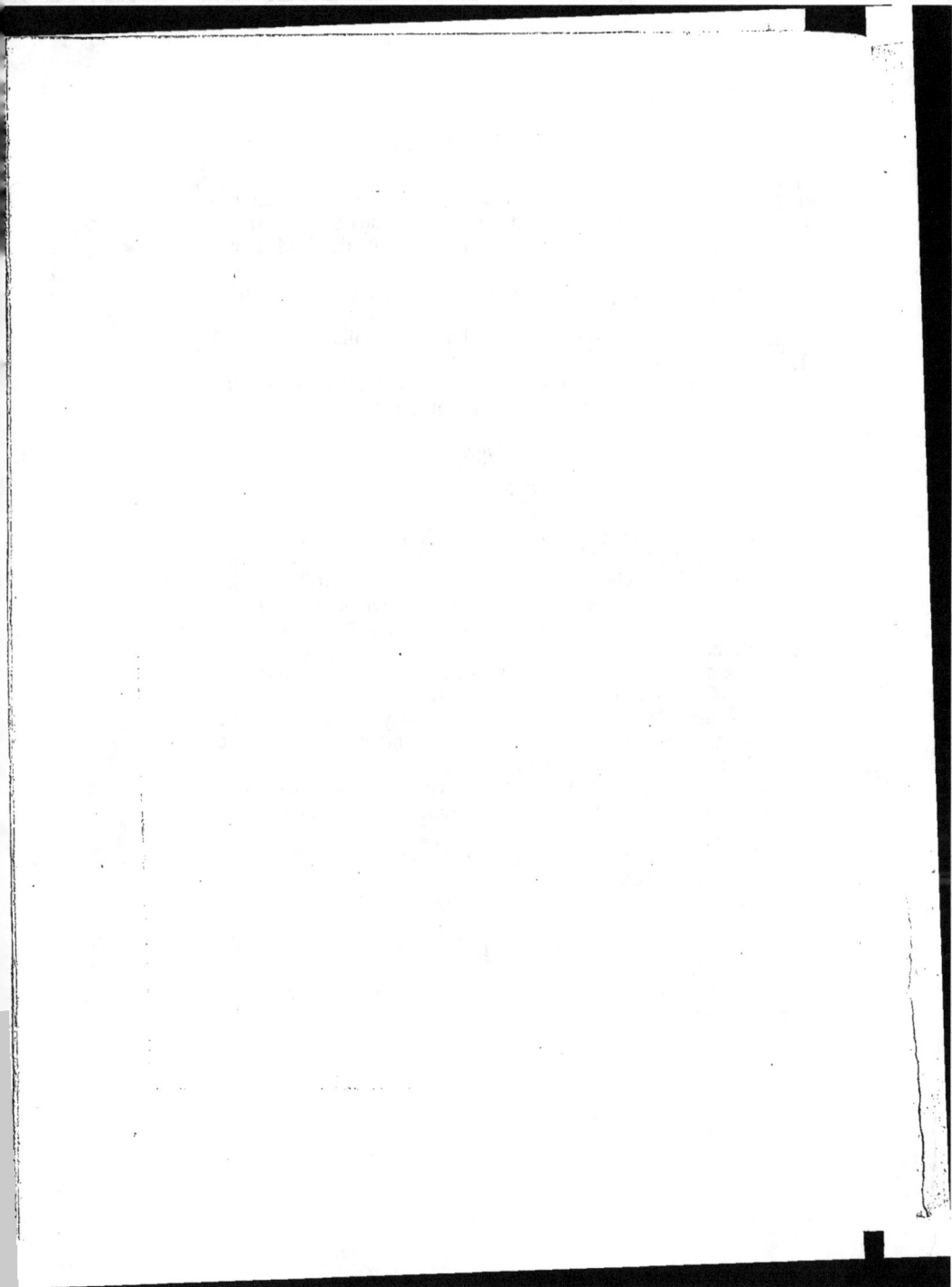

Disons quelque chose de l'alliage. J'ai plusieurs mémoires sur la manière de faire l'alliage des métaux; mais entre autres trois sur lesquels on assure qu'il faut faire plus de fond que sur les autres.

Je commencerai par celui qui vient d'un excellent Ouvrier.

Je suivrai par celui que je tiens d'un Commissaire d'Artillerie, qui s'est fort attaché aux fontes.

Et le troisième, qui sera le dernier, vient d'un curieux qui a travaillé, & qui a fait plusieurs découvertes.

De l'alliage.

Premier Mémoire.

IL n'y a qu'une mine de fonte, appellée Rosette. Elle se tire en Hongrie, Suède, Norvegue, Italie, & Lorraine: celles de Hongrie & de Suède sont les meilleures: celles d'Italie & de Lorraine sont les moindres: & celle de Norvegue est entre les deux; c'est la meilleure pour l'Artillerie, parce qu'elle est plus dure.

Il y a encore des mines en France, en Savoie, & dans le Tirol, d'où il en vient d'assez bon cuivre.

Pour faire l'alliage pour l'Artillerie, on y applique l'étaim qui vient d'Angleterre; le plus doux est le meilleur, & il vient de Cornoüaille. Il se connoît à l'épreuve à la clarté. Il en faut jusques à 6, 7, & 8 livres pour cent, suivant la rosette.

Celles de Norvegue, Lorraine & Italie en prennent le plus; cela se connoît à la casse.

Certains Fondeurs ne mettent que 4 ou 5 livres d'étaim par 100 livres de rosette.

Les étrangers veulent qu'on mêlange ainsi le métal,

  100 l. de rosette.

  10 l. & même jusqu'à 20 l. d'étaim.

  & 20 l. de letton.

La proportion qu'on prétend qu'observent les Sieurs Keller, est de mettre, avec

      10 mil-

10 milliers de rozette,
900 l. d'étaim,
& 600 l. de letton,

L'étaim se met pour empêcher les chambres ; mais aussi plus il y a d'étaim, & moins les lumières résistent.

Le Sieur Bercau, Fondeur, dit que, quand un Fondeur est obligé d'emploïer de vieilles Piéces de métal bas, & fait de mauvais alliage, il faut qu'il demande

25 l. de bon cuivre,
& 5 l. d'étaim pour joindre à
100 l. de ce vieux métal.

Ainsi cette quantité forme ensemble 130 livres.

Il y a plusieurs sentimens là-dessus, & cet alliage dépend de la prudence du Fondeur, qui doit toûjours s'appliquer à faire des Piéces d'une couleur vive & tirant sur le rouge, sans l'être pourtant trop, car la rosette est extrêmement porreuse, & sujette aux chambres.

Dans l'alliage pour les cloches on y applique 20 pour cent d'étaim, & le plus dur est le meilleur.

La rosette d'Italie & du Tirol n'en prend que 16 par cent.

Dans l'alliage pour faire des figures, on y met 4 pour cent d'étaim, & 8 pour cent de letton.

Le letton se fait de la rosette, en prenant 100 livres de rosette de Hongrie ou de Suéde: on y mêle pareil poids de calamine, qui est un minéral qui vient d'Aix-la-Chapelle, Limbourg & Namur: il est presque de la couleur de la mine de fer.

Devant que de la mettre à la fonte, il la faut recuire à peu près comme de la brique. Après cela il la faut moudre comme de la farine: puis la mêler avec de la poussière de charbon, & l'arroser avec de l'eau, pour qu'elle ne soit plus en poussière. Puis on partage la rosette & la calamine en 8 parties: on met cette matière dans 8 creusets dans le même fourneau; & étant fondue, dans 12 heures de tems elle est convertie en letton: & au lieu de déchet, il y a 48 à 50 l. pour cent d'augmentation, si c'est rosette de Hongrie ou de Suéde; celle de Norvegue n'en rendant que 38, & celles de Lorraine & d'Italie, que 28.

A

A l'égard de ce qui est appellé cuivre potin , ce font les lavûres qui fortent de la fabrique du letton , lefquelles font incapables de fouffrir le marteau ; c'eft de cela dont on abufe quelquefois dans les fontes des Mortiers & des Canons.

Quand les Ouvriers s'en veulent fervir pour d'autres ouvrages que ceux d'Artillerie , on y met 7 livres de plomb pour cent , pour le rendre plus doux au travail.

Le même fe fait au letton qui a été fondu deux fois. Il n'eft plus capable de fouffrir le marteau ; & on le réduit en potin par la même quantité de plomb : & quand les Fondeurs d'Artillerie veulent s'en fervir en fraude , ils fondent ce potin, auquel on ajoute le tiers d'étaim. Le tout bien mêlangé, on le coule en lingot : & lorfque le lingot eft de couleur de cerife , & encore plus rouge , il le faut lever en l'air, & vous trouverez au fond le plomb en nature qui ne pourroit entrer dans l'alliage du Canon.

Je paffe au fecond mémoire en faifant remarquer que la plûpart des gens croient qu'il y a de la fonte verte. Quelques Officiers d'Artillerie fignalent les Piéces de François I, de Charles-Quint, & des Henris , fous ce titre: & cette erreur s'eft même gliffée parmi des perfonnes d'érudition & de fçavoir , parce qu'effectivement ces Piéces portent fur leur furperficie une couleur verdâtre ; mais ce n'eft qu'un verd de gris qui s'y eft attaché à caufe du long-tems qu'elles ont été expofées à l'air. Il faut donc fçavoir qu'il n'y a point de fonte verte, & pour preuve, fciez ces Piéces-là , vous les trouverez rouges & de très-belle couleur de rofette à une demi ligne de profondeur.

Second Mémoire.

LA compofition de l'alliage des Piéces eft que , fur une partie de cuivre jaune, on y met.

Un tiers de rofette.

Un quart de letton ou vieux métal.

Un dix-feptième d'étaim.

A chaque fonte on doit mettre 10 livres de vieil oing fur 5000 livres de métal.

Troi-

Troifième Mémoire.

ENtre autres fecrets qu'on a trouvés pour purifier les métaux qui entrent dans la conftruction du Canon, & rendre
l'alliage meilleur, on fait cas de celui-ci.

Poudre pour la fonte des Canons de Bronze, & pour la
purification du cuivre, de l'étaim, & du plomb.

UNe once de cinabre.
  4 onces de poix noire.
  1 once ½ de racine de réfort féche.
 16 onces d'antimoine.
  4 onces de mercure fublimé.
  6 onces de colle d'Arménie.
 20 onces de falpétre.
Mettre le tout en poudre féparément, puis le mêler enfemble, & y jetter 2 livres de l'eau forte fuivante.

Pour la compofer, il faut prendre 2 livres de vitriol, 2 onces
de fel armoniac, 12 onces de falpêtre, 3 onces de verd de
gris, 8 onces d'alun.

Réduire le tout en poudre féparément, puis le mêler enfuite
enfemble, & le diftiller dans un alambic de verre.

Jetter deux parts de cette eau forte fur trois parts de la
première poudre dans une grande terrine peu à peu, en remuant bien le tout avec un bâton; puis après laiffer évaporer l'eau forte fur un réchaut, & remuer jufqu'à tant que cette
poudre foit féche.

On ne doit pas ômettre de dire, que laiffant la poudre
quelque part dans une chambre, elle deviendra encore humide; mais en l'évaporant une feconde fois, elle demeurera
toûjours féche.

L'alliage des Métaux, &. la manière de jetter
la poudre.

IL faut fondre 97 l. de rofette; puis y jetter 6 l. de letton en
                                                      lamines,

lamines, les remuer & laisser en fusion quelque tems pour s'incorporer; ensuite en faire autant avec 6 livres du meilleur étaim: & lorsque le tout sera en bonne fonte, soit pour l'Artillerie, soit pour les statuës, ou pour tout autre ouvrage, il faut remuer le métal avec un bâton ferré, aiant des haillons au bout trempés dans du vieil oing; puis laisser le tout en fusion à bon feu un quart d'heure.

Ensuite, pour la matière fondue de 109 livres ensemble, on mettra 2 onces de la poudre dans une boëte fermée qu'on attachera avec deux cloux à une verge de fer, pour la fourer dans le métal jusqu'au fond, en remuant jusqu'à ce qu'il n'y ait plus de fumée blanche; & lors il faut le laisser en fusion une demi heure, puis jetter au moule.

Les opérations & l'effet de cette Poudre.

ELle purifie tous les métaux inférieurs, & particulièrement elle rend le cuivre pur & doux comme l'or & l'argent, jusqu'à le battre en feuilles, pourvû qu'on y observe la même méthode que les Batteurs d'or & les Orfévres.

Cette forte de cuivre se tient toûjours net en toute forte d'ouvrages, mais principalement on en voit la plus grande *Remar-* utilité au fait des Canons; car les Piéces ainsi faites font aussi *quez que* compactes & ferrées que si elles étoient forgées; de forte *c'est le* qu'elles résistent plus à la poudre à Canon, & ne crévent ja- *qui par-* mais, quoiqu'on les tire souvent. *le.*

C'est par cette raison aussi, qu'au lieu de 1000 l. de métal qu'il faudroit, par exemple, pour le corps d'un Canon, on ne prend que 625 livres de cuivre purifié.

Ces Piéces-là ne laissent pas de faire un aussi grand effet que les autres qui ont un tiers plus de matières communes.

Outre l'avantage qu'il y a pour le port & le transport de ces Piéces par mer & par terre. *Ici finit le Mémoire.*

Après avoir soigneusement observé tout ce qui se pratique dans les Fonderies, & m'être bien fait expliquer par les plus habiles dans le métier les difficultez qui pouvoient

m'arrêter, je suis enfin parvenu à digérer le mémoire inf-
tructif qui suit, que j'ai orné de figures qui peuvent en repréfenter toutes les actions différentes.

LES MOULES DES PIÉCES
se font de cette manière.

*La première figure d'actions de la Fonderie repréfente
comme on prépare la terre pour faire
les moules.*

ON prend une piéce de bois de fapin bien droite & à plufieurs pans, ou même toute unie, & plus longue que la Piéce
ne doit être, c'est-à-dire, de 12 pieds & plus. Cette piéce de
bois s'appelle troufſeau : on couche ce troufſeau tout de fon
long, & on en appuie les bouts ſur des tréteaux ou chantiers.

La

*La II Figure fait voir comme on couvre de **nattes** les troussaux, pour commencer à former les moules des Piéces.*

ON graisse le troussaux avec du vieil oing : on roule par là-dessus, & on attache avec deux cloux une natte de paille tout du long jusqu'à une certaine grosseur.

La III Figure montre comme on couche la terre fur les nattes.

SUr cette natte on applique plufieurs charges ou couches d'une terre graffe détrempée avec de la poudre de brique; & on commence à former un modéle de Canon.

On met enfuite une autre couche dont la terre eft bien battue & mêlée avec de la bourre & de la fiente de cheval; & on en garnit le modéle jufqu'à ce qu'il foit de la groffeur dont on veut la Piéce.

En appliquant toutes ces couches de terre, on entretient toûjours fous le trouffeau un feu de bois ou de tourbes, fuivant les lieux, afin de faire fécher la terre plus promptement.

Après cela, il faut faire toutes les parties de la Piéce, comme le bourrelet, le collet, les aftragalles, les moulures des renforts, les plattesbandes, & le refte.

Ce qui fe fait d'une manière fort fimple, & néanmoins fort ingénieufe. Lorfque la dernière terre appliquée eft encore toute molle, on approche de ce moule qui eft brut, ce qu'on appelle l'échantillon, qui eft une planche de la longueur de 12 pieds ou environ, dans laquelle font entaillées toutes ces moulures différentes : & l'affurant bien ferme fur les deux chantiers, on tourne le moule à force de bras avec de petits moulinets qui font à l'extrémité; & ce moule frottant contre ces moulures de la planche, en prend l'impreffion enforte qu'il reffemble entièrement à une Piéce de Canon finie dans toutes fes parties.

On verra cet échantillon dans la planche VII. qui comprend tout le travail du moule.

La

La IV Figure, comme on applique les tourrillons, les ornemens, & les anses sur les moules, & comme on couche aussi ce qu'on appelle la potée.

SUr ce moule on pose les armes, les anses, les devises, le bassinet, le nom, l'ornement de volée; ce qui se fait avec de la cire & de la térebentine mêlées, qui ont été fondues dans des creux faits de plâtre très-fin où ces ornemens ont été moulés.

Les tourillons se font ensuite. Ce sont deux morceaux de bois de la figure que doivent avoir les tourillons, qu'on fait tenir dans le moule avec deux grands cloux. Il faut avoir soin de renfler les renforts avec de la filasse; car, faute de cette précaution, ils font creux à cause des moulures qui faillent.

Après avoir ôté le feu de dessous ce moule, on le frotte par-tout avec force suif, afin que la chappe qui doit être travaillée par-dessus pour le couvrir, ne s'y attache point; & on passe ensuite le moule par l'échantillon, pour faire que le suif soit couché également par-tout.

Cette chappe se commence d'abord par une couche ou chemise de terre grasse, mais très-fine, qui s'appelle la potée. Cette potée est une terre passée & préparée avec de la fiente de cheval, de l'argile & de la bourre.

La

La V Figure, comme on met la groſſe terre ſur les
moules pour faire la chappe, & comme on
applique les bandages.

ON laiſſe ſécher cette première couche ſans feu; ce qu'on
appelle à l'ombre.

Quand elle eſt ſéche, on met par-deſſus d'une terre plus
graſſe mêlée auſſi de bourre & de fiente de cheval; la proportion eſt demi livre de terre, demi livre de fiente de cheval, & un tiers de bourre ou environ. Quand c'eſt d'une certaine terre rouge, comme celle qui ſe prend à Paris auprès
des chartreux, elle ſuffit ſeule en y mêlant un peu de bourre.

Après que la chappe a pris une épaiſſeur de 4 pouces, &
qu'elle a été bien ſéchée au feu, on tire les cloux qui ar-
rêtoient les anſes & les tourillons: on en bouche les entrées avec de la terre: puis on bande ce moule, ainſi bien
couvert de terre, avec de bons bandages de fer paſſés en
long & en large, & bien arrêtés; & par-deſſus ce fer on
met encore de la groſſe terre.

La chappe des gros moules a ordinairement 5 ou 6 pouces d'épaiſſeur.

La

La VI *Figure , comme on sèche les moules , & comme
on perce les lumières des Pièces ; ce qui s'expliquera
ci-après plus au long ensuite de la fonte.*

Quand le tout est bien sec, on ôte les cloux de la natte : on donne quelques coups de marteau sur les extrémitez du trousseau , lequel étant plus menu par un bout que par l'autre , ce qu'on appelle être en dépouille , se détache insensiblement du milieu du moule qu'il traverse de bout en bout; & en retirant ce trousseau , la natte vient quand & quand , & se défile avec beaucoup de facilité.

Ce moule ainsi vuidé par dedans , on le porte tout d'un coup dans la fosse qui est devant le fourneau, & où le Canon doit être fondu.

On jette force bûches allumées dans ce moule, jusqu'à ce qu'il soit parfaitement sec ; & c'est ce qu'on appelle le mettre au recuit.

L'ardeur du feu opére deux effets.

Elle fond le suif qui sépare la chappe d'avec le moule.

Et elle sèche en même tems les terres de ce moule , de manière qu'on les casse facilement avec des ferremens , afin qu'il ne reste en entier que la chappe seule , laquelle dans son intérieur a conservé l'impression de tous les ornemens faits sur le moule.

Et à la place du moule qu'on vient de détruire , on met une longue piéce de fer qu'on appelle le noyau , & qu'on pose très-juste dans le milieu de la chappe , afin que le métal se repande également de côté & d'autre.

Ce morceau de fer ou noyau est couvert d'une pâte de cendre bien recuite au feu comme le moule , & arrêtée avec du fil d'archal aussi bien recuit , le long & à l'entour par trois fois en spirale , couche sur couche , jusqu'à la grosseur du calibre dont doit être l'ame de la Piéce , ensorte qu'il reste un espace vuide entre le noyau & le creux de la chappe , qui doit être rempli par le métal ; ce qui fait l'épaisseur de la Piéce : & cette précaution de couvrir ce noyau s'observe

pour

pour empêcher que le métal ne s'attache , & pour pouvoir ensuite le retirer aisément du milieu de la Piéce , comme en effet on l'en tire quand la Piéce est fondue.

Pour faire tenir ce noyau bien droit , on le soutient du côté de la culasse par des barreaux d'acier passés en croix , qui est ce qu'on appelle le chapelet , & du côté de la bouche de la Piéce, par une meule faite de plâtre & de tuiles , dans laquelle est passé le bout du noyau.

Il faut faire remarquer ici , qu'il y a de quatre sortes de chapelets qui ont été imaginés ; mais on ne se sert guéres que de celui qui est en forme de croix.

Il y en a donc un qui est de fer à trois branches , lesquelles se trouvent engagées dans la plattebande de la culasse quand la Piéce vient à se fondre : il a un pivôt dans le milieu pour soutenir la barre du noyau.

Le second se fait d'alliage plus dur que le Canon , & qui est de la figure du premier.

On en fait un autre qui a quatre branches qui se vont confondre dans la masselotte : il demeure seulement une barre de fer dans le bouton.

Un certain Fondeur faisoit son chapelet en forme d'anneau plat , qui par sa rondeur tenoit en état le noyau enchassé dedans par une de ses extrémitez.

On voit toutes ces différentes manières dans la figure.

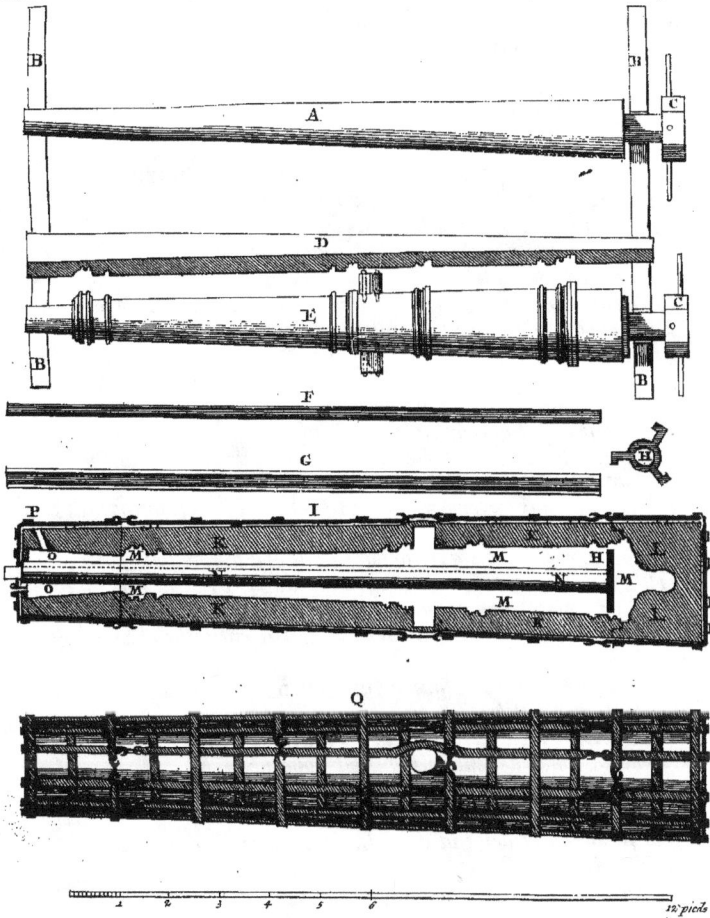

12 picds

VII Figure.

EXPLICATION DE LA FIGURE
de l'échantillon à mouler les Piéces, &c.

A *Trouffeau de bois pofé fur des chantiers.*

B *Chantiers.*

C *Moulinet au bout du trouffeau.*

D *Echantillon de bois arrété fur des chantiers, garni de fer du côté du moule de la Piéce, qui fert à former les moulures fur la terre molle qui couvre le trouffeau, & qu'on tourne à mefure, par le moulinet qu'on voit au bout du trouffeau.*

E *Moule de terre fur le trouffeau, qu'on tourne par le moulinet pour imprimer les moulures marquées fur l'échantillon.*

F *Noyau de fer.*

G *Coupe du noyau de fer recouvert de pâte de cendre, pour former le calibre de la Piéce.*

H *Chapelet de fer, qui fe met à l'extrémité de l'ame de la Piéce pour affembler la Piéce avec la culaffe.*

I *Coupe du moule recouvert de fes terres, & retenu par des bandages de fer.*

K *Epaiffeur de terre qui forme la chappe du moule.*

L *Chappe de la culaffe qui s'affemble au corps de la Piéce par le chapelet, comme on voit par les lignes ponctuées.*

M *Efpace vuide, pour recevoir le métal entre la chappe & le noyau.*

N *Noyau de la Piéce, qu'on fait fortir du milieu du moule lorfque la Piéce eft fondue.*

O *Maffelotte, ou excédant de la matière, qu'on fçie au bout de la volée à l'endroit qui eft ponctué.*

P *Paffage par-où fe coule le métal dans le moule.*

Q *Moule recouvert de fes terres & bandages, & comme il eft quand on le defcend dans la foffe pour fondre la Piéce.*

APrès cela, & fur-tout quand on veut couler la Piéce, la

volée en bas; ce qui fe fait à caufe de la maffelotte, laquelle pefant 4 milliers au moins, fait ferrer le métal & le rend moins poreux; fe place la culaffe faite à part de la même compofition & de la même manière que le moule du corps de la Piéce: elle eft auffi bien bandée de lames de fer, & elle s'enchaffe proprement au bout du fer, & s'accroche avec du fil d'archal qui prend aux clefs de la maffelotte, & aux crochets des bandes de la chappe. Mais quand on coule la Piéce la culaffe en bas, & la volée en haut, la culaffe tient au moule tout d'une piéce, & en ce cas, le bouton de la culaffe eft toûjours orné de figures: mais quand ce bouton eft uni & fans ornement, on doit conjeéturer avec toute certitude, que la Piéce a été coulée par la culaffe.

Ld

La VIII Figure, comme on péfe le métal pour le mettre dans le fourneau.

SUppofant qu'on veuille fondre plufieurs Piéces à la fois, au haut du moule font difpofés plufieurs tuyaux creux & godets de terre répondans à l'intérieur du corps du moule par où le métal doit couler, & on laiffe auffi quelques autres tuyaux pour fervir d'évents: & quand tout eft bien préparé, la foffe fe remplit de terre bien féche, qu'on bat avec grand foin couche fur couche autour du moule jufqu'en haut: les godets, tuyaux & évents furpaffent de quelques pouces l'aire ou la fuperficie du deffus de la foffe, & tout autour on forme avec une terre graffe, qu'on féche parfaitement, des rigoles pour y conduire le métal; cela s'appelle les échenaux.

Quand le métal eft chaud à un certain degré connu par le Fondeur, c'eft-à-dire, fort fluide & non en pâte, à quoi on emploie ordinairement, les uns 24 heures, & les autres 30 heures ou environ, obfervant de tenir les morceaux de rofette dans le fourneau élevés fur des grais, & ne pofant pas fur l'aftre; on difpofe des hommes qui tiennent des pinces ou éclufes de fer fur tous ces trous, afin que, quand le métal vient à fortir, il rempliffe également toutes les rigoles, & qu'il foit également chaud en defcendant dans toutes les parties du moule. On débouche avec ce qu'on appelle la Perrière, qui eft une groffe & longue piéce de fer pointue, le trou du fourneau qui étoit fermé de terre; le métal tout bouillonnant fort avec impétuofité, & remplit toutes les rigoles. Alors les hommes débouchent les trous deux à deux, & à mefure que les trous fe rempliffent, ils fe retirent; & le métal tombe avec rapidité dans le moule, & la Piéce fe forme.

La IX Figure, comme on fond le métal, & comme on le coule dans les moules des Piéces.

EXPLICATION DE LA FIGURE
de la Fonderie.

A *Fourneau.*

B *Portes du fourneau qui font de fer.*

C *Soupiraux du fourneau.*

D *Trou de la chauffe.*

E *Chaffis de charpente au-deffus de la foffe, où font attachés les moufles qui fervent à defcendre les moules, & à retirer les Piéces quand elles font fondues.*

F *Foffe remplie de terre, les moules y étant enterrés.*

G *Echenaux avec leurs éclufes par-où coule le métal.*

H *Ouvriers qui fendent le bois, & le portent à la chauffe.*

I *Ouvriers qui jettent le bois dans la chauffe.*
   Ce bois tombe fur une grille qui eft au fond de la chauffe; cette chauffe eft à côté du fourneau où eft placé le métal, & eft fituée à 3 pieds plus bas.

K *Couvercle ou pelle de fer qui bouche le trou de la chauffe.*

L *Ouvriers qui levent la porte du fourneau par le moyen de la bacule.*

M *Bacule.*

N *Ouvriers qui remuent le métal fondu dans le fourneau avec des perches de bois, & qui retirent auffi la craffe de deffus le métal avec des rables.*

O *Le Maître Fondeur tenant la Perrière pour déboucher le trou par-où le métal coule dans les échenaux.*

Pour éviter les chambres & les foufflûres que le métal forme dans fon bouillonnement & dans fa chûte précipitée qui preffe l'air dans les canaux, les Keller avoient imaginé un tuyau qu'ils difpofoient à côté de leur moule: le métal entroit par le tuyau; & comme il faifoit le chemin de defcendre avec violence au fond de ce même tuyau qui avoit un trou

pour

J. Lempereur fe.

pour communiquer dans le moule, par lequel trou le métal remontoit au haut du même moule, il sembloit qu'il avoit tout le tems de chasser l'air devant lui, & de calmer sa première impétuosité ; cependant cela n'a pas fait négliger l'ancien usage.

Le Fourneau de Doüay contient jusqu'à 60 milliers de fonte : on y a coulé jusqu'à 14 Piéces carabinées, & 4 Mortiers.

Les moules des Mortiers & des Pierriers se sont de même que ceux des Piéces de Canon.

QUand on aura des Fourneaux & Fonderies à construire, les plans, profils, & coupes que voici, seront de très-bons modéles. Ce fut M. Guillain, Ingénieur du Roi, qui voulut bien m'en faire part : comme on le peut voir par l'extrait de sa lettre ci-après, qui est du 10 Septembre 1702, écrite du neuf Brisac.

,, Il y a si long-tems, Monsieur, que je n'ai eu l'honneur de
,, vous voir, qu'à peine vous souviendrez-vous de mon nom.
,, Mais quand je n'aurois pas celui d'être reconnu de vous, je
,, ne laisserois pas, Monsieur, de vous dire, qu'aiant lû vo-
,, tre Livre d'Artillerie, je l'ai trouvé d'une beauté singulière,
,, & très-instructif pour toutes les personnes qui se mêlent du
,, métier de la Guerre. Je pensois à en faire venir un de Paris, *Cela n'é-*
,, quand on me dit que vous travailliez pour une nouvelle édi- *toit pas*
,, tion : c'est assurément une matière où il y a de quoi s'éten- *encore en*
,, dre pour une personne aussi éclairée que vous êtes. *puisqu'on*
,, Comme j'étois Ingénieur au vieux Brisac dans le tems *ne tra-*
,, que le Roi le céda à l'Empereur, & qu'on résolut de dé- *qu'en*
,, truire la Fonderie, avant que la Place fût remise aux enne- *1707 à*
,, mis, j'eus ordre de lever les plans, profils, & coupes de la *velle Edi-*
,, Fonderie. J'ai cru, Monsieur, que vous seriez bien aise de la *tion.*
,, voir avec tous ces développemens. Je me suis attaché à la
,, justesse de toutes les parties tant intérieures qu'extérieures, &
,, tant entré dans le Fourneau, pour en voir les pentes, hauteurs
,, & autres dimensions ; ainsi que du trou de chauffe qu'on
,, voit de front, & coupé par le milieu.

H 3

X. *Fi-*

X Figure.

TABLE POUR CONNOITRE
plus particulièrement toutes les parties d'un Fourneau
& d'une Fonderie.

A *Deffus du fourneau.*

B *Event deffus le fourneau.*

C *Aftres de fer, au-deffus defquels il y a une ouverture par-où*
   on remue le métal dans le fourneau.

D *Trou par-où on jette le bois qu'on reçoit par l'ouverture*
   ou croifée F.

E *Pelle de fer pour boucher le trou.*

F *Ouverture ou croifée par-où on donne le bois pour jetter*
   par le trou D dans la chauffe G.

G *Chauffe.*

H *Foffe profonde où on defcend les moules des Piéces qui*
   reçoivent le métal, lorfqu'on lâche le tampon du
   trou I.

I *Trou du tampon.*

K *Trou de la chauffe.*

L *Ouverture par-où on remue le métal, & par lequel auffi*
   on tire la craffe.

M *Fourneau où fe fond le métal.*

N *Grille fur laquelle tombe le bois dans la chauffe.*

O *Voûte fous la chauffe.*

P *Voûte fous le fourneau.*

Q *Event par-où la fumée fort du trou de la chauffe.*

R *Cet endroit fert à mettre ceux qui remuent la matière dans*
   le fourneau, pour être plus éloignés du feu & pouvoir
   librement fe fervir des râteaux ou rables, avec lefquels
   on tire la craffe de la matière ; ainfi que la porte de
   l'autre côté du fourneau, auffi marquée R.

S *Bucher où on met le bois deftiné à mettre dans la*
   chauffe.

T *Porte du bucher.*

V *Bacule fervant à lever ou baiffer la ventelle ou porte de*
   fer

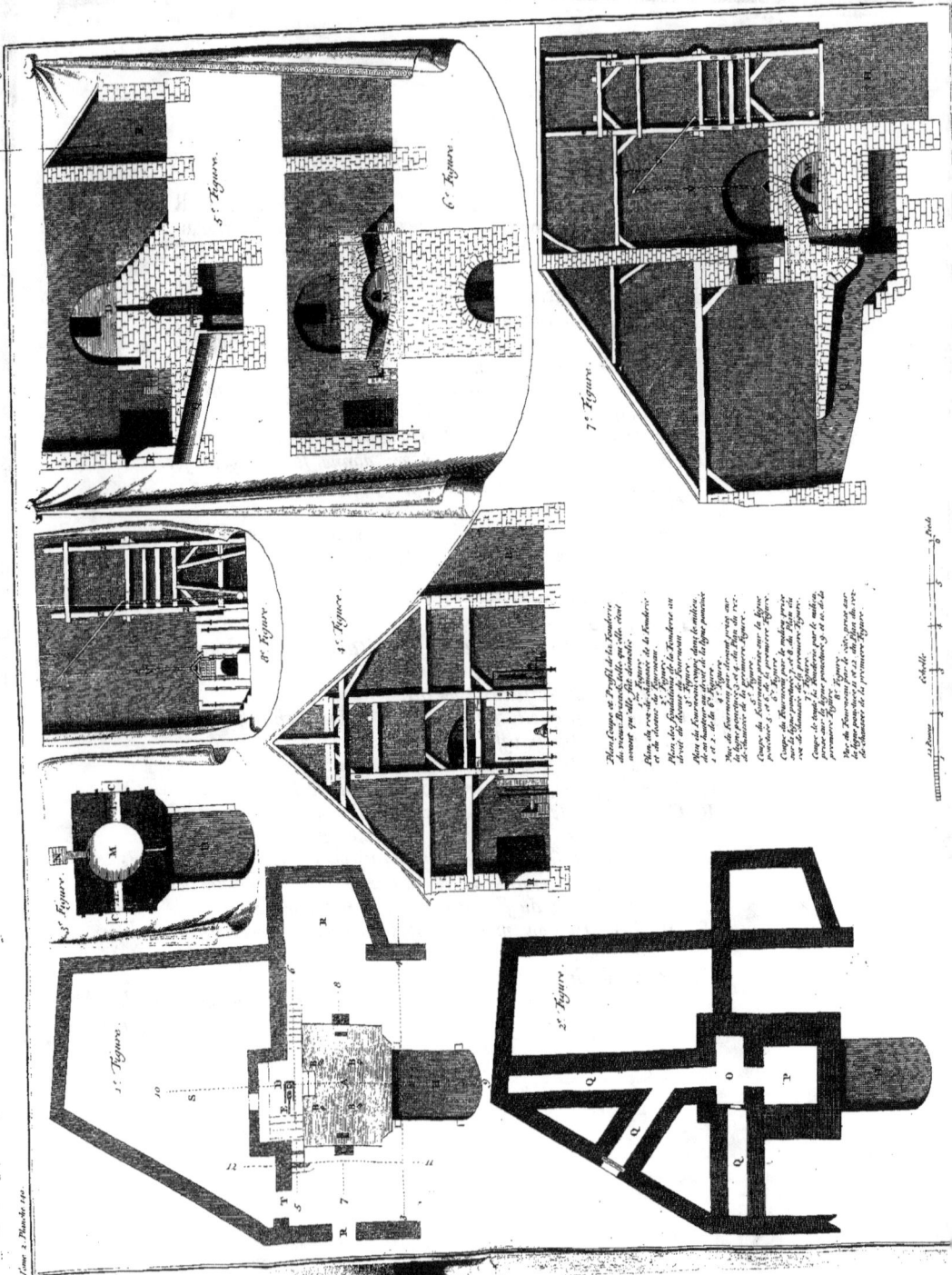

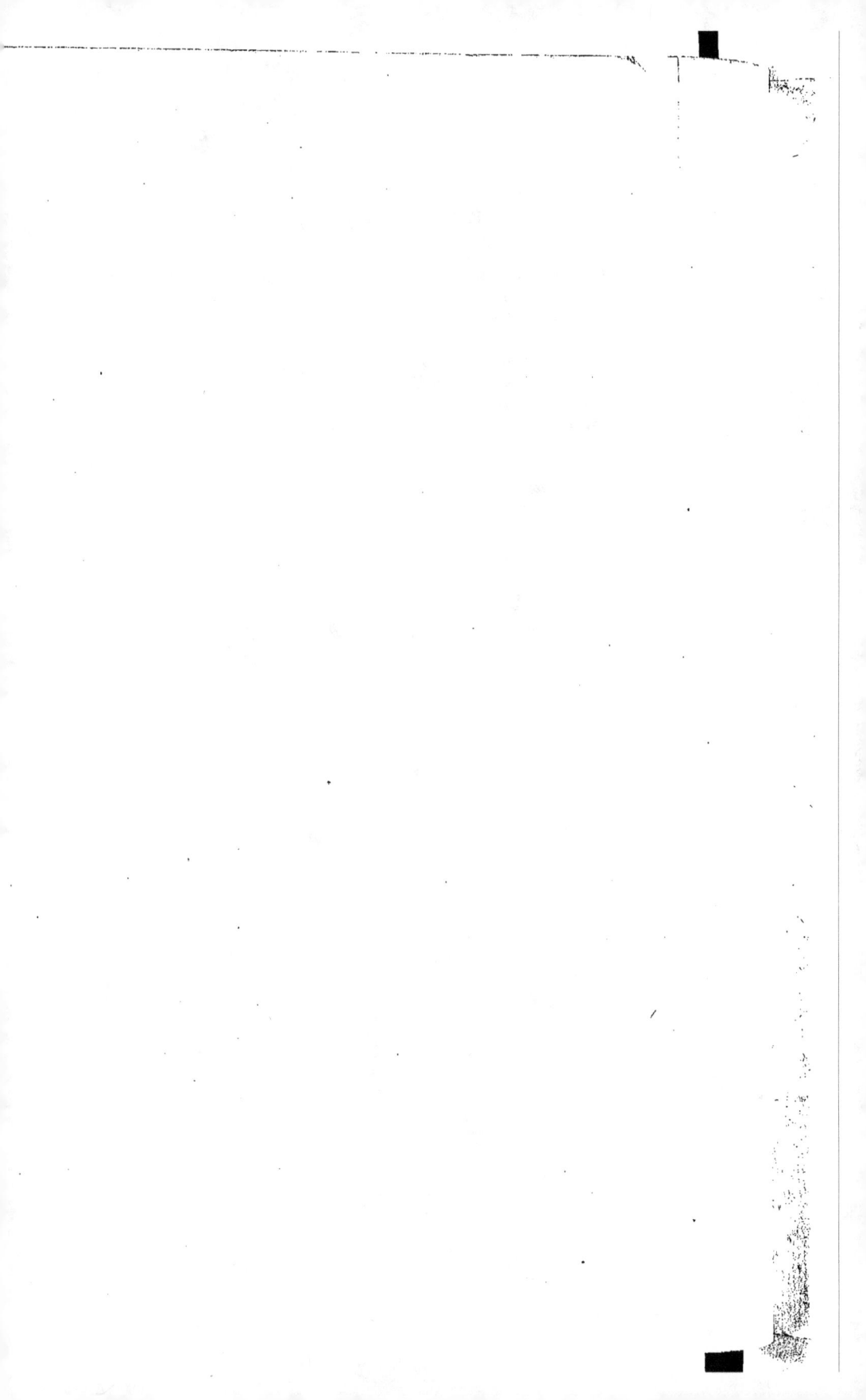

fer X, *par le moyen d'un boulet* Y *ou autre poids. Il y a une bacule de chaque côté du fourneau pour servir à lever ou baisser ces ventelles ou portes qui ouvrent ou ferment l'ouverture* L, *par-où on remue le métal.*

X *Ventelle ou porte de fer servant à ouvrir & fermer l'ouverture par-où on remue le métal.*

Y *Boulet servant à la bacule* V.

Z *Bâtis de charpente garni de treuils & autres piéces, à plomb & au-dessus immédiatement de la fosse, pour descendre les moules dans la fosse, & sortir les Piéces lorsqu'elles sont fondues.*

S'Il est permis à un Auteur de s'éloigner quelquefois de son sujet, pour égayer un peu sa matière, je me servirai de cette liberté pour dire un mot de la fonte des Statuës.

A Paris pour faire les moules des Statuës dans l'Arsenal, on se sert de sable fort fin, qui se tire de Fontenay aux Roses chez Etienne Vatart, & les traits les plus délicats se conservent aisément avec ce sable. Il y a quelque différence entre les moules qui se font pour les Piéces de Canon, Mortiers, &c. & ceux qui se font pour les Statuës; car pour ces dernières, on en fait un modéle de cire jaune entièrement achevé, & dans toute la perfection où on le peut mettre, pour la figure qu'on veut représenter. Sous cette cire, pour servir de noyau, est une figure grossièrement commencée avec de la terre.

On soutient cette forme ou ce modéle avec force morceaux de fer, qui le percent & le lardent de tous côtez, & qui répondent les uns aux autres.

Cette cire étant bien séche, on y met une couche d'urine, & par-dessus cette couche, une autre, & jusqu'à cinq ou six fois. Après quoi on passe par-dessus une terre très-fine & bien délayée avec de la bourre bien nette & sans ordure, enforte qu'elle puisse former un corps solide, & dont toutes les parties puissent s'entretenir. Cette couche est recouverte d'une autre, & celle-ci d'une troisième, & jusqu'à plusieurs fois; ce qui forme, avec le tems, une épaisseur considérable, laquelle on enveloppe ensuite d'une terre délayée beaucoup plus épaisse, & qui forme une croute très-dure.

Ce moule se serre avec de bons bandages de fer : on y laisse en haut des branches ou bâtons de cire jaune recouverts de terre comme le reste du moule, & qui répondent à toutes ses parties.

On descend ce moule dans la fosse comme celui des Piéces.

On le place sur une grande grille de fer.

On met un feu de charbon dessous, qui petit à petit en recuisant la chappe ou couverture du moule, en fait fondre

dre la cire qui a de quoi s'écouler au fond de la foffe.

Cette cire écoulée laiffe un peu de vuide entre le noyau du moule & la chappe, qui eft la place qui doit être remplie du métal.

On coule ce métal dans ce vuide, qui va par les canaux ou tuyaux que les bâtons de cire fondue ont formés, prendre les traits & la forme que la cire a laiffé imprimés dans le creux de la chappe; & quand l'alliage eft doux & bien chargé d'étaim, de letton & de potin, cela eft rendu quelquefois dans une fi grande perfection, qu'il n'eft pas befoin de rien réparer en certains endroits.

On laiffe refroidir ce métal, tant pour les figures, que pour le Canon; & puis on retire le moule de la foffe.

Là-deffus on fait une obfervation que je n'affûrerai pas être jufte, qui eft qu'un morceau de bois qui péfera, par exemple, une livre, & qui fera emploïé à un moule, occupe la place de 10 livres de cuivre fondu.

Une livre de bois de fapin occupe la place de 12 livres de cuivre.

Une livre de cire occupe la place de 14 livres de cuivre.

Une livre de terre occupe la place de 7 livres de cuivre.

La XI Figure , comme on caſſe la terre des moules des Piéces de Canon, lorſqu'on les a retirés de la foſſe pour en découvrir le métal.

ON caſſe à coups de marteau la terre du moule qui eſt attachée autour de la figure, & inſenſiblement la figure ſe découvre, mais brutte en quelques endroits; ainſi on ſe ſert de ciſeaux bien acerés & de marteaux , pour couper toutes les ſuperfluïtez & les jets du métal, & avec le tems & le travail, cette figure ſe perfectionne de la maniere qu'on le déſire.

On fait la même choſe pour le Canon & pour les Mortiers.

La **XII** Figure. *Invention qu'on avoit trouvée pour forer les Piéces ; mais on est revenu à l'ancien usage.*

La

La XIII *Figure, comme on ciſle & répare les Piéces*
après qu'elles ſont fondues, & éprouvées.

La

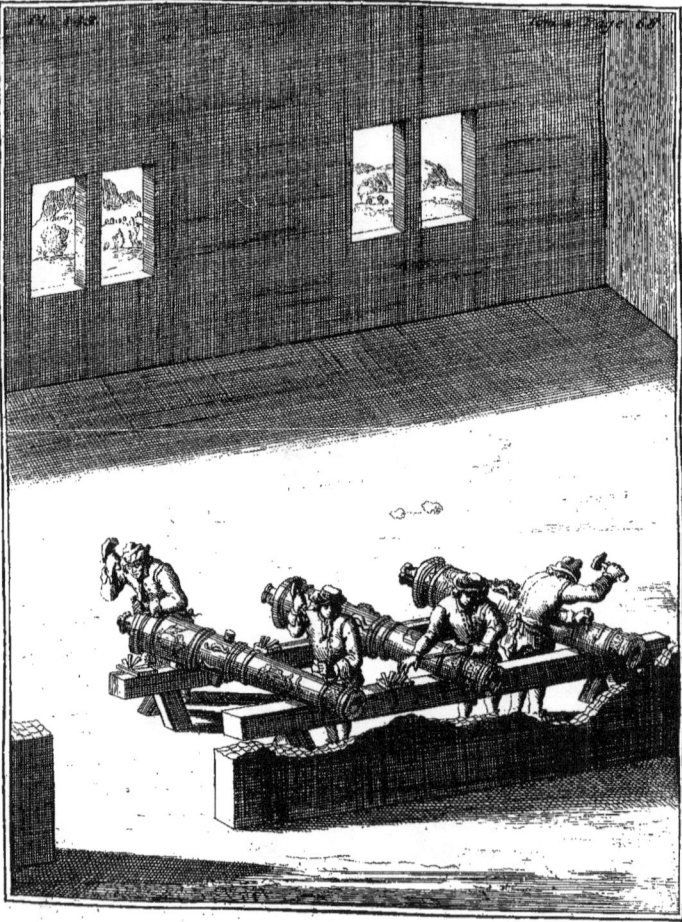

La XIV Figure , comme on péſe les Piéces avec la Romaine & la Chevre.

Pour connoître à quoi peut aller la dépenſe de chaque Piéce de Canon, on peut faire la ſupputation qui ſuit.

DAns une Piéce de 33 , par exemple, qui péſera environ 6 milliers, il entrera :

5400 l. de cuivre à 16 ſ. la livre, qui fait en argent . . . . 4320 liv.

Pour le déchet à 10 pour cent , qui monte en cuivre à 540 l., & en argent à . . . . 432.

600 l. d'étaim à 16 ſ. la livre . . . . . . 480.

Le déchet de 10 l. pour 100 , qui monte en étaim à 60 l., & en argent à . . 48.

La façon ſur le pied de ce qui s'en païoit anciennement . . . . . 1000.

_____

6000 l.   6280 liv.

La même eſtimation ſe fera pour les Piéces des autres calibres, & pour les Mortiers ſuivant leur poids, & le prix de leur façon.

Ces prix ſont un peu augmentés pour la valeur des métaux ; mais auſſi, on a fort diminué le prix des façons comme on le verra ci-après.

Les

Les Piéces de calibre au-deſſous de 33 doivent avoir les poids
ſuivans, ou approchant, & la façon s'en païoit
ſur le pied qu'on va voir.

Pièces.	Poids.	Prix de la façon.
De 24 longues . . .	5000 l.	1000 liv.
De 24 courtes, ou de la nouvelle invention .	3000.	750.
De 16 longues . . .	4000.	950.
De 16 courtes, ou de la nouvelle invention .	2200.	712. 10 ſ.
De 12 longues . . .	3000.	800.
De 12 courtes, ou de la nouvelle invention .	2000.	600.
De 8 longues	2000.	600.
De 8 courtes, ou de la nouvelle invention .	1000.	450.
De 4 longues	1300.	400.
De 4 courtes, ou de la nouvelle invention .	600.	300.
De 2 à l'ordinaire . .	800.	350 liv. & quelquefois 400.
De 1 l. à l'ordinaire . .	300.	350.

Mortiers dont les chambres contiennent.	Poids.	Prix de la façon.
18 l. de Poudre . . .	5000 l.	
12 l. de Poudre . . .	2500.	. . 400 liv.
8 l. de Poudre . . .	2000.	
A l'ordin. de 12 pouces.	1400.	

Autres Mortiers.

De 18 pouces de diamétre	5070.	800 liv. depuis modéré à 500.
De 15 pouces	4500.	400.
Mortiers de 9 pouces & au-deſſous		300.
Mortiers-pierriers . .	1000.	400.

Mor

Mortiers à éprouver la Boudre avec le Poulet de 60 l. du poids de 220; ils ont coûté depuis 60 jufqu'à 100 liv.

Pétards ordinaires du poids de 45, à 25 f. la livre.

M. de Vigny a fait diminuer ces prix, & ne fait payer au Sieur Desfalizes qui fond à Doüay, que

700 liv. des Piéces de 24 l. à l'ordinaire.
300　　pour celles de 4 l. *idem.*
200　　pour celles de 1 l. *idem.*
250　　pour les Mortiers de 12 pouces à l'ordinaire.

Et pour les autres calibres, à proportion, c'eft-à-dire, un tiers moins du prix accoutumé.

M. de Cray a auffi fait la même chofe pour le Sieur E-mery qui fond à Lion.

Revenons à nos Piéces.

QUand la Piéce eft un peu décrottée, que l'ame en eft alléfée, nette, & mife au calibre dont elle doit être; ce qui fe fait, comme on le voit dans la première Vignette de ce Volume, en fufpendant & élevant dans un chaffis de charpente par le moyen de moufles & de poulies, la Piéce en l'air, aiant la bouche en bas, & en cet état, on difpofe une boëte de fonte armée d'un couteau bien acéré : de manière qu'à mefure qu'un cheval tourne une roüe placée horifontalement fous cette machine, ou que trois ou quàtre hommes à force de bras font la même manœuvre, ce couteau coupe & unit le dedans de l'ame de la Piéce jufqu'à une proportion qui fe régie par celui qui conduit ce travail. Il faut jufqu'à 11 boëtes différentes pour une Piéce, & la Piéce eft deux heures à defcendre.

Il eft encore d'autres manières d'alléfer qu'on peut voir dans les figures; lefquels repréfentent auffi l'invention dont on fe fert pour forer ou percer la lumière des Piéces.

On choifit un lieu propre pour faire l'épreuve des Piéces : ce lieu doit être terminé par une butte de terre fort épaiffe pour recevoir les boulets qui doivent être tirés dedans, afin qu'il ne s'en échappe point.

On

On met la Piéce par terre, appuïée feulement par le milieu fur un morceau de bois ou chantier.

On la tire trois fois.

La première, à la pefanteur du Boulet, & les deux autres,
aux trois quarts. Après quoi, on met encore un peu de Poudre dedans, qu'on brûle pour flamber la Piéce ; & on y
met auffitôt de l'eau, laquelle on preffe avec un bon écouvillon, pendant qu'on tient un doigt fur la lumière, pour
voir fi elle ne fait point eau par quelque endroit. Enfuite on
l'examine avec le chat, qui eft un morceau de fer à trois griffes difpofées en triangle & du calibre de la Piéce, figuré dans
la planche des Armes pour les Piéces: & puis on les vifite
avec de la bougie; mais elle ne fert pas de beaucoup dans les
petites Piéces, particulièrement lorfqu'elles font un peu longues, parce que la fumée l'éteint incontinent.

Pour les Piéces de gros calibre, on fe fert quelquefois
d'un miroir lorfqu'il fait grand foleil. Ce miroir recevant le
rayon, le va par réflexion porter dans l'ame de la Piéce, & l'é-
claire fi parfaitement, que, très-fouvent, cette feule épreuve
fuffit pour en diftinguer les chambres quand il y en a.

Quand on éprouve des Piéces de la nouvelle invention, on
les tire auffi trois coups, mais la charge en eft différente; car
le premier coup eft avec les trois quarts de Poudre de la pefanteur du Boulet; & les deux autres à la moitié de la pefanteur.

Enfuite on les lave, & puis on les vifite avec le chat & la
bougie, ainfi que les autres Piéces.

On voit donc que la différence de l'épreuve des Piéces de
la nouvelle invention, d'avec les autres, ne confifte que dans
la quantité de la Poudre, parce qu'elle fait un plus grand effet
étant renfermée dans leurs chambres.

Ces épreuves fe font de même dans tous les départemens.
Cependant M. de Vigny croit qu'il eft mieux d'éprouver les
Piéces, qu'on appelle à l'ancienne manière, d'abord deux
fois aux trois quarts de la pefanteur du Boulet, & enfuite avec
la pefanteur; parce que fi les Piéces ont à crever, elles créve-
ront quelquefois au premier coup, & par-là on épargne la
Poudre.

Tome II.   K   D'ail-

D'ailleurs, fi le Fondeur avoit mis quelque chofe dans la Piéce pour en fermer les chambres ou les évents, & que ces chambres ou ces évents puffent fouffrir le premier coup à charge entière, fans qu'il y parût rien , comme cela peut bien arriver, & que cela eft arrivé quelquefois, il eft fûr que les deux autres coups étant beaucoup plus foibles, ne découvriroient point les défauts de la Piéce.

Au contraire, commençant par les trois quarts de la pefanteur du Boulet, cela prépare infenfiblement & ébranle le métal ou la matière qui bouche les chambres & les évents , & le dernier coup qui eft le plus fort, acheve entièrement de les faire tomber & fortir des endroits où on les auroit coulés.

Il a depuis ci fait bien dire encore, tenant, & après avoir le 3 tems ferei et cette qualité, il achete la Provincialité ou ge le départe-ment de Guyenne à la réfidence de Bourdeaux.

JE ne puis quitter cet article de l'épreuve des Piéces , fans dire encore un mot du Chat, dont on fe fert pour chercher les chambres dans l'ame des Piéces.

Outre celui à trois griffes, M. de Montigny, Commiffaire provincial de l'Artillerie au département de Guyenne & de Bearn, à la réfidence de Bourdeaux, qui a été chargé d'éprouver & examiner 300 Piéces de fer, fondues depuis peu dans les Forges de Périgord pour les Places de terre, a mis en ufage le Chat avec le crochet, dont vous avez vû la figure dans la planche des Armes pour les Piéces, à la lettre *P*, & s'en eft très-bien trouvé. Lifez le devis qui fuit qu'il en a dreffé, pour fçavoir comment on s'en fert.

Ce Chat confifte en deux branches qui font au bout d'une douille, dont il y en a une qui eft à charnière. Au bout de ces deux branches il y a deux griffes d'acier ; & au dedans de l'une de ces branches, il y a deux trous qui fervent pour mettre le reffort & la vis. Pour affujettir ce reffort il y a deux autres refforts; le plus petit eft pour les calibres depuis 8 jufqu'à 16 de balle compris, & le grand depuis 16 jufqu'à 48 de balle. Il y a un autre petit reffort pour les Piéces depuis une livre jufqu'à 8.

L'ufage de ce Chat eft d'une très-grande utilité. Il ne peut pas y avoir un petit trou dans une Piéce, quand il n'y auroit qu'à y mettre la tête d'une épingle, qu'il ne le découvre; & lorf-

lorsqu'il se trouve une chambre de 4, 5, ou 6 lignes de profondeur, quelquefois plus, quelquefois moins, dans une Piéce, le
ressort lâche, & la griffe entre dedans. On marque au bout
de la hampe avec de la craie, pour prendre sur la Piéce la longueur où le Chat a rencontré la chambre : & si on ne peut pas
sortir la griffe de la chambre, vous avez recours à l'anneau
qui est au bout de la douille, & monté au bout d'une hampe,
qu'on fait passer dans la hampe du Chat, qui va chercher
les deux branches du Chat, dont il y en a une qui presse le
ressort, & par ce moyen vous retirez votre Chat : & pour
connoître la profondeur de la chambre trouvée par le Chat,
vous y portez la bougie, & vous voïez à peu près l'endroit.
Outre ce, vous prenez avec la hampe du crochet la longueur
qui a été marquée ci-devant sur la Piéce, & vous rem-
plissez la plaque du crochet de terre glaise jusqu'au haut du
crochet : puis vous conduisez votre crochet dans la Piéce
jusqu'à ce que vous aïez rencontré la chambre trouvée par
le Chat : & pour lors quand vous l'avez rencontrée, vous ap-
puïez le plus que vous pouvez sur la hampe du crochet qui
fait impression sur la terre, & le bout du crochet entre dans
la chambre, ce qui sert à la sonder ; & puis, vous retirez votre crochet, & vous voïez de combien de lignes est découvert le fer du crochet.

Ces sortes d'outils ne sont point autrement agréables aux
Maîtres des Forges, car ils nomment le chat *le diable*, & le
crochet *la malice du diable*.

Epreuve des Mortiers.

CElle des Mortiers tant à l'ancienne qu'à la nouvelle maniere, se fait comme il suit.

Dans le département de M. le Marquis de la Frézelière,
quand il y a des Affûts de fer coulé dans les Places où les
épreuves s'en font, on les fait mettre sur les Affûts.

Sous ces Affûts on fait une platteforme de madriers de 5 à 6
pouces d'épaisseur : on charge chaque Mortier de la meilleure Poudre qui se trouve dans les Magasins de la Place, & on

en met dans chacun autant que fa chambre en peut contenir, obfervant de ne laiffer de vuide au collet du Mortier, que l'ef-pace qui eft néceffaire pour y mettre un peu de fourage, qu'on y arrange le mieux qu'il eft poffible, & qu'on foule avec le bout d'un levier, afin de tenir la Poudre plus preffée & le plus enfemble qu'il fe peut.

On met un grand gazon avec deux doigts de terre par-deffus le fourage, qui a affez d'étenduë pour remplir tout le fond du Mortier.

On bat extrêmement le gazon de cette terre avec une demoifelle, qui eft une pièce de bois faite comme un très-fort levier rond, aiant des bras, & étant du diamétre de la chambre du Mortier : & puis on met la Bombe le plus droit qu'il eft poffible, enforte qu'il y ait quelque peu de vuide tout autour, qu'on garnit de terre glaife le plus jufte qu'on peut, la preffant entre le Mortier & la Bombe avec un bois pointu.

Et, comme il n'eft pas néceffaire de faire de grandes con-fommations de Poudre dans ces épreuves, on met dans la Bombe autant pefant de terre, comme elle contiendroit de Poudre.

Au défaut des Affûts de fer coulé, on fait faire des foffes pour enterrer les Mortiers jufqu'aux baffinets; & afin que les Mortiers ainfi enterrés trouvent plus de réfiftance, & qu'ils en faffent un plus grand effort, on fait mettre de gros mor-ceaux de bois en forme de jantes fous les tourillons des Mor-tiers, & on obferve de chercher toûjours le terrain le plus dur, afin qu'il réfifte mieux au recul des Mortiers.

Par la manière fuivante on verra comment on éprouve les Mortiers dans le département de Flandres. Par exemple:

Pour éprouver un Mortier de 8 pouces 3 lignes, on met une livre de Poudre dans la chambre avec un bouchon de fourage par-deffus.

On ajoute enfuite un peu de terre pour achever de rem-plir la chambre.

On foule doucement cette terre avec un levier à tête plate, à trois différentes reprifes.

On

On couvre tout le fond de l'ame d'autre terre.

On place la Bombe, & on arrange de la terre autour.

On la foule avec une douve ou quelqu'autre bois propre à paffer entre la Bombe & le Mortier.

Il faut qu'il y ait de la terre jufqu'au-deffous des anfes.

On amorce avec du poulverin.

On met le feu à la Bombe.

Enfuite au Mortier.

Mais, pour fuivre régulièrement & plus fûrement ces fortes d'épreuves, il faut obferver ce qui fuit, felon M. de la Frézelière.

C'eft au Fondeur à faire tranfporter les Mortiers à fes fraix au lieu où le Lieutenant d'Artillerie a réfolu d'en faire faire l'épreuve.

Le premier examen fe fait à vûë, & en grattant avec quelque cloud ou biftouri bien accré, les endroits où on remarque du défaut.

S'il fe trouve quelque défaut capital, on rebute le Mortier, & on lui fait caffer les anfes dès ce moment là-même fans différer : on épargne par ce moyen de la Poudre & des Bombes qu'on confommeroit inutilement.

Les autres Mortiers où on n'a point trouvé de défaut dans ce premier examen, doivent être mis fur la culaffe en terre, les tourillons appuïés fur des billots de bois pour les empêcher de s'enterrer en les exécutant. On les pointe ordinairement à demi volée ; un peu plus ou un peu moins ne tire à aucune conféquence à l'égard de l'épreuve du Mortier : on doit juger feulement à pointer enforte que la Bombe tombe dans un endroit qui n'endommage pas le public.

On fait charger les Mortiers fuivant leurs charges. Il y a des Mortiers carabinés, dont les uns ont une chambre qui contient 18 & 12 l. de Poudre, & les autres 8 livres : fi les chambres contiennent de la Poudre davantage, il les faut remplir pour bien faire les épreuves.

Il y a des Mortiers ordinaires dont les uns fe chargent de 6 l. de poudre, & les autres de 4 livres.

Après que la Poudre aura été examinée, afin qu'on n'en em-

emploïe point qui ne foit de bonne qualité , parce que c'eft d'où dépend la bonne épreuve. qui fe doit faire des Mortiers, on examine auffi les mefures & les poids , pour n'être pas trompé à la quantité.

Le Lieutenant voit charger en fa préfence chaque Mortier , & le Contrôleur doit être prefent à l'endroit où on aura fait le Magafin à poudre pour la voir pefer, mefurer, & diftribuer tout autant qu'il en faut pour charger chaque Mortier.

Les Officiers d'Artillerie de la Place doivent marcher à la conduite des Soldats qui la tranfportent, pour empêcher qu'ils ne la volent; ce qui arrive très-fouvent, fi on ne prend grand foin de la conferver.

Il faut auffi examiner les Bombes.

Il n'eft pas néceffaire qu'elles foient parfaitement bien faites & de bon fervice; mais il faut qu'elles aient leur poids, c'eft-à-dire, qu'elles doivent pefer, au moins, 140 livres, y compris 12 ou 14 livres de terre mêlée de fciûre de bois, dont on doit les remplir au lieu de Poudre.

Pour la fûreté de ceux qui affiftent aux épreuves , il eft bon de prendre garde que les Bombes ne foient point caffées ni fêlées; le refte fe fait à l'ordinaire. Pour charger les Mortiers on met le gazon fur la Poudre qu'on bat avec la demoifelle ; on pofe la Bombe fur le gazon au milieu du Mortier; on l'entoure de terre graffe fans pierres, & bien battue.

Si on doute de l'habileté du Fondeur , on met des fufées à Grénades avec la compofition ordinaire fur la lumière de chaque Mortier, afin que le Canonnier ait le tems de fe retirer , fi le Mortier venoit à créver dans l'épreuve : la même chofe fe fait auffi pour les Piéces.

On fait cette épreuve jufqu'à trois fois, fans rien augmenter ni diminuer.

Après chaque falve on doit faire la vifite, afin que, s'il paroît quelque Mortier défectueux & hors de fervice, on ne continue pas à le charger pour ne pas brûler de la Poudre, & confommer des Bombes fans néceffité.

La dernière falve étant faite , on fait retirer tous les Mortiers

tiers hors de terre; on en bouche la lumière, & on les remplit d'eau fans mouiller le dehors.

S'il s'étoit fait quelque évent ou quelque ouverture aux Mortiers, l'eau qui pénétre, les feroit connoître.

Quand il n'y paroît point de défaut par cet endroit, on les fait bien laver, & enfuite on les vifite avec le gratoir.

On ne peut recevoir aucun Mortier aiant la moindre chambre, le Roi s'étant expliqué, qu'en païant le gros prix que Sa Majefté a ordonné pour la façon de chaque Mortier, ce fera à condition qu'il n'y ait point de chambre; ainfi, dès qu'il s'en trouve la moindre, on fait caffer les anfes, & on ne doit pas différer cette exécution.

On appelle chambre tout ce qui pénétre & fait ouverture dans le métal, où la Poudre peut s'arrêter; car un métal un peu enfoncé ou élevé ne doit pas faire rebuter un Mortier, & même il y a des endroits qui paroiffent des chambres, lefquelles étant ouvertes avec un cifeau, fe peuvent réparer, parce qu'elles ne font pas profondes, & quelquefois on rebuteroit un Mortier qui feroit bon; ce qui iroit contre le fervice.

On donne enfuite un certificat au Fondeur de la quantité de Mortiers qui fe font trouvé bons, & de leurs calibres, à la charge de les faire réparer & pefer.

Il femble que ce foit ici l'endroit de parler des grains qui fe mettent aux Piéces.

Pour mettre des Grains.

ON met un grain aux lumières des Piéces, en alléfant ou cavant la lumière d'environ deux pouces de diamétre avec un couteau qu'on met à l'alléfoir; enfuite on fait entrer par la bouche de la Piéce un peu de cire au fond de fon ame, lorfque l'épaiffeur derrière la culaffe n'eft pas affez groffe, & par-deffus cette cire, du fable qui eft un peu moite, qu'on enfonce avec un refouloir jufqu'à la hauteur des anfes: puis il faut chauffer fa Piéce, & mettre un écheneau deffus, fait de terre; la Piéce eft deux pieds plus bas que l'écheneau par-où le métal coule. Il y a 800 l. de métal dans le fourneau; &

on

on laiſſe un gros jet ſur la lumière afin qu'elle s'abbreuve : enſuite le métal étant froid, on ôte ce qu'il y a de ſuper- flu, & on fore une nouvelle lumière.

Pluſieurs Fondeurs le pratiquent comme on vient de l'ex- pliquer ; mais Banii, Fondeur Polonois, a une manière diffé- rente. Il creuſe le métal de la Piéce à ſa lumière en façon d'é- crou, où le métal chaud s'entaſſe & s'engage ſi bien, qu'il n'en peut ſortir, quelque effort que faſſe la Poudre, laquelle, néanmoins, à force de tirer, ſuinte & ſe fait une petite trace par les divers contours que ſa fumée eſt obligée de faire dans l'épaiſſeur du métal.

C'eſt une XVme Figure de Fonderie, qui fait voir comme on ſcie les vieilles Piéces défectueuſes pour les mettre en tronçons propres à charger dans le fourneau.

IL en a coûté 9 liv. dans le département de M. le Marquis de la Frézelière pour chaque trait de ſcie, c'eſt-à-dire, pour cou- per un tronçon des Piéces défectueuſes qui ſe trouveroient d'un poids au-deſſus de 2400.

L'Ouvrier fourniſſoit les ſcies & les journées d'hommes.

On étoit obligé de faire mettre les Piéces en état & en lieu pour avoir la liberté d'y faire travailler : on fourniſſoit auſſi en chaque Place, les cordages, criks, & chevres dont l'Ouvrier auroit beſoin.

Les ſcies à ſcier Canon pour remettre dans les Magaſins, s'achetoient 10 liv. piéce ; elles coûtoient à Paris 15 liv.

Keller en 1692 entreprit de ſcier des Piéces à raiſon de 12 liv. par chaque trait de ſcie, qui forme deux tronçons.

Il dit qu'aux Piéces de 36, 40, & 48, ſes gens ſont quelque- fois cinq jours.

Il met quatre hommes ſur chaque ſcie, à 30 ſ. par jour pour chacun.

On ne ſçauroit gagner que ſur les Piéces du calibre de 24 & au-deſſous.

Il y avoit bien 11 à 12 milliers de métal dans chacune de ces Piéces-là

II

Il eſt un moyen bien plus court pour mettre les Piéces en morceaux. On les caſſe aiſément en faiſant un cercle à coups de tranche autour , & par l'endroit qu'on veut couper la Piéce: puis on fait une maçonnerie ſéche de quatre briques d'épaiſſeur, & on y place la Piéce en équilibre.

On met du charbon allumé dans cette maçonnerie , & on fait chauffer la Piéce juſqu'à tant qu'elle ſoit en couleur de ceriſe: enſuite on éléve un poids avec une chevre qu'on laiſſe tomber à plomb ſur la Piéce; & elle ſe caſſe.

Dans les lieux où ſe fond & s'alléſe le Canon, il reſte toûjours quantité de ſciûres, de grains, & de morceaux de métal mêlés dans la pouſſière de la fonderie; il en reſte auſſi dans le fourneau après la fonte; & ce métal qui tient au fond de l'âtre ou aire, s'appelle le gâteau.

Les Fondeurs ſont ſoigneux de rechercher ce métal qu'ils nomment les lavûres.

Pour le ſéparer de la terre & de la poudre, & le bien nettoïer de toutes ordures, ils le lavent dans pluſieurs eaux, & le fondent enſuite pour en faire des ſaumons; le **tout comme** la figure de l'autre part le repréſente.

EXPLICATION DE LA FIGURE
qui repréfente les lavûres de la Fonderie.

A *Comme on paſſe les terres dans des cribles, pour en ſéparer
le métal.*

B *Comme on les lave dans l'auget.*

C *Pilon qui ſert à piler les craſſes qui ſortent du fourneau,
mêlées de métal.*

D *Rouë tournée par un cheval, qui fait mouvoir l'arbre qui
léve les pilons, & qui fait mouvoir & hauſſer la pompe E.*

E *Pompe qui fournit l'eau dans l'auget B.*

F *Fourneau pour raffiner le métal, & le fondre en lingot.*

G *Souflet ſervant au petit Fourneau F.*

H *Grand levier ſervant de ſouflet.*

Après

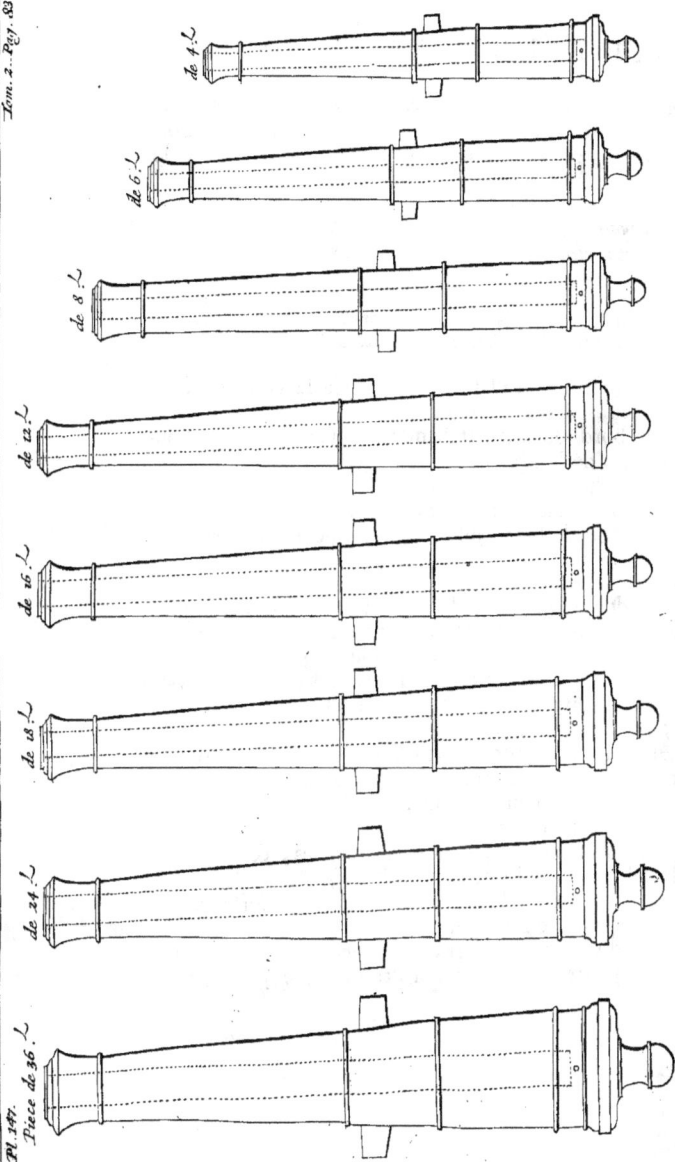

To. 2. Pl. 147.

Piece de 36.ᴸ

de 24.ᴸ

de 18.ᴸ

de 16.ᴸ

de 12.ᴸ

de 8.ᴸ

de 6.ᴸ

de 4.ᴸ

12. pieds.

APrès avoir vû tout ce qui se fait dans les Fonderies pour les Piéces de fonte, nous allons voir les proportions qu'on donne aux Piéces de fer qui se fondent dans les fourneaux de Périgord pour le service des Places de terre.

Proportions pour une Piéce de fer de 36 livres de balle pour la terre: elle doit peser 7300 livres ou environ.

Toutes ces proportions sont bonnes; mais je vois qu'on suit plus ordinairement celles que nous avons déja données pour les Piéces de fonte: cela va à une très-petite différence.

LA longueur depuis la plattebande jusqu'à la volée ou bouche de la Piéce, est de 10 pieds.

Depuis le bord de la plattebande jusqu'au bout du bouton, 13 pouces de longueur.

Diamétre du bouton, 8 pouces.

Diamétre de la plattebande, 25 pouces.

Depuis le fond de l'ame jusqu'au bout de la plattebande, l'épaisseur du métal est de 8 pouces.

Diamétre à la lumière, 23 pouces.

Du bord de la plattebande au premier renfort, 2 pieds 11 pouces 9 lignes, & ½ ligne de longueur.

Diamétre du premier renfort, 21 pouces 4 lignes.

Depuis la plattebande jusqu'aux tourillons, 4 pieds 5 pouces 4 lignes de longueur: les tourillons seront posés dans les 4 pieds 5 pouces 4 lignes.

Diamétre du gros bout du tourillon, 6 pouces 5 lignes, & ⅓ de ligne qui est le diamétre du calibre de la Piéce.

Diamétre du petit bout du tourillon, 6 pouces 3 lignes, qui est le diamétre du Boulet.

Longueur du tourillon, 6 pouces 5 lignes, & ⅓ de ligne, qui est le calibre de la Piéce.

Depuis la plattebande jusqu'au second renfort, 4 pieds 7 pouces 9 lignes de longueur.

Diamétre du second renfort, 18 pouces 4 lignes.

Depuis la plattebande jusqu'à l'astragalle, 9 pieds de longueur.

Dia-

Diamétre de l'aftragalle, 12 pouces 8 lignes.

Depuis l'aftragalle jufqu'à la volée, 12 pouces de longueur.

Diamétre de la Piéce, 6 pouces 5 lignes, & ⅓ de ligne.

La Piéce a de longueur depuis la volée jufqu'au bout du bouton, 11 pieds 3 pouces, qui eft la longueur d'une Piéce de fonte du même calibre.

Proportions pour une Piéce de fer de 24 livres de balle pour la terre : elle doit pefer 5700 livres ou environ.

LOngueur depuis le bord de la plattebande jufqu'à la volée ou bouche de la Piéce, eft de 10 pieds.

Depuis le bord de la plattebande jufqu'au bout du bouton, 12 pouces de longueur.

Diamétre du bouton, 7 pouces 6 lignes.

Diamétre de la plattebande, 19 pouces 8 lignes.

Depuis le fond de l'ame de la Piéce jufqu'au bout de la plattebande, l'épaiffeur du métal eft de 7 pouces 6 lignes.

Diamétre à la lumière, 18 pouces 11 lignes, & ⅓ ligne.

Du bord de la plattebande au premier renfort, 2 pieds 11 pouces 9 lignes & ⅓ ligne de longueur.

Diamétre du premier renfort, 17 pouces 8 lignes, & ⅓ ligne.

Depuis la plattebande jufqu'aux tourillons, 4 pieds 5 pouces 4 lignes de longueur : les tourillons feront pofés dans les 4 pieds 5 pouces 4 lignes.

Diamétre du gros bout du tourillon, 5 pouces 7 lignes & ⅓ de ligne, qui eft le diamétre de la Piéce.

Diamétre du petit bout du tourillon, 5 pouces 6 lignes & ⅓ de ligne, qui eft le calibre du boulet.

Longueur du tourillon, 5 pouces 7 lignes & ⅓ de ligne, qui eft le diamétre de la Piéce.

Depuis le bord de la plattebande jufqu'au fecond renfort, 4 pieds 7 pouces 9 lignes de longueur.

Diamétre du fecond renfort, 16 pouces 4 lignes.

Depuis le bord de la plattebande jufqu'à l'aftragalle, 9 pieds de longueur.

Dia-

Diamétre de l'aftragalle, 11 pouces.

Depuis l'aftragalle jufqu'à la volée, 12 pouces de longueur.

Diamétre de la Piéce, 5 pouces 7 lignes & ¼ de ligne.

La Piéce a de longueur depuis la volée jufqu'au bout du bouton, 11 pieds, qui eft la longueur d'une Piéce de fonte du même calibre.

Proportions pour une Piéce de fer de 18 livres de balle pour la terre: elle doit pefer 4700 livres ou environ.

LA longueur depuis le bord de la plattebande jufqu'à la volée ou bouche de la Piéce, eft de 10 pieds.

Depuis le bord de la plattebande jufqu'au bout du bouton, 11 pouces & ½ de longueur.

Diamétre du bouton, 7 pouces.

Diamétre de la plattebande, 17 pouces 11 lignes.

Depuis le fond de l'ame jufqu'au bord de la plattebande, l'épaiffeur du métal eft de 7 pouces.

Diamétre à la lumiere, 17 pouces 3 lignes.

Du bord de la plattebande jufqu'au premier renfort, 2 pieds 11 pouces 9 lignes, & ¼ ligne de longueur.

Diamétre du premier renfort, 16 pouces & 2 lignes.

Du bord de la plattebande jufqu'aux tourillons, 4 pieds 5 pouces 4 lignes de longueur: les tourillons feront pofés dans les 4 pieds 5 pouces & 4 lignes.

Diamétre du gros bout du tourillon, 5 pouces 1 ligne & ½ ligne, qui eft le diamétre de la Piéce.

Diamétre du petit bout du tourillon, 4 pouces 11 lignes & ¼ de ligne, qui eft le calibre du Boulet de la Piéce.

Longueur du tourillon, 5 pouces 1 ligne & ½ ligne, qui eft le calibre de la Piéce.

Du bord de la plattebande au fecond renfort, 4 pieds 7 pouces 9 lignes de longueur.

Diamétre du fecond renfort, 14 pouces 9 lignes & ½ ligne.

Du bord de la plattebande jufqu'à l'aftragalle, 9 pieds de longueur.

Diamétre de l'aftragalle, 10 pouces.

De.

Depuis l'aftragalle jufqu'à la volée , 1 pied de longueur.

Diamétre du calibre de la Piéce, 5 pouces 1 ligne & ½ ligne.

La Piéce a de longueur depuis la volée jufqu'au bout du bouton , 10 pieds 11 pouces & 6 lignes, qui eft la longueur d'une Piéce de fonte du même calibre.

Proportions pour une Piéce de fer de 16 livres de balle pour la terre : elle doit pefer 4200 livres ou environ.

LA longueur depuis le bord de la plattebande jufqu'à la volée, eft de 10 pieds.

Du bord de la plattebande jufqu'au bout du bouton , 11 pouces de longueur.

Diamétre du bouton , 6 pouces 6 lignes.

, Diamétre de la plattebande , 17 pouces 11 lignes.

Depuis le fond de l'ame jufqu'au bout de la plattebande , l'épaiffeur du métal eft de 6 pouces 6 lignes.

Diamétre à la lumière , 16 pouces 7 lignes & ½ ligne.

Du bord de la plattebande jufqu'au premier renfort , 2 pieds 11 pouces 9 lignes & ½ ligne de longueur.

Diamétre du premier renfort , 15 pouces 6 lignes & ½ de ligne.

Du bord de la plattebande jufqu'aux tourillons , 4 pieds 5 pouces 4 lignes de longueur ; les tourillons feront pofés dans les 4 pieds 5 pouces 4 lignes.

Diamétre du gros bout du tourillon , 4 pouces 11 lignes & ½ de ligne , qui eft le diamétre de la Piéce.

Diamétre du petit bout du tourillon , 4 pouces 9 lignes & ½ de ligne, qui eft le calibre du Boulet.

Longueur du tourillon , 4 pouces 11 lignes & ½ de ligne , qui eft le diamétre de la Piéce.

Du bord de la plattebande jufqu'au fecond renfort , 4 pieds 7 pouces 9 lignes de longueur.

Diamétre du fecond renfort , 14 pouces 9 lignes & ½ de ligne.

Du bord de la plattebande jufqu'à l'aftragalle , 9 pieds de longueur.

Dia-

Pl. 145.

Diamétre de l'aftragalle, 10 pouces.

Depuis l'aftragalle jufqu'à la volée, 12 pouces de longueur.

Diamétre de la Piéce, 4 pouces 11 lignes & ½ de ligne.

La Piéce a de longueur depuis la volée jufqu'au bout du bouton, 10 pieds 11 pouces, qui eft la longueur d'une Piéce de fonte du même calibre.

Proportions pour une Piéce de fer du calibre de 12 livres de balle pour la terre : elle doit pefer 3800 livres ou environ.

LA longueur depuis le bord de la plattebande de la culaffe jufqu'à la volée ou bouche de la Piéce, eft de 10 pieds.

Du bord de la plattebande jufqu'au bout du bouton, 10 pouces 6 lignes de longueur.

Diamétre du bouton, 6 pouces.

Diamétre de la plattebande, 15 pouces 8 lignes.

Depuis le fond de l'ame jufqu'au bout de la plattebande, l'épaiffeur du métal eft de 6 pouces.

Diamétre à la lumière, 15 pouces 1 ligne & ¼.

Du bord de la plattebande jufqu'au premier renfort, 2 pieds 11 pouces 9 lignes & ½ de longueur.

Diamétre du premier renfort, 14 pouces 2 lignes.

Du bord de la plattebande jufqu'aux tourillons, 4 pieds 5 pouces 4 lignes de longueur ; les tourillons feront pofés dans les 4 pieds 5 pouces 4 lignes.

Diamétre du gros bout du tourillon, 4 pouces 5 lignes & ½ de ligne, qui eft le diamétre de la Piéce.

Diamétre du petit bout du tourillon, 4 pouces 4 lignes, qui eft le calibre du Boulet.

Longueur du tourillon 4 pouces 5 lignes & ¼, qui eft le diamétre de la Piéce.

Du bord de la plattebande au fecond renfort, 4 pieds 7 pouces 9 lignes de longueur.

Diamétre du fecond renfort, 12 pouces 11 lignes.

Du bord de la plattebande jufqu'à l'aftragalle, 9 pieds de longueur.

Dia

Diamétre de l'aftragalle, 8 pouces 9 lignes.

Depuis l'aftragalle jufqu'à la volée, 12 pouces de longueur.

Diamétre de la Piéce, 4 pouces 5 lignes ½.

La Piéce a depuis la volée jufqu'au bout du bouton, 10 pieds 10 pouces 6 lignes de longueur, qui eft la longueur d'u-ne Piéce de fonte du même calibre.

Proportions pour une Piéce de fer du calibre de 8 livres de balle pour la terre: elle doit pefer 2700 livres ou environ.

LA longueur depuis la plattebande de la culaffe jufqu'à la volée ou bouche de la Piéce, eft de 9 pieds.

Du bord de la plattebande jufqu'au bout du bouton, 10 pouces de longueur.

Diamétre du bouton, 5 pouces 6 lignes.

Diamétre de la plattebande, 14 pouces 3 lignes.

Depuis le fond de l'ame jufqu'au bord de la plattebande, l'épaiffeur du métal eft de 5 pouces 6 lignes.

Diamétre à la lumière, 13 pouces 3 lignes & ¼.

Du bord de la plattebande jufqu'au premier renfort, 2 pieds 9 pouces de longueur.

Diamétre du premier renfort, 12 pouces 9 lignes.

Du bord de la plattebande jufqu'aux tourillons, 4 pieds de longueur; les tourillons feront pofés dans les 4 pieds.

Diamétre du gros bout du tourillon, 3 pouces 11 lignes, qui eft le diamétre de la Piéce.

Diamétre du petit bout du tourillon, 3 pouces 2 lignes & ¼ qui eft le calibre du boulet de la Piéce.

Longueur du tourillon, 3 pouces 11 lignes, qui eft le dia-métre de la Piéce.

Du bord de la plattebande jufqu'au fecond renfort, 4 pieds 3 pouces de longueur.

Diamétre du fecond renfort, 11 pouces 10 lignes.

Du bord de la plattebande jufqu'à l'aftragalle, 8 pieds 1 pouce 6 lignes de longueur.

Dia-

Diamétre de l'aftragalle, 9 pouces 10 lignes.

Depuis l'aftragalle jufqu'à la volée, 10 pouces 6 lignes de longueur.

Diamétre de la Piéce, 3 pouces 11 lignes.

Depuis la bouche de la Piéce jufqu'au bout du bouton, la Piéce a de longueur 9 pieds 10 pouces, qui eft la longueur d'une Piéce de fonte du même calibre.

Proportions pour une Piéce de fer de 6 livres de balle pour la terre : elle doit pefer 2000 livres ou environ.

LA longueur du bord de la plattebande de la culaffe jufqu'à la volée ou bouche de la Piéce, eft de 8 pieds.

Du bord de la plattebande jufqu'au bout du bouton, 9 pouces 6 lignes de longueur.

Diamétre du bouton, 5 pouces.

Diamétre de la plattebande, 12 pouces 11 lignes.

Depuis le fond de l'ame jufqu'au bout de la plattebande, l'épaiffeur du métal eft de 5 pouces.

Diamétre à la lumière, 11 pouces 11 lignes.

Du bord de la plattebande jufqu'au premier renfort, 2 pieds 5 pouces de longueur.

Diamétre du premier renfort, 11 pouces 4 lignes.

Du bord de la plattebande jufqu'aux tourillons, 3 pieds 6 pouces 8 lignes de longueur ; les tourillons feront pofés dans les 3 pieds 6 pouces 8 lignes.

Diamétre du gros bout du tourillon, 3 pouces 6 lignes & $\frac{1}{2}$, qui eft le diamétre de la Piéce.

Diamétre du petit bout du tourillon, 3 pouces 5 lignes $\frac{1}{2}$, qui eft le calibre du Boulet.

Longueur du tourillon, 3 pouces 6 lignes & $\frac{1}{4}$, qui eft le diamétre de la Piéce.

Du bord de la plattebande jufqu'au fecond renfort, 3 pieds 8 pouces de longueur.

Diamétre du fecond renfort, 10 pouces 9 lignes.

Du bord de la plattebande jufqu'à l'aftragalle, 7 pieds 2 pouces 6 lignes de longueur.

Tome II. M Dia-

Diamétre de l'aftragalle, 7 pouces 2 lignes.

Depuis l'aftragalle jufqu'à la volée, 9 pouc. 6 lig. de longueur.

Diamétre de la Piéce, 3 pouces 6 lignes & ¾.

Depuis la volée jufqu'au bout du bouton, la Piéce a de longueur 8 pieds 9 pouces 6 lignes, qui eft la longueur d'une Piéce de fonte de même calibre.

Proportions pour une Piéce de fer du calibre de 4 livres de balle pour la terre: elle doit pefer 1500 livres ou environ.

LA longueur depuis la plattebande de la culaffe jufqu'à la volée ou bouche de la Piéce, eft de 7 pieds.

Depuis la plattebande jufqu'au bout du bouton, 9 pouces de longueur.

Diamétre du bouton, 4 pouces & ¼.

Diamétre de la plattebande, 11 pouces 2 lignes.

Depuis le fond de l'ame jufqu'au bout de la plattebande, l'épaiffeur du métal eft de 4 pouces 6 lignes.

Diamétre à la lumière, 10 pouces 5 lignes.

Du bord de la plattebande jufqu'au premier renfort, 2 pieds 1 pouce 6 lignes de longueur.

Diamétre du premier renfort, 9 pouces 9 lignes.

Du bord de la plattebande jufqu'aux tourillons, 3 pieds 1 pouce 4 lignes de longueur; les tourillons feront pofés dans les 3 pieds 1 pouce 4 lignes.

Diamétre du gros bout du tourillon, 3 pouces 1 ligne & ¼, qui eft le calibre de la Piéce.

Diamétre du petit bout du tourillon, 3 pouces, qui eft le a libre du Boulet.

Longueur du tourillon, 3 pouces 1 ligne & ¼, qui eft le calibre de la Piéce.

Du bord de la plattebande jufqu'au fecond renfort, 3 pieds 3 pouces de longueur.

Diamétre du fecond renfort, 9 pouces 2 lignes.

Du bord de la plattebande jufqu'à l'aftragalle, 6 pieds 4 pouces de longueur.

Dia-

Diamétre de l'aftragalle, 6 pouces 2 lignes.

Depuis l'aftragalle jufqu'à la volée, 8 pouces de longueur.

Depuis la volée jufqu'au bout du bouton, la Piéce a de longueur 7 pieds 9 pouces, qui eft la longueur d'une Piéce de fonte de même calibre.

Diamétre du calibre de la Piéce, 3 pouces une ligne & ¼.

Les tourillons du calibre de chaque Piéce joignant au canon, auront de diamétre pour chaque petit bout du tourillon le calibre de la Piéce, & à chaque petit bout du tourillon le calibre du Boulet, & pour la longueur de chaque tourillon de chaque Piéce, le calibre de la Piéce.

La lumiére de chaque Piéce fera entre le cordon du chapelet qui fe tient à la plattebande & la baguette ou houfline dans le milieu.

Les tourillons de chaque Piéce feront pofés à deux tiers du métal du côté du dos, , enforte qu'un tiers du métal fera du côté du dos, & les deux autres tiers feront du côté de la lumiére entierement hors des tourillons.

La manière dont un *Fourneau* eft conftruit.

IL faut que le fourneau ait 24 pieds de haut, plus ou moins, & que fes côtez foient égaux avec deux voutes, l'une d'un côté pour mettre les fouflets, & l'autre pour tirer le fer & travailler au fourneau, duquel côté on bâtit l'ouvrage dans le milieu du fourneau de 18 à 20 pouces de large, & 36 à 40 pouces de long.

Au-deffus du fourneau il y a une augmentation de maçonnerie de 4 pieds ou environ de hauteur, & 25 à 30 pouces de diametre en dedans, qu'on appelle le guidor, à la cime duquel on jette les provifions, & depuis l'ouvrage jufqu'au guidor le dedans en diminuant; & pour bien affûrer la maçonnerie du fourneau qui eft fujet à crêver par l'effort du feu, on le lie avec des piéces de bois qui ferrent à clef.

La manière de fondre dans le Fourneau.

ON commence à remplir le fourneau de charbon : on y

met

met feulement deux baches de mine, & deux baches de caftine fur le charbon ; la bache eft faite comme une écoppe qui fert à jetter l'eau de dedans un bateau ou une chalouppe : & lorfque le charbon abaiffe de 5 à 6 pieds on recommence à remettre 6 rappes de charbon, qui font de grands paniers, deux baches de caftine, de la mine par-deffus, toûjours en augmentant le nombre des baches autant que les Ouvriers connoiffent que le feu du fourneau en peut fupporter.

Pour bien fondre on fait, pendant l'intervalle qu'on de-meure à tirer la palle, 5 à 6 grilles fur l'ouvrage du fourneau pour bien échauffer le fond de l'ouvrage, où le fer fondu doit s'affembler. Après cela, outre la palle qui fait aller les fouflets, & dès que les provifions du fourneau ont baiffé de mefure de 5 à 6 pieds, fuivant la coutume, on recommence à mettre 6 rappes de charbon, deux baches de caftine, & de la mine autant, comme on a déja dit, que les Ouvriers con-noiffent que le feu en peut fupporter pour bien fondre, & cela continue pendant tout le tems qu'on veut faire durer le fondage, fuivant qu'il y a des provifions à la forge : car fi on mettoit trop de mine dans le fourneau, le fer fe cailleroit à ne pouvoir fervir à nul ouvrage, & au rifque de le faire for-tir dehors ; de même, lorfqu'il n'y a pas affez de mine, il eft dangereux de brûler l'ouvrage, & faire mettre hors. On tra-vaille toutes les heures à ôter la craffe de la mine qui eft dans le fourneau.

Les meilleures mines peuvent rendre 30 quintaux de fer toutes les 24 heures.

Un feul fourneau ne peut contenir de fer dans l'ouvrage que pour faire une Piéce de 8.

Deux fourneaux pour faire une Piéce de 12, 16, ou 18.

Trois fourneaux pour faire une Piéce de 24.

Quatre fourneaux pour faire une Piéce de 36, ou de 48.

De crainte d'altérer en quelque chofe la force des termes de ce mémoire, je n'y ai prefque rien changé.

T I T R E

Titre X.
Poudre, Salpêtre, Soufre & Charbon.

IL eſt néceſſaire qu'un Officier d'Artillerie ſçache les conditions du marché de l'Entrepreneur général des Poudres,
afin d'obliger ſes Commis à les obſerver exactement. Je m'en
vais l'en informer, & même pour ne laiſſer rien à dire là-
deſſus, ni ſur ce qui regarde les Salpêtres & les Poudres, je
pouſſerai cette matière tout autant que je pourrai ; l'Officier d'Artillerie en prendra ce qui lui ſera propre, & les curieux profiteront de ce qui ſe pourra trouver hors de mon ſujet.

Par le marché ſait le 26 Août 1690 pour neuf années,
commençant le premier Janvier 1691, & finiſſant au mois
de Décembre 1699, avec M. Louis François de Grandchamp, dont les cautions ſont :

Meſſieurs	Berthelot de Pleneuf.
	L'Huillier.
	Le Normand.
	Hailler.
	Le Gendre.
	& Lallemand.

Il doit fournir 2200000 de Poudre, ſçavoir				
1000000	à	5 l. la l.	dans les ter-mes dont on conviendra.
500000	à	9 l.
500000	à	10 l.
200000	à	11 l.

2200000

La fourniture de terre ſe fera en	Avril.
	Mai.
	Juin.
	Juillet.
	Août.
	Septembre.
	& Octobre.

Nota. Que dans le premier million il y en aura

500 milliers pour la terre, païés pendant 12 mois de l'année.

500 milliers pour la mer, païés en ſix paiemens égaux par avance de mois en mois, à commencer du premier Octobre de l'année précé-dant la fourniture ; le dernier paie-ment après la four-niture achevée.

M 3

La

La fourniture de marine se fera { Le premier jour d'A-vril de chaque an-née.

Ce qu'il four-nira au-delà des 2200000 fera païé à 12 fois. { ⅓ comptant. ⅓ trois mois après. Le surplus aussi-tôt la livraison faite.

Il est libre au Roi de prendre du salpêtre au lieu de Poudre, & poids pour poids.

Et Grandchamp le convertira en Poudre à ses dépens toutes les fois que Sa Majesté le désirera.

En faisant ce convertissement, la Poudre qui se trouvera d'excédant à cause des matieres, sera païée à Grandchamp à raison de 7 s. la livre.

Il sera tenu de radouber & ressécher par moitié,
400 milliers de Poudre à la marine,
& 400 milliers à la terre.

Et d'en radouber les barils, & les chappes.
Ce qu'il radoubera au-delà, sera païé à . . . 5 liv. } par cent.
Ce qu'il en resséchera, sera païé à . . . . . 3 liv. }

L'excédant provenant des matieres ajoutées aux Poudres radoubées, sera passé à Grandchamp comme Poudres neuves.

Les Gardes-magasins des Places seront tenus lui représenter les barils & chappes de Poudre bons & mauvais.

Deux livres de Poudre fine ou de chasse lui seront passées pour 3 livres de Poudre de Guerre.

Il pourra vendre la Poudre aux Marchands & Particuliers à raison de 20 s. la livre ; les Revendeurs pourront la distribuer à 24 s. la livre.

Les permissions qu'il délivrera aux Marchands & Particuliers pour vendre de la Poudre, coûteront 6 liv.

Voilà les principales conditions du marché, & les plus essentielles : on pourra voir les autres dans l'imprimé.

Avant que de parler de la fabrication & de la qualité de la Poudre, il me paroît qu'il est à propos de traiter des matieres

res qui entrent dans fa compofition, qui font le falpêtre ou nitre, le foufre, & le charbon.

Du Salpêtre ou Nitre.

ON peut lire dans plufieurs Auteurs de quelle manière fe fait & fe rafine le falpêtre: mais, comme je me fuis propofé d'inftruire mon Officier de tout ce qui peut regarder la profeffion qu'il embraffe, fans être obligé de recourir ailleurs, je ne veux rien ômettre de toutes les circonftances qui s'obfervent fur ce travail dans la Rafinerie à Paris.

Il faut qu'il fçache qu'il y a de trois fortes de falpêtre brut, c'eft-à-dire, n'aiant point encore été rafiné.

Le premier, eft celui qu'on appelle de houffage, & qui fe trouve attaché aux murs des caves, celliers, granges, écuries, étables, grottes, cavernes, carrières, & aux lieux qui ont contracté une qualité falée: & comme il eft apparent au dehors, les Salpêtriers ne font que ratiffer & gratter le mur, & le font tomber dans un vaiffeau propre pour le recevoir: celui-là eft rare à trouver; fa couleur eft plus brune que blanche.

Il y a d'une autre forte de falpêtre, qui eft celui des Indes, & d'autres païs, qui fe trouve dans de grandes campagnes, & fur des montagnes qui en font naturellement couvertes, & d'où il ne s'agit que de le tirer & de le faire enlever.

La troifième efpèce de falpêtre fe fait de la terre qui fe prend dans les caves, celliers, granges, écuries, étables, grottes, cavernes, carrières, & autres lieux dont nous avons déja parlé.

On fe fert auffi de plàtras & gravois provenans de la démolition de ces mêmes bâtimens, qu'on réduit en poudre à force de les battre & écrafer; & c'eft de ces derniers dont je vais parler.

L'Attelier où fe fait le falpêtre à l'Arfenal de Paris, eſt un lieu vafte & élevé en façon de halle, foutenu de plufieurs pilliers.

Il y a 126 cuviers dans cet Attelier.

Ces

Ces cuviers font prefque femblables à ceux qui fervent à couler la leffive : ils font néanmoins plus petits, difpofés en plufieurs bandes, élevés de terre environ de 2 pieds. Comptons qu'on ne charge tous les jours que 24 cuviers, qu'on appelle de cuitte; ainfi cela ne doit paffer que pour un Attelier de 24 cuviers : & pour exempter de veiller & mettre de l'eau Fêtes & Dimanches, on ne charge que ces 24 cuviers, comme on va l'expliquer.

En paffant, on peut remarquer que par chaque Attelier de 6 cuviers, un Salpêtrier ne peut avoir qu'un homme de ville, qui eft celui qui va chercher les matières en ville, avec la bandouillière de Salpêtrier aux Armes du Roi & du Grand-Maître autour de fa ceinture.

Imaginons-nous qu'on n'a point encore travaillé. Sur ce pied on forme trois bandes de 8 cuviers chacune. On met deux boiffeaux comble de cendre de bois neuf au fond de chaque cuvier de la première bande, & on emplit de terre le refte du cuvier.

Une plus grande quantité de cendre mangeroit le falpêtre.

On met un bouchon de paille fur le haut de la terre.

Sur la feconde bande on met deux boiffeaux ras de la même cendre, & le bouchon.

Et fur la troifième on fe contente d'en mettre un boiffeau & demi dans chaque cuvier.

Les cuviers étant emplis de terre & de cendre, on verfe fur la première bande de l'eau de puits, de rivière, ou de citerne, car cela eft indifférent, environ ce qu'en peuvent contenir dix futailles, qu'on appelle vulgairement demiqueues.

Cette eau s'imbibant dans la terre, coule par un trou qui eft au bas du cuvier, & qui n'eft bouché que de quelques brins de paille, & tombe dans un baquet difpofé pour la recevoir.

Toute la quantité s'écoule ordinairement dans l'efpace d'un jour, quelquefois cela va jufqu'au lendemain, fuivant la qualité des terres.

La

La première bande ainfi leſſivée produit 8 demi-queuës d'eau, qu'on porte ſur la ſeconde bande, laquelle étant leſſivée de la même manière, rend la valeur de 6 demi-queuës.

On porte les 6 demi-queuës ſur la troiſième bande, qui n'en produit que 4.

On décharge cette première bande: on en ôte la terre & la cendre, qu'on jette dans un lieu couvert, comme un hangard, pour en amander la terre.

On recharge cette bande de terre neuve avec trois boiſſeaux de cendre, pour faire ce qu'on appelle la cuitte.

On prend ces quatre demi-queuës d'eau qui ſont provenues de la dernière bande; on les verſe ſur la première bande renouvellée, qui ne vous en rend que deux, & qu'on met dans la chaudière.

Sur la ſeconde bande on met de l'eau de puits pure la quantité de 6 demi-queuës, qui eſt un jour & un peu plus à paſſer; ce qui s'appelle le lavage.

Cette eau paſſée, vous la jettez ſur la troiſième bande; cela s'appelle les petites eaux.

Quand ces petites eaux ſont écoulées, on les va reporter ſur la première bande dont on a levé la cuitte; & cela s'appelles les eaux fortes: il en ſort quatre demi-queuës. On ne fait pas tout paſſer, en cas qu'il en reſtât au-delà de ces quatre demi-queuës.

Et lors on recharge la ſeconde bande de terre neuve, pour refaire une ſeconde cuitte.

Et on continue ainſi pour la troiſième.

Deux tombereaux de terre peuvent charger huit cuviers de cuitte.

Il faut obſerver que, pour deux cuviers, on peut ſi on veut, ſe ſervir d'un ſeul baquet appellé recette, pour recevoir les eaux, en le faiſant aſſez grand, & creuſant la terre pour le placer.

Les deux demi-queuës d'eau provenues de la première bande, ſe jettent dans une chaudière de cuivre aſſez grande pour recevoir, non-ſeulement cette première décharge, mais

Tome II.   N   en-

encore les deux demi-queuës de la cuitte de la feconde bande; ce qui fait enfemble l'eau de feize cuviers.

· Avant que de paffer plus loin, jettez les yeux fur la planche.

E X P L I C A T I O N   D E   L A   F I G U R E
repréfentant l'Attelier de la Salpêſtrerie.

A *Plâtras entaſſés & deſtinés à étre battus.*
B *Tombereau qui apporte les plâtras & les terres de la ville.*
C *Manœuvres qui écraſent les plâtras & battent la terre.*
D *Manœuvre qui paſſe les plâtras & les terres après qu'ils*
   ſont écraſez.
E *Manœuvre qui porte cette terre écraſée aux cuviers.*
F *Manœuvre qui décharge cette terre dans les cuviers.*
G *Cuviers.*
H *Recettes.*
I *Manœuvre qui tire l'eau pour porter dans les cuviers.*
K *Manœuvre qui porte l'eau.*
L *Manœuvre qui ſurvuide les recettes dans des futailles.*

r. Lansveltse

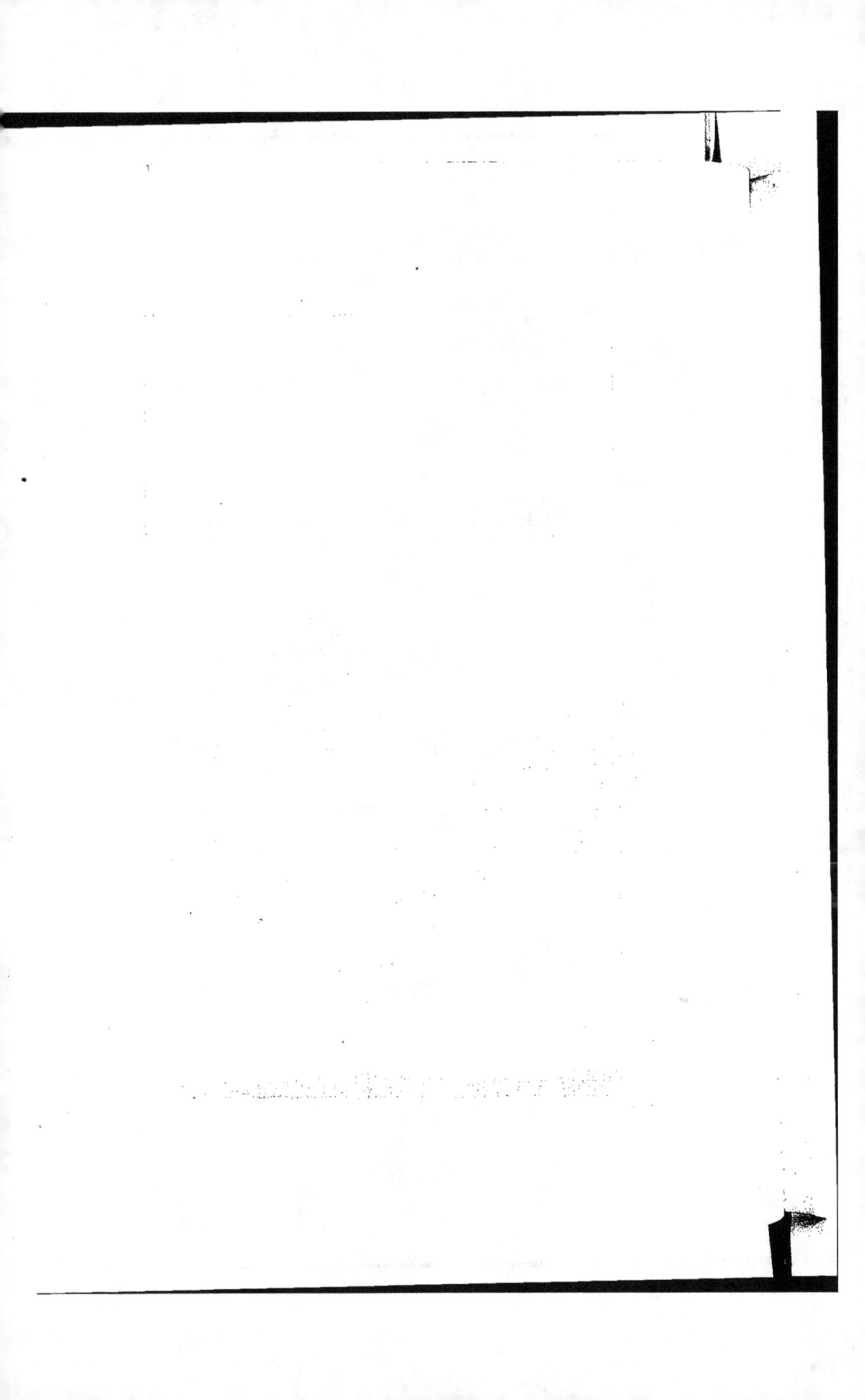

LA chaudière dont on a parlé, est bien maçonnée & dreffée fur un fourneau de brique, & dans lequel on fait un feu continuel de bûches, afin que la matière bouille toûjours également.

Elle bout 24 heures: & pour connoître fi le falpêtre est formé, on laiffe tomber une goute ou deux de cette eau fur une affiette ou fur un morceau de fer; & s'il fe congéle comme une goute de fuif ou de confiture, c'est une marque qu'il est fait.

Auffi-tôt on retire la moitié de cette eau avec un instrument de cuivre appellé puifoir: on la met dans un rapuroir, qui est une futaille de bois, ou un vaiffeau de cuivre: puis, on retire le fel qui s'est formé au fond de la chaudière avec une écumoire, dans un panier qu'on pofe fur la chaudière pour faire égouter ce qui peut y être resté de falpêtre; & quand ce fel est dehors, on tire le reste de la cuitte: après une demi heure ou trois quarts d'heure que l'eau a resté dans le rapuroir qui est couvert pour la tenir chaudement, on la fait fortir par une fontaine qui est au rapuroir: on la met dans un feau pour la porter dans de grands baffins de cuivre pour la laiffer congeler; ce qui ne fe fait ordinairement qu'en cinq jours.

Cette cuitte de feize cuviers peut produire 100 ou 120 l. de falpêtre, quelquefois 140 livres, felon la qualité des terres: & pour le fel, la quantité n'en est point réglée; quelquefois on en tire 15, 20 & 30 l. & même 40 livres. Auffi fe rencontre-t-il des terres dont on n'en tire point, mais cela est rare.

Quand le Salpêtrier veut frauder pour le fel, il fait fi bien, malgré tous les gardes qu'on aura postés pour l'obferver, qu'il ne paroîtra point de fel dans fa cuitte, foit en brouillant & retirant brufquement fon eau, & la portant dans les baffins fans la paffer dans le rapuroir, foit en y jettant une chandelle, qui, à la vérité, ne gâtera point la cuitte, mais qui fera élever le fel dans l'eau, & l'empêchera d'aller au fond.

Il fe fert encore d'un autre moyen pour cacher le fel. Il

jette

jette un quartron de colle forte dans la chaudière ; ce qui fait élever le sel dans l'écume, enforte qu'on ne sçauroit plus le trouver, & que l'eau eft claire & belle comme de l'eau de roche. Il ne met point auffi cette eau dans le rapuroir, & il ne fe foucie pas de jetter l'écume ; car elle fe retrouve dans les terres qu'il amande : en maniant l'écume avec la main, on la fent graveleufe & pleine de fel.

Il faut encore obferver que quand l'eau eft dans le rapuroir, il refte du fel au fond, pourvû qu'on l'y laiffe trois quarts d'heure, ou une heure ; ce fel eft néanmoins couvert de la faleté de la cuitte, & ne peut fe manger : on le jette fur les terres.

Le falpêtre brut étant ainfi achevé, on le met en égout, & on panche les baffins où il eft. L'eau qui en provient s'appelle les eaux meres, nommées par les Salpêtriers ameres, & elles fervent à recharger les cuviers qu'on a renouvellés de terre neuve ; on en met un petit feau fur deux ou trois cuviers.

Tous les quinze jours, le Samedi, on reçoit à la Rafinerie les falpêtres bruts que les Salpêtriers de Paris apportent de leurs Atteliers, qui leur eft païé par l'Entrepreneur à raifon de 5 f. la livre.

Ils rapportent auffi le fel qu'a produit leur falpêtre en le faifant, & il leur eft païé par l'Entrepreneur fur le pied de 2 f. la livre.

Le Lundi fuivant eft deftiné pour fubmerger le fel ; car on le jette dans la rivière en prefence des Officiers & Gardes des Gabelles, afin que perfonne n'en profite.

Pour avoir de bonnes terres amandées, & ce qu'on appelle réanimées, il faut faire enforte que la terre qui a fervi dans les cuviers, foit féche, & pour cela il la faut mettre à couvert ; & quand elle fera féche, l'étendre un pied d'épais fous le hangard & l'arrofer, prendre pour cela les écumes & les rapurages, les eaux meres ou ameres, & y mettre moitié eau qui ait paffé, s'il fe peut, fur les cuviers : après que le relavage eft fait, l'arrofer de pied en pied jufqu'à la hauteur qu'on pourra ; il faut détremper auparavant les écumes

mes dans l'eau, que cela ne foit point épais, parce que la terre ne s'humecteroit pas fi facilement.

Quinze jours après qu'elle aura été arrofée, il la faut jetter d'un autre côté & la changer de place, afin qu'elle fe mêle mieux, & en devienne meilleure : un mois après la changer encore de place, & continuer deux ou trois fois; après quoi on pourra s'en fervir. Sur-tout prendre bien garde de ne la point endurcir en la piétinant ; ce qui l'empêcheroit de s'a- mander fi vîte : & pour éviter de la piétiner , il n'y a qu'à y mettre une planche qui n'appuie pas deffus , mais qui foit foutenue par les deux bouts avec deux pierres & deux mor- ceaux de bois.

Il faut que les hangards ne foient clos que par les deux bouts , pour foutenir feulement la terre, & laiffer le jour du côté où le foleil donne : fi les hangards font faits contre la muraille, il ne faut pas qu'ils foient fermés par les deux bouts.

N'aiant point de terre qui ait fervi aux falpêtres, il faut prendre des gravois de plâtre de démolitions , les faire caffer comme ceux qu'on met dans les cuviers ; ils font fort propres à amander promptement , attendu qu'ils font fecs.

Les terres amandées peuvent toûjours fervir à l'infini ; de forte qu'au moyen de ces terres on ne manquera jamais de falpêtre.

N 3   *Rafi-*

Rafinage.

CEtte feconde planche vous fera voir ce qui fe fait dans la Rafinerie.

EXPLICATION DE LA FIGURE.

A *Manœuvres portant l'eau qui provient des cuviers, pour la verfer dans la chaudière de première cuitte.*

B *Chaudière de première cuitte.*

C *Fourneau fervant aux cuittes.*

D *Manœuvres portant du bois au fourneau.*

E *Baquets où fe met l'écume.*

F *Rapuroir.*

G *Mays où fe portent le falpétre de la première cuitte, lorf- qu'on le tire de la chaudière.*

H *Bâtons pour boucher les trous qui font au fond des mays, pour laiffer tomber dans les baffins le falpétre qui ne s'eft pas congelé.*

I *Baffins qui reçoivent le falpétre qui ne s'eft pas congelé.*

K *Chaudière du rafinage où on met le falpétre congelé qu'on tire des mays.*

L *Manœuvres tirant le falpétre de la chaudière du rafina- ge, pour le porter dans des baffins.*

M *Manœuvres portant le falpétre rafiné dans les baffins, pour le faire congeler.*

N *Baffins pour la congélation du falpétre rafiné.*

O *Baffins qu'on met en égout quand le falpétre rafiné eft congelé.*

P *Chaudières où fe fond le falpétre pour le mettre en roche.*

Q *Pains de falpétre congelé en glace & en roche.*

R *Tonneaux dans lefquels on apporte les écumes provenan- tes du rafinage.*

S *Manœuvre portant de l'eau pour l'ufage de l'Attelier.*

T *Salpétre brut.*

V *Commandant les Ouvriers de l'Attelier.*

Les

LEs Salpêtriers aiant livré leur falpêtre brut , on jette ce falpêtre dans la chaudière deftinée pour cet ufage , qui eft difpofée comme l'autre , fur un fourneau : on y en met deux mille deux ou trois cens pefant à chaque fois , & par-deffus , trois bardées, qu'on appelle ainfi , ou trois demi muids d'eau.

Quand le falpêtre eft fondu , ce qui fe fait en deux ou trois heures , on jette dedans une cruchée de blancs d'œufs ; ce qui coûte à l'Hôtel-Dieu 6 f. la pinte ; ou de la colle de poiffon , ou une certaine dofe de vinaigre ou d'alun.

On y ajoute une bardée d'eau , qui fait la quatrième, en plufieurs fois , afin de faire furmonter la graiffe & l'ordure qui s'écument foigneufement ; & après en avoir bien nettoïé la fuperficie, enforte qu'il ne refte plus d'écume, on tire auffi-tôt le falpêtre , & on le met tout d'un coup dans des baffins où on le laiffe congeler pendant cinq ou fix jours : après quoi, on place les baffins fur des tréteaux pour les faire é-gouter fur des recettes ; & l'eau qui en provient fe jette en-core une fois dans la chaudière pour la faire bouillir jufqu'à ce que le fel fe produife au fond , & que la fonte foit par-faite.

Il s'en tire 15 ou 20 livres, quelquefois plus ; ce qui n'a point de régle : la raifon de cela eft , que quand on a travaillé le fal-pêtre brut avec foin , & qu'on a tiré beaucoup de fel dans cette première fabrication , il ne s'en peut pas tant trouver dans le rafinage.

C'eft dans ces deux premières cuittes-là qu'on tire tout le fel qui peut être dans le falpêtre ; car il fe fait encore une troifième cuitte de la même manière que la précéden-te : mais aux eaux de cette dernière, il ne fe doit point trou-ver de fel ; & quand il s'y en trouve, c'eft que le falpêtre eft mal rafiné.

De la première cuitte fort le falpêtre brut.

La feconde produit le falpêtre appellé de deux eaux.

La troifième fait le falpêtre de trois eaux en glace.

Si on veut mettre le falpêtre en roche , on le fond fans eau ; & fitôt qu'il eft fondu, on le tire , & on le laiffe refroi-dir.

Ii

Il y a des gens qui mettent leurs blancs d'œufs en deux fois; leur cruche eſt de huit pintes: ils en mettent les deux tiers dans la ſeconde cuitte, & l'autre tiers dans la troiſième, après les avoir battus avec un petit balay & délayés avec de l'eau petit à petit.

A la Rafinerie de Paris on uſe dix-huit pintes de blancs d'œufs par jour ſur cinq milliers de ſalpêtre; ce qui fait 5 liv. 8 ſ. de dépenſe par jour.

Voilà tout ce qui peut regarder la fabrication du ſalpêtre.

On prétend que le ſalpêtre étant rafiné, diminue d'un peu plus d'un quart: par exemple, un 100 de ſalpêtre brut ne rendra que 72 livres de ſalpêtre rafiné de deux fontes de rafinage, & le reſte ſera ſel, graiſſe, ſable & bouë.

La bonne qualité du ſalpêtre eſt d'être dur, blanc, clair & tranſparent, bien dégraiſſé & bien purgé de ſel.

Il eſt à déſirer qu'on laiſſe le ſalpêtre ſix mois, & même un an, s'il ſe peut, ſur des planches expoſé au Nord, & qu'on le retourne de tems en tems pour le bien faire ſécher, & pendant ce tems lui donner lieu de ſe décharger du reſte de la graiſſe que le rafinage ne lui a pu ôter entièrement, & dont l'air diſſipe une partie.

Pour connoître ſi les ſalpêtres ſont gras ou ſalés, il en faut faire brûler & en mettre une poignée ſur une planche de chêne, & poſer un charbon ardent deſſus: ſi en brûlant il pétille, cela marque le ſel, & s'il eſt peſant & que le feu ait de la peine à s'élever, & qu'on voïe un bouillon épais, cela marque la graiſſe; & quand il eſt de bonne qualité, & qu'il n'eſt ni gras ni ſalé, il jette une flamme qui s'élève avec ardeur & qui conſomme le ſalpêtre, enſorte qu'il n'y reſte qu'un peu de blanc, qui eſt le fixe du ſalpêtre.

On ſera peut-être bien aiſe de ſçavoir combien chaque département du Roïaume a fourni de ſalpêtre pendant trois années que j'ai priſes par hazard pour exemple, & qui ſont 1689, 1690 & 1691, & ainſi des autres ſuivantes.

Dépar-

Départemens.	1689.	1690.	1691.
Paris.	552645.	600578.	625424.
Orléans.	12882.	28639.	40336.
Châlons.	12604.	56900.	90060.
Tours.	20397.	70759.	132829.
Saumur.	127191.	189518.	235102.
Chinon.	159193.	255456.	365448.
Châtelraud.	21733.	44743.	80318.
Dijon.	2404.	18161.	42958.
Bourges.	10092.	19409.	28790.
Moulins.	5776.	16472.	19062.
Clermont.	2760.	8870.	11433.
Limoges.		2110.	2968.
Bourdeaux.	79419.	153195.	228374.
Montauban.	19351.	49888.	79287.
Touloufe.	163534.	270755.	284529.
Montpellier.	137748.	218177.	271033.
Perpignan.		81898.	100502.
Avignon.	44808.	53695.	44792.
Lion.	34602.	76638.	81794.
Grenoble.			11339.
Bezançon.	29875.	127345.	144075.
Belfort.	9004.	19028.	17585.
Brifac.	8457.	17888.	21190.
Schleftaht.	14288.	30809.	26886.
Fribourg	18870.	37455.	16043.
Metz.	40930.	73684.	97487.
Verdun.	28345.	42672.	41073.
Amiens.	6425.	36930.	48435 ½.
La Fere.	10831.	19568.	25723.
Saint-Omer.		17927.	31393.
Charleville.		5389.	5493.
Valanciennes & Doüay.		21216.	50505.
Roüen.	6954.	34001.	55545.
Saint Jean d'Angely.		14551.	15551.

Départemens.	1689.	1690.	1691.
Bayonne.		12204.	25640.
Poitiers.			24462.
Provence.	98400.	98400.	220413.
Loüans en Bourgogne.			3890.
	1679518.	2824928.	3647767¹⁄₇.

Sel.

IL faut sçavoir que ce sont Messieurs les Fermiers-Généraux des Gabelles qui paient le sel qui se submerge; & cela, pour obliger les Salpêtriers à livrer tout ce qu'ils en ont, afin qu'il ne se verse point dans Paris ou dans les Provinces; en quoi la Ferme souffriroit un préjudice notable.

Les Fermiers-Généraux avoient donc traité avec Monsieur Berthelot pour le sel que les Atteliers à salpêtre, ou les Rafineries des principaux endroits du Roïaume pourroient produire, comme Paris, & la Généralité de Tours.

Depuis l'année 1688 jusqu'à la fin de 1690, il devoit fournir 280 milliers de sel par an, pour lesquels les Fermiers-Généraux lui païoient 24000 liv., qui est environ 20 d. la livre.

S'il n'en fournissoit que 260 milliers au lieu de 280, cela ne tiroit point à conséquence.

S'il en fournissoit moins de 260 milliers, ce qui s'en manquoit luy étoit précompté sur le pied de 8 f. la livre, qui est 40 liv. le cent pesant, & l'excédant lui étoit païé à raison de 2 f. la livre.

Il en fournit en 1688 & 1689, 360 milliers, qui est 100 milliers au-delà de son obligation.

Ce sel étoit mis en dépôt dans des magasins, dont les Commis des Fermiers avoient la clef, & ce sel se jettoit dans l'eau, comme il est dit ci-devant.

Depuis 1690, ces Messieurs ont fait un nouveau traité, qui oblige les Entrepreneurs à livrer jusqu'à 31 livres de sel par cha-

chaque cent de salpêtre, & ont aussi augmenté la somme à proportion, c'est-à-dire, que leur marché les oblige à livrer 340 milliers de sel à 2 s. la livre, & tout ce qu'ils en peuvent fournir au-delà, est païé à 3 s.

Quant aux autres Salpêtreries ou Rafineries établies dans les autres lieux du Roïaume, ou que les Entrepreneurs pourront établir, les Fermiers-Généraux se sont réservé la liberté de les faire exercer par leurs Archers & Gardes, conformément aux Ordonnances & Réglemens du Roi faits sur ce sujet.

Il y a 41 Atteliers de salpêtre à Paris, y comprenant Saint-Denis, & les 4 qui sont à l'Arsenal.

Dans ces 41 Atteliers il y a 1005 cuviers.

Paris, & la Généralité de Paris, produisent 600 milliers de salpêtre par an.

Dans tout le Roïaume, compris Paris & la Généralité, il s'en fait plus de trois millions six à sept cens milliers, comme on vient de le voir.

On en fait venir quelquefois du païs étranger; il revient à 10 ou 12 s. Les prises qu'ont fait nos Armateurs ces dernières années, en ont fait entrer une prodigieuse quantité dans le Roïaume.

Soufre.

LE soufre est un minéral, c'est-à-dire, une matière qui se trouve dans des mines, comme l'or, l'argent, l'étaim, le plomb, &c. engendré d'une substance terrestre, onctueuse, & qui s'enflamme aisément.

Le soufre naît dans la terre, de sa graisse, & de l'écume des feux souterrains, de la même manière que la suie est l'écume ou la graisse du feu ordinaire.

Les Volcans, qui sont des montagnes qui jettent souvent des flammes, comme le Vésuve, l'Æthna, & autres, ne brûlent qu'à cause que ce sont des mines de soufre qui sont allumées.

Les fleurs du soufre, c'est le plus pur du soufre qui s'attache au chapiteau du vaisseau ou alambic, quand on le su-

blime

blime par le feu; & on les appelle fleurs blanches quand on
les diſtille avec du nitre calciné & fixé avec le ſoufre.

Il y en a de blanc, de jaune, & de verdâtre: le jaune eſt
le meilleur, & il faut qu'il crie à l'oreille quand on l'en approche. C'eſt dans certaines montagnes d'Italie ſituées au-delà
de Naples, ou en Sicile, que ſe trouve toûjours le ſoufre
dont nous nous ſervons en Europe. Le ſoufre eſt, ou pur, ou
mêlé avec la terre, ou des eaux, dont on le ſépare par art.

Le ſoufre vif eſt la glebe ou terre ſoufreuſe de couleur
jaune, de laquelle on tire le ſoufre ordinaire avant ſa premiere fonte: cette fonte ou rafinage ſe fait en Hollande plus ordinairement qu'ailleurs.

Et c'eſt-là le meilleur ſoufre: on le réduit en morceaux:
les plus petits ſont ce qu'on appelle magdalons de ſoufre,
qui ſont de petits rouleaux qui ſe vendent chez les Apoti-
quaires.

Le ſoufre qui ſe rafine & ſe débite en Provence, eſt gras
& peſant, & c'eſt la peſte de la Poudre.

Comme il n'arrive jamais qu'un Officier d'Artillerie ſoit
chargé du rafinage de ſoufre, il eſt inutile de s'étendre ſur
ce travail.

Pour voir s'il eſt bon, prenez deux terrines verniſſées, &
mettez-les l'une ſur l'autre: allumez du feu deſſous, ſi le ſoufre s'attache au haut de la terrine de deſſus, il eſt bon, & s'il
demeure en bas, il ne vaut rien.

Charbon.

AUtrefois on uſoit aſſez indifféremment de charbon de
ſaule, de coudre, ou de jeune aulnette, pour faire la Poudre.

Le bois de ſaule n'eſt pas mauvais quand il vient en lieu
haut & ſec.

Mais préſentement on s'attache uniquement & conſtam-
ment au bois de bourdaine, comme au meilleur.

Le bois de bourdaine, ou autrement appellé la pevine ou
noirprun (car le ſaugin eſt trop peſant) a l'écorce noire &
tavelée de blanc, & le bois deſſous eſt jaune. Il a la feuille
com-

comme celle du laurier ; il y en a une très-grande quantité dans les hayes de Lorraine.

On coupe ordinairement ce bois de 4 pieds de long , & on le met en bottes.

Il faut l'écorcher avant que d'en faire du charbon.

La voiture de chaque botte coûte 10 f. rendue à Effaunes : on le prend presque toûjours à Arminville en Brie.

Le prix de chaque cent de bois de bourdaine revient à Effaunes à 4 liv. le cent venant d'Arminville : mais le cent ne produit que 12 livres ou environ de charbon ; ainsi la livre de charbon revient à 5 ou 6 f. la livre ou environ.

Le bois pris dans la forêt d'Orléans coûte tout verd 4 liv. le cent pesant , & pour la voiture par terre à Effaunes , 40 f. du cent ; ce font 6 liv. du cent.

Pour faire ce charbon , on creuse un trou dans la terre : on assemble ce bois tout de bout : on le brûle à flamme vive ; & quand on voit qu'il est bien brûlé & en charbon , on l'étouffe avec un balai sans y jetter d'eau.

Ce charbon est très-léger , & on le met en lieu où il soit toûjours séchement.

NOus voici présentement à la fabrication de la Poudre. *Fabrica-*
Il n'est rien de plus simple que la composition de la Pou- *tion de la*
dre. La meilleure méthode, à ce qu'on prétend, pour com- *Poudre.*
poser un cent pesant de Poudre, est de mettre 101 livres & ¼ de matière : sçavoir ,

> 76 l. & ½ de salpêtre bien rafiné, bien dégraif-
> fé, bien dessalé, & bien sec.
> 12 l. & ¼ de charbon.
> 12 l. & ¼ de soufre

> ────────
> 101 l. & ½.

L'ancienne manière étoit de mettre 75 , 76 , & même jusqu'à 77 l. & ¼ de salpêtre , 12 l. de charbon , 12 l. de soufre ; mais on s'est fixé dans ces derniers tems en plusieurs endroits à 76 livres & ¼ de salpêtre , & le reste.

Le

Le mortier dans lequel fe met cette compofition, doit être de cuivre ou de bois, car il y a trop de danger à le faire de fer.

Si ce mortier contient 16 l. de compofition, comme cela eft ordinairement, il faut battre la Poudre au moins 24 heures à 3500 coups de pilon par heure, ou environ, afin que les trois corps qui compofent la Poudre, foient parfaitement unis ; s'il y a moins de compofition & que le mortier foit plus petit, on peut retrancher des heures à proportion fur le battage, fuppofé que le pilon foit proportionné au mortier.

Il eft auffi à propos d'obferver qu'il faut plus battre la Poudre l'Eté que l'Hiver, à caufe que l'eau eft ordinairement moins forte & moins rapide. Il faut auffi arrofer de tems en tems avec de l'eau pure les mortiers, afin que les matières puiffent mieux s'incorporer l'une avec l'autre.

Quand on veut faire d'une Poudre extrêmement fine & fubite, on peut y mettre le gros d'une noix de chaux vive fur un pot d'eau; mais il faut arrofer la Poudre fi à propos, qu'en la maniant dans le mortier, elle ne s'attache point du tout à la main.

La Poudre ainfi battue, on la tire du mortier : on la porte dans le grainoir ; & on paffe deffus des morceaux de bois un peu pefans pour la féparer. On la fait paffer enfuite dans des cribles ou tamis percés de la groffeur du grain dont on veut qu'elle foit : on la fait fécher; & on la met enfuite dans des barils qui contiennent un peu à l'aife 200 livres pefant, poids de marc, de Poudre.

Le grain dont on fe fert préfentement pour les Troupes & pour le Canon, eft égal, c'eft-à-dire, comme la Poudre à Moufquet & cette Poudre ne différe de la Poudre fine à giboyer ou de chaffe, que parce que cette dernière eft un peu plus battue que l'autre, & qu'on emploie pour la faire du falpétre en roche.

M. le Chevalier Deftouches. C'eft en fubftance ce qu'on peut dire de la fabrication ; mais pour en fuivre pied à pied la manufacture, comme a fait un de nos plus habiles Lieutenans d'Artillerie, il n'y a qu'à voir les mémoires ci-après, qu'il en a dreffés dans le moulin d'Effaunes-mefme.

E X-

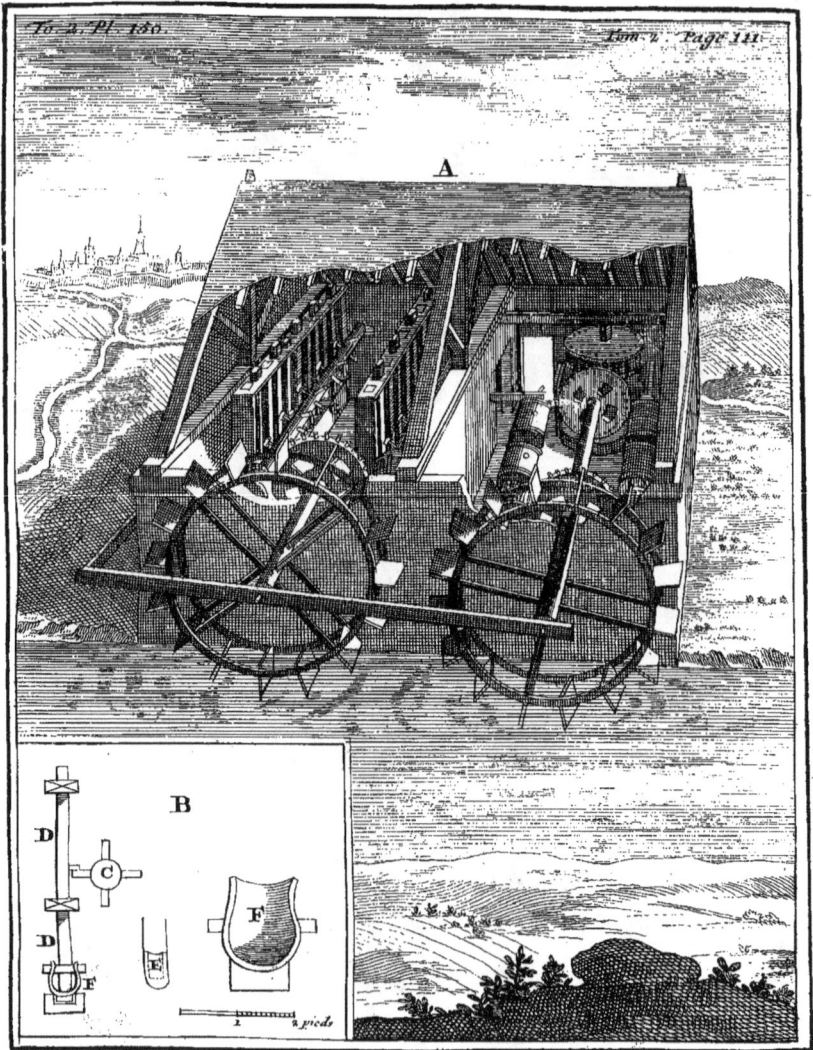

EXPLICATION DE LA FIGURE
du Moulin à Poudre.

A *Moulin à Poudre avec toutes fes rouës, fes pilons, &*
  fes mortiers.
B *Profil des pilons & mortiers.*
C *Arbre qui fait mouvoir les pilons.*
D *Pilon.*
E *Bout du pilon qui eſt armé de fonte.*
F *Coupe du mortier où ſe bat la Poudre, & qui eſt de fer.*

Pour éviter les accidens de feu, on ne ſe fert preſque plus
de mortiers de fer, mais bien de mortiers de bois, ou d'une
poutre creuſée en forme de mortiers, comme il eſt repréſen-
té par la lettre G dans la figure *A.*

Pour la composition de la Poudre.

Poudre de Guerre; comment on la fait.
Composition.

ON met les trois quarts de salpêtre, & l'autre quart se partage moitié par moitié entre le charbon de bois de bourdaine & le soufre, de sorte, néanmoins, qu'il y ait un peu plus de charbon que de soufre. Cette composition faite avec beaucoup de précaution, afin qu'il ne se trouve point de gravier ni autre chose nuisible qui puisse mettre le feu à la batte-

Comment on la bat, & combien de tems.

rie, on met le tout dans un mortier, où elle est battue pendant 20 heures ou environ; de manière toutesfois, que dans le commencement on y met de l'eau de 4 heures en 4 heures, c'est-à-dire, en mettant la composition dans le mortier, 4 heures après, &c. c'est sur la fin, de deux heures & demie ou environ en deux heures & demie ; & qu'on change une fois cette composition à moitié battue, c'est-à-dire, au bout de 10 heures ou environ, d'un mortier à un autre, afin qu'elle soit mieux mêlée. Au bout de 20 heures elle se trouve bien battue & bien mêlée, & on la retire du mortier par morceaux, à cause de l'humidité qu'elle a contractée. On la met

Comment on la graine.

ensuite dans un grainoir, dont les trous sont à peu près grands à laisser passer un grain de vesse; & après l'avoir bien remuée dans le grainoir, & écrasée par le moyen d'un morceau de bois rond de 9 ou 10 pouces ou environ de diamétre, & d'un pouce ½ d'épaisseur, qu'on appelle un rouleau, & qui ressemble, à son épaisseur près, à un couvercle de boëte de dragées, lequel rouleau on remue dans le grainoir avec la composition tirée du mortier, & qui sert à l'écraser, & à la séparer en morceaux qui puissent passer par le grainoir ; toute la composition passe : & comme le remuement du grainoir & l'écrasement du rouleau ont séparé cette composition, de façon qu'il s'y trouve une Poudre mêlée qu'on appelle le

Comment on la tamise.

Ce qu'on fait du poussier.

poussier, on met le tout dans un tamis ; ce qui reste dans ce tamis est la bonne Poudre, ce qui passe, est le poussier qu'on remet ensuite dans les mortiers, observant néanmoins de n'y mettre pas tant d'eau que dans la simple composition qui n'a point encore été battue.

Pour

Pour ce qui eſt de la Poudre , quand le tems eſt beau , &
qu'il fait ſoleil, ſans apparence de pluie , on l'étend ſur des
planches au ſoleil , & on la fait ſécher. En Hiver on la met
dans une chambre de 12 ou 15 pieds en quarré , qu'on appelle le four, dans laquelle il y a un fourneau de fer , autour
duquel eſt une eſpéce de chappe ou couverture de cuivre
éloignée du fourneau de quatre bons doigts , & autour de la
chappe l'épaiſſeur de quatre doigts de plâtre , dont elle eſt
entièrement couverte ; de ſorte que le feu ne peut ſortir par
aucun endroit , la fumée ſortant par un tuyau qui eſt percé
dans le mur avec toutes les précautions néceſſaires : & dans
ce four on étend la Poudre ſur des tablettes , & en quatre
ou cinq heures , quelque tems qu'il faſſe , elle ſe trouve auſſi
ſéche qu'on le peut ſouhaiter.

Mais , comme la Poudre, ſéchant ou au ſoleil ou dans le
four, produit encore du pouſſier ; on la repaſſe, après l'avoir
ainſi ſéchée, par le tamis , & enſuite on la péſe & on la met
200 à 200 dans des barils faits exprès avec les proportions
néceſſaires , ſur leſquels on met des chappes ou autres barils
de bois.

A l'égard de la Poudre de chaſſe, pour qu'elle ſoit meilleu- *Poudre de chaſſe; comme on la fait.*
re on prend du ſalpêtre en roche , c'eſt-à-dire, du ſalpêtre
d'une cuitte au-deſſus de celui dont on fait la Poudre de guerre : on choiſit le plus beau charbon & le plus léger , & on en
met davantage qu'à la Poudre de guerre. On bat cette compoſition un peu plus de tems , & on y met moins d'eau ; ce
qui fait qu'il eſt plus dangereux d'en faire que de la Poudre
de guerre. On la graine dans un grainoir le plus fin & le plus *Comment on la graine.*
égal qu'on peut trouver ; on la ſéche ; on la tamiſe comme
l'autre. Mais pour la rendre plus belle, & pour en arrondir le
grain , on la met dans le liſſoir : ce liſſoir eſt un aſſemblage
d'un certain nombre de tonneaux attachés enſemble, dans
leſquels on met cette Poudre , & qui tournant par le moyen
d'un moulin, la remuent de manière qu'elle devient luſtrée
& plus ronde , & d'un grain plus égal que la Poudre de
guerre.

Il faut trier le charbon , morceau à morceau , de peur
qu'il

Tome II.   P   qu'il

qu'il ne se trouve du sable ou du gravier dans la composition.

Autre re- marque. Et pour ôter ce qu'il pourroit y avoir d'impur & de nuisible dans le soufre, on le fait bouillir ; & en y mettant de l'huile, toute l'impureté s'attache à l'huile, & on la sépare ainsi du soufre.

Quelques-uns y mettent de l'alun au lieu d'huile, & je le crois meilleur.

C'est ce que j'apprens par les mémoires dont je viens de parler, qui conviennent avec ce qui se pratique ailleurs, & ce que j'ai vû à Essaunes, quand je m'y suis trouvé.

Il faut, pour que la Poudre soit de bonne qualité, qu'elle soit de couleur d'ardoise.

Que, quand on l'expose au soleil, on n'y trouve rien qui brille ; car le brillant marqueroit que le salpêtre ne seroit pas assez écrasé ni assez uni aux deux autres matières.

Manière d'éprou- ver la Poudre. On l'éprouve en plusieurs manières : on en met une pincée sur un papier blanc, & on approche doucement dessus un charbon de feu ; la Poudre qui est bonne, prend subitement, la fumée s'élève en colonne en l'air, & elle ne laisse sur le papier, ni rayons, ni noirceur, ni flaméches qui puissent brûler le papier.

La méchante Poudre fait tout le contraire, & même le salpêtre & le soufre s'attachent sur le papier, & on peut l'écraser avec le doigt.

Quand la Poudre est bien sèche, & bonne, on peut faire cette épreuve au milieu de sa main sans se brûler.

On a encore l'Eprouvette, qui est une petite roüe de cuivre ou de fer, disposée sur un ressort de fusil qui porte un petit bassinet pour contenir une pincée de Poudre : on bande ce ressort comme le chien d'un Pistolet qui porte une pierre ; on le lâche : le feu prenant à la Poudre, oblige la roüe qui est retenue par des crans bien bandés, à tourner quelques crans suivant la force de la Poudre. Cette invention, néanmoins, n'est pas sûre pour connoître la bonne qualité de la Poudre : car, quand l'Eprouvette est échauffée, la roüe tourne plus facilement ; d'autres fois l'Eprouvette

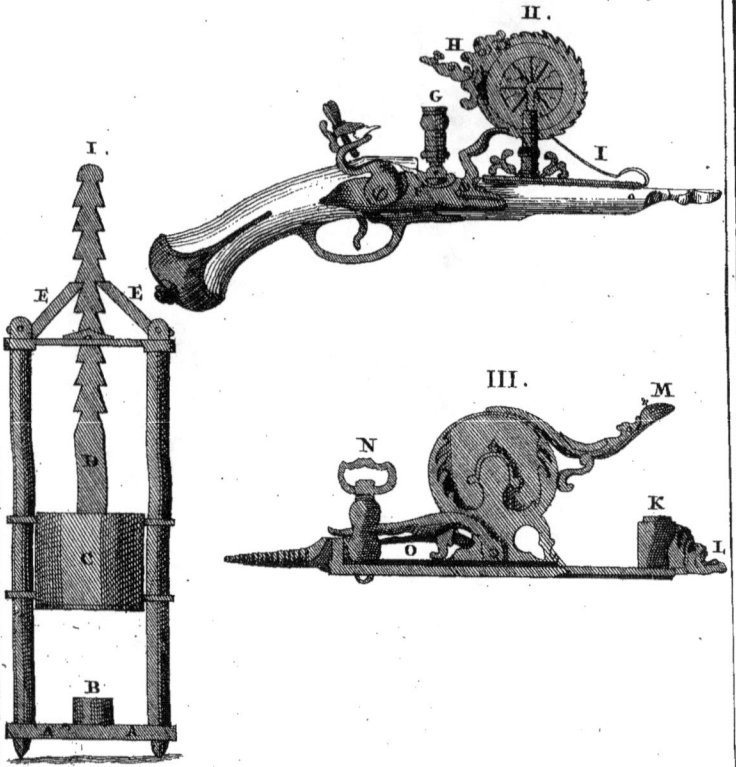

I.

II.

H

G

I

E   E

D

C

B

III.

N

M

O

K

L

1   2   3   4   5   6   7   8   9   10   11   12 pouces

vette fera mal nettoïée', ou elle fe fentira du changement de tems, & puis, les Eprouvettes n'étant pas toutes d'une même force ni d'une même grandeur, les unes tournent plus de crans, & les autres moins; & il n'y a point de nombres de crans fixés pour la force de la Poudre. L'Eprouvette ne peut fervir tout au plus que pour comparer une Poudre avec une autre Poudre dans le même tems; car alors, celle qui parcourt plus de crans, eft infailliblement la meilleure.

EXPLICATION DE LA PLANCHE
des Eprouvettes.
Figure I.   Figure III.
Figure II.

A *Plaque de cuivre jaune, fur laquelle eft creufé le baffinet où fe met l'amorce, & qui répond à la lumière.*
B *Canon ou boëte où fe met la charge de la Poudre.*
C *Poids maffif, qui s'éléve plus ou moins haut fuivant la force de la Poudre, & qui eft retenu par les crans de la cramaillière D.*
D *Cramaillière.*
E *Deux tenons qui s'ouvrent, lorfque le poids s'éléve, & qui l'empêchent de defcendre quand il eft une fois élevé.*
F *Batterie pareille à celle d'un Piftolet, qui met le feu à la lumière du petit canon G.*
G *Petit canon ou boëte, où fe met la charge de la Poudre, aiant fa lumière au pied, & fon baffinet.*
H *Rouë avec le couvercle du petit canon, que la Poudre fait élever par fa violence, la rouë étant retenue par le reffort I, qui eft au derrière.*
I *Reffort qui s'engage dans les crans de la rouë, & qui le tient au degré où la Poudre l'a pouffé; ce qu'on connoît par des chiffres qui font gravés autour de le rouë.*
K *Canon ou boëte avec fa lumière L.*
L *Lumière.*

M Cou-

M *Couvercle de la boëte qui est élevé par la Poudre, & qui s'arrête dans la rouë, au moyen des crans qui y sont renfermés, & qui ne se voient point par le profil.*

N *Clef ou vis, laquelle pressant le ressort, le lâche & le serre comme on veut.*

O *Ressort.*

Cette Eprouvette qui a une vis à son extrémité, s'enfonce dans un arbre, comme on feroit un tirefond.

On se souviendra que nous avons déja dit, que depuis quelques années on a imaginé un petit Mortier, dont le dessein est ci-devant au Chapitre des Mortiers. On met trois onces de Poudre dans la chambre de ce Mortier qui est pointé à 45 degrez d'élévation, & par-dessus, un Boulet de cuivre de 60 livres pesant poids de marc. Quand ces trois onces de Poudre chassent ce Boulet à 50 toises & au-delà, elle est au degré qu'on la demande; au-dessous, elle n'est pas recevable.

Tome I. page 266.

La vieille Poudre rebattue & raccommodée au moulin, ou reséchée, doit chasser le Boulet à 45 toises au moins.

Cette dernière manière d'éprouver a jusqu'à présent semblé être la moins fautive, comme en effet elle l'est. Cependant on peut dire avec vérité qu'il n'est rien de plus variable : car il arrivera qu'une même Poudre, en même quantité, dans une même épreuve, & avec le même Mortier, portera un coup à 55 toises, & une autre fois à 30; véritablement cela n'arrive pas bien fréquemment, mais toûjours arrive-t-il quelquefois.

Voulez-vous sçavoir ce qu'il y a de Moulins à Poudre dans le Roïaume? Lisez-en l'état, qui comprend aussi celui des pilons qui travaillent dans chaque moulin, & la quantité de Poudre qu'ils fournissent, & qu'ils peuvent fournir par chaque année.

Villes

Villes & Lieux auprès lesquels sont situés les Moulins.	Pilons qu'il y a à chaque Moulin.	Quantité de Poudre qui se peut faire en chaque Moulin en 8. mois, propres au travail, du premier Mars au dernier Octobre.
Essaunes.	63.	300 milliers.
Amiens.	24.	70.
Saint-Omer.	48.	120.
Doüay.	48.	120.
Valanciennes.	48.	120.
La Fere.	28.	80.
Charleville.	24.	60.
Verdun.	34.	100.
Metz.	16.	50.
Schlestadt.	24.	70.
Brisac.	24.	70.
Fribourg.	20.	60.
Belfort.	16.	40.
Bezançon.	24.	70.
Vienne.	24.	60.
Marseille.	48.	120.
Toulon.	24.	60.
Pignerol.	16.	40.
Montpellier.	24.	60.
Toulouse.	24.	60.
Perpignan.	16.	30.
Bourdeaux.	24.	60.
Limoges.	48.	120.
Saint-Jean d'Angely.	48.	120.
Brest.	20.	50.
Roüen.	72.	200.
	829	2310 milliers

P 3　　　　　　　　　　Ce

Ce travail se peut augmenter & être poussé jusqu'à plus de trois millions, si on vouloit travailler pendant les douze mois de l'année; mais il est certain que le travail des mois de Novembre, Décembre, Janvier, & Février, ne peut être aussi bon que celui des huit autres mois.

Mais quand il est arrivé que les Places se sont trouvées bien garnies, & qu'on a voulu diminuer la fabrique du salpêtre, voici comment le partage du travail s'est fait dans chaque Province, & le nombre de Moulins qu'on a emploïés à la fabrication de la Poudre.

PROVINCES.	*Quantitez de Salpêtre qui se fabriquent en chaque Province.*	*Moulins à Poudre établis en chaque Provinces.*
Paris & environs	500 milliers.	à Essaunes.
Orléanois.	20	
Tourraine, Anjou & Maine	600	
Bretagne.		à Brest.
Poitou		
Berry.	15	
Xaintonge.		à S. Jean d'Angely.
Bourbonnois.	15	
Auvergne		
Limosin.		à Limoges.
Guyenne	170	à Bourdeaux.
Languedoc.	430	{ Montpellier Toulouse.
Roussillon	50	à Perpignan.
Comtat d'Avignon.	40	
Provence	140	{ Marseille. Toulon.
Dauphiné.		
Lyonnois.	80	Vienne.
Bourgogne.	20	Auxonne.

Franche-

Franche-Comté. . . .	80	. . . Bezançon.
Alface.	70	. . . { Colmart. Brifac. Fribourg.
Province de la Sare. .		. . .
Départemens de Metz & Verdun. . . . . Lorraine.	110	. . . { Metz. Verdun.
Champagne.	30	. . .
Frontière de Champagne.	8	. . . Charleville.
Hainaut		. . .
Flandres.	30	. . . { Valanciennes. Doüay.
Artois.		. . . à Saint-Omer.
Picardie.	20	. . .
Soiffonnois.	15	. . . à la Fere.
Normandie.	30	. . . à Roüen.

2473 milliers.   24 Moulins.

Produit des Atteliers
des Rafineries. . . 127

2600 milliers.

La poudre fe trouvant de bonne qualité & recevable, elle eft mife en barils de 200.

Le baril a les proportions fuivantes.

Il faut qu'il foit de cœur de chêne.

Qu'il ait de hauteur 23 pouces.

D'enfoncûre 18 pouces & $\frac{1}{2}$.

Huit cercles à chaque bout.

Deux en dedans l'enfoncûre.

Six chevilles à chaque bout.

Il faut que la chappe foit de même bois.

De hauteur 2 pieds 3 pouces.

D'enfoncûre 1 pied 10 pouces.

Huit cercles à chaque bout.

Deux

Deux en dedans l'enfonçûre.

Six chevilles à chaque bout.

Dans les païs maritimes & montagneux on met les Poudres dans des barils de 100, après avoir enfermé ces Poudres dans des facs de toile, afin de pouvoir être portées avec plus de fûreté.

Les facs du côté de Marfeille ont coûté en Octobre 1692, 12 f. 1 d. piéce, chaque fac contenant 100 livres pefant.

Dans 500 facs il eft entré 319 cannes 6 pans de toile.

La canne de toile à 18 f.

La façon à 6 deniers piéce.

A Montpellier ils font revenus en Février 1693.

A 9 f. 6 d. & ¼ le fac.

La canne de toile à 16 f.

La façon 6 deniers.

140 cannes 5 pans pour 250 facs.

A Grenoble ils font revenus en Février 1693.

A 16 f. 11 d. & ½ piéce.

245 aunes à 13 f. pour 250 facs.

A Lion en 1693, ils ont coûté 10 f. piéce, le fac pefant ¼ de livre.

Tous ces prix ont été réduits à 10 f. par fac par tout païs.

Il y a eu quelque changement aux proportions des barils fervant à renfermer la Poudre.

Feu M. de Cray, Lieutenant d'Artillerie, étant à Rotofrédo le 29 Mars 1702, fit le réglement qui fuit.

Proportions des Barils à Poudre qu'on doit fournir dans le département d'Italie, qui ne doivent contenir que 100 livres de Poudre.

CEs barils doivent être de bois de chêne bien fec.

Hauteur des barils . . . . 23 pouces.

Diamétre de dedans en dedans par les deux bouts. . . . . 13 pouces.

Diamétre aux bouts de dedans en dedans . 15 pouces.

Epaiffeur des douves . . . . 15 lignes.

Jable

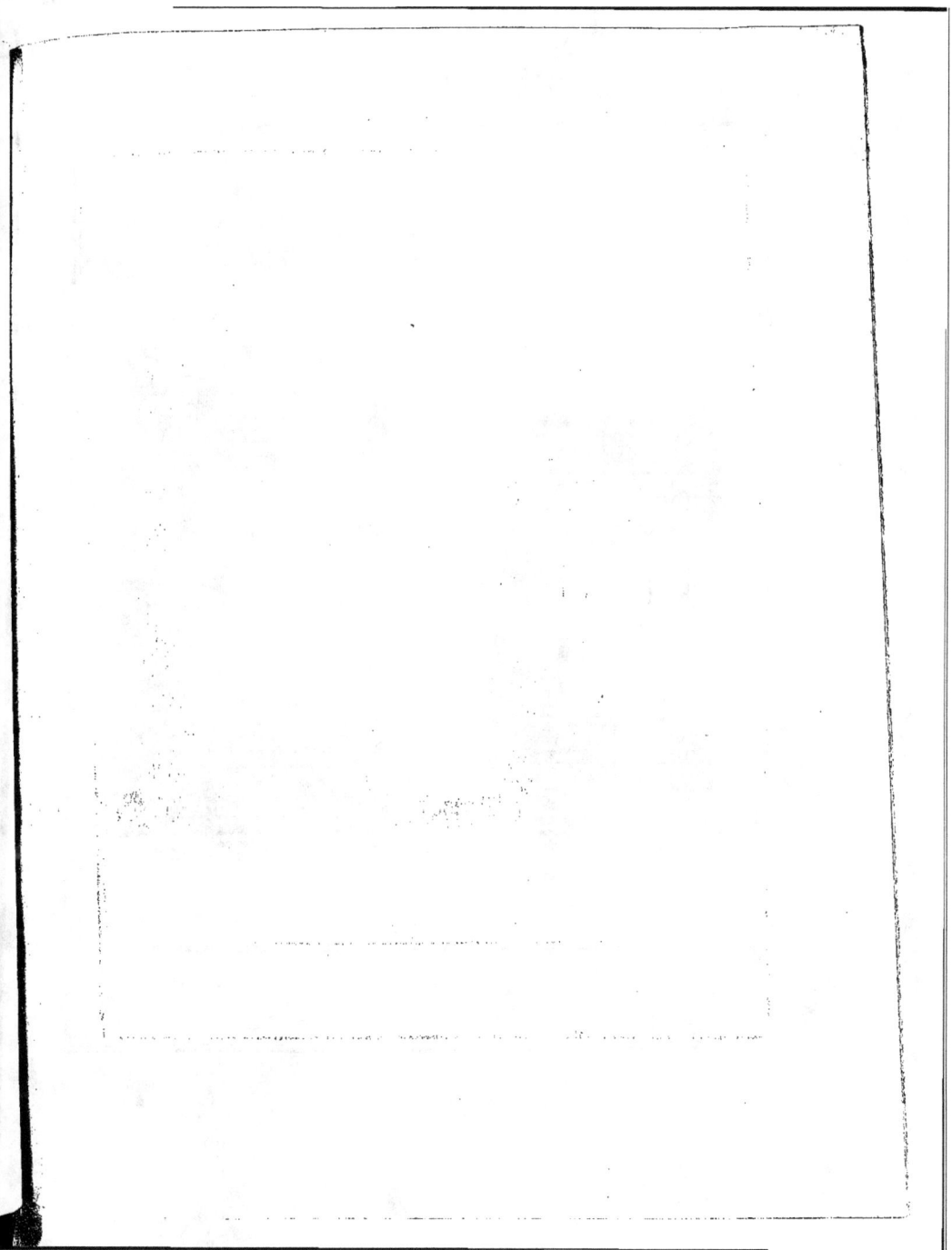

Baril
de 100ᵗ
de poudre.

Chape.

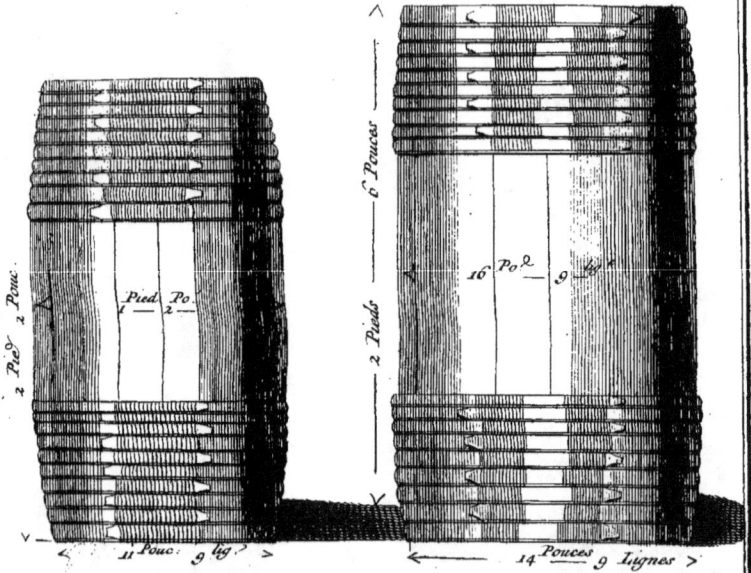

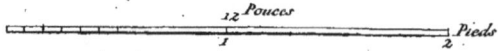

fable. . . . . 15 lignes.
Sept cercles fur chaque bout, & un dans chaque fond bien chevillé.

Mais depuis, au lieu de facs qui fe pourriffoient par fuccéffion de tems dans les barils de 100 livres, & qui communiquoient de l'humidité à la Poudre, on a imaginé un autre conftruction de barils, & de chappes, dont M. Ferrand, Lieutenant-Général de l'Artillerie fur les Côtes de l'Ocean, aiant envoïé le deffein en Cour, on s'y eft entièrement conformé. Le raifonnement & les deffeins fuivans inftruiront parfaitement le Lecteur de ce qu'il a à fçavoir là-deffus: & il peut auffi voir la lettre circulaire que M. Berthelot de Pleneuf, Directeur général de l'Artillerie, a écrite à Meffieurs les Lieutenans-Généraux d'Artillerie.

A Paris le 12. Juin 1704.

„ Mr. Chamillart aiant bien voulu me faire fçavoir, Mon-
„ fieur, que le Roi a approuvé l'invention nouvelle des ba-
„ rils & chappes, tels qu'ils font marqués dans le deffein ci-
„ joint; & mondit Sr. m'aiant ordonné de le faire exécu-
„ ter dans les lieux où fe font les fournitures de Poudre, j'en
„ ai averti ici l'Entrepreneur général, & je vous en donne a-
„ vis, Monfieur, pour que vous vouliez bien tenir la main à
„ ce que la chofe foit exécutée pour les fournitures de Pou-
„ dre qui feront faites dorefnavant en barils de cent livres. Je
„ vous prie même de vouloir bien en faire faire une épreu-
„ ve, & de me mander fi, effectivement, le baril & la chap-
„ pe, bien conditionnés & reliés conformément au deffein,
„ ne péferont que 40 livres. C'eft la feule circonftance qui me
„ paroît douteufe dans cette nouvelle invention: car, pour
„ peu que le poids excédât les 40 livres, les mulets qui auroient
„ à porter deux barils & 2 chappes contenant 200 livres de
„ Poudre, pourroient bien fe trouver furchargés.

„ Il ne feroit pas jufte de rebuter les barils de 100 livres dans
„ l'ufage ordinaire qui fe trouveroient faits à la reception de
„ la prefente: il faut en débaraffer l'Entrepreneur; mais te-

„ nir la main qu'il n'en soit fait, à l'avenir, que conformément
„ au modéle ci-joint.
„ Je fuis très-fincérement, Monfieur, votre très-humble
„ & très-obéïffant Serviteur, Berthelot de Pleneuf.

A la fin de 1691, ce qu'il y avoit de Poudre dans toutes les
Places du Roïaume, montoit à la quantité de treize millions ;
cela s'eft bien augmenté depuis.

Outre les Poudres qui fe fourniffent par l'Entrepreneur, il
y a des Marchands Poudriers à Strasbourg qui en livrent encore quelque quantité au-delà par chaque année.

Le 28 Décembre 1691, on fit un marché avec eux, pour
en fournir 50 milliers pendant dix-huit mois, qui feroient
comptés du premier Janvier 1692, à raifon de 63 liv. le quintal,
qui eft 12 f. 7 d. la livre, & en les faifant pleinement jouïr de
tous les priviléges accordés aux Salpêtriers. Ils continuent
toûjours à travailler.

On en fait venir quelquefois quelque quantité des païs
étrangers.

IL y a eu des tems où la foibleffe de la Poudre avoit fait
douter qu'on y eût mis les ¾ de falpêtre.

En 1685, on fit plufieurs expériences par tout le Roïaume,
pour extraire de la Poudre le falpêtre qui y pouvoit être
entré.

La Veuve Louvet, ancienne Salpêtrière & des plus habiles
de fa profeffion, fut emploïée à Paris pour faire cette opération avec un Officier d'Artillerie, qui en dreffa le mémoire ci-deffous.

Ce fut l'Auteur des ces mémoires qui fut nommé pour faire cette ex-périence avec elle

„ Pour extraire le falpêtre d'une livre de Poudre, appellée
„ mauvaife Poudre, de la Citadelle de. . . . qui fut envoïée
„ ici; j'ai obfervé tout ce qui fuit. C'eft l'Officier qui parle.

„ Après avoir bien pefé cette livre de Poudre au poids de
„ marc, je l'ai mife dans un grand chaudron de cuivre fur
„ un trépied, & j'ai fait jetter par-deffus, un grand feau d'eau
„ de puits.

„ J'ai fait chauffer cette Poudre à n'y pouvoir durer la
                                                          main,

„ main, & jufqu'à ce que l'eau ait commencé à fremir, en la re-
„ muant avec une cuillière de cuivre, afin de bien détacher les
„ matières.

„ J'ai retiré le chaudron du feu , & j'ai verfé dans deux
„ terrines verniffées ce que j'ai tiré du chaudron , obfervant
„ de rincer avec cinq pintes d'eau ou environ tout ce qui pou-
„ voit refter au fond.

„ J'ai placé mes deux terrines chacune fur un banc féparé-
„ ment en leur donnant un peu de pente, & j'ai appliqué fur
„ le bord de chacune des deux terrines un morceau de gros
„ drap blanc, neuf, fort, de la largeur d'un pied, de la hau-
„ teur de 18 pouces, fendu par le bas en 7 ou 8 lambeaux; le-
„ quel morceau de drap avoit trempé long-tems dans un
„ feau d'eau, d'où on l'a tiré, fans le tordre que fort peu, &
„ j'ai placé au-deffous deux autres terrines non verniffées,
„ pour recevoir le falpêtre que ce drap a filtré & diftillé fans
„ mélange ni de foufre ni de charbon.

„ A mefure que les deux terrines d'en-haut fe vuidoient, je
„ faifois remuer la matière avec la cuillière, & rejetter encore
„ quelque eau chaude par-deffus, pour la laver davantage, &
„ j'ai porté ce qui reftoit de l'une des terrines dans l'autre, fai-
„ fant bien laver celle que je vuidois, de manière qu'il n'y eft
„ rien refté du tout: & quand cette matière eft demeurée à fec,
„ j'ai fait prendre les deux morceaux de drap, que j'ai fait bien
„ laver, & bien tordre dans un chaudron, & j'ai fait mettre
„ fur le feu l'eau noire qui en eft fortie; & après l'avoir laiffée
„ un peu chauffer, je l'ai fait verfer par-deffus le mar, délaïant
„ toûjours la matière avec la cuillière, & même la pétriffant &
„ l'écrafant pour la mieux réfoudre , & j'ai fait appliquer un
„ nouveau morceau de drap blanc tout neuf fur le bord de la
„ terrine, comme auparavant, pour extraire le refte du falpê-
„ tre, ne voulant pas me fervir du vieux drap, parce qu'étant
„ trop teint du charbon, l'eau qui en feroit fortie , en auroit
„ auffi été teinte, & auroit noirci la première eau.

„ Et après que j'ai eu vû que le mar étoit entièrement def-
„ féché , & qu'on n'en pouvoit rien tirer du tout, j'ai re-
„ cueilli l'eau de mes deux terrines non verniffées, & les ai ver-

fées

,, fées dans un plus grand chaudron que le premier , que j'ai
,, mis fur un feu très-vif, & fait bouillir tout autant qu'il s'eft
,, pu faire pendant plus d'une heure & demie; après quoi , re-
,, connoiffant que l'eau étoit confidérablement diminuée , &
,, qu'elle commençoit à devenir blanche & à s'épaiffir , je l'ai
,, fait retirer de deffus ce grand feu , pour la mettre fur un
,, moins violent , & j'ai toûjours remué cette matière avec la
,, cuillière , l'empêchant autant que je pouvois de s'attacher
,, aux côtez du chaudron.

,, Je l'ai laiffée ainfi bouillir fort lentement jufqu'à ce que le
,, falpêtre fe foit entièrement formé : & lorfque je l'ai vû
,, mouffer, ce qui eft l'indice qu'il va fe réduire en fleur ou en
,, farine , qui eft la même chofe, je l'ai beaucoup plus remué
,, qu'auparavant , le tirant quelquefois du feu pour lui laiffer
,, un peu prendre corps , & pour l'empêcher de fe brûler ; car
,, il y a également du défaut à le laiffer trop cuire , comme à
,, ne le laiffer pas cuire affez.

,, Lorfque je l'ai eu laiffé fécher fur le cul du chaudron , de
,, façon qu'en le maniant il ne tenoit prefque point aux doigts,
,, je l'ai mis dans une feuille de papier blanc , & pofé dans un
,, côté de balance , & de l'autre côté une pareille feuille de
,, papier blanc avec un poids de marc , & l'aiant pefé fort at-
,, tentivement & fort exactement, j'ai trouvé que ce falpêtre
,, pefoit 12 onces moins deux gros.

,, Par-là il eft aifé de voir que les douze onces de falpêtre
,, ont été mifes dans la livre de Poudre ; car les deux gros qui
,, manquent, font apparemment refté attachés au chaudron ,
,, ou fe font évaporés par la force de la cuiffon, ou font reftés
,, dans le mar ; ce qui n'eft pas difficile à croire.

,, Le tems qu'on a emploïé à cette expérience , qui a été
,, faite le 28 Mars 1685 , a été de plus de cinq heures.

Titre

Titre XI.

Plomb.

IL y a peu de chofe à dire fur le plomb; car c'eft un mine-ral connu de tout le monde. Il fe tire d'Angleterre pour la France plus ordinairement que d'aucun autre endroit, & y arrive en faumons ou en lingots, qui font de groffes pièces fondues en figures imparfaites de poiffon & de différens poids, depuis 150 jufqu'à 500 pefant.

Le plomb doit être pour les Moufquets à l'ordinaire, ou autrement à la Françoife, en balles de 22 à 24 à la livre, c'eft-à-dire qu'il faut qu'il y ait 22, 23 ou 24 balles à une livre de plomb, pour qu'elles foient du calibre accoutumé.

Il en faut 18 à la livre pour le Moufquet de rempart, & 7 à la livre pour l'Arquebufe à croc.

Le petit mémoire qui fuit fur le prix du plomb m'a pa-ru mériter d'avoir fa place ici.

Ces notions ne font pas inutiles à des Officiers pour leur aider à fe déterminer fur les achats de plomb dont ils font quelquefois chargés.

Un quintal ou cent de plomb d'Angleterre, poids de marc, coûte à Marfeille comptant . 17 liv. 8 f.

Port du Magafin à la Marine pour l'embar-quement . . . . 2. 6 d.

Fret de Marfeille à Arles . . . . . 6.

Pour le poids, le poids du Roi, & courtoi-fie du pefeur . . . . 1. 6.

Pour les droits du Roi à Arles à la Foraine 2

Droit de Cencerie, en faifant acheter par un Courtier à qui on donne 1 f. ½ pour ½ fur la fomme totale; ce qui revient pour les 17 l. 8 f. pour l'achat d'un quintal . . . . . . 5.

Total à quoi le quintal du plomb reviendra étant à Arles.

Mémoire envoyé de Mar-feille en 1703.

20 liv. 3 f.

Q 3

Si

Si on fait pefer le plomb de Marfeille à Agde, il en coûtera pour le fret à raifon de 12 f. par quintal, poids de marc. De le faire pefer à Cannet, il en coûtera 16 f.

Le plomb de Hambourg coûte 17 liv. 2 f. comptant, poids de marc.

Le plomb d'Angleterre eft toûjours préfcré à celui de Hambourg, par rapport à fa qualité qui donne plus de peine, & de dépenfe en le faifant travailler.

Comme les bâtimens de mer font petits pour faire le trajet des endroits ci-deffus nommés, ils ne prennent les marchandifes que fur le pied de cent livres pefant. Si on faifoit embarquer fur des vaiffeaux pour envoïer au Havre ou à Breft, on pourroit parler par tonneaux; mais pour ces fortes de bâtimens l'ufage eft ici à quintal.

En achetant le plomb, on ne le péfe ici qu'à quintal, poids de table, parce que c'eft l'ufage; mais pour être reçû, il feroit réduit au poids de marc, & il en feroit fait mention dans le connoiffement.

Il faut fçavoir que dans cette ville les marchandifes ont leurs augmentations & diminutions d'un jour à l'autre.

La grenaille fe vend ici 15 liv. le quintal, poids de table, qui revient à 18 liv. le quintal, poids de marc.

Le quintal, poids de marc, donne 120 livres poids de table.

Table

TAble où on a divisé le diamétre des balles pour toutes sortes d'armes à feu, afin que cela puisse servir à ceux qui feront faire des moules, depuis 2 gros jusqu'à 1 livre. Par le poids on trouvera ce diamétre & la quantité des balles qu'il doit y avoir à la livre; celles du poids de 5 gros $\frac{1}{2}$ & de 6 lignes deux tiers de diamétre sont 23 à la livre, & sont pour servir aux Mousquets ordinaires.

Poids de livres divisés.	*Diamét. des balles.*		*Balles à la livre.*
	Pouces.	Lignes.	Nombres.
de 2 gros	0	$4\frac{1}{2}$.	64.
de 3	0	$5\frac{2}{3}$.	42.
de 4	0	$6\frac{1}{4}$.	32.
de 5	0	$6\frac{1}{3}$.	25, reste 3 gros.
de $5\frac{1}{2}$	0	$6\frac{2}{3}$.	23, reste 1 gros $\frac{1}{2}$.
de 6	0	7.	21, reste 2 gros.
de 7	0	$7\frac{1}{4}$.	18, reste 2 gros.
de 1 once	0	$7\frac{1}{2}$.	16.
de 2 onces	0	$9\frac{1}{6}$.	8.
de 3 onc. 1 gros $\frac{1}{2}$. . .	0	$11\frac{3}{4}$.	5, reste $\frac{1}{2}$ gros.
de 4 onces	1	$\frac{1}{2}$.	4.
de 5 onces 2 gros $\frac{1}{2}$. .	1	$1\frac{1}{3}$.	3, reste $\frac{1}{2}$ gros.
de 6	1	$2\frac{1}{2}$.	2, reste 4 onces.
de 7	1	$2\frac{3}{4}$.	2, reste 2 onces.
de $\frac{1}{2}$ livre	1	3.	2.
de 12 onces	1	$6\frac{1}{4}$.	1, reste 4 onces.
de 1 livre	1	$8\frac{1}{2}$.	1.

Ce plomb se met dans des barils qui peuvent contenir 200 pesant poids de marc net de toute tarre; & ces barils sont couverts d'autres barils appellés chappes.

Titre XII.

Des Tonneaux ou Barils , & Chappes à Plomb , & du convertiſſement du Plomb.

IL faut que le baril ſoit de bois de chêne.
Qu'il ait 12 pouces ½ de hauteur.
  10 pouces d'enfonçûre.
  50 cercles à l'entour du baril.
  Et 2 cercles en dedans l'enfonçûre.
  12 clouds par baril , c'eſt-à-dire , 6 à chaque bout.

Proportions de la Chappe.

IL faut qu'elle ait 15 pouces de hauteur.
  12 pouces d'enfonçûre.
  12 cercles à l'entour de la chappe.
  2 cercles en dedans l'enfonçûre.
  12 clouds à chaque chappe.

A Metz en Avril 1691 , on païoit du convertiſſement du plomb en ſaumon ,
  15 ſ. pour chaque cent au Fondeur pour la façon.
    14 ſ. pour 4 livres de déchet par chaque cent , à raiſon de 3 ſ. 6 d. la livre.
    9 ſ. pour le baril , y aiant baril & chappe par chaque 200.

  38 ſ. le cent.

Pendant la même année à Paris on fit convertir 166 milliers de plomb ; on n'en païa que 35 ſ. par chaque cent net de tarre & de déchet , & y compris la fourniture des barils & des chappes ; c'eſt-à-dire , que le Fondeur ſupporta le déchet, & le remplaça , & fournit les barils & les chappes. Il fournit auſſi les moules , les ciſailles , les chaudières, cuillières, & le lieu de la fonte & les Ouvriers ; le tout pour les 35 ſ. par chaque cent peſant.

Le baril luy coûta 9, 10, 11 à 12 ſ., & la chappe autant.

A Mar-

A Marfeille on l'a fait convertir à 24 f. par chaque cent pour la façon.

Et chaque baril contenant 100 livres coûtoit 8 f.

Ainfi chaque cent pefant ne revenoit qu'à 32 f.; car le Potier d'étaim fourniffoit les Ouvriers, le charbon, les moules, chaudières, cuillières, cifailles, & étoit obligé de fupporter le déchet.

En 1696, à Doüay, M. de Vigny a fait convertir le plomb & l'a fait remettre en barils de 200 enchappés, à raifon de 28 f. le cent, en obligeant l'Entrepreneur à remplacer le déchet.

Outre le calibre de 22 à 24, on a vû qu'il y a encore d'autres plombs dans les Magafins, qui font de 16, 18, 26, 28, 30, & même jufqu'à 40 & 60 balles à la livre.

Les groffes balles font pour les gros Moufquets de rempart, & les Arquebufes à croc.

Les plus petites font pour les Piftolets, Carabines, & autres.

Les moules dont on fe fert pour fondre toutes ces balles, doivent être de fer, pour pouvoir durer plus long-tems; car ceux de cuivre qui coûtent beaucoup plus, s'ufent & s'égrainent, & les balles ne font plus de la proportion. Il faut prendre garde que ces moules foient bien fraifés & creufés bien ronds, afin que les balles ne foient pas en olives, comme il arrive fouvent.

Pour fondre du plomb, il faut, comme on a dit, des chaudières, des cuillières de fer, des moules, & des cifailles pour couper les crêtes de plomb ou barbes qui demeurent aux balles; car il les faut bien rondes, bien ébarbées & bien unies, afin qu'elles ne rayent point le canon des armes auxquelles elles fervent.

Le plomb augmente de prix dans le tems de guerre, car il vient pour la plûpart d'Angleterre.

Alors, il vaut tout converti en balles, embarillées & enchappées en barils de 200, 3 f. 6 d., 4 f., & même jufqu'à 5 f. la livre.

En tems de paix il ne coûte que 2 f., 3 liards, ou 3 fols tout au plus, tout embarillé & enchappé.

Tome II. · R A

A L'Ifle le convertiffement du plomb en balles de 22 à 23 à la livre , embarillé & enchappé en barils de 200 , ne coûte que 26 f. 3 d. chaque cent , c'eft-à-dire , 52 f. 6 d. pour le baril de 200 enchappé , & le Fondeur eft tenu au déchet.

Titre XIII.

Méche.

LA bonne méche doit être faite d'étoupes de lin , ou d'étoupes de chanvre.

Il faut qu'elle foit filée à trois cordons d'une groffeur médiocre , recouverts chacun féparément de chanvre pur.

Qu'une piéce qui fera longue de 40 à 42 toifes ne péfe que 8 à 8 livres & ¼.

Qu'elle foit leffivée , bien luftrée , & bien ferrée.

Qu'elle brûle bien ; enforte qu'un morceau de 4 à 5 pouces de longueur dure une heure , s'il fe peut.

Et qu'elle faffe un bon & dur charbon qui fe termine en pointe , & qui réfifte quand on le preffe contre quelque chofe.

On enferme la méche dans des tonnes qui en peuvent contenir aifément 300 pefant , poids de marc.

Les tonnes font de 3 pieds & ⅓ de haut , & de 2 pieds & ⅓ de diamétre.

Le bois dont on fe fert pour faire ces tonnes , eft du peuple , du tremble , de l'ypreau , du frêne , & du grizaire , & autres bois ; mais plus ordinairement du fapin bien fec.

Les douves doivent être de la longueur de 3 pieds & ⅓ , reliées de 14 cercles d'ozier en quatre différens endroits , & chaque cercle des extrémitez cloué de 4 clouds ; les fonds des tonnes font faits de fapin , de 2 pieds & ⅓ de diamétre auffi cerclés , chaque fond de deux cercles en dedans & dehors le jable , chacun de ces cercles attaché de trois clouds , & les fonds barrés d'une bonne barre en travers qui paffera fous le cercle , & fera attachée de quatre clouds.

Ces méches ainfi entonnées reviennent , en tems de paix , le cent pefant depuis 8 , 9 , 10 , jufqu'à 15 liv. fuivant les païs.

En

En tems de guerre, elle va à quelque chofe de plus.

Cinq braffes de méche péfent 1 livre, poids de marc, ou environ; la braffe cinq onces, peu plus.

Prix par le détail de la Méche faite à Peronne en tems de paix.

LE cent pefant d'étoupes de chanvre ou de
lin rendu à Peronne. . . . . 3 liv.
Le filage d'un cent . . . . 2. 10 f.
L'apprêt, & pour étendre les méches. . . 3.
La tonne qui contient 300 pefant, de 3 liv. 10 f.
   qui eft pour chaque cent . . . . . . 1. 3 4 d.
Bois, cendre . . . . 2.
Ainfi un cent de méche fait & parfait & en-
tonné, revient à . . . . 11 liv. 13 f. 4 d.

Ce prix varie felon les tems, & la méche n'eft pas toûjours à fi bon marché.

D'ailleurs, il faut l'intérêt de l'avance de l'argent, les gages
des Commis qu'on emploie à la conduite des ouvrages.

Fraix de voïages & de marchez.

Et les 3 deniers des Invalides quand on la vend au Roi.

Depuis près de 25 ans M. Berthelot qui avoit la fourniture des Poudres, fournit auffi la meilleure partie de la méche
qui eft néceffaire dans le Roïaume, tant pour les Places que
pour l'Armée; fon marché doit durer encore quelques années.

Il en livre par chaque année ce qui lui eft ordonné, &
dans les Places qui lui font défignées, & le Roi la lui paie à
raifon de 3 f. la livre toute entonnée en tonnes de 300.

On fait travailler d'autres Particuliers quand il en eft befoin.

Cette méche fe livre aux Gardes-magafins des Places, qui
en donnent des récépiffez particuliers à M. Berthelot.

Ces récépiffez particuliers font convertis en un feul récépiffé du Garde-général, qui garde par-devers lui les récépiffez particuliers.

Depuis qu'on fe fert de Fufils en France au lieu de Mouf-quets, il ne fe fait pas une fi grande confom-mation de méche.

R 2   Et

Et là-dessus M. Berthelot est païé.

Ce qui se pratique à cet égard, est la même chose que ce qui se fait pour la Poudre & pour toutes les autres munitions qui s'achetent & qui se fournissent dans l'Artillerie.

Titre XIV.

Ponts & Pontons.

CE qu'on appelle pontons dans l'Artillerie, sont des batteaux, lesquels joints ensemble à côté l'un de l'autre à une certaine distance & couverts de planches, servent à former les ponts sur lesquels on fait passer des Troupes & le Canon, sur les fossez, canaux, fleuves, & rivières.

Il se fait des ponts de plusieurs manières.

On se sert quelquefois de batteaux qu'on touve indifféremment sur les rivières, & sur ces batteaux qu'on assemble avec de bons cordages, on range des planches qu'on arrête fortement; mais ces ponts ne sont pas portatifs.

On fait des ponts avec des batteaux de bois fort légers pour pouvoir être portés en Campagne; on se sert encore quelquefois de ceux-là.

Il y a des batteaux faits d'ozier poissé ou couverts de toile cirée.

Il y a des batteaux faits de corde.

Il y en a de fer blanc.

Il se fait aussi des ponts de peaux d'animaux remplies de vent.

Il s'en fait encore de caisses longues, vuides & poissées; mais tout cela est d'un méchant usage, & on y a renoncé.

Ceux qui sont les plus en vogue à l'heure presente, & qui sont aussi, sans contredit, les plus ingénieusement trouvés, les plus portatifs & les plus utiles, sont les batteaux ou pontons de cuivre : ces pontons se portent sur des haquets faits exprès.

Noms

Noms des bois & ferrures d'un Batteau de cuivre, de
son haquet, & de son équipage.

Bois du Batteau.

DEux grands bords.
Quatre petits bords.
Deux avantbouts.
Dix courbes du fond.
Vingt montans de courb.
Deux courbes d'avantbouts.
Quatre arcs-boutans.
Quatre montans d'avantbouts.
Deux courbes d'en-bas de l'avanbout.
Sept côtes, dont cinq pour le fond, & deux des côtez.
Six côtes d'avantbouts.

Ferrures du Batteau.

QUatre équerres d'avantbouts.
Quatre autres équerres du bout du grand bord.
Quatre tez qui servent d'équerres.
Deux anneaux du milieu de l'avantbout.
Deux étriers d'anneau.
Quatre mailles des 4 coins de l'avantbout, avec leurs bou-
lons, rondelles, & clavettes.
Quarante équerres de courbes.
Deux cens cinquante-cinq clouds de fonte avec leurs con-
trerivûres, qui percent au travers des courbes, montans,
côtes & couverture de cuivre.

Bois du haquet.

DEux brancards.
Six épars.
Huit montans de brancards.

R 3

Quatre courbes.

Huit montans de courbes.

Quatre tringles du fond.

Deux tringles qui fe mettent fur les montans de courbes.

Un chaffis de devant garni de quatre montans, de deux traverfes, & une petite planche pour arrêter les poutrelles.

Une fenêtre de derrière garnie de deux traverfes & cinq montans.

Deux branches de limonières.

Un épars de limonière.

Un fupport de limonière.

Une clef pour arrêter le batteau devant.

Deux leviers pour arrêter le batteau devant & derrière.

Ferrure du Haquet.

UN boulon de limonière.

Deux plaques de brancards.

Deux autres plaques de limonières.

Deux liens du gros bout de limonière.

Deux ragots.

Deux anneaux de clef.

Deux boulons de fupport de limonière.

Quatre arcs-boutans de brancards, chacun avec leurs boulons, rondelles, & clavettes.

Huit arcs-boutans de courbes, chacun avec deux boulons, rondelles, & clavettes.

Seize équerres de courbes, avec fix clouds à chacun, dont deux rivés.

Deux potences rondes.

Deux autres potences quarrées.

Huit boulons quarrés qui tiennent les potences, avec leurs clavettes.

Deux petites chevilles de la fenêtre, avec leurs petites chaînettes.

Quatre autres petites chevilles de potences avec leurs chaînettes.

Trente-

Trente-deux clouds pour attacher les tringles.
Huit clouds pour attacher les pentures des fenêtres.
Deux clouds qui tiennent la petite planche qui arrête les poutrelles.

Roüës du Haquet.

LEs roüës font compofées d'un moyeu chacune.
De douze rais.
Six jantes.
Six goujons.
Et de l'effieu.

Ferrures des Roüës & de l'Effieu.

SIx bandes à chacune roüë.
Cent vingt clouds pour les attacher.
Six liens fimples.
Deux cordons & deux frettes , avec douze caboches pour les arrêter.
Deux emboëtures pour chacune roüë , fçavoir une du gros bout, & une du petit.
Sept crampons d'emboëtures.
Deux équignons.
Six brebans.
Deux heurtequins.
Deux anneaux du bout d'effieu , & fix clouds pour les attacher.
Deux fayes qui percent le brancard & l'effieu.
Deux étriers garnis chacun de leurs boulons , avec leurs clavettes , & quatre clouds à chacun pour attacher l'effieu au haquet.

Equipage qui porte le Haquet.

LE ponton ou batteau de cuivre.
Sept poutrelles garnies de leurs boulons.
Dix planches ou tables.

Outils

Outils néceſſaires tant pour les Menuiſiers que pour les Chaudronniers, ſervans aux Ponts de batteaux de cuivre, & pour faire un Pont.

Outils de Menuiſier.

UNe grande varlope.
Une petite varlope.
Une varlope à onglet.
Deux guillaumes.
Un feuilleret.
Deux rabots.
Une ſcie à refendre.
Une ſcie à débiter.
Deux ſcies à tenon.
Une ſcie à tourner.
Deux triangles.
Deux équerres.
Une fauſſe équerre.
Quatre valets.
Deux ciſeaux à planches.
Deux ciſeaux d'un pouce.
Deux ciſeaux à bec-d'âne.
Quatre becs-d'âne de pluſieurs groſſeurs.
Quatre tarrières.
Un bouvet.
Deux limes pour les ſcies.
Deux villebrequins.
Douze méches de villebrequins.
Six marteaux.
Six gouges.

Outils de chaudronnier.

UN ſouflet.
Une bigorne pour ſervir d'enclume.

Deux

Deux cifailles.
Huit marteaux.
Quatre limes.
Deux rappes.
Deux fers à fouder.
Quatre gratoirs.
Douze poinçons.
Du cuivre pour radouber les batteaux.
De la foudure.
Et de la poix-raifine.

Ce qu'il faut pour faire un Pont de six batteaux de cuivre.

Quarante deux poutrelles.
Soixante tables où planches pour la couverture du pont.
Deux capeftans.
Douze piquets.
Quatre maillets pour planter les piquets.
Deux cinquenelles.
Six allognes pour tenir les ancres.
Six travers.
Trente-fix petites commandes pour arrêter les pontons aux cinquenelles.
Six ancres.

Ce n'eft pas affez de fçavoir les noms, il faut encore fçavoir les proportions de chaque chofe. Je vais vous les donner, fans m'affujettir néanmoins à fuivre la même difpofition ni le même arrangement qu'on vient de voir pour les articles, cela n'étant de nulle conféquence. C'eft de M. Rouffel de Charoft, Lieutenant de l'Artillerie, Capitaine d'une Compagnie d'Ouvriers, & commandant un Bataillon de Fufiliers, que je tiens le mémoire de ces proportions. Son mérite eft connu dans le Corps, & il ne peut rien venir de lui que de fûr & de jufte.

E X-

EXPLICATION DE LA FIGURE
d'un Ponton fur fon Haquet.

A *Profil du ponton fur fon haquet.*
B *Plan du haquet.*
C *Devant du haquet.*
D *Derrière du haquet.*

Bois de la Carcaffe.

DEux grands bords de 11 pieds de long, de 3 pouces de large, 2 pouces & ½ d'épaiffeur.

Sept côtes de 11 pieds de long, 4 pouces de large, & 8 lignes d'épaiffeur.

Dix courbes de 4 pieds 10 pouces de long en-deffus, 2 pouces d'épaiffeur, & 2 pouces & ½ de hauteur.

Vingt montans de courbes de 2 pieds de long, y compris les tenons ou entailles, 2 pouces d'épaiffeur, & 2 pouces & ½ de largeur; ils font alléfés par en-haut de ¼ de pouce d'épaiffeur & d'un pied de long.

Deux avantbouts de 3 pieds 10 pouces de long, 5 pouces de large, & 4 pouces & ½ d'épaiffeur.

Quatre bords d'avantbouts de 2 pieds 4 pouces de long, y compris les tenons ou entailles, 3 pouces de large, & 2 pouces & ½ d'épaiffeur.

Quatre battans des coins de deffous les avantbouts de 3 pieds de long, 2 pouces d'épaiffeur, & 2 pouces & ½ de large.

Quatre traverfes qui s'affemblent avec les battans, dont deux ont 4 pieds 10 pouces de long, 2 pouces d'épaiffeur, & 2 pouces & ½ de largeur.

Six petites côtes qui fe mettent fous l'avantbout, de 3 pieds de long, 4 pouces de large, & 8 lignes d'épaiffeur.

Quatre arcs-boutans qui fe mettent aux quatre angles de la carcaffe de 1 pied 4 pouces de long, 2 pouces & ½ de large, & 2 pouces d'épaiffeur.

Tout ce bois confifte en 63 piéces d'orme bien fec, qui péfent enfemble . . . . 300 l. ou envir.

Cuivre

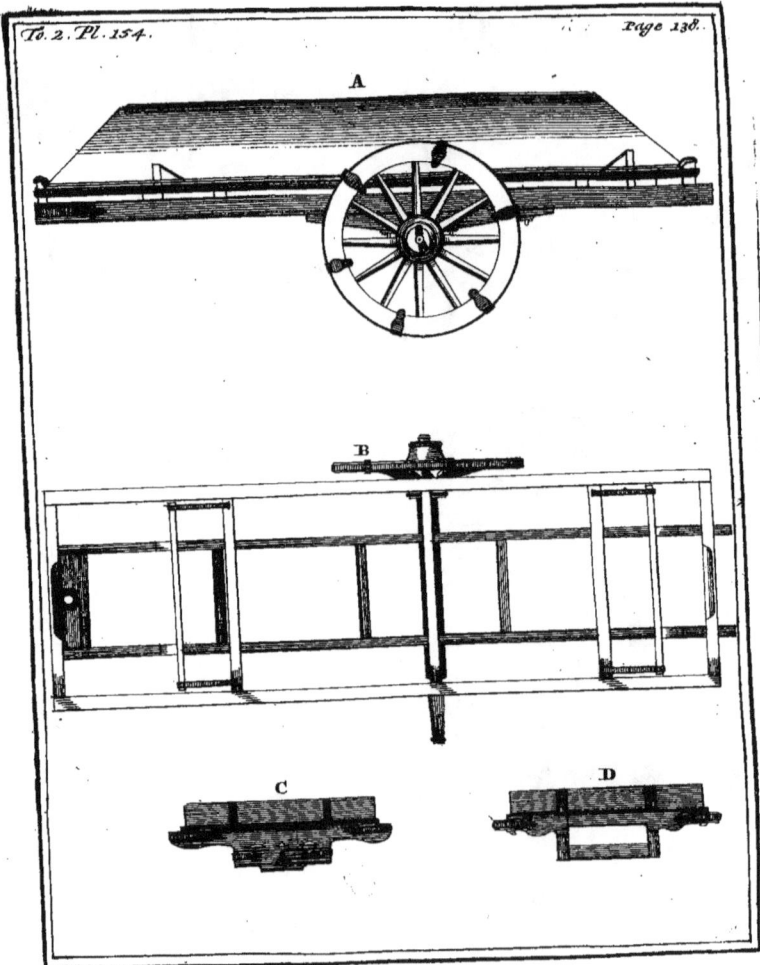

A

B

C   D

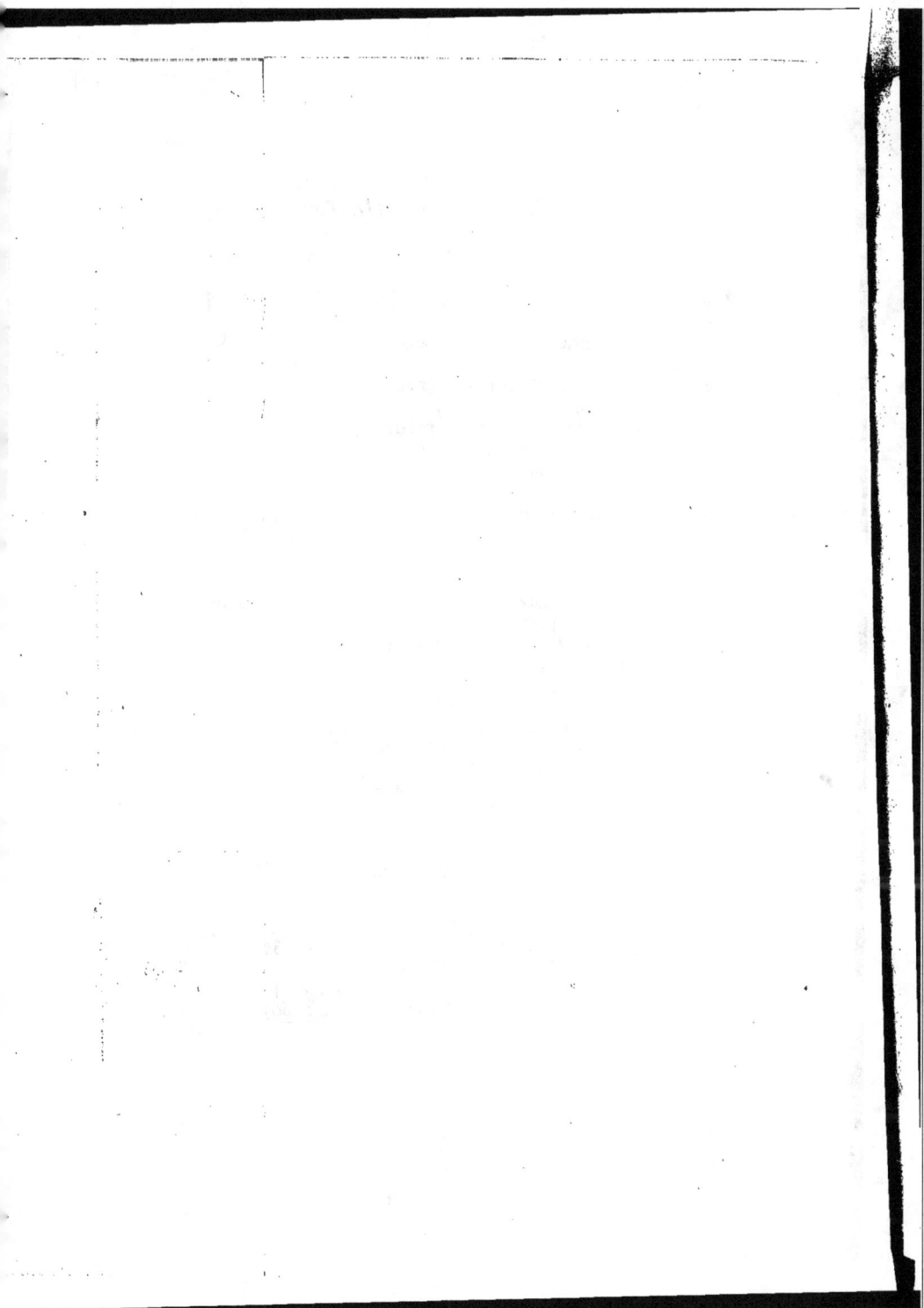

Cuivre.

Dix planches & demie de cuivre de 5 pieds & ⅛ de long, 2 pieds 8 pouces de large, & ⅛ ligne d'épaiffeur, pefant enfemble . . . . 260 l.
Trois cens clouds de cuivre, fçavoir 108 grands, pefant . . . . 11 l. .⎫
Quatre-vingts-feize moyens, pefant 7 . .⎬ 23
Quatre-vingts-feize petits, pefant . 5 . .⎭
D'autres petits clouds de cuivre, le poids de 8
Total du poids du cuivre . . . . . . 291 l.

Fer.

Clouds de fer, quatre grands pefant . . . : 4 on.
Douze moyens, pefant . . . . 6 on.
Deux cens fix clouds pour attacher les équerres & étriers, pefant . . . . 2 l. 6 on.
Deux cens petits, pefant : 2
Six cens quarante clouds, pefant. 2
Deux livres de contrerivûres 2
Six anneaux avec leurs rondelles & clavettes, pefant 6
Quarante équerres de courbes avec leurs rivûres, pefant enfemble 15
Quatre équerres du coin de l'avant-bout, pefant . . . . 1½.
Quatre équerres de l'affemblage de l'avantbout, pefant 1
Quatre étais, pefant . . . . 1½.
Total du poids de la ferrure . . . . 34 l.
Plus 40 l. de foudure, fçavoir 30 l. d'é-taim, & 10 l. de plomb . . . . 40 l.
Tout le ponton parfait doit pefer . . . . . 665 l.

Bois . . 300.
Cuivre . 291.
Fer. . . 34.
Soudure. 40.
665.

Il y en a cependant beaucoup qui ne péfent que 584, 563, 583 & 580 ; ce qui vient de la différence du poids des bois qu'on y emploie , & quelquefois des planches de cuivre qui fe trouvent plus ou moins fortes.

Le ponton tout fait a de longueur de bout en bout & de dehors en dehors 17 pieds & ½, mefuré par-deffous.

Et l'enveloppe de la carcaffe a 8 pieds 10 pouces de large.

La côte ou profondeur du batteau a 2 pieds de largeur par en-haut, de dehors en dehors 5 pieds 2 pouces.

La largeur d'en-bas 4 pieds 9 pouces.

On eftime que les planches de cuivre, pour être bien, doivent être longues de 4 pieds 5 pouces, pour épargner le tems, le cloud & la foudure, ¾ de ligne d'épaiffeur, & bien égales par-tout.

Change-
ment fait
par M.
de Vi-
gny aux
pontons
& aux-
baquets.
Comme on a réformé quelque chofe à ces pontons, je vous donne ici le dernier devis qu'on en a fait, & même la Figure d'un de ces pontons, tirée fur l'un des 50 qu'on a conftruits depuis quelques années à Doüay par les foins de M. de Vigny.

J'y ai joint la proportion & la figure du haquet.

EXPLICATION DE LA FIGURE
d'un Ponton, à la manière de *M. de Vigny.*

A *Plan de la carcaffe du batteau.*
B *Profil de la longueur & de la hauteur de la carcaffe du bat-*
  teau.
C *Profil de la largeur & hauteur du batteau, ou autrement*
  courbe avec fes montans.
D *Courbes avec leurs montans.*
E *Côtes.*
F *Bords.*
G *Avantbouts.*
H *Montans fur les avantbouts.*
I *Traverfe qui s'emmanche.*
K *Bouts des côtes.*

L *Arcs-*

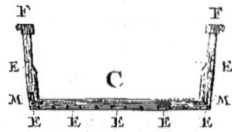

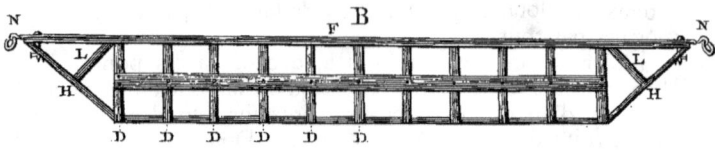

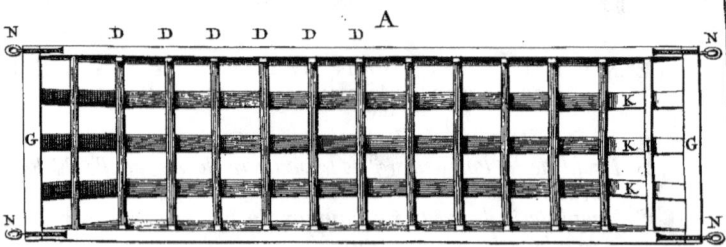

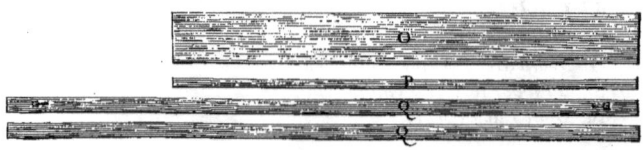

6   12. pieds.

L *Arcs-boutans.*
M *Equerres de fer.*
N *Moraillons avec leurs mailles.*
O *Planche fur fon plat.*
P *Profil de la planche, ou épaiffeur de la planche.*
Q *Poutrelle.*

LEs carcaffes ont 17 pieds de longueur par en-haut de de-hors en dehors.

Cinq pieds de large auffi par en-haut, & de dehors en de-hors y compris la moulure, & 26 pouces de hauteur.

Douze pieds & ½ de long par en-bas, & 4 pieds 7 pouces de large de dehors en dehors.

Il y a 11 courbes à chacune avec leurs montans, qui ont 2 pouces & ½ de large, & 2 pouces d'épaiffeur, & les montans de même.

Il y a 7 côtes de 12 pieds & ½ de long, 4 pouces de large, & 9 lignes d'épaiffeur, qui font entaillées dans les courbes.

Les bords ont 3 pouces & ½ de large, & 2 pouces & ½ d'é-paiffeur.

Les avantbouts ont 5 pouces de largeur, & 4 pouces d'é-paiffeur par dedans, & ½ de pouce d'épaiffeur par dehors.

Au-deffous des avantbouts il y a deux montans de 3 pieds de long, & une traverfe qui s'emmanche, laquelle eft de 4 pieds 3 pouces de longueur, 3 pouces de large, & 1 pouce & ½ d'épaiffeur, & les montans de même.

Dans la traverfe il y a trois bouts de côtes de 3 pieds de long, 4 pouces de largeur, & 9 lignes d'épaiffeur, qui mon-tent de la première courbe jufqu'au-deffous de l'avantbout, & font entaillés dans la traverfe.

Il y a 4 arcs-boutans, un à chaque angle de la carcaffe, de 15 pouces de long, 2 pouces & ½ de large, 1 pouce & ½ d'é-paiffeur.

Il y a 4 équerres de fer à chaque courbe, & 4 moraillons avec leurs mailles aux 4 coins du batteau.

E X-

EXPLICATION DE LA FIGURE
du Haquet à Ponton.

A *Plan du haquet à ponton de cuivre.*
B *Profil du haquet.*
C *Brancards.*
D *Entretoise de lunette.*
E *Epars.*
F *Essieu.*
G *Échantignolle.*
H *Brancards, sur lesquels le ponton est posé renversé.*
I *Supports.*
K *Poupées.*
L *Consoles.*
M *Blochets.*
N *Equerres aux brancards de dessous & de dessus.*
O *Lunette.*
P *Arcs-boutans.*

Les autres parties de fer sont petites & cachées dans des lieux qui ne sçauroient être vûs sur la planche; mais leurs noms sont connus, & elles sont de peu de conséquence.

Proportions des bois qui composent les Haquets des Pontons de cuivre, & autres choses concernant l'équipage des Pontons.

UN haquet est composé de deux brancards de chacun 18 pieds de long, & de 3 & 6 pouces d'épaisseur, assemblés sur leur champ par une entretoise de lunette au devant, de 3 pieds de long, & de 7 & 12 pouces d'épaisseur, en queuë d'aironde & tenons.

Quatre épars de même longueur de 2 & 3 pouces, placés à 4 pouces de dessus des brancards, pour faire la place des poutrelles, lesquelles sont placées dessus.

Les deux brancards sont posés sur l'essieu avec des échanti-

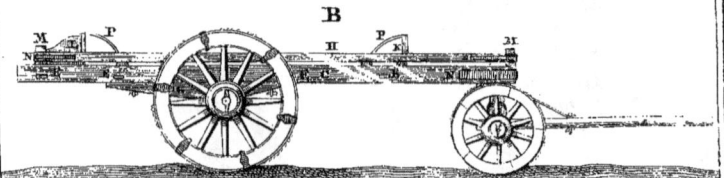

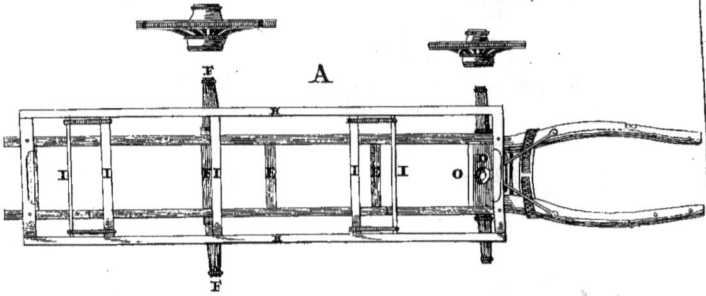

B

A

18 pieds

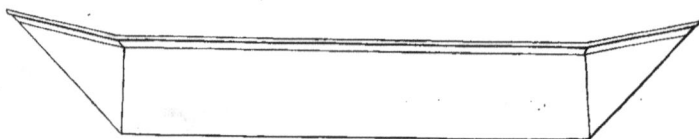

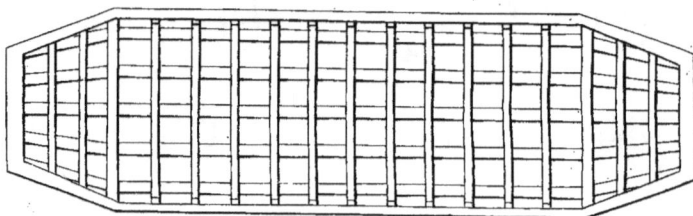

tignolles de 6 pieds & ½ de long , & 3 & 6 pouces , dans lesquelles l'essieu est encastré.

Deux autres brancards au-dessus , sur lesquels le ponton renversé est posé , de chacun 17 pieds ½ de long , & 3 & 4 pouces de gros.

Cinq supports assemblés dans les brancards , de chacun 5 pieds de long , & 3 & 4 pouces qui portent sur les brancards de dessous , & en cet endroit sont entaillés d'un pouce pour donner de l'aisance à mettre & tirer les poutrelles , & au-dessus des 5 supports sont posés les planches ou tables de pont.

Sur le devant , & à 4 pieds du devant de l'entretoise de lunette , sont posées deux poupées , dans lesquelles est assemblée une planche de 6 pouces de large , qui sert à tenir le bout des planches , & à entretenir le ponton sur les brancards ; & au bout de derrière sont deux consoles , auxquelles est appliquée une pareille planche , pour faire le même effet à ces planches & au ponton , que les poupées & la planche du devant.

Deux petits blochets qui arrêtent les brancards de dessus par les bouts.

Les roues des haquets ont 5 pieds de haut ; leurs emboetures sont comme celles d'une Pièce de 4 à l'ordinaire.

Ferrures du Haquet.

DEux équerres aux deux bouts de l'entretoise de lunette , & une lunette au trou où passe la cheville ouvrière de l'avantrain.

Deux queues d'airondes aux deux bouts de dessous de l'entretoise encastrées dedans , & dans les brancards , pour tenir l'écartement , dans lesquelles passent des boulons clavettés qui tiennent les brancards de dessous.

Chaque support a deux boulons qui traversent dans le brancard , clavettés dessous.

Deux autres boulons à chaque console , dont l'un passe au travers de la planche qui arrête les bouts des planches ou tables , l'autre passant au travers de l'échantignolle & du brancard , aussi clavettés.

Les deux blochets ont aussi chacun un pareil boulon , qua-

tre

tre arcs-boutans attachés aux deux planches qui arrêtent les houts des planches du pont , lefquels fervent à couler & faciliter à mettre & defcendre les pontons fur les haquets.

Quatre autres équerres aux quatre coins des brancards de deffus.

Deux étriers qui tiennent l'effieu , & quatre boulons dont deux arrêtent chaque étrier , & quatre autres aux bouts des échantignolles.

Deux équignons avec leur maille & cinq brebans.

Les poutrelles ont 16 pieds 3 pouces de long , & 3 & 4 pouces de gros; on en met 8 à chaque haquet.

Les planches 11 à 12 pieds de long, 12 pouces de large, 2 pouces d'épaiffeur; on en met dix.

Les planches de cuivre ont 4 pieds, 4 pieds & ½, & 5 pieds de long , & 3 pieds ou environ de large.

En 1688, il en fut fourni à Dunkerque , venant de Suéde, qui avoient 5 pieds & ¼ de long , & 2 pieds 9 pouces 6 lignes de largeur , & qui pefoient chacune 24 à 25 l.

Il en entre environ 14 dans un ponton, lequel péfe avec la carcaffe , & 3 tringles de bois qui fe mettent deffous , 850 à 900 l. ou environ.

Il entre dans chaque ponton aux environs de 450 ou 460 l. de cuivre, felon l'épaiffeur.

Il faut donc compter que le ponton , avec tout l'équipage qui y fert , traîné par fix chevaux en Flandres , péfe 3528 l. fçavoir :

Le cuivre. . . . . . . 450 à 460 l. au plus.		
Le bois de la carcaffe. . . 375 ou 380. au plus.		
La ferrure de la carcaffe . . . . . 15.		940 l.
La foudure . . . . 60.		
Les clouds . . . . 25.		

Les huit poutrelles pefant 50 l. chac. 400.	
Les 10 planches ou 5 tables compofées de deux planches affemblées, à raifon de 100 l. pefant, chaque table . . 500.	900.

1840.	1840 l.

Les

Les boulons ou clavettes . . . . 15.   1840 l.
                                           15.

Le haquet en bois péfe , avec les
rouës & l'effieu . . . . 770.   }
La ferrure . . . . 440.   } 1210.

L'avantrain en bois, avec les rouës
& l'effieu . . . . 302.   }
La ferrure . . . . 161.   } 463.

                    Total. . . . . . 3528 l.

En païant fimplement ces façons , on voit que le Roi fournit le bois,

Le cuivre ,

La foudure , { cette foudure fe fait avec borax, letton & étaim.

Les clouds de cuivre & de fer , & jufqu'aux chevalets pour les travailler deffus.

On a païé 18 *liv. de la façon des carcaffes aux Menuifiers.*

Trente-fix liv. pour la façon des pontons aux Chaudronniers.

Cinq liv. pour la façon de la paire de rouës de haquet aux Charrons.

Trois fols 6 *den. de la façon des poutrelles & planches aux Menuifiers.*

Ce qui fait ce bon marché, c'eft que le Maître Chaudronnier & fes Ouvriers ont des appointemens réglés.

Pour 50 pontons il faut 54 haquets, avec autant d'avantrains, pour en avoir 4 haut le pied, 4 caiffons à mettre des cordages & uftenciles.

Il faut bien auffi ,
Vingt-quatre ancres.
Huit capeftans.
Trente-deux gros piquets.
Vingt-quatre maillets.
Vingt-quatre leviers.
Douze avirons.
Douze crocs.

Tome II.   T   Con.

Cordages.

Huit cinquenelles.
Vingt-quatre aliognes.
Vingt-quatre grandes commandes.
Deux cens petites.

Pour servir un Pont de vingt batteaux, il faut

Quatre Maîtres, & quatre Compagnons : sçavoir,
Un Menuisier.
Un Chaudronnier.
Un Charpentier.
Un Charron.
Un garçon Forgeur.
Un garçon Menuisier.
Deux garçons Chaudronniers.

Ainsi on peut voir qu'il faut doubler le nombre de ces Ouvriers à proportion qu'il y a de batteaux à servir, & même quelquefois le tripler.

Il n'y a guéres qu'en Flandres, & sur les petites rivières où les anciens pontons de cuivre puissent porter les Piéces de 24. En Allemagne il est assez difficile de s'en servir pour cet usage; car on y a reconnu trop de risque, les pontons de cuivre ordinaires n'aiant pas assez de hauteur pour s'empêcher d'être submergés.

Ce fut cette raison qui obligea M. le Marquis de la Frézelière pendant l'une des dernières Campagnes, à se servir d'un moyen qui lui fut proposé par le Sieur Guérin, premier Capitaine du Charroy en Allemagne, pour passer toute son Artillerie sur le Necker sans le secours des pontons. Et voici comme on s'y prit.

On laissa les Piéces de 24. sur leurs affûts & sur leurs avantrains, & on prit grand soin de serrer & garotter chaque Piéce sur son affût avec les cordages jugés nécessaires pour cela, ensorte qu'ils ne pussent se séparer l'un de l'autre.

On fit passer le nombre de chevaux dont on crut avoir besoin pour le tirage de la Piéce.

On

On arrêta une cinquenelle aux limons de l'avantrain ; & afin de prévenir l'accident qui feroit arrivé fi la cheville ouvrière étoit venue à caſſer, on attacha deux autres cordages moindres qui prenoient aux flaſques de l'affût, & qui répondoient à la cinquenelle au bout des limons pour fortifier tout le fardeau.

A la cinquenelle on avoit lié un cordeau qui fut paſſé dans un batteau d'un bord à l'autre ; & lorſque le Marinier fut fur l'autre bord, on fit tirer par le moyen de ce cordeau la cinquenelle qui étoit toute entière reſtée fur le rivage oppoſé.

La cinquenelle étant ainſi paſſée, on avoit pris la précaution de faire conduire vingt chevaux fur ce bord-là.

On les doubla : on leur mit des palonniers, auxquels la cinquenelle fut attachée ; & on fit faire haye à ces chevaux, leſquels avançant toûjours en tirant dans les terres, entraînoient après eux la Piéce, qui parvint enfin juſqu'à l'autre bord, après avoir été un tems ſous l'eau ſans qu'on en vît autre choſe que l'avantrain de tems à autre. Mais il faut remarquer qu'auparavant qu'on eût lancé cette Piéce à l'eau avec ſon affût & ſon avantrain, on avoit attaché au derrière de l'affût une pareille cinquenelle que la première, afin qu'elle ſe trouvât toute paſſée pour y attacher les chevaux, comme on avoit fait à la première : & en attendant, on détacha cette ſeconde cinquenelle à force d'hommes, & on l'arrêta à un gros pieu planté & enfoncé fur le rivage, juſqu'à ce que les chevaux fuſſent revenus pour les atteler à ce ſecond cordage ; & on continua de faire la même manœuvre pour toutes les Piéces qui reſtoient à paſſer : bien entendu qu'on reporta la première cinquenelle par-deſſus le pont pour le paſſage des autres Piéces ; enforte qu'on ſe ſert de deux cinquenelles pour faire toute cette manœuvre. Mais il eſt bon de dire encore un mot de la manière dont ſe porte ce cordage.

Il ſe plie en trois ou quatre : le premier pli qui eſt en long & de la longueur de 5 pieds pour pouvoir le charger au travers d'un cheval, eſt paſſé devant un Soldat, Marinier, ou Valet à cheval ; un autre fuit avec le ſecond pli, & le troiſième après, & ainſi du reſte à proportion de ce que le cordage peut avoir

de

de longueur, & tous fe rendent le plûtôt qu'ils peuvent à l'autre bord pour faire la même chofe que nous venons de dire. Cette invention a paru fi extraordinaire, qu'elle fut l'admiration de l'Armée.

Mais cependant M. le Marquis de la Frézelière, voulant prévenir une pareille difficulté à l'avenir, a trouvé à propos de faire conftruire en Allemâgne de nouveaux pontons & plus longs & plus hauts, & dont on pût fe fervir fans rifque fur toutes fortes de fleuves pour le tranfport des plus groffes Piéces.

Leur hauteur eft de 2 pieds 9 pouces.

Leur largeur de 5 pieds 6 pouces.

Leur longueur de 18 pieds 6 pouces.

Les poutrelles de fapin ont 22 pieds de long, 4 pouces & ; d'épaiffeur dans un fens, & 5 pouces dans l'autre, & péfent 134 l. chacune ou environ.

Les premières n'avoient de longueur que 17 pieds, & ne pefoient que 72 à 78 l.

Les madriers doivent avoir 13 pouces de large, & 2 pouces d'épaiffeur, 14 pieds de longueur ou environ, & péfent chacun 85 l. ou environ.

Les anciens ne pefoient que 72, 74 ou 75 l.

Ces poids ne font pas toûjours les mêmes, & changent fuivant la qualité des bois.

EXPLICATION DE LA FIGURE
du Pont de Batteaux de M. le Marquis
de la Frézelière.

A. *Pont de batteaux ou pontons, avec fes poutrelles, madriers & cordages.*

B. *Profil du même pont vû de côté par le bout ou bec des pontons.*

IL faut que la couverture de ce pont foit de bois de fapin, parce qu'il eft plus léger & moins caffant que le chêne.

Les

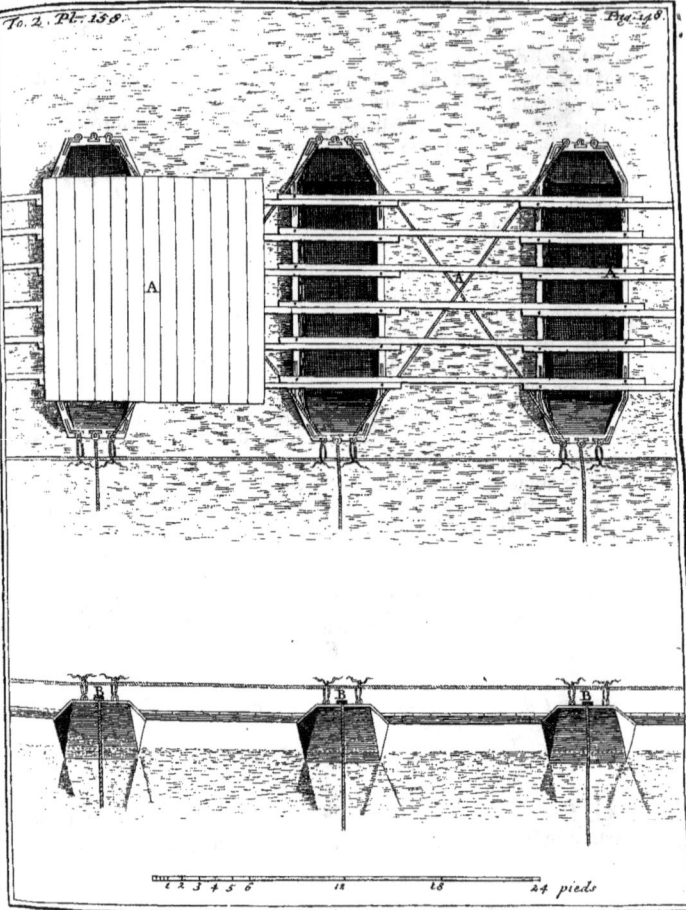

A

B

1 2 3 4 5 6   12   18   24 pieds

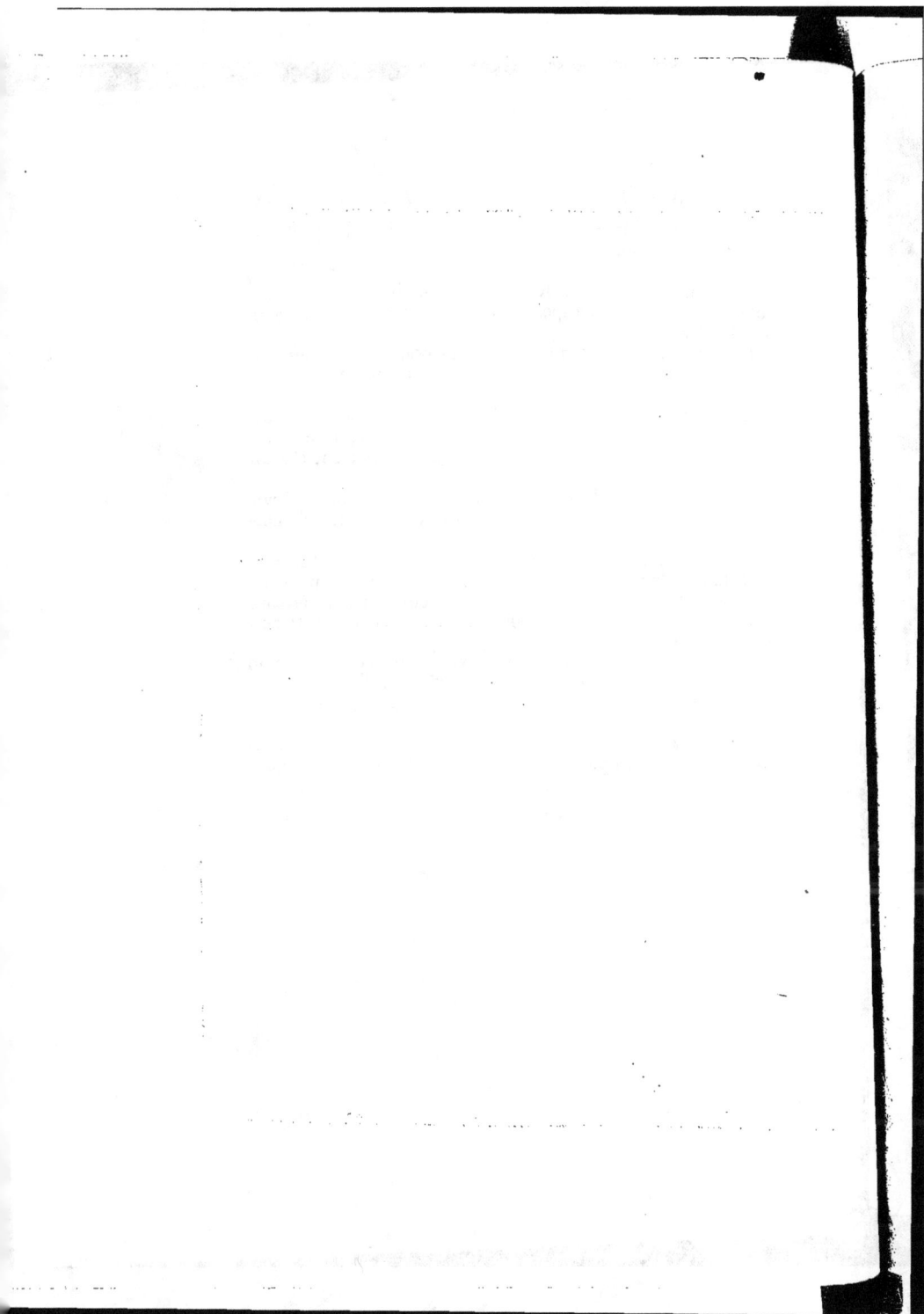

Les cinquenelles doivent avoir 1 pouce & ¼ de groffeur, & 100 toifes de longueur.

Il en faut 4 pour un ponton fur le Rhin, attachées à des ancres qu'on jette dans le Rhin, & qu'on bande le plus fort qu'on peut avec des capeftans pour y amarrer les batteaux plus folidement.

Il faut, outre les 4 ancres ci-deffus pour attacher les cinquenelles, une ancre pour deux batteaux qui ait les branches affez longues.

Les cordages qui doivent attacher ces batteaux aux ancres, doivent avoir 1 pouce 3 lignes de diamétre; il en faut un pour chaque batteau, & que les cordages aient chacun 30 toifes de longueur.

Il faut deux cordages pour chaque batteau pour fervir d'écharpe, qui aient 1 pouce de groffeur, & 5 toifes de longueur.

Il faut encore deux petits cordages pour chaque batteau, de 8 lignes de groffeur, & de 2 toifes de longueur, pour lier chaque batteau par les deux bouts aux cinquenelles; & faire provifion de cinq ou fix pompes pour tirer l'eau des batteaux quand il y en entre.

L'avantbec des batteaux doit avoir 8 pouces d'élévation au-deffus des 2 pieds 9 pouces qu'ils ont de profondeur.

La diftance entre chaque batteau eft de 9 pieds 4 pouces.

Le haquet pour fervir à ces fortes de pontons eft ici repréfenté, & l'alphabet ci-joint en fait voir les proportions.

T 3

E X-

EXPLICATION DE LA FIGURE
du Haquet à ponton à la manière de M. le Marquis
de la Frézelière.

A *La flèche, longueur* 12 *pieds.*
B *Les empanons, longueur* 4 *pieds* 8 *pouces.*
C *Les lisoirs, longueur* 3 *pieds* 4 *pouces.*
D *Les moutons, longueur* 1 *pied* 7 *pouces.*
E *Les entretoises, longueur* 5 *pieds* 8 *pouces.*
F *Longueur du corps des essieux,* 2 *pieds* 10 *pouces.*
G *Les fourchettes, longueur* 3 *pieds* 8 *pouces.*
H *Les armons, longueur* 5 *pieds* 8 *pouces.*
I *Longueur de la sellette,* 3 *pieds* 4 *pouces.*
K *Longueur de la limonière,* 8 *pieds* 6 *pouces.*
L *Etablage de la limonière,* 2 *pieds.*
M *Ouverture de la limonière au droit de l'entretoise,* 1 *pied*
  10 *pouces.*
N *Longueur du têtard,* 2 *pieds.*
O *Longueur des moyeux,* 1 *pied* 4 *pouces.*
P *Hauteur des rouës de devant,* 3 *pieds.*
P *Hauteur des rouës de derrière,* 4 *pieds* 2 *pouces.*

On a retranché de ces chariots à porter pontons les deux travers qui alloient d'une entretoise à l'autre, & servoient à contenir le batteau ou ponton; & à la place de ces travers on a passé dessus les entretoises deux barres de fer plat, lesquelles y sont encastrées, & les quatre bouts en sont relevés de 7 pouces de haut qui servent de ranche, & contiennent le batteau ou ponton comme faisoient les travers qui étoient aux anciens chariots, comme vous le verrez par la lettre *Q.*

  R. Quatre arcs-boutans de fer qui soutiennent les 4 coins des 2 entretoises, & portent sur les lisoirs.

Il y a de plus, 8 arcs-boutans qui soutiennent les 4 moutons, & ils sont attachés de la même manière que ceux d'un train de carosse, comme vous le pouvez voir dans le profil du chariot.

  Le cuivre rouge & l'étaim qui est la soudure, ont été païés
                            en

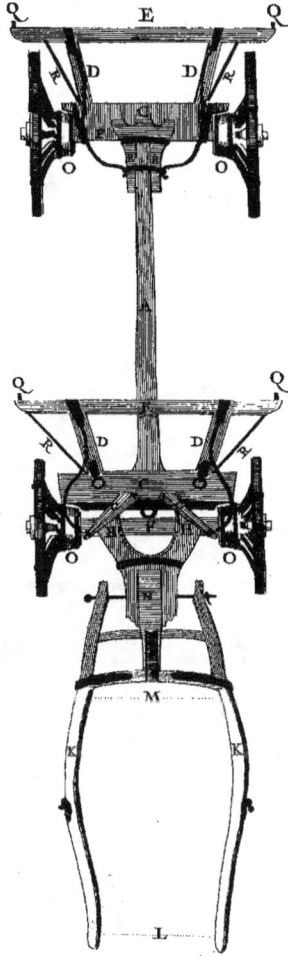

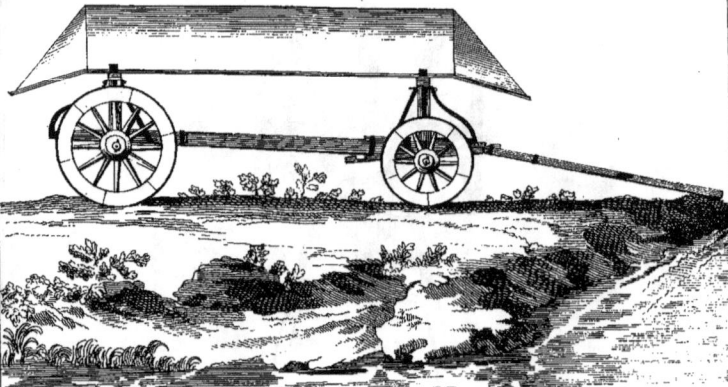

en Allemagne quelquefois 28 f. la livre, l'un portant l'autre; & fur ces 28 f. l'Entrepreneur païoit à fes dépens aux Chaudronniers, la façon de chaque ponton.

La façon du bois des carcaffes, lequel bois étoit fourni par le Roi, fe païoit aux Menuifiers pour chaque ponton . . . . 45 liv.

La façon de la ferrure de chaque ponton . . . 26.

On a rendu du vieux cuivre rouge aux marchands à 16 f. la livre, du cuivre jaune à 12 f.

Et de l'étaim à 10 f.

Le poids des carcaffes des pontons, compris la ferrure, péfe depuis 616 jufqu'à . . . . 704 l.

Le poids de cuivre & de l'étaim depuis 750 jufqu'à 913.
                                                    ———
                                                    1617.

Pour connoître le poids total, il faut dire, en prenant un pied commun.

Le poids du ponton parfait, le plus pefant eft de. 1569

Celui des 12 madriers qu'il porte avec lui . . 900

Celui des 6 poutrelles 414

Et celui du chariot ou haquet monté fur fon avantrain. 1300
                                            ———
Total. . . . : . . . . 4183 l.

Chaque ponton monté avec fon équipage eft traîné par 8 ou 9 chevaux.

Un de nos anciens Lieutenans dit dans quelques-uns de fes mémoires, qu'il faut pour faire un pont fur le Rhin 70 batteaux de bois, quand les eaux font baffes, & jufqu'à 90 quand les eaux font hautes.

Ils doivent être, dit-il, de 14 pieds de large, & longs de 20.

Sur le Pô en Italie, il dit qu'il en faut 40, larges de 6 pieds, & longs de 24.

On fe fert auffi quelquefois fur les canaux de Flandres de ponts de tonneaux.

Le profil de ce pont, comme il eft fur une rivière, eft ici repréfenté, & vous en pouvez lire tout de fuite les proportions.

Le:

Le pont de tonneaux est composé de plusieurs chassis & de plusieurs tables.

Dans chaque chassis il y a 9 tonneaux qui sont enfoncés par les deux bouts, & cerclés de cerceaux de bois sans ozier.

Ces tonneaux ont un trou au milieu du bouge, qu'on bouche avec un fausset qui est en haut lorsque le pont est dans l'eau; & quand le chassis est sur son chariot, le fausset est dessous, afin que l'eau qui peut être entrée dans le tonneau, puisse sortir en ôtant le fausset.

Les tonneaux ont 2 pieds de diamétre par le bouge, & 2 pieds & ½ de long.

Ils sont attachés aux poutrelles par les deux bouts avec deux cordes qui font trois tours chacune par-dessus les tonneaux.

Chaque chassis est de 6 petits sapins de brin qui ont 13 pieds & ½ de long, & 4 pouces de diamétre, & qui sont assemblés par six planches de sapin ou bois blanc de ½ pouce d'épaisseur; ces planches sont clouées sur ces sapins: il y en a 2 deux à chaque bout, & deux autres au tiers.

Les sapins sont percés à 4 pouces & ½ du bout pour y passer 6 boulons qui percent les poutrelles & l'essieu, & qu'on arrête avec des clavettes pour lier l'essieu au chassis: puis, on met 2 roues à l'essieu, qui n'ont nulle ferrure que des frettes & un petit lien sur chaque joint des jantes; ces roues sont fort légéres, & ont 4 pieds de haut.

Les chassis s'assemblent les uns dans les autres avec 3 anneaux faits en mailles, qui entrent dans l'entaille d'un autre chassis, au travers desquels on passe 3 boulons qui joignent les deux chassis ensemble.

Les poutrelles, entre lesquelles se mettent les tonneaux, sont distantes l'une de l'autre de 15 pouces; celles, entre lesquelles il n'y en a point, ne le sont que de 9.

Les tables pour la couverture du pont sont composées de 5 planches, assemblées par 3 autres planches clouées dessus. Pour couvrir un chassis il faut 3 tables qui ont 9 pieds de long.

Il y a un chariot pour porter chaque chassis composé

com-

Pl. 161.

Tom. 1. Pag. 164.

comme deſſus, les chariots ſont à 4 rouës, & ont 4 moutons avec des arcs-boutans de fer.

Lorſqu'on veut jetter le pont ſur une rivière, on le monte tout entier ſur la terre, & on couvre les chaſſis de leurs tables; puis on les équippe de leurs eſſieux, & rouës. En-ſuite on attache deux grands cordages au bout qui marche le premier dans l'eau, afin que, ſi le pont va à droite & à gau-che, on le puiſſe faire revenir; puis on met deux Soldats à chaque rouë pour pouſſer le pont dans l'eau.

Pour ſervir ce pont, il faut,

Un Maître Charpentier.

Un Charron.

Et un Forgeur.

On a inventé autrefois, comme on l'a dit, pluſieurs ſor-tes de radeaux ou caiſſes poiſſées pour ſervir à paſſer des Trou-pes ; mais cela n'a pas eu tout le ſuccès qu'on en eſpéroit ; ainſi il ſeroit inutile d'en rien dire davantage.

Il y a encore ce qu'on appelle des ponts volans, qui ſont quelques batteaux attachés enſemble par de bons cordages ou de fortes chaînes, ſur leſquels on diſpoſe pluſieurs plan-ches & madriers pour former une platteforme aſſez épaiſſe pour pouvoir ſoutenir du Canon, & le faire même exécuter, ſoit pour défendre, ſoit pour favoriſer un paſſage de rivière. On y fait auſſi des épaulemens capables de réſiſter aux coups de Mouſquet, afin de mettre à couvert ceux qui exécutent ces Piéces.

Si, par un cas imprévû, un Commandant d'Artillerie ſe trouvoit obligé de faire pluſieurs ponts en même tems, & qu'il n'y eût pas dans l'équipage ni ſur les lieux un nombre de batteaux ſuffiſant pour cela, il pourra par des avantducs ſuppléer aiſément à ce manquement.

Ces avantducs ſe font en cette manière. Il faut faire cou-per quantité de jeunes arbres d'une groſſeur raiſonnable, les faire tailler par un bout en forme de pilotis, & ſcier par l'autre extrémité, pour qu'ils ſoient bien unis & bien égaux. On enfonce à grands coups de maſſes ces piéces de bois dans le table ou la vaſe du rivage, juſqu'à ce qu'elles ſe trouvent à

la hauteur des batteaux qui vous reftent : on pouffe ce travail en avançant dans la rivière ; & pour lier le tout, on en-
tremêle ces piéces de bois, de bonnes & fortes fafcines qu'on
couvre de terre , de pierres , & d'autres bois ; & petit à
petit on arrive depuis le bord de la rivière jufqu'au premier
batteau, qu'on attache fortement à tous ces pieux-là avec
des cinquenelles & autres cordages par-deffus ces pieux ou
pilotis qu'on a pris foin de mettre près à près & d'une hauteur égale.   On attache de bons madriers , doffes ou planches avec des clouds de la longueur & de la force dont il les
faut, & on fait la même manœuvre à l'autre rivage ; enforte que vos batteaux occupent le milieu de la rivière , tant
pleins que vuides, & vous avez des avantducs à votre entrée & à votre fortie.

Cette invention a réuffi parfaitement en Flandres à M. de
Genonville, Lieutenant provincial en l'Ifle de France, & en
l'Arfenal de Paris, comme il commandoit un équipage pendant ces dernières Campagnes ; & feu M. le Maréchal de Hu-
mières qui commandoit l'Armée, fut très-content de ce travail, & de la diligence qu'il y apporta.

Titre XV.

Mines.

L'Art de miner demande une parfaite connoiffance de la
Fortification & de la Géométrie , pour connoître les
hauteurs, profondeurs, largeurs & épaiffeurs, avec les talus,
les lignes à plomb, celles qui fe trouvent parallèles à l'horifon,
celles qui peuvent être vifuelles, & les niveaux juftes.

De plus, la parfaite connoiffance de la qualité de toutes
fortes de rocs, terres & fables, & encore avec cela, celle de
la force de toutes fortes de Poudres.

E X-

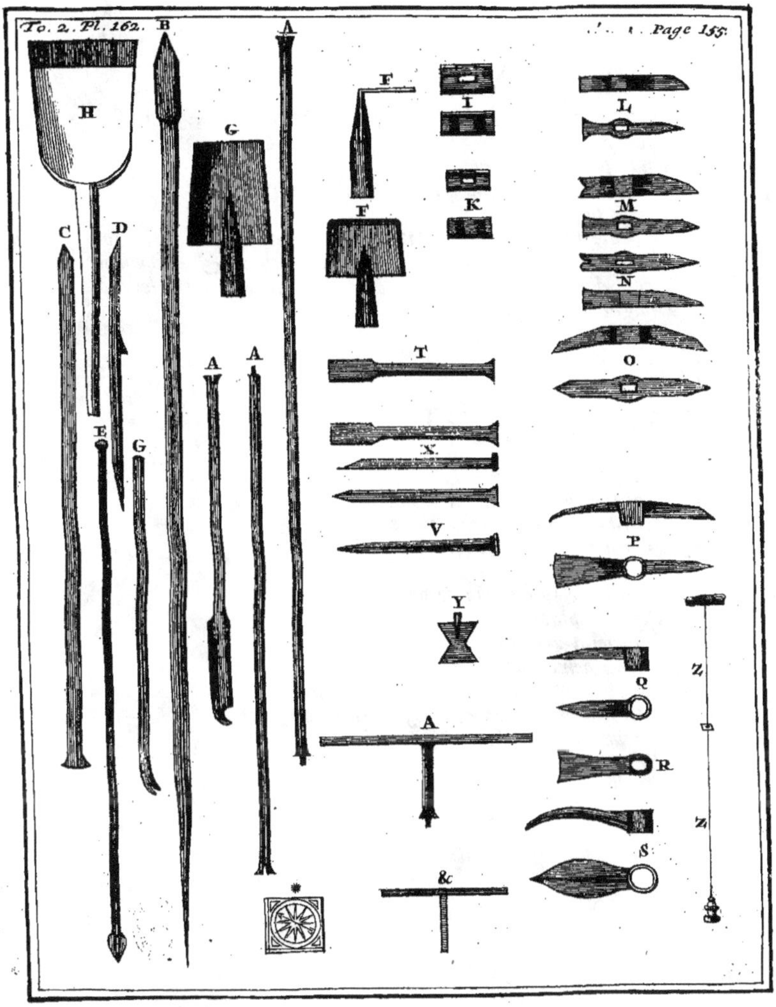
To. 2. Pl. 162.
Page 155.
H
B
A
G
F
F
I
K
L
M
N
O
C
D
E
G
A
A
T
X
V
Y
A
&c
P
Q
R
S
Z
Z

EXPLICATION DE LA FIGURE
des outils de fer & autres servant aux Mineurs.

A *Sonde à tarrière de plusieurs piéces, & vûe de plusieurs fa-
çons.*
B *Sonde pour des terres.*
C *Grandes pinces, dont une à pied de chevre.*
D *Petite pince à main.*
E *Aiguille pour travailler dans le roc, pour faire de petits lo-
gemens de Poudre pour enlever des roches, & accommo-
der des chemins, & faire des excavations dans le roc.*
F *Drague vûe de deux côtez.*
G *Béche.*
H *Pelle de bois ferrée.*
I *Masse vûe de deux côtez.*
K *Massette vûe de deux côtez.*
L *Marteau de Maçon vû de deux côtez.*
M *Grelet de travers.*
N *Grelet vû de deux côtez.*
O *Marteau à deux pointes vû de deux côtez.*
P *Picq-hoyau vû de deux côtez.*
Q *Picq à roc vû de deux côtez.*
R *Hoyau.*
S *Feuille de sauge vûe de deux côtez.*
T *Ciseaux plats.*
V *Poinçon à grain d'orge.*
X *Ciseau demi plat vû de deux côtez.*
Y *Louchet à faire les rigoles pour les auges.*
   Ces louchets servent aussi à faire du gazon.
Z *Plomb avec son fouet & son chat.*
& *Equerre de Mineur.*
* *Boussole.*

Le

Le mémoire qui fuit , vient d'un Ingénieur qui s'est trou-
vé à quantité d'expériences.

L'Incertitude où les Mineurs ont toûjours été dans l'effet
des Mines en les chargeant trop ou trop peu , engagea il y a
quelques années M. . . . . . . d'y faire quelque attention : &
après en avoir examiné les circonftances, il s'imagina que l'effet de la Poudre devoit être auffi jufte que celui des forces
mouvantes ; ce qu'on ne pouvoit reconnoître que par les
effets des Mines. Cela le détermina à demander à la Cour
de pouvoir brûler quelques milliers de Poudre , pour faire
les épreuves qu'il avoit méditées ; ce qui lui fut accordé en
lui envoïant le Sieur. . . . . . Ingénieur, & pour lors Capitaine des Mineurs du Roi.

Au quatrième fourneau que M. . . . . . . fit jouer , il fut
entièrement convaincu de fa réuflite par les effets juftes qu'il
remarqua dans l'ouverture des terres.

On reconnut que le diamétre de la furperficie des terres enlevées fe trouva toûjours le double de la hauteur de la terre,
à prendre depuis le fond du fourneau jufqu'à la fuperficie.

Mais comme on ne put pas connoître l'effort que la Poudre faifoit fur les terres qui environnoient le fourneau , quelque recherche qu'on en fît, M. . . . . . . s'imagina qu'il falloit faire le toifé de la Mine en prenant l'efpace du fourneau
pour 2 toifes de diamétre , qui rapporté à celui de la fuperficie, dont on prend la moitié , donneront une toife jufte.

Quoique cette mefure de 2 toifes foit prife en l'air & fur
un faux fondement, cela n'a pas empêché qu'on ne foit parvenu à fon deffein ; puifque, fuivant les fupputations qu'on
en a faites fur ce principe , les effais & les opérations qu'on
en a faites depuis , fe font toutes trouvées juftes, de manière
qu'on n'a pas manqué une épreuve après le huitième fourneau joué, excepté celle qu'on a voulu manquer exprès pour
vérifier l'opération.

Il eft donc conftant que deux onces de Poudre enléveront
la quantité de deux pieds cubes de terre : par conféquent 200

onces

onces, qui font 12 livres & 8 onces, enléveront 200 pieds cubes, qui eft prefque une toife cube; il ne s'en faut que 16 pieds cubes ; & on peut dire qu'elles enléveront même la toife cube, parce que les 200 onces jointes enfemble ont plus de force à proportion, que deux onces; car c'eft une force unie. La régle de trois ci-deffous le fera mieux entendre.

	onces.	pieds.	onces.	pieds.
Si	2	2	200	200
			2	
			400	200

Ce qui doit fuffire pour comprendre qu'en ajoutant ou diminuant, on peut enlever telle portion de terre ou de maçonnerie qu'on voudra. Le Mineur doit obferver que la Poudre agiffant toûjours contre le plus foible, il doit prendre fes précautions qu'il n'y ait aucun vuide autour de fon fourneau, & qu'il y ait une fois & demie autant de folide que la hauteur de la terre qu'on veut enlever.

Que tous les retours des chemins qui ont fervi au Mineur pour faire fon fourneau, & par-où on conduit le fauciffon, foient bien remplis de terre, de fumier, & de maçonnerie fur une fois & demie autant que porte la hauteur des terres qu'on vêut faire fauter.

L'entrée de la chambre du fourneau doit être bien fermée avec de gros madriers arrêtés par une croix de S. André; de forte que la clôture en foit jufte, & les vuides entièrement bouchés avec du fumier ou avec de la terre détrempée.

Si par malheur il fe trouvoit quelque Gallerie qui fût deffous ou à côté du fourneau dont on foit le maître, il faudra néceffairement la remplir de maçonnerie le plus jufte que faire fe pourra, fur la longueur d'une fois & demie de hauteur des terres; car, non-feulement la Gallerie créveroit, mais auffi elle empêcheroit l'effet du fourneau.

La Poudre doit toûjours être mife dans des facs qu'on ouvre

V 3

vre quand on charge le fourneau , & on répand un peu de Poudre.

Mais quand on en a chargé une , & qu'on ne la veut pas faire fauter de 3 ni de 4 jours, alors il faut plancheïer la chambre , & faire comme une efpéce de coffre, afin que la Poudre prenne le moins d'humidité qu'il fera poffible : les toiles ci-rées font merveilleufes en ces occafions. On doit remarquer que plus il y a de terres enlevées , plus la Mine fait d'effet, quoique la proportion de la Poudre s'y trouve.

La Poudre fait le même effet fur la maçonnerie que fur la terre , c'eft-à-dire, qu'à même proportion elle enléve avec la même activité l'une & l'autre.

Les terres fe peuvent réduire à 4 fortes : fçavoir ,

1. Les terres remuées.

2. Les légéres , comme du fable fec.

3. De l'argile.

4. Et la terre potaffe ou graffe.

Le pied de terre remuée péfe communément . . 90 l.
Celui de fable péfe . . . . 150.
Celui d'argile péfe . . . . 100.
Et celui de terre graffe . . . . 115.
A l'égard de la maçonnerie, le pied de pierre blanche péfe . . . . 115.
Le pied de pierre à fufil péfe . . . . . . 120.
Celui de pierre dure, comme graifferie de Tournay , péfe . . . . 125.
Celui de grais péfe . . . . 120.
Et celui de brique péfe . . . . 90.

Ces poids ne font pas toûjours les mêmes ; ils font dif-férens fuivant les païs : on les a emploïés ici comme cela fe trouve aux environs de Tournay.

Con-

Conduite qu'il faut tenir pour la construction des Mines ,
Fourneaux , Sappes , Galleries , Ponts , & Logemens
de Mineurs , suivant ce qu'en a vû pratiquer en beau-
coup d'occasions importantes un de nos bons Officiers
d'Artillerie , qui est aussi Ingénieur , & qui le plus
rassemblé de manuscrits sur l'Artillerie.

LOrsqu'on aura poussé les travaux d'une Tranchée jusques
sur le bord de la Contrescarpe du Fossé de l'ouvrage qu'on at-
taquera , la Sappe aiant été faite pour la descente du Fossé , il
y aura des Places d'armes à droite & à gauche de l'entrée du
Fossé, assez spacieuses pour y tenir les matériaux dont on aura besoin pour faire le Pont & la Gallerie de l'attachement du
Mineur.

C'est à l'Officier général qui commande la Tranchée de
jour , à mettre le nombre de Trouppes qu'il jugera à propos
dans les Places d'armes, pour soûtenir les Travailleurs de la
Gallerie , & le Mineur, suivant la force des Ennemis qui sera
opposée à cet endroit. Tous les matériaux pour faire le Pont,
& la Gallerie aiant été préparés au Parc de l'Artillerie , suivant les ordres de M. le Grand-Maître , ou du Lieutenant qui
la commande , le Commandant des Mineurs les fera apporter le jour dans les Places d'armes , pour commencer à jetter
le Pont dans le Fossé , s'il est plein d'eau , ou faire la Gallerie à
l'entrée de la nuit ; bien entendu qu'il faut auparavant , que les
défenses du Flanc qui défend la face du Bastion , ou autres
endroits opposés , auxquels on voudra attacher le Mineur ,
soient entièrement ruinées par le Canon , afin que celui de
l'Ennemi ne puisse détruire la Gallerie qu'on fera pour couvrir
le passage du Fossé.

Si le Fossé est plein d'eau, & qu'on n'ait pu le saigner , on se
servira d'un Pont flottant de la largeur du Fossé, sur lequel on
fera une Gallerie, dont la largeur sera de 4 pieds & ½ à 5 pieds
en dedans, la hauteur de 5 à 6 pieds tout compris , couverte
en dos d'âne avec des peaux de vaches fraîches dessus ou
du

du fer blanc, pour empêcher que le feu d'Artifice de l'Ennemi ne la brûle; étant couverte en dos d'âne, tout ce qui fera jetté deſſus, coulera dans l'eau.

La Gallerie qui fera faite dans le Foſſé, ſec aura les mêmes proportions. Les planches ou madriers qui couvriront les côtez, feront attachés ſur les Chandeliers en dedans, & celles du faîte feront par-deſſus. La figure des Chandeliers eſt repréſentée par *A* dans la planche; on les fera placer de 9 en 9 pieds ſur le pont ou rez de chauſſée du fond du Foſſé ſec.

La lettre *B* déſigne le faîte ou deſſus de la Gallerie du Mineur pour paſſer le Foſſé.

C déſigne le Pont ſur lequel eſt établie la Gallerie.

D Eau du Foſſé.

Le Pont flottant *A* de la figure ſuivante fera fait ſur deux tonneaux de 20 pouces de diamétre, longs de 2 pieds à 2 pieds & ½, bien reliés avec des cercles de fer, auxquels il y aura des boucles pour les attacher aux poutrelles qui feront poſées deſſus.

Pour mieux faire, il faut avoir des chaſſis faits de 3 poutrelles de ſapin, longs de 12 pieds, écarris de 4 pouces ſur 3, jointes avec 3 travers longs de 9 pieds, comme la figure *B*. Au bout de chaque poutrelle on fera mettre une écharpe de fer qui embraſſera la poutrelle & le travers, au bout deſquels il y aura des crochets & boucles pour attacher, quand on voudra, les chaſſis enſemble pour faire le Pont. Il y aura 9 tonneaux attachés ſous chaque chaſſis, dont 3 à chaque bout, & 3 dans le milieu, avec des planches de ſapin de 9 pieds de long & 1 pouce d'épais par-deſſus pour achever le Pont.

Pour un Foſſé de 20 toiſes, il faudra 10 chaſſis qui péferont chacun 1100 l. au plus garnis de tonneaux & planches; 8 charettes attelées de 4 chevaux chacune ſuffiront pour porter le Pont de tonneaux par toute terre, conſtruit comme ci-deſſus.

On pourroit encore ſe ſervir de coffres faits avec 4 planches couſues ſur 4 quarrez de mêmes planches d'un pied quarré, dont deux formeront les deux bouts, & les deux autres ſéparées également dans le milieu, liées par-deſſus vis-à-vis des quarrez avec des bandes de fer, auxquelles il y aura des boucles

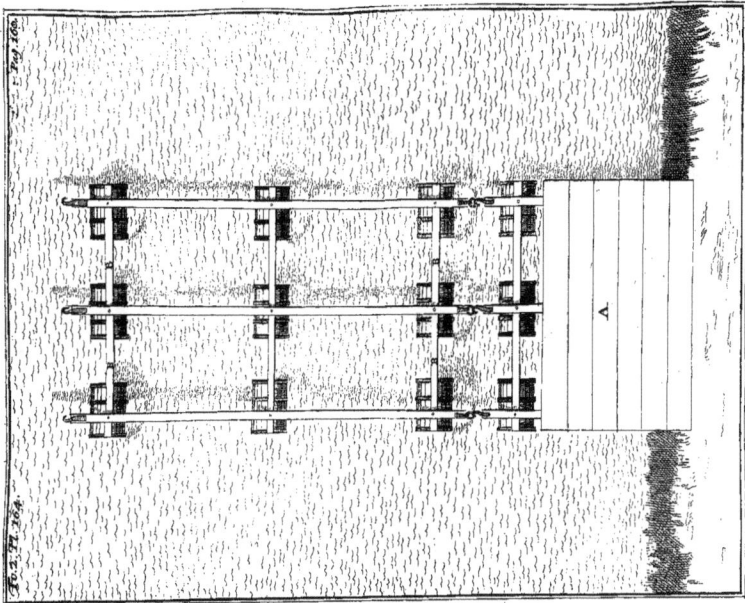

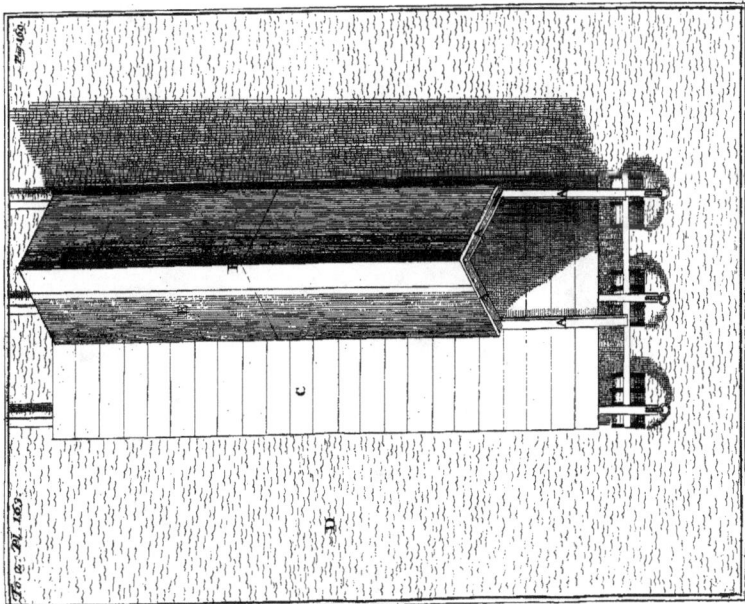

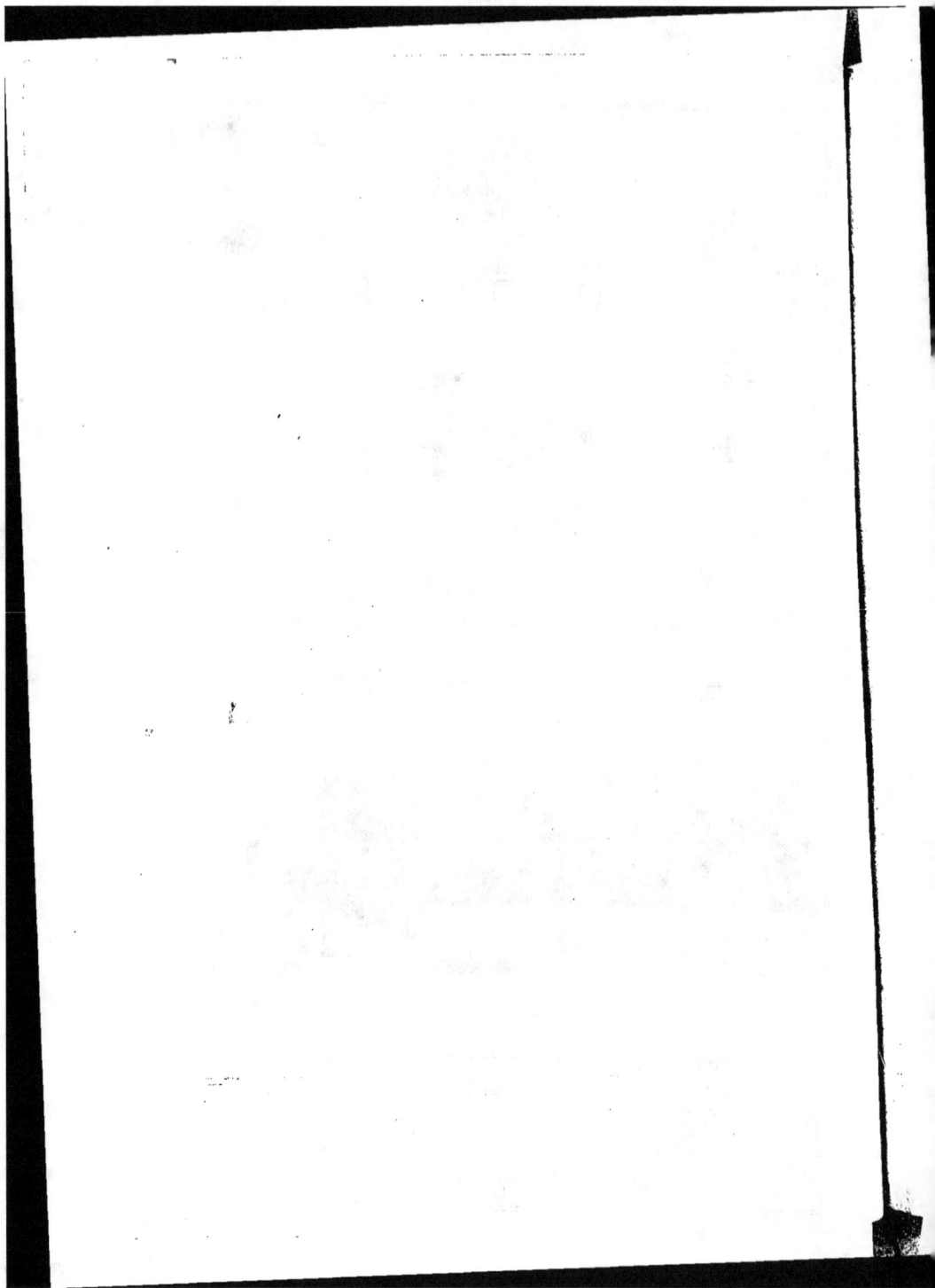

cles deſſus pour attacher les coffres au chaſſis.

La longueur des coffres ſera de 9 pieds. Ils ſeront bien calfeutrés pour empêcher que l'eau n'entre dedans : il en faut 3 ſous chaque chaſſis qui péſeront un peu plus que les tonneaux ; mais ils ne ſeront pas ſi embaraſſans à porter en Campagne.

Un Pont conſtruit de cette façon eſt admirable pour paſſer un foſſé plein d'eau, ou une petite rivière promptement.

La Gallerie du Mineur ſera poſée ſur le côté du Pont qui regarde le flanc : elle ſera couverte de bons madriers épais de 2 pouces : le deſſus marqué *E* dans la figure de la Gallerie de même pour parer le coup du Mouſquet : l'autre côté marqué *F* ne ſera couvert que de ſimples planches, parce qu'il n'a pas de pareils coups à craindre : ce qui reſtera de la largeur du Pont marqué *C* à côté de la Gallerie, ſera couvert avec un pouce ou deux de terre, pour empêcher que le feu d'artifice des aſſiégez ne brûle le Pont.

Cette partie ſervira pour apporter la nuit des tonneaux, faſcines, & facs à terre pour combler le foſſé pendant que le Mineur fera ſes Mines. La Gallerie faite comme il eſt dit, ſervira à paſſer le Mineur en ſûreté, & toutes les gens qui ſerviront à la Mine.

Les batteaux de cuivre pourroient ſervir à faire un Pont, même plus large, mais ils ne ſeroient pas ſi propres à faire une Gallerie ; parce que, pour peu que l'Ennemi tirât des coups de Mouſquet du flanc oppoſé, ou jettât des Grénades, il les perceroit ou enfonceroit avec la Gallerie ; ce qui donneroit beaucoup de peine, & cauſeroit beaucoup de perte de tems à les rétablir.

Les Ponts ci-deſſus ſont plus légers & plus ſûrs pour une affaire de cette nature ; étant à fleur d'eau, il y a moins de priſe pour les coups de Mouſquet & de Grénades, qu'aux batteaux de cuivre ou de bois.

La Gallerie aiant été pouſſée juſqu'au mur marqué *I* de la face d'un Baſtion & d'une demi-Lune, ou autre ouvrage où on voudra attacher le Mineur, les défenſes oppoſées ruinées, comme il eſt dit, s'il ſe trouve de la diſtance entre la

Gallerie & le Mineur ; le Mineur y fera mettre des madriers debout de 2 pouces d'épais, appuïés contre le mur en forme d'appenti, couverts de peaux ou de fer blanc comme la Gallerie, pour la sûreté.

Le Capitaine des Mineurs étant informé, ou aiant jugé de l'épaiſſeur du mur, des terres qui ſont derrière & au-deſſus, fera percer le mur à la face juſqu'aux terres ; le Canon des aſſiégeans doit avoir commencé, s'il eſt poſſible, le trou du Mineur, avant de faire la Gallerie.

Il y a bien des endroits où on peut attacher le Mineur ſans Gallerie, particulierement dans les foſſez ſecs. Si la terre eſt facile à fouiller, on pouſſera une Sappe depuis la Contreſcarpe juſqu'au pied du mur qu'on veut miner, qu'on blindera par deſſus à meſure qu'on avancera la Sappe, avec des doubles faſcines bien liées, & quantité de terre par-deſſus, pour empêcher que les Ennemis n'y mettent le feu.

Si on apprend que le mur qu'on veut attaquer, ſoit contreminé, il faudra percer les rameaux par-deſſous la Contremine, afin de faire les chambres ou fourneaux des Mines dans le fond de la fondation.

Les murs où il y aura de la terre derrière, aiant été percés juſqu'aux terres, de 4 à 5 pieds en hauteur & largeur, le Capitaine des Mineurs fera percer des trous avec une tarriere aſſez longue & aſſez groſſe à gauche dans les terres pour écouter de quel côté les aſſiégez pourroient faire des Contremines. S'il entend que ce ſoit à droite qu'ils travaillent, il fera ouvrir le rameau derrière le mur à gauche, & fera faire du bruit à droite pour tromper l'Ennemi : ſi c'eſt à gauche, il fera ouvrir à droite pour faire la même choſe : s'il n'entend rien, il fera ouvrir les rameaux des deux côtez derrière le mur juſqu'à 18 à 20 pieds, au bout deſquels il fera percer le derrière du mur 2 ou 3 pieds avant, ſuivant ſon épaiſſeur, pour y faire une chambre *C D*, approfondie de 2 pieds au-deſſous du rez de chauſſée du rameau qui aura été ouvert à niveau de celui du fond du foſſé ſec.

Dans le foſſé plein d'eau le mur ſera auſſi ouvert à niveau de l'eau ; mais on fera remonter les rameaux imperceptible-
ment

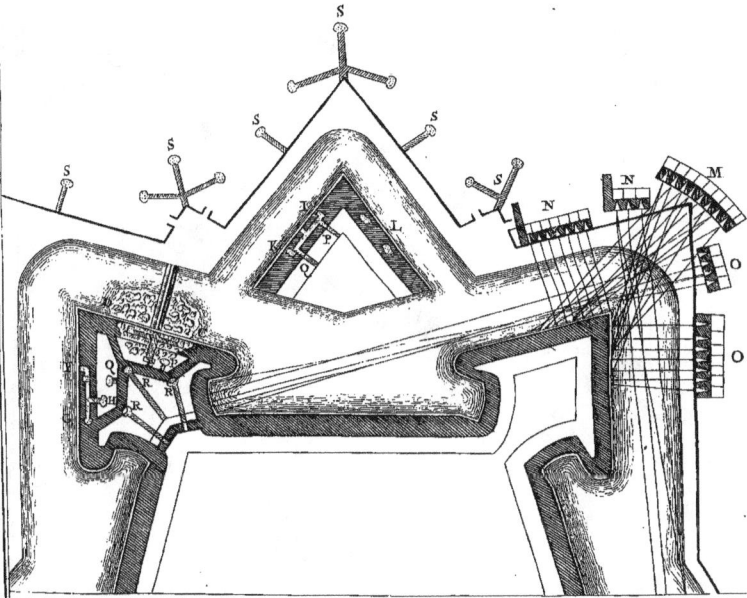

ment jufqu'aux chambres de 1 pied ½ & 2 pieds, afin que la chambre qui fera approfondie au bout des rameaux, ne paffe pas le niveau de l'eau : les chambres ou fourneaux feront capables de loger 4 à 500 livres de Poudre. Le Mineur aura foin de bien faire étançonner le deffus du rameau avec des planches, à mefure qu'il percera les terres.

Les Contreforts marqués 2, qui fe rencontreront au paffage, feront percés également au rameau qui aura 3 pieds à 3 pieds & ½ de hauteur & largeur : on fera une petite chambre marquée 8 capable de tenir une Bombe de 12 pouces du côté de la queuë du Contrefort, pour y paffer une Bombe remplie de Poudre où il y aura une fufée qui aura communication au fauciffon, laquelle doit durer autant que le fauciffon fera de tems à faire le chemin pour mettre le feu au fourneau de la Mine depuis la Bombe.

Les Bombes pofées dans les Contreforts, comme je viens de dire, font très-utiles pour aider à renverfer le mur dans le foffé, & rompre entièrement les queuës des Contreforts qu'on a vûes fouvent refter dans les terres : ce qui rend la Bréche plus inacceffible, d'autant que ce qui refte des queuës des Contreforts, retient des terres qui s'ébouleroient ; ce qui oblige d'y tirer force coups de Canon pour les ébouler & applanir la Bréche.

Une Bombe à chaque Contrefort épargne cette peine, & le tems, qui eft plus précieux que tout le refte.

En même tems qu'on ouvrira les rameaux à droite & à gauche derrière le mur, on ouvrira auffi celui du milieu vis-à-vis l'entrée de la Mine qui fera pouffée dans les terres en droite ligne 18 ou 20 pieds de profondeur, étant formé de même que les précédens ; & au bout, on fera une chambre au-deffous du rez de chauffée du rameau capable d'y loger 5 ou 600 l. de Poudre, même jufqu'à 1000 livres. Le dernier fourneau avancé dans les terres eft très-néceffaire pour repouffer dans le foffé tout ce qui pourroit refter de mur & de terres entre les deux autres Mines, & applanir la Bréche par le grand éboulement des terres que cette Mine fera, fi on eft obligé de pouffer les rameaux d'un côté pour éviter la Contre-

X 2

tre-

tremine de l'Ennemi. Après avoir pouſſé celui qui joint le derrière du mur 30 ou 40 pieds avant, on ouvrira au bout une
chambre dans le mur *F*, comme il a été dit.

La ſeconde chambre ſera auſſi ouverte dans le même mur
derrière, à 6 pieds de l'entrée du rameau, entre les deux Mines: on ouvrira un rameau dans les terres pour le pouſſer 18
ou 20 pieds avant: au bout de ce rameau on fera une chambre pour loger la Poudre. Il faut prendre grand ſoin de bien
faire étaïer tous les rameaux qui ſeront ouverts ſous les terres, parce que ſans cela les terres s'ébouleroient; ce qui
pourroit étouffer les Mineurs & retarder l'ouvrage. Les figures *C*, *D*, *E*, de la planche repréſentent les premières Mines;
celles qui ſont marquées *F*, *G*, *H*, repréſentent la ſeconde
façon des Mines.

Ces deux façons de Mines ſont très-bonnes pour renverſer
un gros mur, & un rempart qui a toute ſon épaiſſeur.

Quand on aura reconnu qu'il y aura peu de terre derrière
la muraille où on voudra faire bréche, il faut ſe contenter
de faire des fourneaux dans le derrière du corps du mur, les
rameaux faits de même que les premiers.

Lorſqu'il n'y aura point de terre derrière la muraille, on
fera faire les rameaux dans le milieu de l'épaiſſeur du mur à
droite & à gauche 10 à 12 pieds avant, au bout deſquels on
fera une chambre ou un fourneau au-deſſous du rez de chauſſée, ou un rameau capable d'y loger 150 l. de Poudre & juſqu'à 200 livres pour les plus fortes murailles; c'eſt au Capitaine
de Mineurs à juger de la force du mur par ſa hauteur & ſon
ouverture, & de la grandeur de la Bréche que le Général
veut avoir.

EXPLICATION DES CHIFFRES.

1 *Epaiſſeur.*
2 *Contreforts.*
3 *Parapet.*
4 *Rempart.*
5 *Cavalier.*
6 *Contremine.*

Pro-

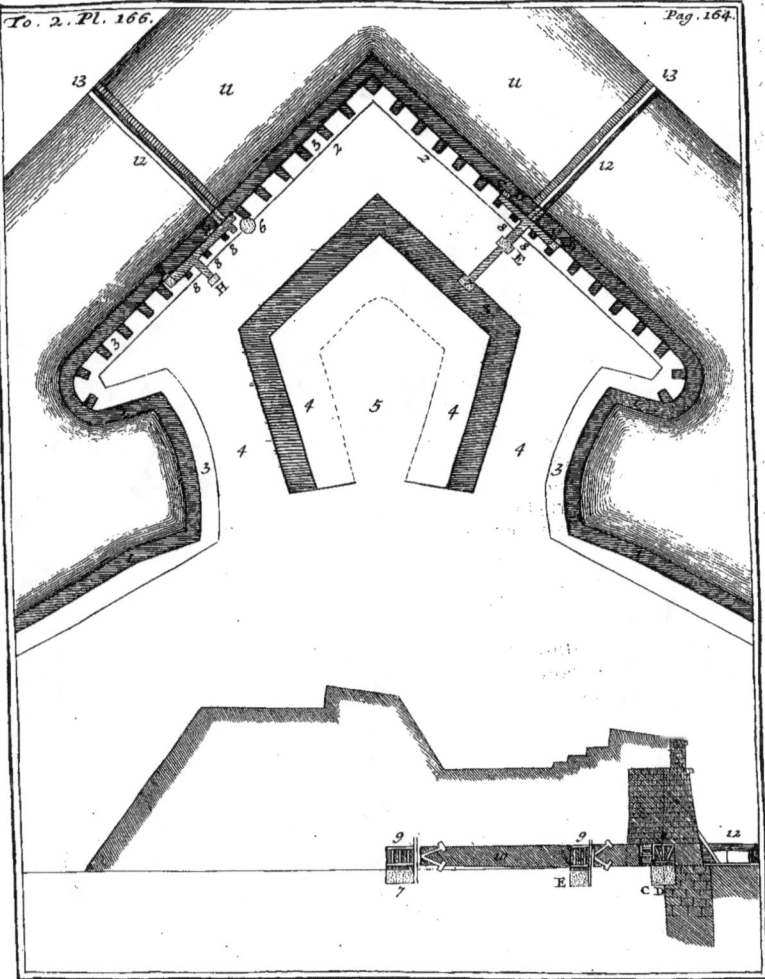

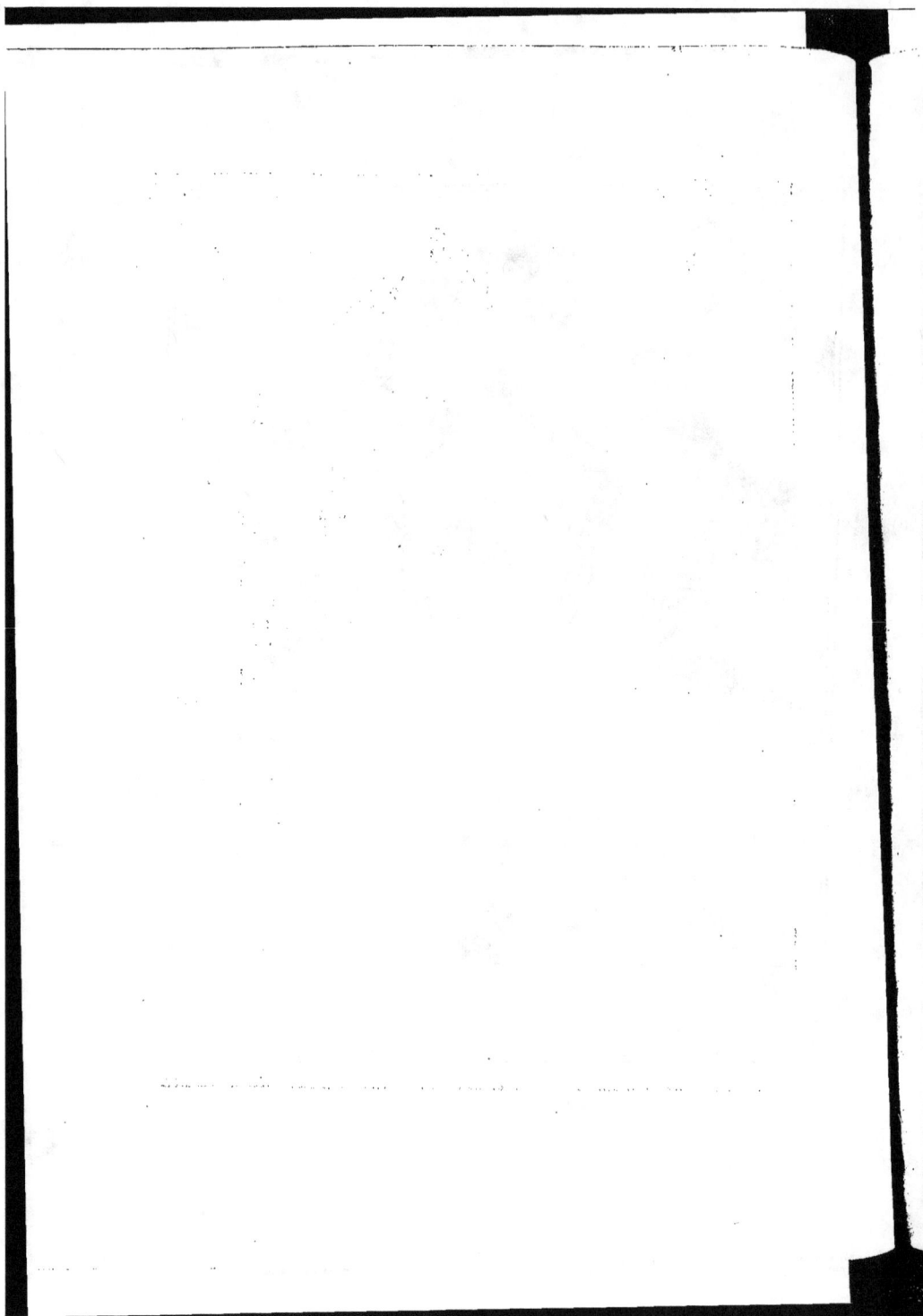

7 *Prolongation de Mine pour faire sauter le Cavalier.*
8 *Contreforts minés.*
9 *Etançonnement des Mines.*
10 *Ouverture des rameaux.*
11 *Fossé.*
12 *Pont & profil de la Gallerie sur le fossé, avec le madrier du Mineur qui ferme le trou.*
13 *Contrescarpe.*

LEs rameaux qui feront pouffés dans l'épaiffeur des murs, ne pafferont pas 3 pieds de hauteur, & 2 pieds & ½ de largeur à peu près. Cette façon de Mine eft marquée par les *I, K, L* : elle eft merveilleufe pour enlever les plus fortes murailles, & rafer les murs d'une forte muraille.

Ce n'eft pas toûjours la grande quantité de Poudre qui fait faire les plus grands effets aux Mines, c'eft de la bien renfermer & étançonner, comme je l'expliquerai par la fuite. Le trop de Poudre fait éventer la Mine quand elle n'eft pas renfermée avec les juftes proportions convenables à fa force & à fa quantité : & afin que le Mineur faffe la chambre ou fourneau de fa Mine jufte à la quantité de Poudre qu'il jugera à propos d'y loger pour renverfer le mur & les terres qui lui feront prefcrites, je donnerai ici le poids d'un pied cube de Poudre qui doit pefer 80 livres ; 1 pied 1 pouce quarré cubique fera le poids de 100 l., comme 1 pied 2 pouces 11 lignes fera le poids de 150.

Et 200 l. de Poudre font 1 pied 5 pouces en quarré cubique.

Par cette dimenfion on peut faire la chambre d'une Mine jufte à la quantité de Poudre qu'on y voudra mettre.

Pour plus facile intelligence, la livre de Poudre contient 2 pouces 10 lignes de côté quarré, qui, multipliés trois fois, font 22 pouces 9 lignes dans tout le cube.

Si on vouloit fçavoir combien contiendront 20 livres de Poudre dans leur quarré cube, il faut multiplier 22 pouces 9 lignes que contient la livre de Poudre, par 20, qui produira 455 pouces cubes, dont le quarré cube aura pour côté 7 pouces 8 lignes.

Par

Par les dimensions de Poudre ci-dessus, on sçaura quelles proportions donner aux chambres ou aux fourneaux de Mines.

Maximes générales à observer pour bien charger les Mines & Fourneaux.

LEs Mines aiant été faites, s'il se rencontre de l'eau au fond de la chambre, on y mettra des bouts de madriers, sur lesquels on placera la Poudre, soit en sacs à terre ou dans des barils de 100.

Il ne faut point laisser de vuide dans la chambre. Tout étant bien rempli de fourage, on posera le saucisson qui aura bonne communication à la Poudre, lequel saucisson sortant de la chambre sera renfermé dans un canal de bois tout du long des rameaux.

Ce canal sert pour empêcher que les matériaux qui rempliront les rameaux, ne pressent trop le saucisson, qui pourroit s'étouffer avant qu'il eût porté le feu à la Mine, s'il n'étoit pas renfermé dans le canal qui aura 3 pouces de côté, & le saucisson 1 pouce de diamétre, qui sera fait avec de la toile qui aura 3 pouces & ½ de large, & autant de longueur qu'on aura besoin de saucisson ; la toile sera cousue en double tout du long. Après quoi on y fourrera de la Poudre avec un entonnoir de même que si on remplissoit des saucisses ou des boudins.

Lorsque la Poudre sera placée dans la chambre ou le fourneau de la Mine, on passera par-dessus de bons madriers qui couvriront toute la Poudre, & d'autres en croix encore par-dessus. Cela fait, on en posera un sous le dessus de la chambre qui sera coupé exprès pour cela. Entre celui-là & ceux qui couvriront la Poudre, on y mettra des étançons qui arcbouteront, les uns inclinans du côté de l'extérieur du mur, & les autres du côté intérieur ; tout le vuide sera rempli de terre, fumier, brique & moëlon. Après quoi, on fera mettre devant l'entrée de la chambre des madriers avec un autre en croix par-dessus ; sur lequel madrier on arcboutera trois bons étançons, dont les autres bouts arcbouteront aussi contre un

autre

autre madrier qui fera fitué du côté des terres dans le rameau, lefquels étançons feront bien ferrés entre les madriers avec des coins ; tout le rameau fera rempli enfuite jufqu'à fon entrée des mêmes matériaux que nous venons de dire.

La chambre de la Mine qui fera avancée dans les terres, fera chargée comme celle du mur ; à l'exception feulement, que les étançons qui feront au-deffus des madriers de la chambre, arcbouteront, un droit, & les deux autres inclinés à droite & à gauche, les vuides bien remplis. Après quoi on fermera le devant de la chambre avec de bons madriers, dont les bouts feront encaftrés dans les terres, un autre madrier en croix par-deffus, fur lequel trois étançons arcbouteront ; le milieu arcboutera contre un piquet ou deux, plantés au rez de chauffée du rameau ou par-deffus, & les deux autres contre des madriers qui feront fous les côtez du rameau enfoncés dans les terres. On bouchera enfuite le rameau, jufqu'à l'entrée, prenant toûjours bien garde que les matériaux n'écrafent pas le canal du fauciffon.

Les fauciffons qui pafferont dans les rameaux des côtez, feront compaffés bien jufte avec celui du milieu où ils fe joindront ; le bout qui fera prolongé jufques hors l'entrée de la Mine, eft celui qui doit porter le feu aux trois autres. Les fauciffons étant d'égale longueur & placés comme il eft dit, il eft immanquable que les trois Mines ne faffent leur effet enfemble, qui fera bien plus grand que fi les Mines prenoient les unes après les autres, parce qu'il feroit dangereux, comme il arriveroit, que les premieres Mines faifant leur effet avant les autres, n'éventaffent ou n'étouffaffent les fauciffons par leurs fecouffes ; ce qui empêcheroit le grand effet qu'on fe feroit propofé, & pourroit caufer un très-grand préjudice aux affiégeans par le retardement, comme on a vû arriver à . . . .
. . . . . . mais les trois Mines prenant bien feu enfemble par le foin qu'on prendra à donner une égale proportion de longueur aux fauciffons, feront une Bréche de 10 ou 12 toifes de large fort enfoncée dans les terres, qui comblera plus de la moitié du foffé, pourvû que tout foit obfervé comme il eft enfeigné.

Le

Le Capitaine des Mineurs doit donner de tems en tems avis au Général, de l'avancement de ces Mines, & du tems auquel elles peuvent être achevées, afin que le Général donne ses ordres pour tenir des Troupes prêtes dans les Places d'armes & les Tranchées pour monter à l'assaut aussitôt que la Mine aura fait son effet, pour ne pas donner le tems aux Ennemis de reprendre haleine de la terreur que la Mine leur auroit causée.

C'est à Messieurs les Ingénieurs à faire faire des banquettes à la tête de la Tranchée pour monter de front par-dessus, & des issues de sortie pour sortir de toutes parts à la Bréche. Dans les figures des Mines *C*, *D*, *E*, & *F*, *G*, *H*, de la seconde figure, & aussi *I*, *K*, *L*, j'ai marqué des points dans les rameaux qui font voir la route que les saucissons doivent prendre pour donner également l feu aux chambres ou fourneaux des Mines.

Des Contremines ou Fougasses que les assiégez doivent faire pour nuire aux assiégeans.

APrès avoir amplement parlé de la construction des Mines qu'on peut faire pour ouvrir de grandes Bréches à une Place assiégée,

Je dirai ce qu'il faut observer pour les Contremines, & pour faire des fougasses ou fourneaux sous les ouvrages & retranchemens qu'on est obligé d'abandonner aux Ennemis pour les y faire sauter.

Si le mur du Bastion ou autre ouvrage que l'Ennemi attaque pour y attacher le Mineur, est contreminé, & que les fossez soient pleins d'eau courante ou dormante qu'on ne puisse vuider ni détourner, les assiégez n'auront rien à craindre de l'attachement du Mineur, parce que l'eau empêchera le Mineur de pouvoir miner sous la Contremine du mur, comme il pourroit faire dans un fossé sec: d'ailleurs s'il perçoit le mur à niveau de l'eau, il trouveroit la Contremine, où il seroit facile de le tuer & d'empêcher la continuation de sa Mine.

Les Ennemis aiant reconnu cet incident, auront aussitôt recours à leur Canon de Batterie pour faire Bréche; ce qui ne

fera

fera pas une chofe fitôt prête que la Mine : mais pour la faire
en deux fois 24 heures à l'angle faillant du Baftion, je ferois
faire les Batteries comme celles que j'ai marquées dans la
feconde figure par les lettres *M*, *N*, *O*. La première Batterie
M de 8 Piéces fera fituée vis-à-vis l'angle faillant du Baftion
pour battre de revers les deux faces depuis l'angle jufqu'au
tiers ou la moitié des faces : les autres Batteries *N*, *O*, feront
faites fur les faces du chemin couvert pour battre auffi celle
du Baftion en croifant les coups de la Batterie de l'angle tirés
à même hauteur.

Tous les coups des Batteries étant tirés de niveau à l'angle, comme je viens de dire, auront bientôt fappé le mur, &
renverfé l'angle avec le tiers des faces dans le foffé, dont les
débris en combleront une grande partie, & il fe fera une Bréche capable de paffer 30 hommes de front.

On appelle cela battre un mur en chapelet ou de niveau,
portant tous les coups croifés à même hauteur dans le mur,
& à niveau de l'eau du foffé ou de la Contrefcarpe. On fit
une Bréche de cette façon à la Citadelle de. . . : au Baftion qui regarde la Ville, quoiqu'il n'y eût pas d'eau dans le
foffé, & que le mur ne fût point contreminé. Les Batteries
de face du chemin couvert pourroit être allongées du côté
de l'angle faillant pour loger 3 Piéces, afin de battre les défenfes des flancs oppofés.

Les affiégez tâcheront de découvrir l'endroit du Baftion
où les affiégeans travaillent aux Mines pour faire Bréche ; ce
qui fe peut fçavoir en prêtant attentivement l'oreille contre
terre, ou avec un tambour qu'on pofera fur le terrain où on
fe doute que l'Ennemi travaille deffous. Si la corde du deffous
du tambour qui fera en haut, bat fur le parchemin, il eft fûr
que le Mineur ennemi travaille en cet endroit ; pour lors, on
y peut fouiller hardiment la terre pour le contreminer : fi on
rencontre le rameau de la Mine en fondant, il faut y jetter in-
ceffamment quantité d'eau bouillante ou même froide pour
faire ébouler les terres dans le rameau.

On pourra empêcher la continuation du travail du Mineur quand on aura une fois trouvé le rameau, foit en tuant

les Mineurs à coups de piques ou autres armes, soit en y jettant des Grénades & feux d'artifices pour les étouffer.

Comme il y a plusieurs Mineurs dans une Armée qui assié-
ge une Place , il sera bien difficile aux assiégez d'empêcher
qu'ils ne fassent des Mines de quelque côté que ce soit pour
faire Bréche; mais aussi l'inquiétude que les assiégez donneront aux Mineurs ennemis pour les Contremines, leur sera
gagner tems, & pour faire des retranchemens sur le Bastion
attaqué ou autres ouvrages, sous lesquels on fera aussi des Fougasses pour faire sauter les Ennemis, quand ils seront bien re-
tranchés sur la Bréche.   Cette façon de Fougasses est marquée
par les lettres P, Q, R, de la seconde figure.

On pourra faire plusieurs retranchemens de distance en
distance sur l'ouvrage attaqué avec des Fougasses par-dessous,
& des retirades pour passer de l'un à l'autre quand on y sera
forcé, & mettre le feu aux saucissons des Fougasses qui seront
sous les retranchemens.

On peut défendre un Bastion pied à pied de cette façon, jusqu'au retranchement de la gorge, où on pourra ca-
pituler.

Les Fougasses sont très-bonnes pour faire sauter toutes sortes d'ouvrages de fortification quand les Ennemis s'en seront
emparés. On en fait aux angles saillans, sous le glacis d'un
chemin couvert marqué par S, pour faire sauter les Ennemis
quand ils viennent l'attaquer.

Aux Places qui sont bien fortifiées , les rameaux & fourneaux des Fougasses sont faits sous terre prêts à charger
quand on en a besoin. Ils se chargent & se bouchent comme les Mines: 400 l. de Poudre suffiront pour renverser tous
les ouvrages que les Ennemis pourroient avoir faits dans une
redoute détachée.

100 l. de Poudre suffiront aussi à chaque fourneau des Fougasses qui seront sous le glacis & sous des retranchemens.

Il reste présentement à parler des outils propres à la Mine,
& des hommes qu'il faut pour la faire.

Les

Les outils des Mineurs font,

UNe béche le bout replié en dedans avec un manche d'un *A la tête* pied de long : elle fert à retirer en arrière les vuidanges du *du Chapi-* rameau, à mefure que le Mineur déblaie. *tre des Mines il*

Une autre béche emmanchée d'un pied & demi de long *y a un* fert à un autre qui eft derrière, pour charger les vuidanges, *autre dé-nombre-* quand les rameaux font profonds, dans une petite brouette *ment* montée fur quatre petites roües. *d'outils.*

Cette brouette tiendra un pied cube de terre ou environ : *On fe fer-* il y aura une corde attachée par derrière qu'un autre homme *vira de celui-là,* tirera au bas du rameau pour vuider la brouette dehors, & *& de ce-lui-ci* une autre corde par-devant pour la tirer au fond du rameau. *felon les*

Ces deux hommes-là ne feront emploïés qu'à fortir les *occurren-ces.* vuidanges du rameau, qui feront relevés d'heure en heure, ainfi que le Mineur, par d'autres.

Le Mineur aura auffi un picq à roc, un picq à tête, & une pince à main.

Deux cifeaux, l'un grand, l'autre petit.

Toutes les pointes des outils feront bien acerées pour avoir plus de force à rompre la maçonnerie.

Quand il fera dans les terres, il faudra un picq-hoyau, un hoyau, & un picq à feuille de fauge, emmanchés de 1 pied & ½ de long.

Il faudra le même nombre d'outils à chaque rameau, & une fois autant de rechange pour fuppléer à ceux qui rom-pront.

Un Charpentier dans chaque rameau pour étançonner à mefure que le Mineur avance dans les terres, & deux autres qui couperont les bois qui feront néceffaires pour cela, & pour fermer le fourneau.

Ces deux derniers reléveront de tems en tems celui qui travaillera dans le rameau, non pas à caufe du grand travail qui fe fait dans le rameau, mais parce qu'il faut de néceffité qu'il prenne l'air.

Aiant dit tout ce qu'il faut faire pour la conftruction des

Y 2 Mines

Mines & Fougaſſes, de l'attaque & défenſe des Places, nous allons dire comme il faut ſapper les murailles d'une Place qu'on veut raſer, & les fourneaux pour les renverſer & raſer les tours entières, ou à moitié, afin que les débris ne gâtent point les maiſons de la Ville, ou ne comblent pas les rivières qui pourroient paſſer auprès.

Il eſt aiſé de faire des Sappes, & tels fourneaux qu'on voudra à une Place qu'on veut raſer, n'aiant rien à craindre de l'Ennemi, où on peut prendre ſa commodité pour travailler en dedans & en dehors ſans ſe mettre en peine d'être à couvert.

Nous dirons donc que lorſqu'il a été réſolu de raſer les murailles d'une Place, ſi c'eſt une muraille antique dreſſée à plomb, il la faut ſapper en dehors & l'étançonner avec de bon bois de ſapin, ou autre debout à meſure qu'on ſappera depuis le rez de chauſſée juſqu'à 3 & 4 pieds de hauteur le long des courtines d'entre les tours : on approfondira la Sappe dans le corps du mur juſqu'à la moitié ou aux ⅔ de ſon épaiſſeur. Il y a pluſieurs manières de faire ſortir les étançons pour faire tomber la muraille.

La première eſt de mettre des fagots entrelaſſés dans les étançons, & y mettre le feu pour les faire brûler.

La ſeconde eſt de faire un trou de tarrière ſous le bout de l'étançon qui poſe en bas, qu'on remplira de 1 once de Poudre & qu'on bouchera d'un peu de papier ou étoupe.

On percera un autre trou de petite tarrière dans le bout à travers l'étançon, où on paſſera une étoupille pour communiquer le feu à la Poudre.

Il faut faire la même choſe à chaque étançon, & faire une traînée de Poudre qui communique le feu de l'un à l'autre ; les étançons ſortiront de leur place & entraîneront la muraille après eux.

La troiſième manière & la meilleure, à mon ſens, ne coûte ni Poudre ni fagots. On aura ſeulement 24 prolonges qu'on attachera par un bout à chaque étançon par le bas : il y aura cinq ou ſix hommes à chacun des autres bouts de prolonges qui tireront par ſecouſſes tous enſemble ; les étançons ne man-

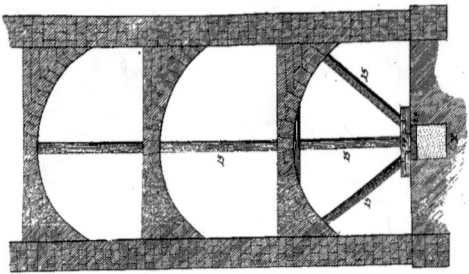

manqueront pas de quitter prife, & la muraille qui n'aura plus d'appui, tombera auffi-tôt. On pourra faire la même chofe aux petites tours.

Les murs d'une fortification qui font en talus, ne peuvent pas fe fapper de même que ceux-ci : on y fera des Mines comme celles qui font marquées *I*, *K*, *L*, de la feconde figure.

Aux tours rondes & quarrées qui auront beaucoup d'épaiffeur de maçonnerie & deux ou trois bonnes voûtes, & qu'on voudra rafer entièrement, on fera une chambre ou puits dans le milieu du fond de la tour ; la figure eft marquée dans la fuite par *X* ; ce puits profond de 3 pieds, & autant de diamétre, dans lequel on mettra 300 l. de Poudre, & jufqu'à 400 l. fi la tour eft grande comme de 5 à 6 toifes de diamétre & fort épaiffe. S'il y a du vuide au-deffus de la Poudre, on le remplira de fourage ou vieux haillons à niveau du rez de chauffée du fond : fur quoi on fera pofer de bons madriers, & encore d'autres en travers par deffus, fur lefquels on mettra 5 ou 6 étançons de 6 pouces de diamétre, dont l'un fera dreffé fur les madriers au milieu du puits arcboutant contre la clef de la voûte fur un bout de madrier qui fera entre deux ; les quatre autres étançons pafferont auffi fur les mêmes madriers autour de celui du milieu, qui arcbouteront également en quatre endroits de la tour contre la naiffance de la voûte. Cette façon de Mine écrafera abfolument toute la tour.

Cette figure repréfente le profil d'une tour de trois voûtes, qu'on peut renverfer entièrement en étançonnant le puits ou fourneau X, *comme il eft marqué par les chiffres* 14 & 15.

Aux

AUx tours fortes qui ne feront pas voûtées, on fera des fourneaux dans l'épaiſſeur du mur en trois endroits, comme *ϒ*, approfondis dans la fondation, aſſez grands pour y loger à chacun 50 ou 60 l. de Poudre, chargés & étançonnés comme il eſt dit ci-devant.

Si on ne veut renverſer que la moitié d'une tour en de-hors, pour ne pas gâter les maiſons qui pourroient joindre cette tour, on fera deux fourneaux aux extrémitez du tiers de la circonférence de la tour, & à une tour quarrée aux deux angles qui regardent la Campagne; de cette façon il en reſtera la moitié. Si on veut conſerver la moitié du dehors pour ne pas combler une rivière, on fera la même choſe en dedans. Les fourneaux pour retenir la moitié des tours en dedans, ſont marqués dans les figures ſuivantes par *Z*; & la figure qui fait voir comme il faut les tenir en dehors, eſt marquée par *&*.

Cette figure eſt d'abord le plan d'une tour quarrée. Lorſqu'on voudra ne faire ſauter que le devant de la tour, on fera les Mines comme Z; & pour ne laiſſer que le coin marqué &, on y ajoutera Y. Au-deſſous eſt le plan d'une tour ronde voûtée.

AUx tours ſimples où il n'y aura que des planchers de bois qui auront 6 ou 7 pieds d'épaiſſeur, les fourneaux marqués *ϒ* ſont bons pour faire ſauter toute la tour avec 50 ou 60 l. de Poudre pour charger chaque fourneau.

La ſeconde figure fait voir la manière d'étançonner une voûte ſur un fourneau pour la faire ſauter.

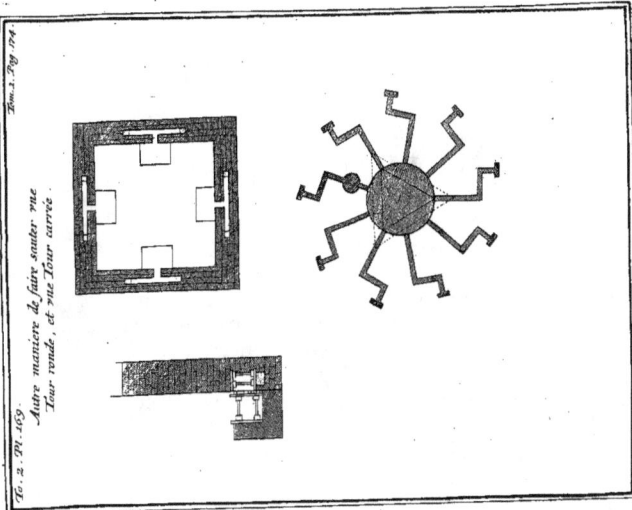

Tom. 1. Pag. 174.

Autre manière de faire sauter une
Tour ronde, et vue Tour carrée

Fic. 2. Pl. 169.

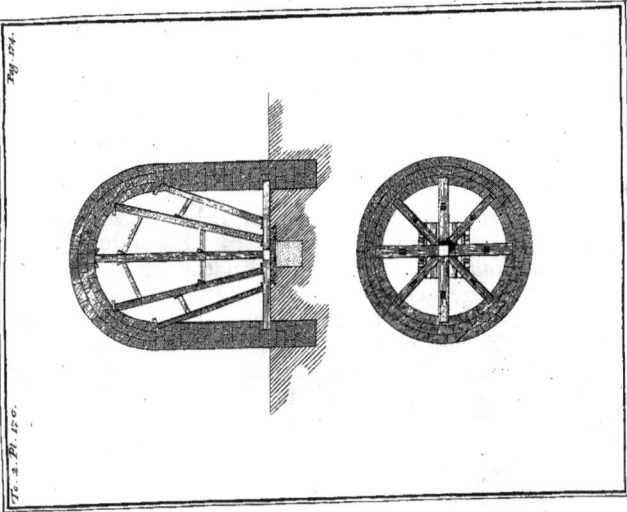

Pag. 174.

Fic. 2. Pl. 170.

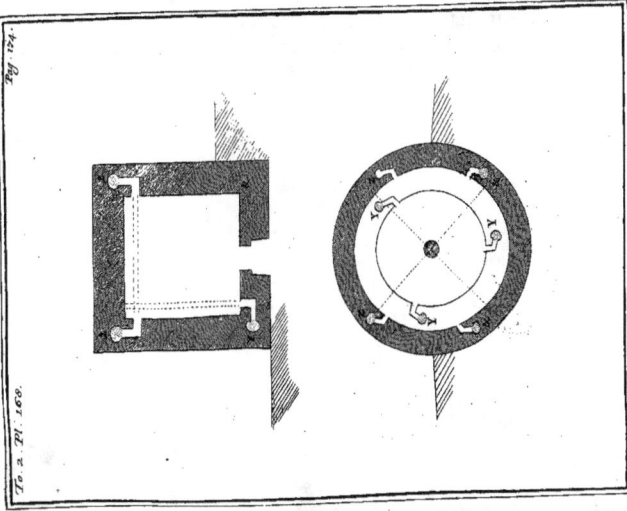

Pag. 174.

Fic. 2. Pl. 168.

LEs mémoires que vous venez de lire fur le fujet des Mines, font fondés fur des expériences très-fûres, & pourroient fuffire pour donner connoiffance des ouvrages qui s'exécutent par le Mineur. Néanmoins comme je ne veux rien laiffer à dire à cet égard, j'augmenterai ce Chapitre d'un autre Traité qui fervira à ceux qui commencent, pour leur donner les premiers principes de la fçience des Mines, & qui les conduira dans la pratique. Les principaux mémoires fur ce traité m'ont été communiqués par M. de la Motte, Commiffaire provincial; lequel par une capacité & un mérite extraordinaires, s'eft rendu recommandable dans le Corps, non feulement pour les Mines, mais pour tout ce qui peut regarder les détails de l'Artillerie, dont il a même donné des leçons très-néceffaires en qualité de Brigadier des Ecoles mifes fur pied depuis l'année 1680.

LA fçience des Mines, Fourneaux, Fougaffes, & Contremines qui fe pratiquent dans les Siéges, tant pour la défenfe que pour l'attaque des Places, eft abfolument néceffaire à un Officier d'Artillerie pour les faire conftruire, ou pour s'en fervir lorfqu'ils font faits.

On peut dire qu'il n'y a plus eu de Places imprenables, depuis qu'on a eu cette redoutable invention; car les affiégeans prennent le deffous des affiégez, & fe rendent maîtres des fouterrains, les affiégez étant maîtres du deffus; c'eft pourquoi, quand on fait des Contremines dans une Place, il faut les faire le plus bas qu'on peut, afin d'être maîtres du deffus & du deffous, en les faifant un pied plus haut que le niveau d'eau. Je ne veux pas dire par-là que les Contremines qu'on fait dans un ouvrage, foient fi bas; car, en faifant fauter votre fourneau qui ne doit point être violenté, vous jetteriez votre Baftion ou autre ouvrage dans le foffé, qui eft juftement ce que l'Ennemi demande, comme à M. . . .

On avoit cru jufqu'à préfent, que, par la difpofition des chambres, on pouvoit jetter les terres ou éboulis de quel côté on voudroit dans un terrain plein; cela eft vrai dans une levée.

Mais

Mais les épreuves que M. de . . . . a fait faire à Tournay en 1686 par ordre de la Cour , l'ont defabufé de cette opinion. Même la raifon veut que la Poudre faffe fon effet du côté du plus foible ; & comme la ligne droite qui eſt au-deſſus, eſt plus courte que les autres, par leſquelles il faudroit que l'effort de la Poudre ſe fît pour les jetter à droite ou à gauche, il s'enſuit que l'éboulis ſe doit faire par la ligne droite à plomb, & non pas par les lignes obliques à droite ou à gauche ; & ainfi la difpofition des chambres ne fert de rien dans un terrain tout de niveau.

Bien des gens croient que plus un fourneau eſt chargé , plus il fait d'effet. Il eſt bien vrai que la terre eſt élevée plus haut, & que le puits qui ſe fait dans le milieu, eſt un peu plus profond, & la terre plus étendue fur les bords. Lorſqu'il y a trop de Poudre, cela n'eſt de nul avantage ; au contraire, l'Ennemi ſe loge plus facilement fur cet éboulis.

M. de . . . . . . nous a donné des Tables pour voir combien il falloit mettre de Poudre dans un fourneau. Il faut 1°, ſçavoir combien vous avez de hauteur de terre fur vous : ſçachant cela, vous connoiſſez un cube fait en cône tronqué qui a de diamétre par en-haut le double de la hauteur de la terre, & par en-bas, de diamétre autant qu'on a de hauteur.

Il faut toifer la folidité de ce cube ; & vous ſçaurez combien il faut de Poudre pour enlever tant de toiſes cubes d'un certain terrain.

Tous les terrains ſe rapportent à quatre : ſçavoir,

1. Au fable fort ou tuf.
2. A l'argille.
3. A la terre remuée ou fable maigre.
4. A la vieille ou nouvelle maçonnerie.

Vous faites un trou dans le terrain d'un pied cube, & vous peſez tout ce qui en fort ; par-là vous voïez ce qu'un pied cube de ce terrain péſe, & par conſéquent le poids de la toiſe cube.

Pour enlever une toiſe cube de fable fort ou tuf en terre ferme, il faut 11 livres de Poudre au moins, le pied cube de ce terrain peſant 124 livres.

Pour

Pour enlever une toife cube d'argille en terre ferme, il faut 15 livres de Poudre au moins; le pied cube de ce terrain péfe 135 livres.

Pour enlever une toife cube de terre remuée en fable maigre, il ne faut pas moins de 9 livres de poudre; le pied cube de ce terrain péfe 95 livres 5 onces.

Pour enlever une toife cube de maçonnerie, il faut 20 livres de Poudre, mais fi c'est fous la fondation, 40 livres.

Il faut remarquer, que plus votre fourneau est chargé de Poudre, moins on doit fuivre exactement fon toifé, parce que la Poudre étant unie fait bien plus d'effet que féparée : au contraire, quand les Poudres font féparées en divers logemens, il faut augmenter le toifé environ d'un quart, afin de mettre les Poudres à proportion.

Si on a un fardeau plus pefant dans un endroit que dans l'autre, il faut charger davantage la chambre qui lui répond, comme on fit à la tour de Reme. Il y avoit différentes hauteurs ; on chargea fi à propos les quatre fourneaux, qu'ils enlevérent la tour entière à 12 pieds fans fraction; puis elle fe fendit.

Il ne faut pas faire la faute que quelques Mineurs ignorans ont faite, en difant, fi pour enlever une toife de haut, il faut 10 livres de Poudre, combien en faudroit-il pour deux toifes de haut? 20 livres; & cependant vous avez à enlever un corps qui péfe 8 fois l'autre.

Par conféquent il en faudroit 80 livres.

Réduifant ces deux opérations en chiffres fur le papier, on dit: Si 1. 10, 2. 20.

Il faut dire: Si 1 to. cub. 10 l. 8 to. cub. 80 livres.

Du Cône tronqué dont la figure est ci-après marquée A.

LEs ignorans toifent le cône tronqué en multipliant la fuperficie de la bafe par la hauteur du cône, & c'est le triple du cône; puis, vous défalquez le petit cône, & prenez le tiers du refte : cette maniere n'est pas jufte.

Tome II.   Z   Il

Il faut fe fervir de la manière d'Ozanne , qui fe fait en multipliant les deux aires des bafes l'un par l'autre , & de ce produit on extrait la racine quarrée , à laquelle on ajoute les deux aires des bafes qu'on multiplie par le tiers de la hauteur ; le produit eft la folidité du cône ; ou bien par toute la hauteur du cône ; & vous prenez le tiers de ce pro-duit , c'eft la folidité du cône. Si vous avez multiplié par pieds , vous les diviferez après par 216 , pour voir combien vous avez de toifes cubes.

On prend l'aire d'un cercle , c'eft-à-dire, la bafe du cône, en multipliant le diamétre du cercle par lui-même , lequel produit fe multiplie par 785 , & ce dernier produit fe divife par 1000 ; le quotient de cette divifion eft la fuperficie de la bafe du cône.

24 dia-

24 diamétre du cercle.   12
24   12

96   24
48   12

    144

576 produit qu'on multiplie par 785.
785   144
    785

2880   720
4608   1152
4032   1008

452160 produit qui fe divife par 1000. 113040
452 | 160 | 452 fuperficie fupérieure du cercle.

I   100   113040 | 113 fuperficies inférieures.
                1   000

452 les deux fuperficies fe multiplient l'une par l'autre.
113

1356
452
452

51076 duquel produit on extrait la racine quarrée.
2 2
1 3 6 3
5 1 0 7 6 | 226 racine quarrée, à laquelle on ajoute l'aire des deux bafes.
7 4 7 4 8
*
226
452
113

791 produit qui fe multiplie par le tiers de la hauteur.
4

3164 pieds cubes que le cône contient.

IL y a une chofe qui eft en doute , fçavoir fi le cône fe fait
au commencement dès le bas du fourneau , ou feulement
du haut? M. de . . . dit que c'eft dès le bas. Cela eft de
peu de conféquence; car s'il fe fait du haut , une livre n'enlévera pas fi pefant que nous croïons : par exemple , fi nous
croïons qu'elle enléve 120, elle n'en enlévera que 100, &c.

Proportions de Galleries & Rameaux.

Première Figure.

LEs Galleries de terre doivent être ceintrées ou coffrées
comme on voit à la figure *B* , pour faire foutenir les terres
qui s'ébouleroient par leur poids.

Les Galleries de maçonnerie *C* ont 6 pieds de haut; car
les pieds droits ont 4 pieds & ¼ , & le ceintre eft de 1 pied
& ½, 3 pieds de large.

Les Galleries de terre *D* ont 4 pieds ½ de haut, & 2 & 3
pieds de large.

Les rameaux *E* ont 2 pieds de large , & 2 pieds & ½ de
haut, & 2 & 3 pieds de large.

Pl. 171.

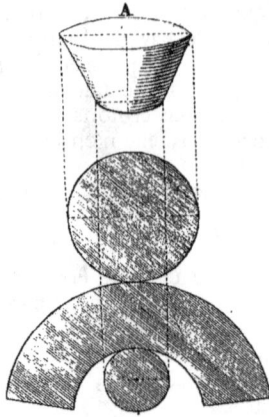

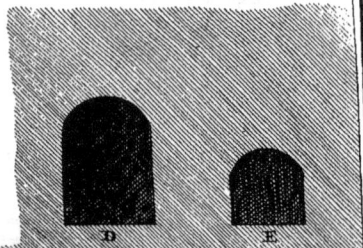

Pl. 172. Tom. 2. Page 181.

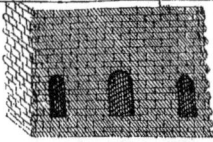
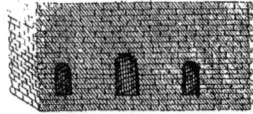
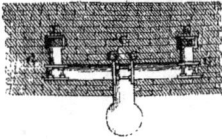
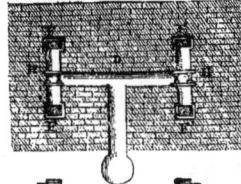
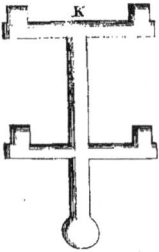
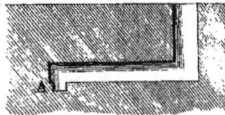
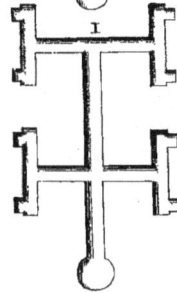

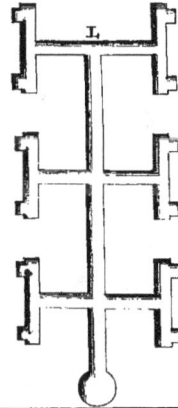

Des différentes Mines.

Seconde Figure.

UNe Fougasse *A* différe d'un fourneau, en ce qu'elle n'a sur elle que depuis 5 pieds jusqu'à 12; & le fourneau *B* a depuis 12 pieds de haut jusqu'à toutes les autres hauteurs en montant.

La différence du trefle *C* & du té *D*, est que le trefle n'a que deux logemens *E*, qui s'arcboutent proche de la chambre.

Le té a quatre logemens *F*, & au lieu de 4 portes *G*, il n'en faut que deux *H* : ils s'arcboutent l'un contre l'autre au bout du rameau ; cela fait que les Poudres s'aident les unes aux autres.

Le double té *I* a 8 logemens, & il ne faut que 4 portes.

Le double trefle *K* a 4 logemens, & il lui faut 8 portes.

Le triple té *L* a 12 logemens, & il ne faut que 6 portes.

Et le triple trefle *M* a 7 logemens & 12 portes.

De

De la diſtance des Galleries.

Troiſième Figure.

LEs Contremines qui ont été conſtruites juſqu'à preſent dans les Places, n'ont pas été faites dans la dernière per- fection, quant à leur diſtance : car l'expérience a fait con- noître à . . . . . . que les terres ſe meurtriſſent lorſque tout eſt plein aux côtez & au-deſſous d'un demi diametre du bas du cône, lequel cône eſt marqué *A*; & lorſqu'il y a du vuide, elles ſe meurtriſſent aux côtez & au-deſſous d'un diamétre du bas du cône, ou de la hauteur de la terre que vous avez ſur vous.

Ces dif- férentes meurtriſ- ſûres ſont mar- quées ſur la figure par des lignes ponctuées

Quoiqu'une Gallerie ſoit eſpacée & éloignée d'un four- neau qui joue, plus que du diamétre du bas du cône, il la faut arcbouter, étançonner & maçonner; autrement elle pâ- tiroit, comme l'expérience l'a montré ſur une Gallerie qui étoit éloignée de 40 pieds.

Celles de maçonnerie ſe rebouchent avec des pierres & du fumier, celles de terre, avec des pierres & de la terre. Je vous laiſſe donc à penſer ſi une Gallerie qui eſt diſtante d'u- ne, deux, ou trois toiſes d'un fourneau qui joue & enlève 40 pieds de haut, ſi dis-je, elle peut demeurer entiere : joint qu'on eſt quelquefois plus de trois jours ſans y pouvoir en- trer, à cauſe de la fumée qui s'enferme dans les terres & em- poiſonne l'air, de manière qu'on a été obligé de retirer des Mineurs par les pieds. C'eſt ce qui fait que je ne ſçau- rois approuver la maxime de ceux qui diſent que, quand la Gallerie eſt baſſe, vous montez par le ceintre, & faites ſauter le logement de l'Ennemi en y faiſant une Fougaſſe; puis, ſi l'En- nemi s'y loge, vous vous ſervez alors de votre Gallerie en faiſant des fourneaux à droite & à gauche. Cette ſpéculation eſt belle; mais la pratique eſt bien difficile, par les raiſons ci- deſſus : car ſi vous êtes plus de trois jours ſans pouvoir en- trer dans les Contremines, jugez ſi dans trois jours cette Batterie n'aura pas fait ſon effet.

La

Pl. 174.   Tom. 1 Pag. 183.

Plan des Contre mines de la Lunette de ....

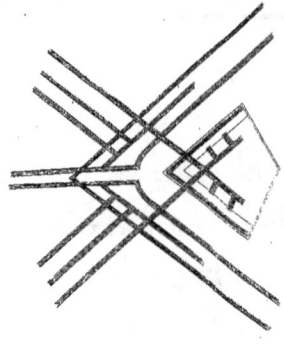

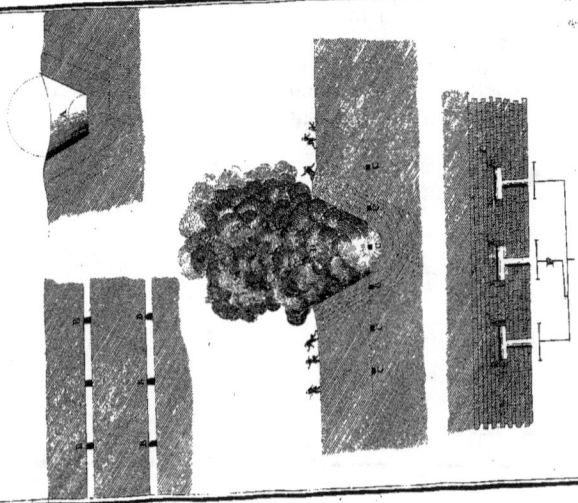

Pl. 173.   Tom. 1 Pag. 183.

Plan des Contre mines des Redoutes de ....

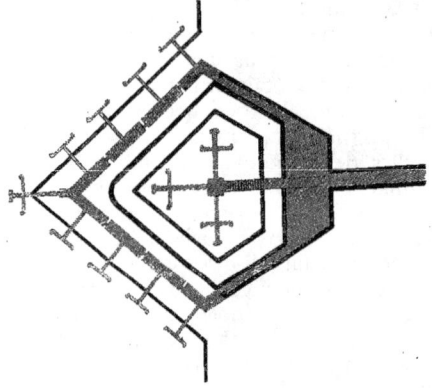

Planche 175.   Tom. 1 Pag. 183.

La régle qu'il faut obferver pour la distance des Galleries, eft qu'elles doivent être éloignées de toute la hauteur,
& d'une moitié de toute cette hauteur : par exemple, fi j'ai
30 pieds à enlever, ma Gallerie à côté & deffous fera dif-
tante de 45 pieds comme *B*, qui démontre auffi la coupe des
terres où font placées les Galleries.

La Gallerie qui eft à côté, ne pâtit pas autant que celle
qui eft deffous : car la Poudre du fourneau qui a à enlever
12 pieds de terre, fonde pour ainfi-dire tout au tour d'elle
pour chercher le foible ; & le trouvant au-deffus, elle enlève
ce qui eft fur elle, &, pour ainfi-dire, met en équilibre le fardeau qu'elle a fur elle, avec celui qui eft deffous : comme
un homme qui étant fur un plancher veut enlever un fardeau de 20 l., il faut que le plancher puiffe porter 20 livres
avec l'homme.

L'autre raifon pourquoi les Galleries des côtez ne pâtif-
fent pas autant que celles de deffous, c'eft que la Poudre fait
fon effet par demi angle droit, comme nous voïons dans
une bombe ; fi le trou qu'elle fait en tombant, eft de 4 pieds
de profondeur, en crévant, l'ouverture par en-haut fera de
8 pieds.

La régle qu'on a pour efpacer les fourneaux *C*, eft qu'ils
foient plus proches de ⅓ que la hauteur de terre qu'ils ont à
enlever, ou du double de ce qu'ils ont devant eux, afin qu'ils
fe foulagent vers la moitié de leur mouvement, & qu'ils ne
laiffent pas une dame entre eux. C'eft pourquoi il faut que les
feux foient fi bien compaffés qu'ils prennent tous enfemble ;
autrement il en feroit de cela comme de trois hommes qui
voudroient lever un fardeau, s'ils ne le prennent que les uns
après les autres, ils ne le léveront pas.

La lettre *D* fait voir l'effet d'un fourneau qui joue, & les
lignes ponctuées marquent l'effet que feroient les fourneaux
s'ils jouoient tous enfemble.

On obferve de mettre les Poudres au bout du rameau
fans retour *E*, lorfque c'eft pour faire bréche & dans le milieu de la maçonnerie, comme on fit à la Contre-garde de. . .

F, compaffemens des feux.

Qua-

Quatrième Figure.

SI vous voulez un logement au point *A*, vous ne devez pas faire la Gallerie vis-à-vis, comme celle *B*, mais à droite ou à gauche comme *C*, afin qu'il n'y ait pas de foible au droit du logement.

Il ne faut pas que la Gallerie aille jufques fous le milieu, parce qu'il faut que la chambre s'y trouve quand il n'y en a qu'une comme celle-ci *D*.

Au plan du trefle *E* on donne des coudes, afin que les fourneaux en fautant n'endommagent pas la Gallerie.

Il faut arcbouter à 3 coudes, & reboucher & maçonner les Galleries de ⅓ ou ¼ plus qu'il n'y a de hauteur de terre fur les Poudres ; & cela fe doit compter par ligne droite. Exemple : il faut que *F*, & *G*, & *H*, & *I*, foient plus longs de ⅓ ou de ¼ qu'il n'y a de hauteur deffus, & *K*, K foient plus longs de ⅓ ou ¼ que la hauteur de terre.

L, fourneau à angle droit.

A chaque coude on met une double porte, c'eft-à-dire, des madriers verticaux & d'autres horifontaux, & deux pieds droits ; fur chaque pied droit on met trois arcs-boutans ou éterfillons.

Il vaut mieux mettre un peu plus de Poudre que trop peu, mais la flamme ne doit point paroître ; ce feroit une marque qu'il y en auroit trop, fi elle paroiffoit.

M Pied droit contre les terres.
N Madriers de retraite.
O Porte.
P Eterfillons ou arcs-boutans.
Q Calle ou coin.

Les poids de Roi doivent être plus près par en-bas que par en-haut, afin que les arcs-boutans ne tombent pas en enfonçant ceux de deffous.

Dans les Contremines de la Citadelle de . . . . . . marquées *R*, il y a des couliffes *S* pour s'y barrer.

C'eft

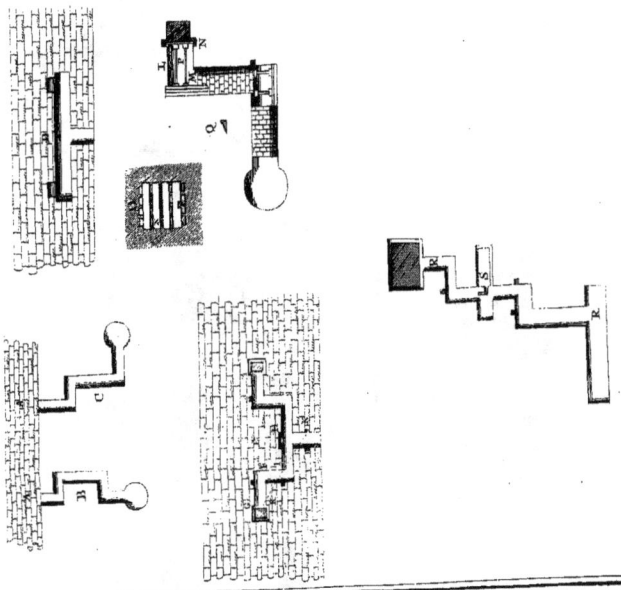

Pl. 176.

Pl. 177.

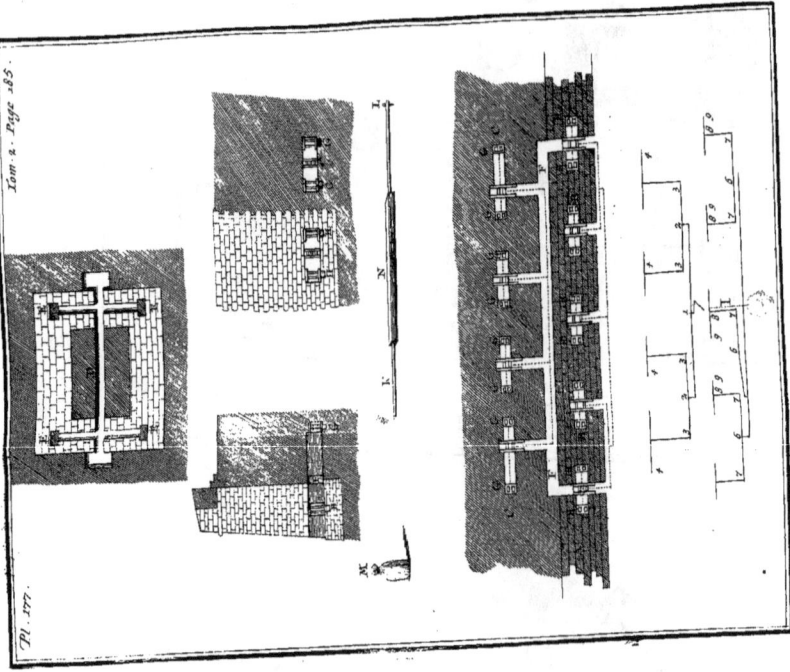

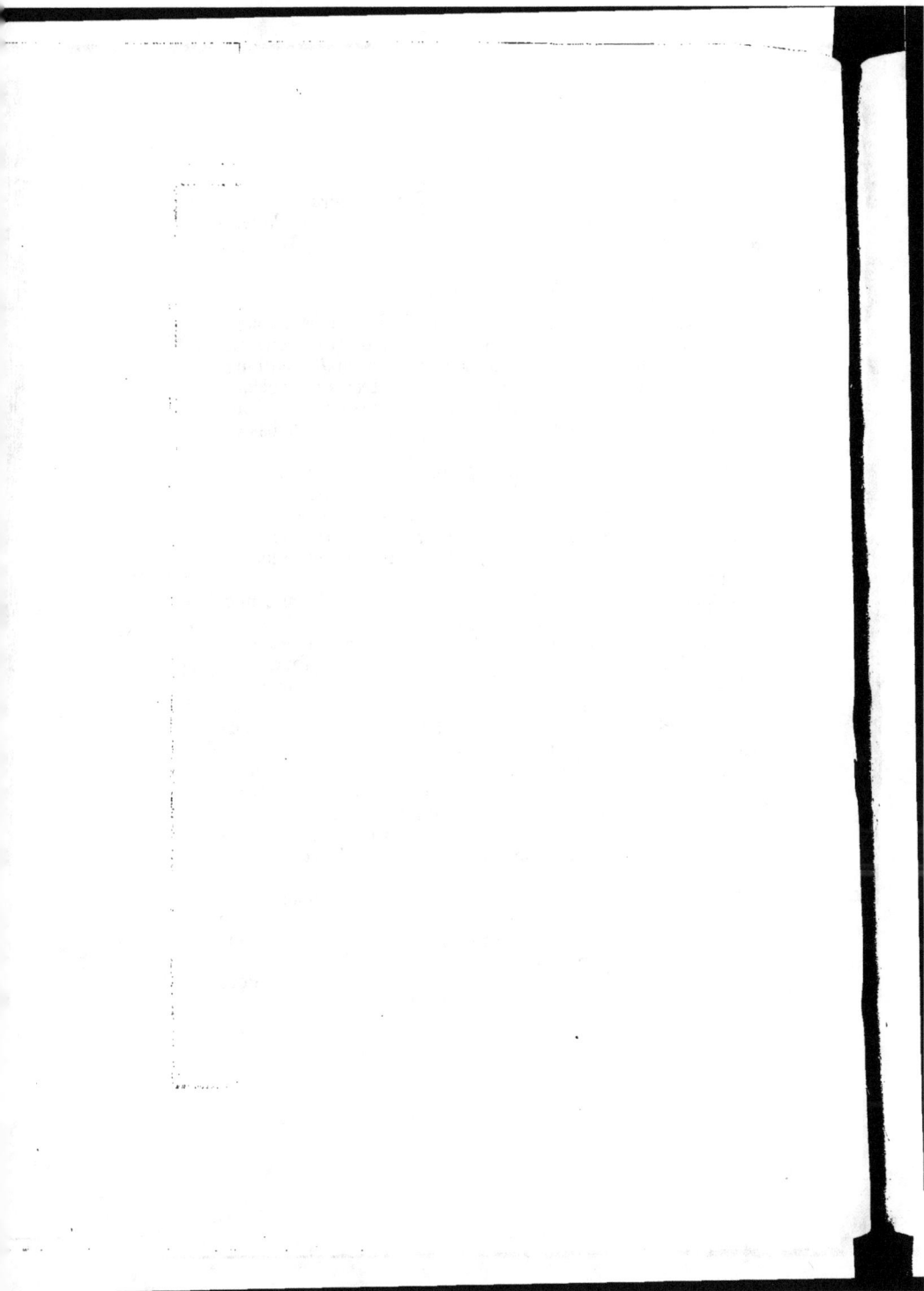

C'est ainsi qu'on mine lorsque c'est pour faire bréche , particulièrement dans la maçonnerie séche, & garnie de terre par derrière.

Cinquième Figure.

QUand on veut renverser une face de Bastion dans le fossé, il faut faire des fourneaux dans le milieu de la maçonnerie *A*, dont les logemens soient au bout du rameau *B* , en long sans retour , & d'autres fourneaux dans les terres *C*, qui sont dans l'intervalle des autres fourneaux , comme on fit à la Contregarde de . . . . . . car il ne s'agit que de couper le bas de la muraille.

Quoiqu'à la tour de Reme *D*, on ait mis les fourneaux & Fougasses *E* sous la fondation , cela ne doit pas servir de régle; il vaut mieux laisser deux pieds de maçonnerie dessous pour y poser la Poudre, que de la poser sur la terre: le fourneau est moins sujet à souffler ; à la vérité on blesse plus de Soldats à la Tranchée.

Il faut percer la muraille jusqu'au terreplein , & faire une Gallerie *F* entre le bord intérieur de la muraille & le terreplein , & faire des fourneaux *G* dans les terres qui ne soient distans l'un de l'autre que de trois toises , & des fourneaux *H* dans la maçonnerie sur une même ligne , qui ne soient distans l'un de l'autre aussi que de trois toises, & mettre 100 livres de Poudre dans chaque fourneau , & faire plusieurs entrées & sorties, afin que l'Ennemi ne vous barre bas.

On toise la maçonnerie de cette maniere , en multipliant la largeur réduite par la longueur, laquelle longueur se trouve, en prenant pour chaque côté du fourneau autant qu'il a devant lui , & multiplier cette longueur par la largeur réduite : ce produit se multiplie par la hauteur ; cela vous donne la quantité de toises ou pieds cubes.

Il faut que les fourneaux dans la maçonnerie poussent un peu avant les terres, afin qu'elles achevent de pousser ce qui n'est pas tombé ; ce qu'on fait en faisant le saucisson des terres moins gros ou plus long.

Pour fçavoir de combien il faut faire le fourneau pour loger 1000 livres de Poudre ; je dis par régle de trois : Si 70 me donnent un pied cube, combien 1000 ? 14 pieds cubes ; le quotient ou le quatrième terme marque combien le fourneau doit contenir de pieds cubes : & multipliant ce quatrième par 70, vous verrez combien les 10 pieds cubes contiendront de Poudre ; c'eft-là la preuve.

Le fourneau doit être plus haut de 18 pouces qu'il ne faut, afin qu'on puiffe verfer la Poudre & arcbouter fur les Poudres.

$$70 \quad 1 \quad 1000$$
$$1$$

$$\begin{array}{c|c} 3\,z \\ \chi\emptyset\emptyset\emptyset \\ 7\emptyset \\ \hline 7\emptyset \end{array} \quad 14 \quad \dfrac{20}{70}$$

$$\begin{array}{r} 14 \\ 70 \\ \hline 980 \\ 20 \\ \hline 1000 \end{array}$$

La meilleure manière d'étaïer des Poudres, eft de faire le logement en puits, & étaïer & étançonner deffus : puis, une double porte au bout du rameau, c'eft-à-dire, que le haut du fourneau doit être de niveau au bas du rameau ; parce que la terre ou maçonnerie qui n'a point été remuée, eft toûjours plus ferme que celle qui l'a été : & ils doivent être plus longs que larges, parce qu'ils doivent prendre 6 pouces de chaque côté dans le rameau.

Du Compartiment des Feux.

IL faut que les fourneaux prennent enfemble ; ce qui eft facile à faire. Il faut avec une ficelle prendre la diftance des deux fourneaux, & on plie cette ficelle par la moitié ; c'eft la longueur dont chaque fauciffon doit être quand ces
deux

deux fourneaux font égalés. Vous en joignez deux autres à ceux-là où finiffent ces fauciffons: vous prenez une ficelle, & vous en mefurez la diftance, que vous pliez par la moitié; c'eft-là le lieu du feu général. 1 & 5 font les principaux feux; 1 eft le feu général. Le furplus de la figure enfeigne affez comment le feu fe communique aux fourneaux par les chiffres qui fe fuivent.

Les augets qui vont en haut, fe mettent dans de petites rigolles qu'on fait dans les pieds droits de la Gallerie; & il faut qu'il y ait un pied de terre entre deux augets, de peur qu'ils ne fe communiquent le feu.

La Poudre ne doit point être ferrée dans le fauciffon *K*, de peur que le feu ne fe coupe; & on doit mettre une cheville *L* au bout du fauciffon.

On doit porter la Poudre dans des facs de cuir *M*.

Le fauciffon a un pouce de diamétre; & pour remplir un pied de fauciffon il faut 7 onces de Poudre.

L'auget *N* doit être de 1 pouce & ½ en quarré de vuide.

On coffre les logemens à Galleries de terre, de peur qu'elles n'abîment; & quand il y a de l'eau, on met la Poudre dans un fac gaudronné, & le fauciffon.

La Mine fait plus d'effet du côté où ne font pas les arcs-boutans, que du côté des arcs-boutans.

Il faut qu'il y ait une pente depuis le fourneau jufqu'à l'entrée de la Gallerie, afin que s'il filtre des eaux à travers des terres, elles s'écoulent dans quelques puits qu'on fait.

On ne doit pas faire le logement qu'on ne veuille charger.

Sixième Figure.

LA figure *A* fait voir comment on fappe le mur *B*, en em-
pliffant le trou des pieds droits *C*, lefquels trous fe font avec
une tarrière. On fait une traînée de Poudre, & on fappe
le mur de maçonnerie dans toute fon épaiffeur jufqu'aux terres & dans toute fa longueur.

La figure *D* fait voir la coupe des terres, & de quelle manière on peut les faire fauter à plufieurs reprifes.

Les fourneaux *E* font faits pour enlever toute l'épaiffeur
de terre qu'on voit qu'ils ont au-deffus d'eux.

Les fourneaux *F* fervent auffi à enlever la feconde fuperficie de terre qu'ils ont au-deffus d'eux.

Le fourneau *G* fait voir de quelle manière on fait fauter
le reftant des terres.

H font des puits aux extrémitez des Galleries qui communiquent aux fourneaux.

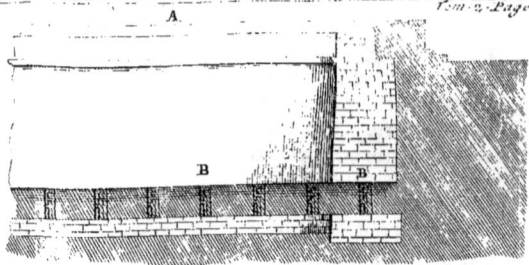

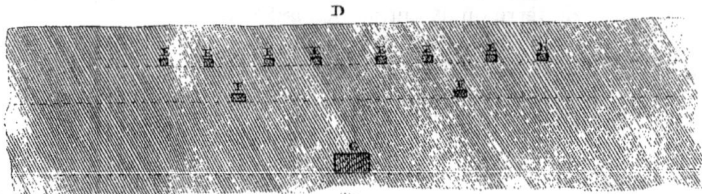

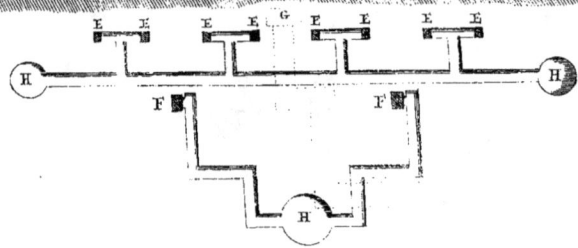

Pl. 178.

Pl. 179.

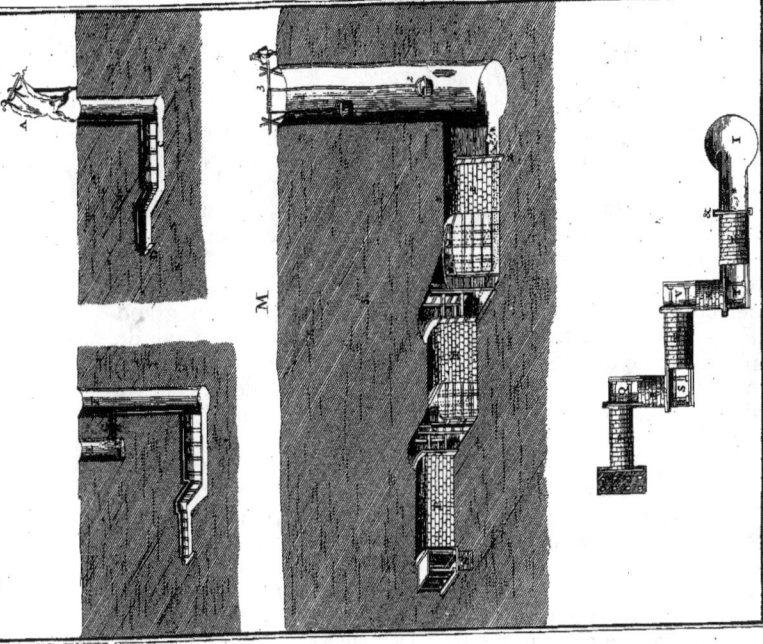

Septième Figure.

IL y a des Galleries où on ne peut pas refpirer ou tenir de chandelle allumée, parce qu'il y manque d'air, ou du moins parce qu'il n'y circule point. On a un grand voile *A*, auquel on attache un fac avec un fauciffon *B*, qui va dans la Gallerie *C* jufqu'au fourneau *D*; cela fait circuler l'air, pourvû qu'il ne foit pas trop groffier.

Il y a une autre machine, dont on s'eft fervi à . . . . qui eft meilleure. C'eft un petit puits *E* proche d'un grand *F*, qui a une communication *G* par une bufe ou tuyau de plomb ou de bois *H*, qui va jufqu'au bas du puits *I*: enfuite on fait des entailles dans un pied droit *K* de la Gallerie de 8 pouces, & on perce les merlons *L*: on ferme les entailles avec des planches, ou on fait du feu dans le petit puits *E* avec rechaux, & on fouffle toûjours le feu, lequel raréfie l'air & le fait fortir; celui qui eft dans la Gallerie fournit au feu, & le grand puits en fournit à la Gallerie; cela fait qu'on y tient la chandelle allumée, & qu'on y refpire. On fuppofe que le Lecteur entend bien que, quand on fe fert de ces fortes d'inventions, on eft entièrement maître du terrain.

La figure *M* fait voir une coupe de terre, dans laquelle fe remarque le chemin que font les Galleries & rameaux dans les terres pour fe conduire au fourneau avec les divers étançonnemens.

N *Fourneau rempli de Poudre.*
O *Etançonnement au-deffus du fourneau.*
P *Maçonnerie depuis le fourneau jufqu'au premier coude.*
Q *Etançonnemens avec madriers, pieds droits & étrefillons au premier coude.*
R *Efpace qui doit être maçonné ainfi qu'il eft marqué par le plan, & qu'on n'a point fait fur le profil, afin de laiffer entrevoir l'étançonnement du premier coude Q.*
S *Etançonnement du fecond coude avec madriers, pieds droits & étrefillons.*

T *Ma-*

T *Maçonnerie entre les étançons depuis le second jusqu'au troisième coude.*

V *Etançonnement du troisième coude.*

X *Maçonnerie du troisième & quatrième coude, qui ne peut point étre vûe dans le profil par les raisons ci-devant dites.*

Y *Etançonnement du troisième coude.*

Z *Maçonnerie depuis le quatrième & dernier coude jusqu'au madrier de retraite, &c.*

* *Feu prend au saucisson.*

　　Le chemin du saucisson est marqué par une ligne ponctuée sur le plan.

1 *Est ce qu'on appelle le puits qui se fait d'abord pour percer ensuite les Galleries.*

2 *Paniers ou bouriquets qui servent à tirer la terre des Galleries, & à descendre ce qui est utile pour le Mineur.*

3 *Treuil autour duquel se roule le cable.*

Tom. 2. Page 191.

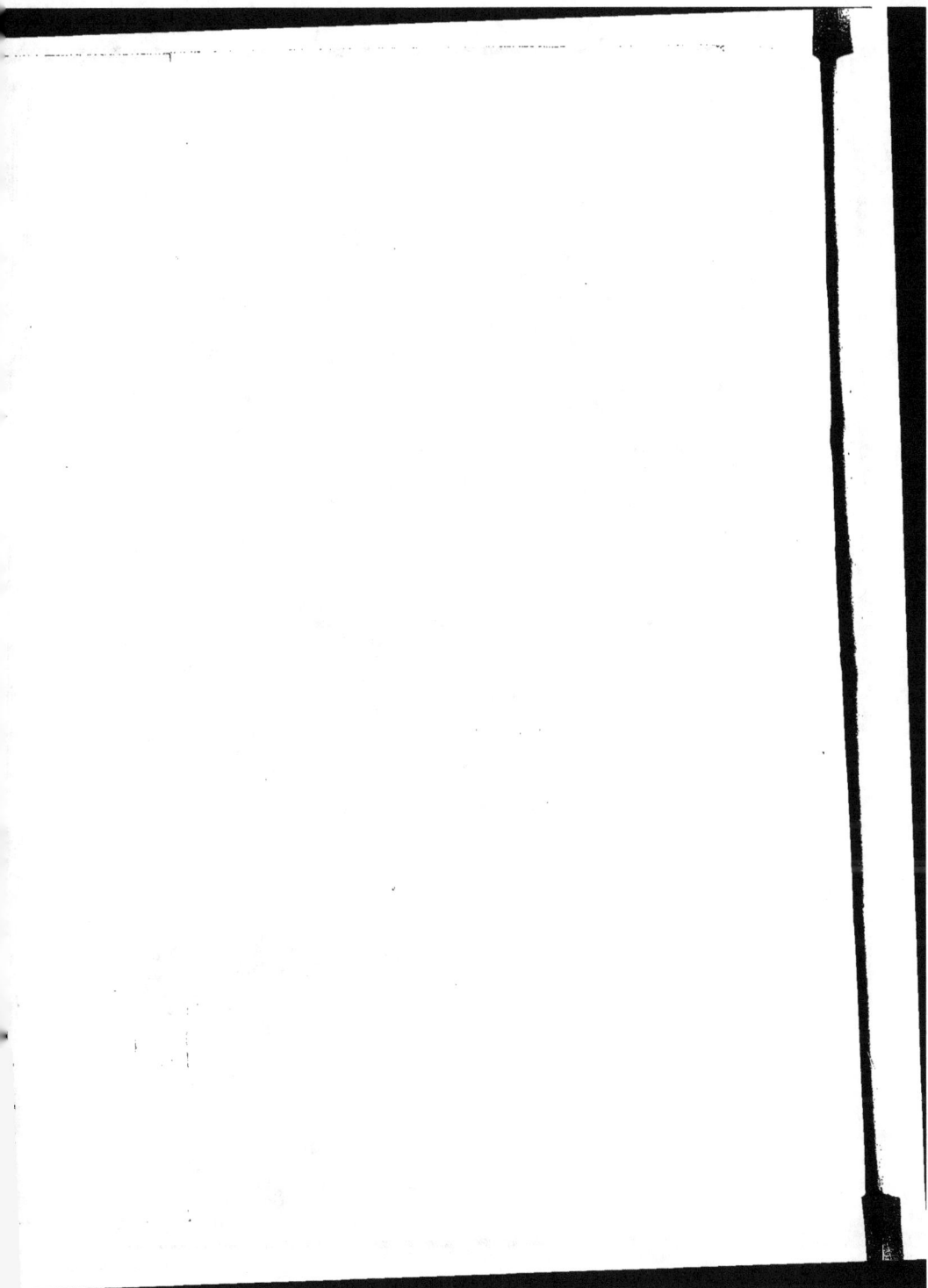

Huitième Figure.

S I vous voulez faire fauter une Batterie *A* hors la ville *B*, dont vous ne fçavez pas la diſtance, vous mettez votre demi cercle ſur un angle flanqué *C*, diſpoſant les deux pinulles immobiles à l'angle flanqué *D*. Oppoſez & regardez l'angle que fait la Batterie *A* avec cette baſe : puis allez faire la mê-me opération à l'autre angle flanqué ; & faites enſuite cette opération ſur votre plan : vous voïez la Gallerie la plus pro-che de cette Batterie : vous voïez combien il y a de cette Gallerie à l'angle des rayons viſuels faits ſur votre plan ; & vous vous conduiſez par angles droits à la Batterie, ou bien vous vous y conduiſez par d'autres angles que vous tracez dans les Galleries avec un grand demi cercle de bois, après que vous aurez pris l'ouverture des angles fort juſte par de-hors, en faiſant un plan de ces Contremines auſſi fort juſte, & on trace les angles ſur le milieu des Galleries.

L'Offi-

L'Officier qui m'a donné ces mémoires, y a joint une Table du poids d'un pied cube de toutes fortes de matières; je la mets ici afin d'épargner au Lecteur la peine de l'aller chercher ailleurs, fi cela peut lui être de quelque utilité.

Fer . . . . 579.
Etaim. . . . . 576.
Cuivre jaune . . . . 548.
Cuivre rouge . . . . 648.
Argent . . . . 744.
Plomb . . . . 828.
Mercure . . . . 977 ½.
Or. . . . . 1368.
Sable fort ou tuf . . . . 124.
Argile . . . . 135.
Terre graffe . . . . 115.
Terre. . . . . 95 ½.
Sable de rivière . . . . 132.
Sable de terre . . . . 120.
Mortier . . . . 120.
Grais . . . . 120.
Brique . . . . 133.
Tuile . . . . 127.
Ardoise . . . . , . 156.
Plâtre . . . . 86.

On trouve ailleurs 80 livres; cela peut venir de la différence du grain, ou de la composition, ou de l'humidité de la Poudre.

Pierre . . . . 140.
Pierre de Saint-Leu . . . . . . 115.
Pierre de liais . . . . 165.
Pierre bleue de Tournay . . . . . 125.
Marbre . . . . 252.
Poudre . . . . 70.
Sel . . . . 110 ½.
Bled froment . . . . 55.
Miel . . . . 104 ½.
Bois d'ozier . . . . 37. 9 onces.
Bois de chêne verd . . . . . . 80.
Bois de chêne fec . . . . 60.

                                                  Bois

Bois d'aulne . . . . 37 $\frac{11}{12}$

Vin . . . . 70 $\frac{1}{2}$

Eau de vie 67

Eau douce 72

Eau de mer . . . . 73 $\frac{1}{2}$

Cire . . . . 68 $\frac{9}{12}$

Chaux vive 59

Huile . . . . 66 $\frac{1}{2}$

<hr>

TITRE XVI.

Des Charettes & Chariots à porter munitions.

LA charette doit être compofée de deux limons de bon brin de chêne fec, longs de 17 pieds; le diamétre du milieu fera de 4 pouces & $\frac{1}{2}$, le bout de derrière de 4 pouces, celui de devant de 3 pouces & $\frac{1}{2}$.

Sept épars de bois d'orme, longs de 3 pieds 3 pouces, la largeur & la hauteur feront de 4 pouces fur deux; ils fervent à tenir les deux limons enfemble. Le premier épars de devant fera fitué à 3 pieds 3 pouces des bouts de limon, & celui de derrière à 6 pouces; les cinq autres feront féparés à égale diftance entre les deux.

Quatre burettes de brin de frêne ou de chêneau fendu en deux, longues de 10 pieds 9 pouces, de la même groffeur des épars: elles doivent être attachées avec des chevilles de chêne fur les épars, écartées l'une de l'autre tant plein que vuide.

Deux ranchers de bois d'orme, longs de 4 pieds, leur hauteur & largeur de 4 pouces fur 3. Il y aura une mortoife à chaque bout percée à jour qui fera de la grandeur à paffer les ranchers; ils feront fitués fur le corps de la charette, l'un à 3 pieds du bout de derrière, & l'autre à pareille diftance du premier épars de devant.

Quatre ranchers de bois d'orme, longs de 2 pieds 9 pouces, leur groffeur doit être de 2 pouces & $\frac{1}{4}$ fur 2 pouces: ils feront encaftrés fur les bouts des ranchers; enforte qu'ils jouent fous le rancher, de 3 pouces pour ferrer les côtez de dehors de limon, & les ridelles qui feront pofées fur les limons.

Six ridelles de chêneau, dont 4 longues de 10 pieds & ½, & deux de 6 pieds & ¼, leur diamétre de 2 pouces & ¼.

Quatre montans de chêne, longs de 2 pieds 6 pouces, leur longueur & hauteur de deux pouces fur un; ils feront encaftrés fur les limons à 6 pouces des bouts de derriere, & 6 autres pouces de l'épars de devant. On paffera par dedans les quatre ridelles de 10 pouces & ½ de long, lefquelles ridelles feront percées à égale diftance entre les montans, auffi-bien que le deffus des limons pour y paffer 30 boulons de chaque côté, lefquels feront de bois de chêne ou de coudre, longs de 2 pieds 6 pouces, leur diamétre de 9 lignes : les premières ridelles de 6 pieds & ½ feront pofées entre les deux ranchers arrêtées par-deffus d'un coin à chaque boulon.

Un effieu de fer long de 6 pieds 9 pouces, les hauteur & largeur du corps font de 3 pouces fur 2 pouces; les rouës hautes de 5 pieds proportionnées à celles d'un affût à Piéce de huit.

Deux échantignolles de bois d'orme, longues de 5 pieds; la hauteur du milieu fera de 5 pouces, celle des bouts de 4 pouces, largeur de 4 pouces & ¼.

Ils feront encaftrés dans le milieu, de 2 pouces de hauteur fur 3 de large pour la place de l'effieu, lequel effieu fera fitué à 6 pieds 6 pouces du derrière de la charette : les échantignolles feront attachées fous les limons avec quatre bonnes chevilles de chêne chacune.

Les bouts de ridelles dans lefquels pafferont les quatre tréfailles, feront percés pour y paffer une petite cheville pour les arrêter.

Les tréfailles feront de bois d'orme, longs de 4 pieds, épais de 2 pouces; la largeur des bouts fera de 4 pouces & ½, où il y aura des trous ou lunettes pour paffer dans les bouts de ridelles; la largeur du milieu aura 2 pouces & ½. Il y aura deux tréfailles devant & derrière la charette fervant à empêcher que les munitions de Guerre qui pourroient être

mifes

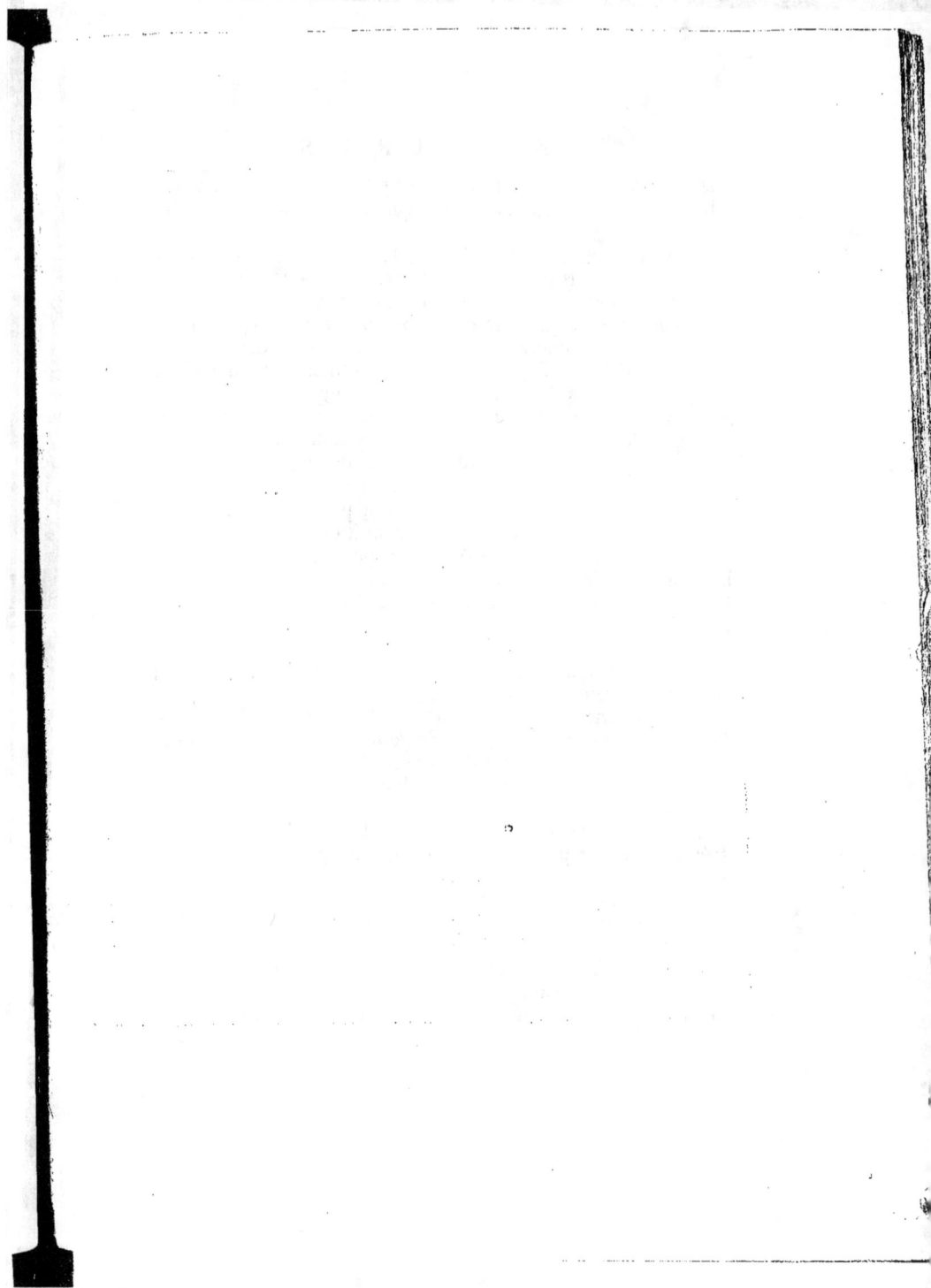

Pl. 181.   *Tom. 2. Page 195.*

C

B

A

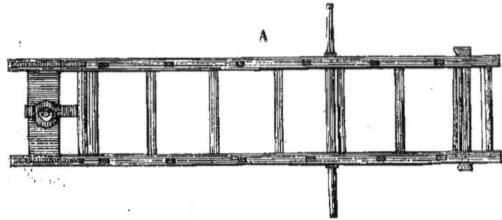

mifes dedans, ne tombent en chemin faifant.

Il faudra quatre rondelles de fer de 4 pouces & ¼ de diamétre, épaiffes de 2 lignes, percées pour paffer dans la fufée
de l'effieu devant & derrière les moyeux des rouës ; deux effes de fer paffant au bout de l'effieu pour arrêter les rouës, &
deux ragots de fer fitués à côté du dehors des limons à 3
pieds des bouts de devant : les ragots fervent pour arrêter la
doffière du limonier. La charette faite fur ces proportions fera de bon ufage pour fervir en Campagne.

L E Sieur Thomaffin, Capitaine général des Ouvriers fervant
en Flandres, a imaginé une manière de chariot très-commo-
de pour porter les munitions : mais comme ils reviendroient
à quelque chofe de plus que les chariots & les charettes ordinaires, on n'a pas jugé à propos de s'en fervir. Je ne laiffe pas
de vous en faire voir la figure, & en voici les proportions.

EXPLICATION DE LA FIGURE
du Chariot de *Thomaffin.*

A *Plan du chariot.*
B *Profil du chariot vû par le côté.*
C *Profil du chariot vû par le derrière.*

D Eux brancards de 14 pieds de long, 6 pouces de large,
3 pouces & ¼ d'épaiffeur.

Une entretoife de 3 pieds de long, 10 pouces de large, &
7 pouces d'épaiffeur.

Un rouleau de 3 pieds de long, 4 pouces au milieu, 3 pouces aux deux bouts, & 2 pouces aux tourillons.

Deux tréfailles de 4 pieds 5 pouces de large aux deux
bouts, 4 pouces au milieu, & 1 pouce & ¼ d'épaiffeur.

Six épars du fond de 3 pieds de long, 3 pouces de large, &
2 pouces d'épaiffeur.

Deux épars fendus, 1 de 4 pieds, & l'autre de 3 pieds 5
pouces de large, & 2 pouces & ¼ d'épaiffeur.

Dix épars montans de 2 pieds 4 pouces, 2 pouces & ¼ de
large, 1 pouce & ¼ d'épaiffeur.

Deux

Deux ridelles de 12 pieds, 2 pouces & ½ de large, & 2 pouces d'épaisseur.

Quatre ranchers de 2 pieds & ½, 2 pouces & ¼ de large, 2 pouces d'épaisseur.

Deux barres du cul d'en-bas de 2 pieds 10 pouces, 2 pouces & ½ de large, & 1 pouce & ½ d'épaisseur.

Deux échantignolles de 3 pieds & ½, 6 pouces au milieu, & aux deux bouts 1 pouce & ½.

Trois quenouilles de 12 pieds 2 pouces, écarri.

Deux quenouilles qui pofent fur les ridelles, de 12 pieds & 2 pouces & ½, écarri.

Sept cercles de 5 pieds & ½, 3 pouces & ½ de large, & 3 lignes d'épaisseur.

Deux barres du cul d'en-haut de 2 pieds ¼ de long, 2 pouces ¼ de large, & ¼ de pouce d'épaisseur.

Ferrure.

Deux mufles de chacun 4 pieds & ½ de long, 3 pouc. de large, & 1 lig. & ½ d'épaisseur, pefant.   12 l.

Deux boulons de mufles de 8 pouc. de long, 8 lig. de diamétre, & la tête 1 pouce de diamétre, pefant.   1 ½.

Quatre ranchers de 12 pouces de long, la queuë 2 pouces & ¼ de large, 4 lignes d'épaisseur au colet, & 1 lig. au bout, l'œil a 2 pouces ¼ de diamétre, 4 lig. d'épaisseur à l'œil, & 2 pouces de haut, pefant . .   12.

Quatre boulons d'échantignolles de 12 pouces de long, & 9 lignes de diamétre, la tête 15 lignes de diamétre, pefant . . . .   8.

Deux queuës d'aironde de 15 pouces de long, 4 pouces par un bout, 2 pouces à l'autre, & 3 lignes d'épaisseur, pefant. . . . .   5 ½.

Deux étriers du bout du brancard, 18 pouces de long, 1 pouce de large, & 3 lig. d'épaisseur, pefant.   2.

Deux étriers pour tenir la queuë, de 2 pieds 1 pouce de long, 2 pouces & ¼ de large, & 4 lignes d'épaisseur, pefant. . . . .   11 ½.
                                                                        _____
                                                                        52 l. ½.

. . . . 52 l. ¼.

La lunette dentelée au deſſus a 6 pouces de diamétre dans œuvre, la bordure 2 pouces & ½, une
queuë de 8 pouc. & l'autre de 7 pouc. depuis le dedans œuvre juſqu'au bout; l'épaiſſeur du bord dans
œuvre a 3 lig. & à la dentelure 1 ligne; l'épaiſſeur de
queuë 1 lig. & ½, largeur de queuë 3 pouc. peſant. . 4 ¼.

La lunette de deſſous a 3 pouces dans œuvre, ſon
bord 2 pouces, épaiſſeur du bord en dedans 5 lignes,
en dehors 1 ligne; une queuë de 19 pouces de long,
2 pouces & ½ de large, l'autre a 9 pouces de long, &
toutes deux 2 lignes d'épaiſſeur; la longueur de queuë
ſe prend toûjours en dedans œuvre, peſant . . . . 4 ¼.

Trois charnières doubles avec les deux boulons,
2 petites clavettes; les queuës des deux charnières ont
13 pouces de long, 1 pouce & ½ de large, l'une a 4 lignes d'épaiſſeur au trou du boulon qui ſe met à la ridelle, & au bout une ligne; celle qui s'attache à la
quenouille du berceau a d'épaiſſeur auprès du nœud
3 lignes, & au bout 1 ligne; le nœud a deux pouces
de long, & de hauteur 15 lignes; les trois peſant. . . 9.

Vingt-&-un clouds rivés de 3 pouces & ½ de long,
& 3 lignes de diamétre, la tête a 1 pouce de large
bien rabattue, peſant . . . . 2 ½.

Un moraillon à charnière; la queuë du moraillon
a 8 pouces de long juſqu'au bout du crochet, a de largeur auprès du nœud & au droit du crampon 2 pouces, & au milieu 1 pouce de large, 4 lig. d'épaiſſeur
au nœud, à l'œil du crampon 2 lignes; la plaque qui
s'attache deſſus la quenouille, a 6 pouces & ½ de long
2 pouces de large, & 1 ligne & ½ d'épaiſſeur.

Le crampon a 4 pouces & ½ de long, dont 3 pouces pour entrer dans le bois, & 1 pouce & ½ pour le
cadenat, & a 5 lignes de diamétre au gros, & fait en
pointe; le crampon & moraillon peſant. . . . . . 1 ½.

Deux tréſailles de 3 pieds 5 pouces de long cha-

74 l. ¼.

Bb 3

. . . . 74 l. ¿

cun, la tige a 6 lignes de diamétre, l'œil a 18 lig. dans
œuvre, & à la tête 18 lignes de large, & 2 lignes d'é-
paiſſeur, peſant 7

Toute la ferrure péſe . . . . . 81 l. ½

Dans l'épreuve qu'on a faite de ces ſortes de chariots, on
les chargea de deux milliers peſant chacun, & quatre petits
chevaux de païſan les menoient fort gaiement.

M. de la Frézelière a fait faire d'autres chariots dont je
joins ici le devis & la figure. On ſe ſert actuellement de ces
chariots dans l'équipage qu'il commande en Allemagne.

EXPLICATION DE LA FIGURE
du Chariot de M. *de la Frézelière*.

A. *Plan du chariot.*
B. *Fléche du chariot.*
C. *Empanons.*
D. *Support.*
E. *Epars.*
F. *Saſſoire.*
G. *Brancard.*
H. *Armons.*
I. *Tétard.*
K. *Travers de limonière.*
L. *Limonières.*
M. *Ridelles.*
N. *Tréſaille d'en-haut du derrière du chariot.*
O. *Tréſaille d'en-bas du derrière du chariot.*
P. *Tréſaille d'en-haut du devant.*
Q. *Tréſaille d'en-bas du devant.*
R. *Eſſieux avec leurs équignons.*
S. *Rouë de derrière.*
T. *Rouë de devant.*
V. *Liſoir de derrière*
X. *Liſoir de devant.*
Y. *Sellette.*

Pour

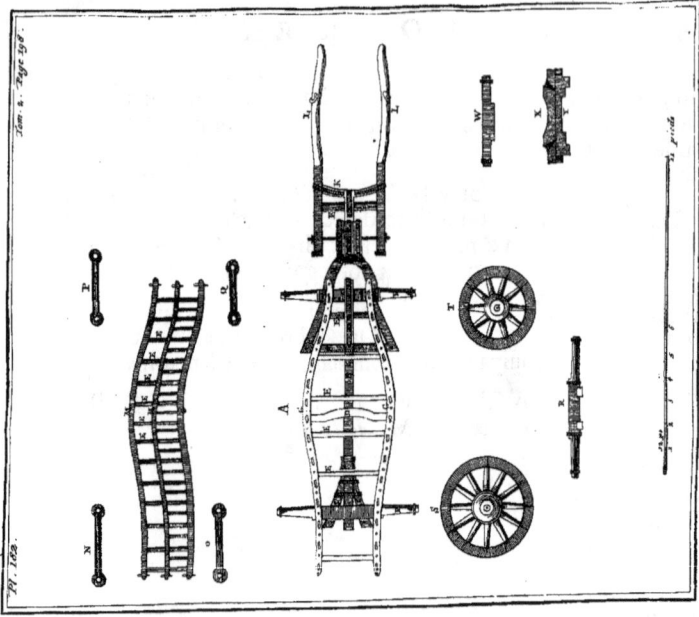

POur la folidité des chariots à porter munitions, il eſt néceſſaire que la fléche, les empanons, les liſoirs, la fellette, les
armons, le têtard, le travers de la limonière, les eſſieux, les
tréſailles, les faſſoires, les moyeux des rouës, & les jantes,
ſoient de bois d'orme, le reſte de bois de chêne.

La Ferrure d'un Chariot à porter munitions
eſt compoſée de

DEux ranchers.
Deux étriers de derrière.
Deux étriers de devant.
Quatre brebans pour attacher ſur les liſoirs.
Quatre équignons pour les eſſieux.
Quatre autres brebans pour les équignons.
Quatre ſaies.
Trois contreſaies.
Trois liens d'aſſemblage.
Le mufle.
Une queuë d'aironde avec ſon lien & ſa chevillette.
Deux chevilles de liſoir avec leurs chevillettes.
Deux boulons de la faſſoire avec leurs chevillettes.
Deux petits boulons pour le ſupport avec leurs clavettes.
Quatre heurtoirs d'eſſieu.
Quatre happes.
Deux petites plaques pour le braquement.
Deux liens de bouts d'armons.
Une piéce d'armon.
Deux liens de têtard.
Deux équerres de limonières.
Une cheville ouvrière.
Deux cents cinquante petits clouds pour attacher toute
la ferrure.
Dix-huit clouds pour attacher les burettes, qui ſont de
petites planches qui garniſſent le fond du chariot.

Fer-

Ferrure des Roüages.

DOuze bandes pour les deux roüës de derrière.

Dix bandes pour les deux roüës de devant.

Deux cents vingt clouds pour toutes les bandes.

Huit frettes & huit cordons pour les deux paires de roüës.

Huit boëtes de fer pour les deux paires de roüës, avec huit crampons.

Quatre esses.

Quatre rondelles.

Toute la ferrure du chariot pése. . . . 260 l.

VOus avez déja vû des proportions de charettes: mais comme il faut toûjours s'arrêter aux proportions & aux prix les plus récens, je crois néceffaire de vous donner encore ceux-ci pour les charettes faites par les foins de M. de Vigny en Flandres.

EXPLICATION DE LA FIGURE
de la Charette à la manière de M. *de Vigny.*

A *Charette montée.*

B *Plan de la charette.*

C *Profil de la charette.*

D *Bout du derrière de la charette.*

LEs roüës auront 5 pieds 2 pouces de hauteur.

Le moyeu aura 18 pouces & ½ de long, fur 10 pouces de groffeur par le gros bout, & 8 pouces & ¼ par le petit.

Les jantes auront 5 pouces 3 lignes de hauteur, fur 2 pouces 7 lignes d'épaiffeur.

Les limons auront 18 pieds de longueur, & 5 pouces & ¼ de hauteur au droit de l'échantignolle, venant à 3 pouces & ½ au bout de derrière, & 3 pouces au bout de devant, & 4 pouces & ½ dans l'étenduë de fa charge; les limons feront affemblés de fept épars, & d'une entretoife en queuë de loup.

Le corps de chacune charette aura de largeur de dehors

en

Pl. 183.

en dehors 3 pieds ou environ, & de charge entre les tréfailles 11 pieds.

L'établage 6 pieds de long.

Les échantignolles auront 5 pieds de longueur, & 5 pouces de hauteur par le milieu.

Les fonds des charettes feront garnis de 4 à 5 burettes,
éloignées d'un pouce & ½ l'une de l'autre.

Les côtez feront garnis de 3 ridelles chacun ; fçavoir la
ridelle d'en-bas aura 6 pieds & ½ de long, les deux autres auront 12 pieds de long.

Les roulons feront de diftance de 2 pouces l'un de l'autre
dans la longueur de 6 pieds & ½ dans fa charge ; le refte des
roulons feront de diftance de 4 pouces en 4 pouces, 2 épars
de chaque côté de ridelle.

La hauteur des ridelles du deffus des limons au-deffus des
ridelles aura 1 pied 8 pouces.

Les charettes feront garnies aux deux bouts de 4 tréfailles & 2 traverfes affemblées de roulons, diftance de 4 pouces
en 4 pouces : il y aura entre les deux ridelles par en-haut 3
pieds 2 pouces d'ouverture ; elles auront leurs ranchers ; les
rais feront de chêne, & le refte de bois d'orme.

Les épars, roulons, & burettes, feront bien chevillés &
contrecognés.

Et pour chacune des charettes il fera païé 36 liv. monnoie
de France.

La ferrure confifte en bandes de Roüës.

LEs bandes auront de large 2 pouces 3 lignes, & 5 lignes
d'épaiffeur.

Douze clouds coupés de la longueur de 5 pouces pour
chacune des bandes, 4 frettes & 12 caboches.

Quatre ranchers.

Quatre liens ou molles-bandes pour les échantignolles.

Deux liens de 4 pouces de large.

Les liens embrafferont les limons & la queuë de loup à un
pouce par le milieu en deffus & en deffous.

Tome II.   C c   Deux

Deux ragots.

Quatre rondelles, deux grandes & deux petites.

Deux effes & des clouds pour attacher les ferrures.

Le tout pesant 180 l. poids de marc, à raison de deux-patards & un liard, monnoie du païs, qui font 2 f. 10 d. monnoie de France, pour chacune livre de ferrure.

La ferrure sera faite & appliquée aux charettes par l'Ouvrier.

Ainsi la charette toute ferrée coûtera 61 liv., sans y comprendre l'essieu qui s'achetera séparément.

E X P L I C A T I O N   D E   L A   F I G U R E
de la Charette de M. *de Cray.*

A *Plan de la charette.*
B *Profil de la charette.*

DAns l'Armée de Piedmont M. de Cray, Lieutenant qui y commandoit l'Artillerie, se servoit de chariots pareils à ce modéle-ci; ils se faisoient à Grenoble pour le transport des munitions : suivez l'échelle.

APrès avoir parlé des chariots & des charettes qui servent à porter les munitions dans les Armées, il paroît naturel de dire quelque chose des chevaux, mules & mulets qui les menent, & des marchez qui se font avec les Capitaines du charroi pour la levée de ces chevaux, mules & mulets, harnachés des harnois qui leur sont propres.

La solde des chevaux, mules ou mulets, est ordinairement de 24 f. par jour pour chacun pendant six mois, qu'on suppose que durera la Campagne.

Les mulets & les chevaux qui servoient en Italie, avoient en dernier lieu 40 f. par jour.

Mais, comme les Entrepreneurs, pour l'ordinaire, ne font pas assez bien en argent comptant pour faire l'achat de ces chevaux de leurs deniers, le Roi leur avance pour la moitié de cette solde, pendant six mois, qui est : par exemple,

B

A

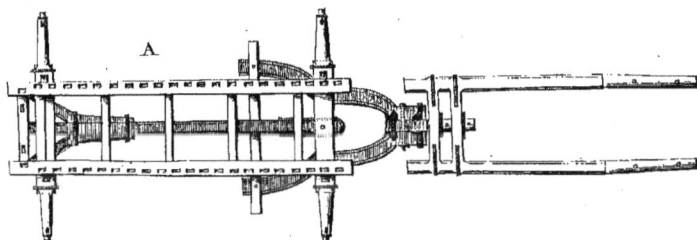

12 po.
1   2   3   4   5   6 pieds.

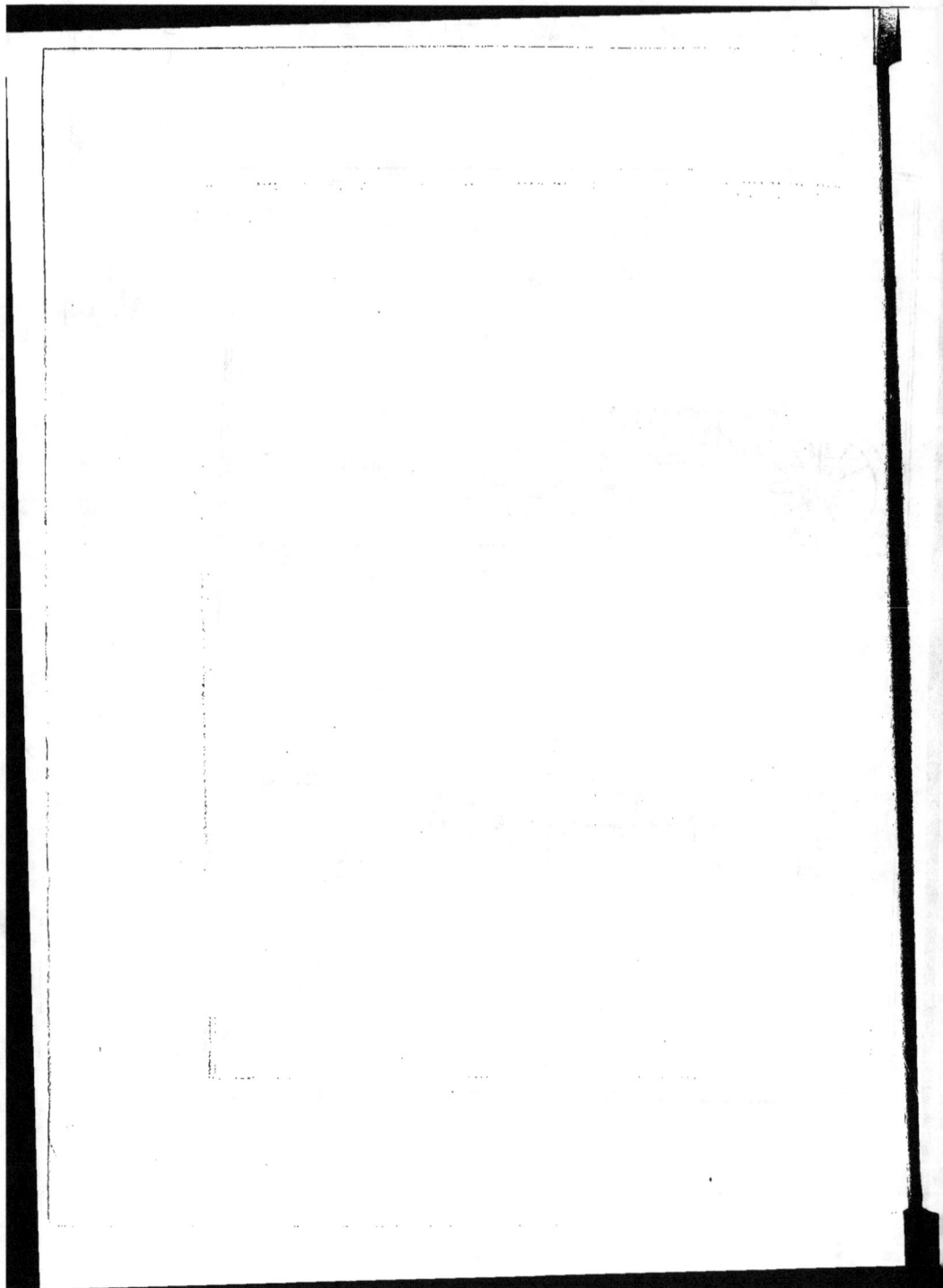

ple, à raiſon de 34 ſ., ſur le pied de 17 ſ. par chaque cheval par jour, 15300 liv. pour cent chevaux, c'eſt-à-dire 153 liv. pour chaque cheval, les mois comptés pour 30 jours; & pendant toute la Campagne qui dure ſix mois, ils ne reçoivent que l'autre demi ſolde qui eſt une pareille ſomme de 15300 liv., qui leur eſt païée de mois en mois par avance, après la revûe qui s'en fait par le Lieutenant de l'Artillerie commandant l'Equipage, en préſence du Contrôleur. Les ſix mois expirés, les chevaux appartiennent aux Capitaines du charroi, qui en peuvent diſpoſer à leur profit, étant aquittés avec le Roi; ou, ſi le Roi veut s'en ſervir quelques jours au-delà, il leur paie la ſolde à raiſon de 34 ſ. par chaque cheval par jour, ou de 40 ſ. pour l'Italie, comme il a été dit : & à l'égard de ces derniers, ſi on veut les conſerver l'Hiver, on ne leur paie que 31 ſ. pour chaque cheval ou mulet, & on leur fait fournir des caſernes pendant l'Hiver, & la ration ordinaire par les Etapiers ſur le même pied de ce que le Roi en paie pour les chevaux de Cavalier.

De plus, ces mulets & chevaux d'Italie étant ainſi hivernés aux dépens du Roi, l'Entrepreneur eſt obligé de les repréſenter pour ſervir à la Campagne ſuivante, & il ne lui eſt païé pour la levée que 90 liv.

On a déſiré auſſi, qu'il y eût dans ces équipages le plus grand nombre de juments que faire ſe pourroit.

Que les limoniers ſeroient de 4 pieds 7 pouces & au-deſſus.

Les chevaux de trait de 4 pieds 5 pouces au-deſſus, & non au-deſſous, tous bien traverſés & tous bien garnis de leurs traits, & harnachés.

Que ſi à la première revûe il s'en trouvoit de défectueux, les Entrepreneurs en fourniroient d'autres dans trois jours ſuivants, à faute duquel remplacement il en ſeroit acheté d'autres à leurs dépens.

Que s'ils manquent de traits pendant la Campagne, il leur en ſera fourni des Magaſins du Roi, à condition qu'ils les paieront à raiſon de 6 liv. la paire.

Que ſi les chevaux ou mulets ſont pris dans une occaſion de commandement, ou tués au ſervice du *Roi*, Sa Majeſté

jeſté

jefté les en fera rembourfer à raifon de 150 liv. pour chacun cheval limonier, mulet ou mule, & 120 liv. par chacun cheval de
volée, mule ou mulet; & à l'égard de ceux d'Italie, à raifon
de 180 liv. pour chacun.

Et que ce prix fera emploïé au remplacement d'un pareil
nombre, fi on en a befoin.

Si-non, que cet argent demeurera au profit des Entrepreneurs pour leur remboursement des chevaux tués ou per-
dus.

Que fi dans les mois fuivants ils ne repréfentent pas le même nombre de chevaux complet, ils ne feront païés que du
nombre qui fe trouvera effectif, & qu'on les obligera incef-
famment à remplir leur nombre.

Que les Capitaines du charroi qui ont traité avec le Roi,
ferviront en perfonne, fi-non qu'il leur fera déduit & rabattu
6 liv. par mois pour chaque cheval, mule ou mulet.

Et qu'en cas de conteftation, on procédera par-devant le
Bailly de l'Arfenal ou fon Lieutenant.

Il y a encore quelques particularitez, tant pour les mulets
qui fervent en Italie, que pour ceux qui fervent en Rouffillon.

A l'égard des mulets d'Italie, outre les claufes ci-deffus,
l'Entrepreneur doit fournir une bonne couverture de corde
à chaque mulet pour couvrir les munitions.

Et un Muletier à trois mulets, & deux Conducteurs, &
deux Maîtres Mulets, pour 100 muletiers.

Et fi le Roi veut augmenter cet équipage, l'Entrepreneur doit livrer tel nombre de chevaux & de mulets qu'il
plaira à Sa Majefté, en lui donnant un tems compétent
pour la levée.

A l'égard des mules & mulets de Rouffillon, il y en a une
partie garnis de leurs bâts & couvertures, & les autres qui
font des mules roulières & de trait, garnies de leurs traits, &
harnachées à l'ordinaire.

Et fi le Roi en conferve pendant l'Hiver, ces mulets & ces
mules ne font payés qu'à 25 f. par jour, & en les préfentant
pour la Campagne fuivante, l'Entrepreneur ne reçoit d'avance que 76 liv. 10 f.

En

En paſſant marché avec les Capitaines du charroi, on leur donne un paſſeport pour affranchir de tous droits les chevaux, mules, & mulets, qu'ils doivent faire entrer dans le Roïaume, ou pour paſſer d'une Province dans une autre, même à l'égard des chevaux, les harnois & l'argent pour païer ces chevaux juſqu'à concurrence de 153 liv. pour chacun cheval; & pour ce qui eſt des mules & mulets, & chevaux, tant du Rouſſillon que d'Italie, non-ſeulement l'argent à raiſon de 153 liv. ou 180 liv. pour chacun, mais encore les bâts, harnois, toile, bourre, cuir & cordages néceſſaires, & les hardes ſervans aux Chartiers & Muletiers des équipages, & les avoines ou orges deſtinés pour leur ſubſiſtance, même l'argent néceſſaire pour faire l'achat des avoines, orges, harnois & hardes.

Les harnois des chevaux qui ſervent à l'Artillerie, conſiſtent en ce qui ſuit, & on y a joint le prix de chaque choſe.

Pour un Limonier.

UNe avaloire.
Une ſelle de limon.
Une doſſière.
Un collier garni d'àtelles, de billaux, de mancelles & d'atteloires de fer, bride, licol, & houſſe; le tout enſemble peut valoir, ſi c'eſt du cuir de bœuf raſé, vulgairement appellé cuir de Hongrie, 20 liv. ou environ.

Détail.

LA ſelle de limon garnie de panneaux, moitié toile, deux ſangles de tiſſu, la ſelle couverte de cuir de porc ou truie, l'avaloire garnie de mailles de fer & croupière . . . . 6 liv.
La doſſière de cuir de bœuf, environ . . . 4.   10 ſ.
Le collier garni d'àtelles & de billaux . . . 3.
Pour les mancelles . . . . 1.
Pour la bride à culeron. . . . . 1.   10.

                        16 liv.

. . . . 16 liv.

Pour le licol . . . .   15 f.
Pour une houffe . . . .   2.
On peut ajouter fur le prix de la doffière. .   1.   10
                                                    _____
                                                    20 liv.   5 f.
Cela dépend de la pefanteur dont on la veut pour la durée, &
de la largeur.

Pour un Cheval de trait.

UN collier garni d'àtelles & billaux , d'une couverture de
toile piquée de cuir avec une paire de foureaux de traits garnis d'un furtaut , faux furtaut , & retraite de cuir de bœuf ,
bride à culeron , auffi de cuir de bœuf, avec une houffe &
une paire de traits , 12 liv. 1 f.

Détail.

Pour le collier garni d'àtelles & billaux. . . 3 liv.
Pour la couverture de toile piquée de cuir . 1.
Pour la bride à culeron de cuir de bœuf . . 1.   15 f.
Pour le licol , & la longe de corde à colet. .   18
Pour les foureaux & furtauts 1.   10
Pour la houffe. . . . . 2.
Pour les traits de cheville qui doivent pefer
avec la fouventrière , au moins 6 l. , à 5 f. 6 d. la li-
vre , valant 1.   13
Pour le faux furtaut , & la retraite   5
                                                    _____
                                                    12 liv. 1 f.

Pour le cordeau qui doit avoir fix braffes de long , qui font
5 toifes , le Bourrelier le fournit par chaque attelage , avec le
foüet du Chartier , fans augmentation du prix , lorfque le tout
eft neuf.

Le cheval de faute , qui eft le fecond cheval de trait , doit
avoir pareil harnois que le chevillé , à la réferve que fes traits
ne doivent pefer que 5 livres & ½.

Pour .

Pour le cheval de devant de même, à la réserve des traits aussi qui ne doivent peser que 5 livres.

Tous les prix ci-dessus, montans pour l'attelage entier des quatre chevaux à 56 liv. 8 s., sont au plus juste qu'on les ait à Paris.

Quelques Capitaines du charroi en ont eu à 55 liv.

En Province ils coûtent bien un quart moins.

LEs harnois des mules & des mulets consistent en

Un bât qui sert à porter la charge, & qui vaut, quand il est fait de 30 l. de bourre blanche, à 7 ou 8 s. la livre, 15 liv.

Et quand il est de bourre grise, à 5 s. la livre . . . . 11 à 12 liv.

Une sangle pour sangler le mulet avec le bât . . . .   8 à 10. s.

Billardoire pour tenir la charge en état . . . . ⎱
Carcadoire pour tenir la charge . ⎰   1 liv.
Bille est un morceau de bois qui sert à biller la charge . . . . . ⎰

Une soufre de cuir pour soûtenir la feuquière . . . .   8.

Sur soufre est un ornement de laine ou de soie qu'on met sur la soufre .   8.

Cordonnet sert à tenir en état la soufre & la feuquière . . . . . .   6.

Feuquière, c'est ce qui empêche, dans les descentes, que le bât n'aille sur le garrot . . . .   10.

Souventrière pour chasser les mouches . . . .   2 liv.   10.

Poitrail sert à empêcher que le bât n'aille trop sur le derrière dans les montées, & coûte 2 liv. & s'il n'y a que du cuir   15

                                    _____
                                    17 liv.   7 s.

. . . . .   17 liv.   7 f.

Moreau pour mettre à la tête du mulet, pour lui donner à manger en chemin . . . .   16.

Bridon . . . .   17.

Ernadou pour mettre les rênes du bridon . . . .   8.

Couverture . . . .   2 liv.

Pollier de cuir ou de corde pour tenir la feuquière attachée aux arçons du bât . . . .   12.

21 liv. 19 f.

On peut se dispenser de mettre des souventrières, & le poitrail garni de laine.

T I T R E .

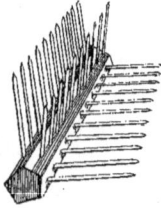

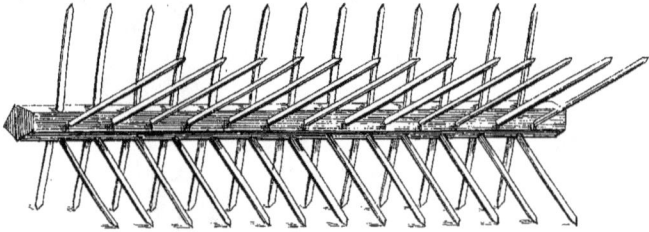

Titre XVII.

Chevaux de Frize.

L A figure que j'en donne ici avec une échelle, en fait connoître les proportions. Leur ufage eft de défendre l'entrée d'une Bréche ou d'empêcher la Cavalerie de forcer un paffage. On en met quelquefois fur le bord des guets des rivières.

Titre XVIII.

Menus Uſtenciles des Magaſins.

CE feroit un trop grand détail que de vouloir entrepren-
dre de donner ici les noms, les figures, & l'uſage de toutes les petites choſes qui peuvent être reſſerrées dans les Magaſins pour le ſervice de l'Artillerie : c'eſt aux anciens Commiſſaires & aux Officiers principaux qui ſervent dans les Places, à en donner l'intelligence aux nouveaux venus. La plûpart de ces mêmes uſtenciles ſe trouvent répandus dans les
Titres précédens ; les autres ſont de peu d'importance, ou
on en trouvera les noms dans le modéle d'inventaire général qui eſt ci-après.

MEMOIRES
D'ARTILLERIE.

QUATRIÈME PARTIE.

DANS cette quatrième Partie-ci je me trouve-
rai obligé de m'écarter un peu de l'ordre
des articles du Réglement des Cadets, afin de
donner une suite plus naturelle à mes matières.
Mais cette différence qui confiste dans la tranf-
pofition de quelques Titres, & dans l'augmentati-
on-même de quelques-uns fort importans qui n'étoient que fous-
entendus dans ce Réglement, comme font par exemple : ceux
de la formation d'un Siége : de la difpofition d'un Equipage
le jour d'une Battaille : de la manière de munir une Place , &
autres qu'on va lire ; cette différence , dis-je , ne fera que
tres-avantageufe à l'Officier que je défire inftruire. Mais

toû-

toûjours eſt-il bon de le préparer ſur ces petits changemens.
Suivons.

TITRE PREMIER.
De la Proprété dans les Magaſins.

SI on ne gardoit pas de l'ordre & de l'arrangement dans
les Magaſins , outre qu'il en arriveroit de terribles accidens , on ne pourroit qu'à peine reconnoître les munitions
quand il faudroit s'en ſervir dans les Places , ou les tranſporter
ailleurs. Feu M. Bourdaiſe , ancien Commiſſaire provincial ,
qui avoit été ſouvent chargé de ſort grands remuemens en
pluſieurs Places , m'a aidé de ſes mémoires , qui m'ont beaucoup ſervi à dreſſer celui qu'on va voir. Mais comme la
diſpoſition & la conſtruction de tous les Magaſins ne ſont pas
toûjours les mêmes dans toutes les Places , tant à cauſe de la
différence de leur ſituation , & du plus ou du moins de terrain
qu'on leur fait occuper , que par la diverſité des ſentimens
de ceux qui conduiſent ces ouvrages , on ne peut pas toûjours garder un ordre uniforme par-tout. Par cette raiſon
j'ai cru que , pour ne donner rien d'imparfait , il étoit à
propos de prendre pour modéle l'une des Places du Roïaume , dont les Magaſins ſeroient le plus à la moderne , & en même tems les plus réguliers , & où , par les grandes commo-
ditez & la vaſte étenduë des bâtimens , des hangards , & des
cours , les munitions fuſſent le mieux rangées. On pourra ſe
régler là-deſſus , ſi-non pour ſe conformer entièrement à cette grande régularité , ce qui n'eſt pas poſſible par-tout par les
raiſons qu'on vient de dire , du moins pour connoître ce
qu'on auroit à faire ſi on ſe trouvoit dans une Place de cette
ſorte.

Outre que , ce qui ſe voit ici en grand , ſe peut réduire en
petit à proportion des lieux qu'on a à ſa diſpoſition.

C'eſt donc le Montroïal que j'ai choiſi pour nous ſervir
d'ex-

ARSENAL DE MONT-ROYAL
en vente d'oiseau par le devant

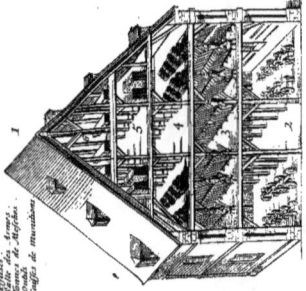

Tom. 2. Pag. 213.

Plan des Magasins
1 Affuts des Armes
2 Salle des Armes
3 Corridor
4 Salle
5 Coupe de deux salles

A Principal Magasin Couvert
B Portes
F Logement des Ouvriers
G de Canons
H Charette
L Fonderie
M Pompe
Q Fosse de Lambeau
V Charette

d'exemple. On fçait que c'eft une Place où le Roi n'a rien épargné, & où les Magafins ont été mis dans une entière perfection : d'ailleurs les foins que M. le Chevalier Pelletier, Lieutenant de l'Artillerie, & qui la commande dans cette Place, s'eft donnés pour bien placer les munitions, ne laiffent plus rien à défirer pour cet arrangement, tant par rapport à leur fûreté & à leur confervation, qu'à la fatisfaction que la vûë peut recevoir d'une chofe bien ordonnée, & qui eft dans la dernière propreté. C'eft le témoignage qu'il plût à Monfeigneur de rendre à l'avantage de cet Officier, quand il paffa au Montroïal à fon voïage d'Allemagne.

EXPLICATION DE LA FIGURE
qui repréfente l'Arfenal de Montroïal
vû par le devant.

A *Principal Magafin couvert.*
1 *Coupe qui fait voir le dedans du principal Magafin, avec l'arrangement des munitions.*
2 *Affûts & Avantrains rangés au rez de chauffée du Magafin, avec les armes pour les Piéces fur leurs rateliers.*
3 *Salle des armes.*
4 *Tonnes de méches engerbées.*
5 *Outils empilés avec manches, & fans manches.*
6 *Caiffes contenant diverfes munitions.*
B *Portes du devant pour entrer dans les Magafins.*
C *Portes du devant pour entrer dans les cours.*
D *Logement des Officiers.*
E *Couverts, appentis, ou hangards regnans le long de la cour.*
F *Forges & logemens des Ouvriers.*
G *Groffes Piéces de Canon au fond de la cour rangées fur des chantiers.*
H *Petites Piéces rangées dans le même ordre.*
I *Mortiers fur leurs affûts de fer.*
K *Grénades empilées.*

Dd 3   L *Bou...*

L *Boulets de différens calibres empilés le long du Magasin.*
M *Bombes de tous diamétres empilées.*
N *Grénades de fossé empilées sous les appentis.*
O *Poutrelles & madriers sous les appentis.*
P *Piles de flasques sous les appentis.*
Q *Piles de lambourdes sous les appentis.*
R *Chariots à porter Canon & Mortiers qu'on sort de dessous les couverts, passant entre deux piles de Bombes.*

En jettant les yeux sur cette figure & sur cet alphabet, il faut en mê-me tems aller chercher l'autre figure qui suit, du Magasin du Mont-roïal vû par le derrière.

Magasins à Poudre POur me conduire suivant l'ordre que je me suis proposé, je commencerai par les Magasins à Poudre, & je suivrai les remarques qu'a fait là-dessus le Chevalier Pelletier.

La Poudre étant la ressource la plus essentielle pour la dé-fense d'une Place, il est d'un Officier d'Artillerie de connoî-tre si elle est bien placée, c'est-à-dire, dans des Magasins cons-truits de la manière qui suit.

Les planchers ou aires doivent être garnis dessous entre les solives de 8 pouces au moins de charbon, le dessus de bonnes planches, bien jointes & bien chevillées de bois.

Le contour des murailles doit, particulièrement si elles sont nouvellement faites, être lambrissé & revêtu jusqu'à la naissance du ceintre, ensorte que l'humidité ne puisse péné-trer ni dessus ni par les côtez.

Chaque chantier doit être fait d'autant de poutrelles de bois de chêne de 12 pieds de long, & de 8 à 9 pouces d'écar-rissage, qu'il en convient pour la longueur du Magasin, en les doublant pour la solide assise des tonnes.

Il doit être exhaussé de 8 pouces du plancher, observant de caller le chantier de 6 en 6 pieds; ensorte que les poutrel-les ne souffrent point sous le poids des tonnes de Poudre qu'on engerbera de quatre de hauteur au plus, une cinquié-me forçant trop les chappes: chaque extrémité de chantier a deux gisans qui empêchent le premier rang de tonneaux
de

de couler : on met encore fous chaque premier tonneau deux calles qui l'affûrent plus immédiatement.

On doit laiffer dans le milieu du Magafin, & aux deux extrémitez, quatre pieds d'efpace pour les mouvemens qu'il convient y faire, & 1 pied & ½, non-feulement entre les lambris du contour & le rang de Poudre qui l'approche, mais entre tous les autres, s'il eft poffible, enforte qu'on puiffe paffer entre chaque rang.

Chaque Magafin régulier doit avoir à chaque extrémité une fenêtre dans l'épaiffeur du mur, chacune à deux vanteaux, un dans œuvre, & l'autre dehors; celui-ci eft de madriers de 2 à 3 pouces d'épais, couvert de fer de taule, bien joint, fermant en dedans par deux gros verrouils; l'autre n'eft que de madriers de 2 pouces, & fe ferme comme celui du dedans, mais n'eft point couvert de fer.

Deux échelles font néceffaires dans chaque pareil Magafin pour les fenêtres qu'il faut ouvrir, foit pour les mouvemens, foit pendant 6 ou 7 heures des beaux jours qu'il fait aux mois de Juin, Juillet & Août, rien ne contribuant davantage à la confervation des Poudres.

Il y auroit même encore à ajouter le remuement des tonnes une fois l'année, pour empêcher la Poudre de devenir en maffe.

Outre la Sentinelle ordinaire qui eft toûjours un factionnaire fans mêche, qui doit être mife à la porte des Magafins à Poudre, il en faut une feconde derrière les Magafins fur le rempart, lorfqu'on ouvre les fenêtres, la Sentinelle ordinaire ne pouvant pas découvrir ce qui fe paffe à cette extrémité : & les Officiers d'Artillerie ne doivent pas fe contenter de faire fouvent vifiter les Sentinelles par les Caporaux, ils doivent y aller eux-mêmes; ce foin eft de leur plus étroit devoir, & contient le mal-intentionné, s'il y en avoit quelqu'un dans la Place.

Il y a deux portes à chaque Magafin : la première eft de madriers à l'ordinaire de bon bois de chêne fort fec, auffi-bien que les vanteaux; car autrement ils fe déjetteroient & feroient jour : elle doit être couverte de fer en taule bien
joint

joint & bien cloué : cette première porte n'a qu'une fer=
rure.

La feconde , qui eft de madriers de même épaiffeur de 2 à
3 pouces, en a deux ; elle eft fendue & s'ouvre en deux en dedans le Magafin. Ces trois ferrures ont chacune leur clef; il y
en a même quatre quelquefois , l'une pour le Gouverneur,
la feconde pour le Commandant de l'Artillerie , la troifième
pour le Contrôleur quand il s'en trouve un de réfidence , &
la quatrième pour le Garde. Mais il faut bien obferver que
ces ferrures foient différentes , car il eft arrivé quelquefois
qu'une même clef ouvroit trois ferrures ; ce qui eft d'une
importance extrême ; & chaque clef doit avoir une marque
de la ferrure qu'elle ouvre , afin de ne pas confommer du
tems inutilement à effaïer les clefs aux ferrures. Il eft bon
de laiffer à l'entrée du Magafin un vuide de fix pieds de quarré , pour que les barils ne foient pas fi près de la porte.

On ne dit rien de l'exactitude & des précautions qu'on
doit apporter en entrant dans ces Magafins , de l'affiduïté avec laquelle un Garde d'Artillerie doit y refter tant qu'il
eft ouvert , ni de la vifite qu'on doit faire aux fouliers des
Soldats en les faifant déchauffer, pour voir s'ils n'y ont point
de clouds ou du gravier. On en connoît la conféquence : &
on devroit même introduire cette maxime de les fouiller
tous avant que de les y laiffer entrer ; fi cela étoit une fois
ordonné & établi, ce réglement ne feroit plus de peine.

Je paffe encore légérement fur le foin qu'un Garde d'Artillerie doit avoir de faire balaïer fi-tôt qu'il s'eft fait le moindre mouvement; un tonneau peut faire Poudre, & quelques
grains répandus peuvent caufer un malheur qu'on ne peut
pas prévoir.

Les Tonneliers ne doivent jamais travailler dans les Magafins, toûjours dehors, peu de barils à la fois, & jamais d'ouverts que celui qu'ils enfoncent; leurs chaffes & leurs maillets de bois, & toûjours un Officier préfent. On appelle un
baril tombé en javelle, lorfque les fonds ont quitté, & qu'il eft
entièrement démonté, douves, fonds & cerceaux féparés.

Ces barils , comme tous les barils vuides qui ont fervi aux
Pou-

Poudres, doivent être foigneufement confervés pour être remis à l'Entrepreneur général des Poudres, à qui ils appartiennent fuivant fon marché.

Il eſt inutile de recommander de voir fermer les vanteaux & les portes des Magaſins; cela parle de foi-même.

Mais il eſt néceſſaire de dire qu'il faut encore une enceinte de murailles ou de paliſſades à chaque Magaſin; l'une a ſa porte, & celle-ci a ſa barriere, bien fermées.

La bonne fituation d'un Magaſin à Poudre doit être dans un lieu écarté des maifons ou corps des cafernes, pour aſpeét le Midi, ou le Levant au moins.

Les voûtes pour être à l'épreuve des Bombes ordinaires, doivent être de 3 pieds d'épais de maçonnerie, & de 5 de terre deſſus, quand les Magaſins ſe trouvent dans des fouterrains; autrement ces 3 pieds de maçonnerie fuffifent avec le comble à l'ordinaire : mais pour réfifter aux Bombes de 500, on leur donne une bien plus grande épaiſſeur.

Il y a peu de Magaſins dans le Roïaume où toutes ces précautions ne foient obfervées autant que les lieux le peuvent permettre : & aux endroits où cela n'eſt pas, il eſt de la diligence des Officiers d'Artillerie qui y fervent, de folliciter ceux qui ont infpeétion fur les Places, de les y faire obferver.

Outre les Magaſins principaux, il doit y avoir encore un *Magaſin* petit Magaſin, appellé d'entrepôt, pour fervir aux diftribu-*d'entre-* tions journalières, afin de ne point être obligé d'ouvrir toû-*pôt.* jours les grands Magaſins. Il n'y faut pas laiſſer plus de quatre barils de Poudre, deux de Plomb & une tonne de Méche; & faire enforte qu'il foit placé en lieu fûr, & dont la proximité, s'il fautoit, ne pût point caufer d'autres accidens.

De l'arrangement des Piéces.

LE Canon s'arrange pour l'ordinaire à la droite & à la gau- *De l'Ar-* che de la cour d'un Arfenal, les Piéces d'un même calibre *range-* enfemble, tourillons contre tourillons & on met des chan- *ment des* tiers fous les culaſſes, afin que la volée foit en bas, & qu'il n'y *Piéces.* reſte point d'eau dans l'ame.

Tome II. E e Les

*A l'ave-
nir, au
moyen
des affûts
de fer
qu'on a in-
ventés, on
ne fera
plus dans
cette in-
quiétude.*

Les Piéces qu'on laiſſe ſur le rempart, doivent être placées de même; car, ſans une néceſſité bien preſſante, il ne faut laiſſer aucun affût ſur les remparts, que ceux qui ſont hors de ſervice, & qu'on y veut laiſſer achever de pourrir.

Il faut cependant toûjours dans une Place une Piéce chargée, appellée Piéce d'allarme, pour la tirer la nuit, en cas de néceſſité.

Empilement des Boulets.

*Empile-
ment des
Boulets.*

LEs Boulets ſe mettent à l'air comme les Piéces. C'eſt ordinairement dans la cour de l'Arſenal qu'ils s'empilent, ſelon leurs calibres, ſur une ligne tirée au cordeau plus longue que large. Au Montroïal ils ſont empilés le long du mur du corps de l'Arſenal; & entre chaque pile il y a un arbre fruitier dreſſé en eſpalier; ce qui recrée la vûë, & plût fort à Monſeigneur.

Les piles ſe font d'autant de Boulets qu'on veut, par rapport à la baſe qu'on leur donne.

Voïez le chapitre des Boulets à la ſeconde Partie de cet Ouvrage.

Il y a des Commiſſaires qui ne font les piles que de 1000.

Il eſt bon de planter un poteau en terre à côté de chaque pile, avec un écriteau d'ardoiſe ou de bois pour indiquer les calibres.

Mortiers.

*Arran-
gement
des Mor-
tiers.*

SI vous avez rangé vos Piéces à la droite & à la gauche de votre cour en entrant, vous devez placer vos Mortiers au bout de la cour, faiſant face à l'entrée, montés ſur leurs affûts de fer quand ils en ont: ſi ce ſont des affûts de bois, il faut les mettre ſous des couverts, comme il ſera dit ci-après.

Bombes.

*Empile-
ment des
Bombes.*

LEs Bombes s'arrangent derrière les Mortiers, diamétre par diamétre, les lumières deſſous, afin qu'il n'y entre point d'eau, car elle les gâte. On en fait des piles à proportion de leur groſ-

groſſeur tirées au cordeau.

Il faut tâcher de laiſſer tout autour un eſpace, enſorte que le paſſage pour les mouvemens, ſoit pour les chariots, ſoit des bois, reſte toûjours libre.

Pierriers.

ON place les Pierriers à l'autre bout de la cour, à droite & à gauche de l'entrée vis-à-vis les Mortiers. *Arrangement des Pierriers.*

S'il ſe trouve dans l'Arſenal quelques Pierriers ou Mortiers délicatement travaillés, ou d'un calibre extraordinaire, il faut les placer à droite & à gauche de la porte, afin qu'en entrant & en ſortant, on puiſſe les conſidérer à ſon aiſe.

Grénades.

IL y a des Magaſins où on met des Grénades à couvert ou dans des caiſſes confuſément; mais dans les mieux ordonnés, comme au Montroïal, elles ſont empilées au nombre de près de 60000: des lambourdes en aſſûrent les baſes, & un baluſtre peint regne autour, & empêche qu'on n'y touche; les lumières ſont deſſous. *Empilement des Grénades.*

Affûts à Canon.

COmme les couverts principaux des Arſenaux ont de grandes portes d'entrée & de ſortie, les gros Affûts ſe rangent ſous ces couverts vers les portes les plus prochaines du lieu où ſont les groſſes Piéces: & pour l'arrangement régulier des uns & des autres, on pouſſe devant ſoi le bout d'Affût, & on le calle d'un bout de madrier ou poutrelle ſous l'entretoiſe de lunette; & on amène ſur ſoi l'Affût qui ſuit du même calibre, enſorte que ſon bout d'Affût ou croſſe ne paſſe pas la tête d'Affût du premier ſur lequel on le poſe. Tous les autres ſuivent celui-ci; & les roüages qu'on ne doit pas omettre de caller, joignent les uns contre les autres. Cela ſe range au cordeau; & on laiſſe 9 à 10 pieds d'eſpace entre *Arrangement des Affûts à Canon.*

chaque

chaque différent calibre pour en tirer aisément ceux dont on a besoin.

Avantrains.

Arrange-
ment des
Avan-
trains.
ON fait aussi sous les couverts une rangée d'Avantrains : du premier la limonière posé à terre, & des autres les limonières posent sur les sellettes ; & on les pousse assez avant pour que les roües se touchent.

Chariots à Canon.

Chariots
à Canon.
SOus les couverts où sont les Chariots à Canon, on en léve seulement les limonières, & on les place les uns ensuite des autres.

Charettes & Chariots à Munitions.

Charet-
tes &
Chariots
à Muni-
tions.
LEs Charettes & Chariots à munitions se rangent sous les couverts comme les affûts, excepté qu'on pousse le derrière de la première Charette devant, & après on léve les limons d'une autre dessus, & on continue ainsi jusqu'à la dernière ; ce qui fait que les roües se touchent.

Chevres, Chevrettes & Triqueballes.

Chevres.
LEs Chevres se placent proche ou vis-à-vis les portes à couvert, pour ne les point embarasser, parce qu'elles servent souvent, aussi-bien que les Chevrettes & Triqueballes.

Leviers, Armes pour les Piéces.

Leviers,
Armes
pour les
Piéces.
AU Montroïal les murs du couvert principal sont garnis de rateliers, sur lesquels sont tous les Leviers ; cela se trouve près des affûts & a son service aisé.

Les armes des Piéces, Hampes, & Tirebours, sont sur des rateliers, & tapissent à droite & à gauche le passage du milieu du couvert aux affûts. A la tête de chaque ratelier est un bout de planche d'un pied en quarré, où est écrit en

gros

ARSENAL DE MONT-ROY, *vû en veüe d'oiseau par le derriere.*

gros caractéres 33, 24, 16, &c. qui font les calibres de ces armes.

Outils pour un prompt mouvement.

DAns ce couvert fous l'efcalier qui monte à la Salle d'ar- *Où on met quel-* mes, eft un petit entrepôt de planches fermant à clef, dans *ques Ou-* lequel fe refferrent quelques outils de chaque efpéce, quel- *tils pour* ques prolonges, les cricks, des clouds, du vicil oing, & autres *un prompt.* menus uftenfiles, pour pouvoir trouver fous la main ce qui *mouve-* peut fervir à un prompt mouvement. *ment.*

Plomb.

IL faut mettre le Plomb dans des celliers, ou dans des fou- *Comment* terrains bien fecs, & feul, s'il fe peut. *fe range* *le Plomb.*

Les barils s'engerbent à deux de hauteur. Il eft bien des endroits où on les range fur des chantiers fous des couverts fermés de planches; la différence des lieux décide de leur place. Il faut toûjours laiffer une allée large entre deux rangées, pour avoir la liberté de paffer aifément.

Il y a une remarque particulière à faire pour le Plomb, c'eft qu'un Garde d'Artillerie connoiffe tous ces barils, tant de Plomb à Moufquet ordinaire, que de rempart, afin que fi on en tiroit de fes Magafins pour l'Armée, il n'allât pas confondre fon envoi. Cela eft quelquefois arrivé; & en certain endroit un jour qu'il fallut diftribuer du Plomb aux Troupes, le Plomb ne fe trouva pas de calibre, & on fut obligé d'en aller chercher d'autre, & de fondre celui-là.

Il faut auffi examiner s'il y a du Plomb pour toutes les Arquebufes à croc, ou des moules pour en faire, auffi-bien que pour toutes les armes extraordinaires qui peuvent fe rencontrer dans une Salle d'armes. Ces fortes de Plombs, comme balles d'Arquebufes, grands Fufils, Poftes, Chévrotines, fe mettent dans des caiffes jufqu'à 100 l. pefant, s'étiquettent & fe placent ordinairement fous les armes du calibre dont elles font. Au furplus, il n'eft pas inutile de faire obferver encore, que, de toutes les munitions, le Plomb eft une des choses dont il faut vérifier le poids avec un plus grand soin.

En passant, il est bon de dire que ce qui s'appelle Plomb en Chévrotines, est du menu Plomb, dont 166 balles font la livre de Chévrotines.

Il en faut 94 à une livre de Postes.

Mêches.

Arrangement des Mêches. ELles se rangent à trois tonnes de hauteur, ou dans les gréniers des couverts, ou dans quelques lieux plus commodes. On doit en faire ouvrir tous les ans quelques tonnes, pour voir si elles ne doivent pas être resséchées.

Les non-entonnées doivent être rangées sur des planchers en lieu très-sec, & par paquets de 50 l. Elles se dressent au cordeau, & on met jusqu'à 7 & 8 paquets de hauteur. Quand il s'agit de les ressécher, il faut les étendre au soleil ou dans des poëles sur des planches, les bien battre quand elles sont séchées pour en faire sortir la poussière, & les remettre en tonnes ou en paquets, comme on vient de le dire.

L'arrangement des Bois de remontage se fait, comme il suit, sous des hangards.

Arrangement & empilement des Bois. LEs Flasques s'empilent par calibre, c'est-à-dire par longueurs & par épaisseurs, en mettant trois ou quatre bouts de planches d'un pouce d'épais, qu'on nomme calles, sous chaque Flasque ; cela fait un jour entre chacun, & donne lieu à l'air de passer, & maintenir le bois.

Les Madriers s'empilent de même, & se callent.

Les Poutrelles s'arrangent différemment, selon les lieux : on en met quinze ou vingt de long les unes contre les autres ; celles de dessus se mettent de travers en recommençant de long, le troisième rang & le quatrième de travers jusqu'à sept à huit pieds de hauteur.

Les Jantes s'empilent deux d'un sens, & deux d'un autre, le ceintre de la Jante en dedans, & jusqu'à 15 à 16 pieds de hauteur.

Les

Les Rais s'empilent & s'arrangent comme les poutrelles.

Pour les Moyeux, quand on en a en provision, ils ne se conservent que dans l'eau ou dans un lieu fort humide; autrement ils se roullent & ne vallent rien.

Les Essieux se mettent les uns sur les autres, & par proportion.

Sacs à terre.

LEs Sacs à terre qu'on suppose exactement comptés dans *Sacs à* des tonnes chiffrées sur les fonds, s'arrangent à trois tonnes *terre.* de hauteur, & dans un lieu sec comme les méches. Il faut que ces sortes de tonnes de 300 l. de méche, & de 8 à 900 de Sacs à terre, aient un bon cercle cloué qui arrête chaque fond, étant sujettes à se défoncer.

Cordages.

LEs cordages entonnés, comme Prolonges doubles & sim- *Corda-* ples, Travers, Traits, & menus cordages, s'étiquettent régu- *ges.* lièrement & se rangent à deux tonnes de hauteur seulement, à cause de leur poids; les Cables, Cinquenelles, & autres gros cordages s'arrangent dans les lieux secs où on met les autres.

Salpêtre, Soufre & Artifices.

LE Salpêtre, le Soufre, les tonneaux de Fusées, tonnes d'E- *salpêtre,* toupes, qui sont des matières d'Artifices qui demandent un *Soufre,* lieu sec, se placent dans un endroit séparé, s'il est possible, *Artifi-* *ces.* si-non, dans un bout du couvert aux méches & sacs à terre, & doivent être bien entonnées & bien étiquettées, suivant leurs espéces, leur poids & leur nombre.

Les Artifices, comme toutes les Huiles, doivent être rangés dans un souterrain ou lieu frais, où ils puissent se conserver, leurs tonneaux cerclés de fer, étiquettés avec de l'ardoise, telle Huile, & sa quantité; & dessous chaque tonneau une écuelle de terre, parce qu'il en coule toûjours quelque chose.

La Poix & les Gaudrons sont ordinairement dans des cu-

vet-

vettes & dans des tonneaux; cela eſt bon pour le tranſport,
& quand il n'y en a guéres dans une Place: mais quand il y
en a comme au Montroïal, il faut des auges ou maçonnées
ou faites de madriers épais & feuillés. Comme ces matières
travaillent, tous les cercles ſautent; & il y a toûjours à refaire à ces tonnes. Des auges faits dans quelques ſouterrains
épargnent bien des fraix, & même des conſommations; car
autrement il s'en perd qu'on ne peut pas ramaſſer.

    Les Faſcines, Fourneaux & Paniers gaudronnés ſe conſer-
vent mieux dans un lieu plus ſec qu'humide.

Outils à Pionniers, & autres.

Outils à Pion- niers, & autres.   Lᴇs outils emmanchés s'arrangent par eſpéce dans les gréniers des couverts par piles de 4 à 5 pieds de hauteur, les man-
ches en dedans, ſoutenus par des giſans de bois comme dans
une membrûre, pour que la pile ſoit quarrée, & ils ſe réglent
au cordeau.

    Les non-emmanchés forment de petites piles ſelon les dif-
férentes eſpéces, d'un pied & demi de hauteur; ſi elles é-
toient plus hautes les planchers en ſouffriroient.

Paniers, Hottes, &c.

Paniers, Hottes, &c.   Lᴇs Paniers, les Hottes, & autres ouvrages d'ozier & de
bois, demandent toûjours d'être à couvert.

    Les lieux humides entretiennent les Paniers & les Hottes;
mais quand ils le ſont trop, ils les pourriſſent.

    En lieu trop ſec ils ſe déjettent & ſe relâchent entiere-
ment.

Armes

Armes de Guerre.

Armes de Guerre.

CEt article eft un de ceux auxquels on doit faire le plus d'attention. On verra au Titre XVI, qui traite des Armes de Guerre, dans la feconde Partie, de quelle manière font rangées les Armes dans le Magafin Roïal de Paris. On verra aufli au Titre XVII. de la même Partie, concernant l'entretennement des Armes, comment doivent être conftruits les rateliers pour les porter. En général on dira ici, que l'arrangement des Armes dépend affez des lieux où on les met. La grande régle eft, néanmoins, de mettre dans l'endroit le plus fec & le plus propre, les Moufquets, Fufils, Carabines & autres Armes de diftribution; & de mettre, autant que faire fe pourra, les canons de même hauteur les uns contre les autres.

Les Piques doivent être couchées, & doivent pofer partout, autrement les bois fe courbent.

Pour la confervation & propreté des Armes à feu, il faut des bouchons en forme de fufées à Grénades au bout des canons, pour empêcher la pouffière d'y entrer. On doit ne mettre de l'huile qu'à quelques refforts & en dedans, & trèspeu, le trop caufant le cambouis: il en faut au bois; elle le nourrit, & empêche le ver.

Il faut des étaux, des grattoirs & des lavoirs dans une Salled'armes, parce qu'au défaut d'Armuriers qu'on ne trouve pas aifément dans toutes les Places, le Garde peut faire faire par des Soldats ce nettoiement, lorfqu'il veut s'appliquer & répondre par fes foins aux inftructions que lui donnent, ou que lui doivent donner fes fupérieurs.

Acier, Fer, Clouds, Poids, Balances, Mefures, & autres uftenfiles.

A l'égard de l'acier, du fer, des clouds, des poids, des balances, mefures, & mille autres uftenfiles qu'on ne peut ici expliquer par le détail, il faut fe remettre à la prudence des Officiers d'Artillerie , & particulièrement de celui qui commande, de les placer commodément , & dans des lieux où ils puiſſent ſe conſerver toûjours en état de ſervir.

Et, afin qu'on ne ſoit pas obligé de défoncer les tonneaux qui renferment les clouds pour en reconnoître la qualité , il faut faire prendre de chaque baril ou tonne, un cloud de l'eſpéce qu'il renfermera, attaché au bout d'une ficelle.

Le Garde doit auſſi faire proviſion de noir & d'huile pour écrire avec un pinceau ſur les tonnes , barils , planches , & autres endroits , les noms de chaque choſe.

Il faut auſſi laiſſer une table dans le Magaſin à Poudre pour écrire plus commodément les diſtributions qui ſe font.

T i t r e II.

Parcs d'Artillerie.

CE qui s'appelle Parc d'Artillerie à l'Armée , eſt le lieu où on raſſemble toutes les Piéces & les munitions qui doivent ſervir à faire un Siége , ou être portées à la ſuite d'un Equipage.

Il y a de pluſieurs ſortes de Parcs.

Leur diſpoſition dépend de la volonté du Commandant d'Artillerie , les uns voulant que le Canon en faſſe tout le front du côté des Ennemis.

Les autres, que le Canon ſoit ſur pluſieurs lignes à la tête de chacune Brigade.

L'arrangement des Piéces & des munitions dans un Parc devant une Ville qu'on aſſiége , eſt différent en quelque choſe de celui qui ſe forme en Campagne à la ſuite d'une Armée. Nous allons voir toutes ces manières différentes.

Je commence par une dont le mémoire m'a été donné par un Officier de conſidération & de mérite qui a ſervi long-tems dans pluſieurs Equipages.

LE Maréchal des Logis ſuit le Maréchal de Camp , qui , après avoir marqué le Camp de toute l'Armée , lui marque
auſſi

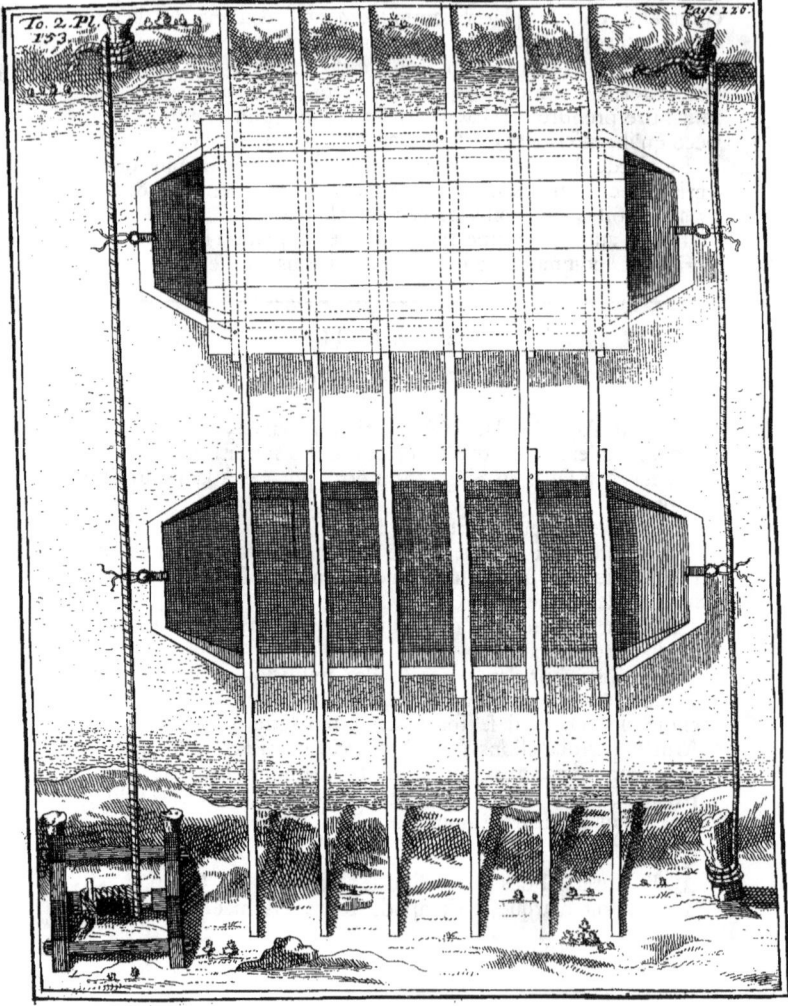

aussi le lieu où se doit former le Parc de l'Artillerie : & ensuite il va au quartier du Roi faire marquer par le Maréchal-Général des Logis un logement pour le Général de l'Artillerie, qui doit toûjours être marqué auprès de celui de l'Officier Général qui est de jour , d'où il doit retourner joindre la tête de l'Equipage , pour informer le Commissaire du Parc du lieu où il doit parquer , & le Commandant de l'Artillerie, du lieu qui lui a été destiné pour son logement.

Le Parc se fait ordinairement dans le centre de la ligne, à trois cents pas devant les Troupes qui l'occupent.

Quand l'Equipage est grand, le Parc doit être toûjours quarré.

Sur la ligne qui fait face aux Ennemis on met toutes les Piéces de Canon , les plus gros toûjours sur la droite , les Mortiers , les affûts , la charette composée , & la chevre.

Sur l'une des lignes des côtez du quarré on met les affûts à Mortier, le plomb, les méches , les sacs à terre , les cordages, les Grénades , les fusées en tonnes.

Les outils entonnés , les armes à l'épreuve.

Sur l'autre , les Bombes , les boulets.

Et sur celle qui ferme le quarré , les outils & charettes haut le pied : c'est cette dernière ligne qui doit être à trois cents pas de celle de l'Armée.

Toutes les limonières des avantrains, chariots & charettes, doivent être dans le dedans du quarré également distantes les unes des autres , & tous les essieux vis-à-vis les uns des autres.

Dans le quarré proche la dernière ligne on doit mettre les Poudres dans le plus petit espace qu'elles puissent contenir.

Environ vingt pas devant la première ligne, dans le milieu, on doit mettre quatre petites Piéces chargées, & y faire tenir tous les jours deux Commissaires , & quatre Canonniers de garde.

Il doit y avoir un Corps-de-garde avancé commandé par un Capitaine, d'où on tire les Sentinelles nécessaires pour la Poudre, pour le Canon, & pour toutes les entrées du Parc.

Le

Le Commiffaire & le Garde du Parc doivent camper dedans, comme auffi les Déchargeurs.

Les autres Officiers, le Capitaine des Ouvriers, & fes gens doivent camper aux côtez du Parc.

Les Capitaines du charroi, & leurs équipages, doivent camper fur les ailes & le long des haies les plus proches du Parc.

Les Pontons doivent parquer fur la gauche, en quarré, ou en rond, fuivant leur quantité.

On donne quelques charettes par Brigade pour porter le bagage des Officiers.

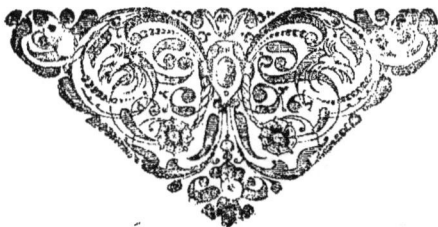

La

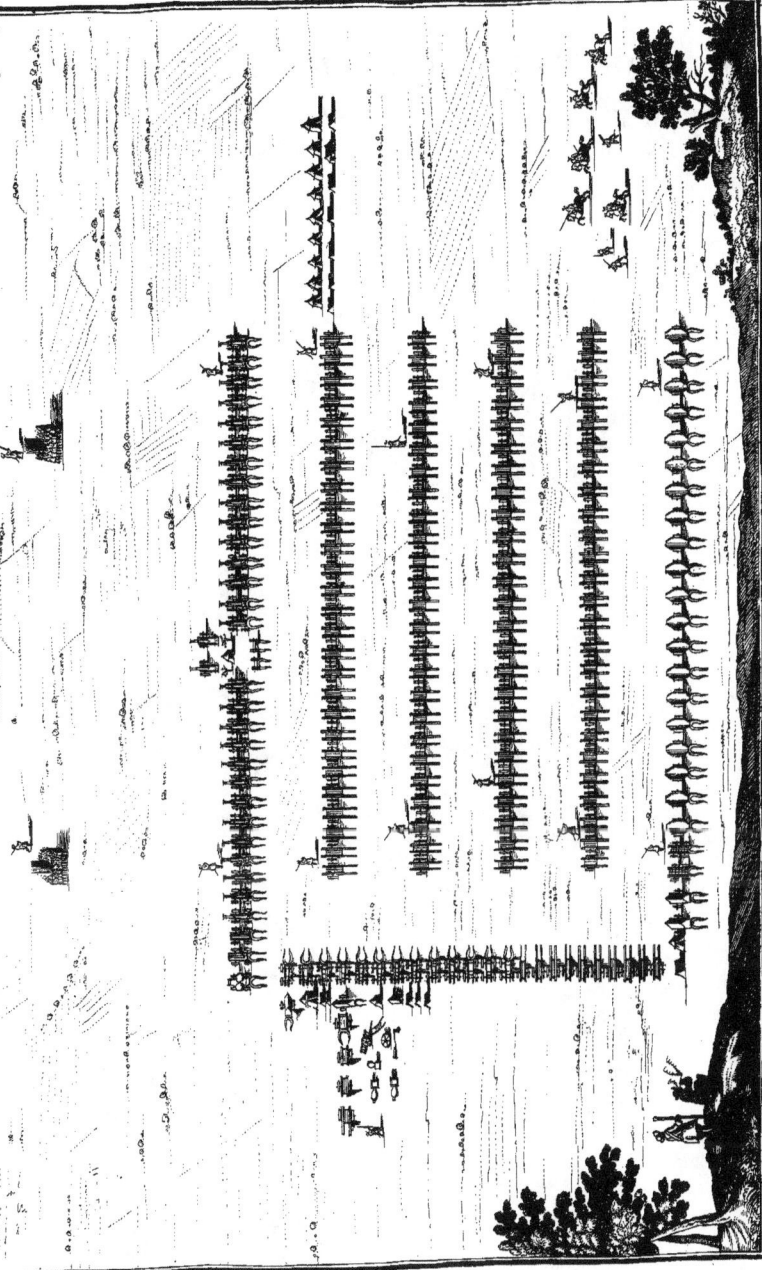

PARCS D'ARTILLERIE

L_A figure de Parc ci à côté a été tirée sur un Parc de Flandres, comme on les difpofoit il y a 5 ou 6 ans.

LEs Parcs qu'on fait préfentement , font pareils à ceux dont voici la figure.

EXPLICATION DE LA FIGURE
du Parc à la manière de M. *de Vigny*.

A *Première Brigade légére des Piéces de 8, & les munitions qui en dépendent.*

B *Troifième Brigade légére des Piéces de 4, & les munitions qui en dépendent.*

C *Première Brigade du Parc des Piéces de 24, & les muni-tions, chariots & caiffons, qui dépendent de cette Brigade.*

D *Deuxième Brigade du Parc des Piéces de 12 avec les muni-tions, pontons, baquets & caiffons, qui dépendent de cet-te Brigade.*

E *Deuxième Brigade légére des Piéces de 8, avec les muni-tions qui en dépendent.*

F *Quatrième Brigade légére des Piéces de 4, avec les muni-tions qui en dépendent.*

G *Charette d'outils qui marche à la téte de l'Equipage , & qui fe place la première fur la méme ligne que les Piéces.*

H *Affûts de rechange placés à la fin des Piéces de chaque Brigade.*

I *Sentinelle pour la garde du Parc.*

K *Tentes des Officiers d'Artill. avec leurs charettes de Brigades.*

L *Tentes des Ouvriers, & leurs atteliers.*

M *Chevaux du piquet.*

Nous en verrons un d'une autre forte , après que j'aurai expliqué comment marche un Equipage d'Artillerie ; com-ment même fe forme un Equipage d'Artillerie , & la propor-tion qui doit y être obfervée, tant pour le nombre & la qua-lité des Officiers dont il doit être compofé , que pour le nombre & l'efpéce des munitions qui y doivent fervir.

T I T R E III.

Marche d'un Equipage d'Artillerie en Campagne.

IL doit marcher à la tête de tout un Equipage d'Artillerie une Charette compofée d'outils, fçavoir hoyaux, picqs-
hoyaux,

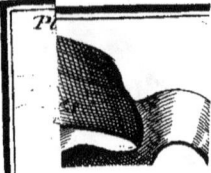

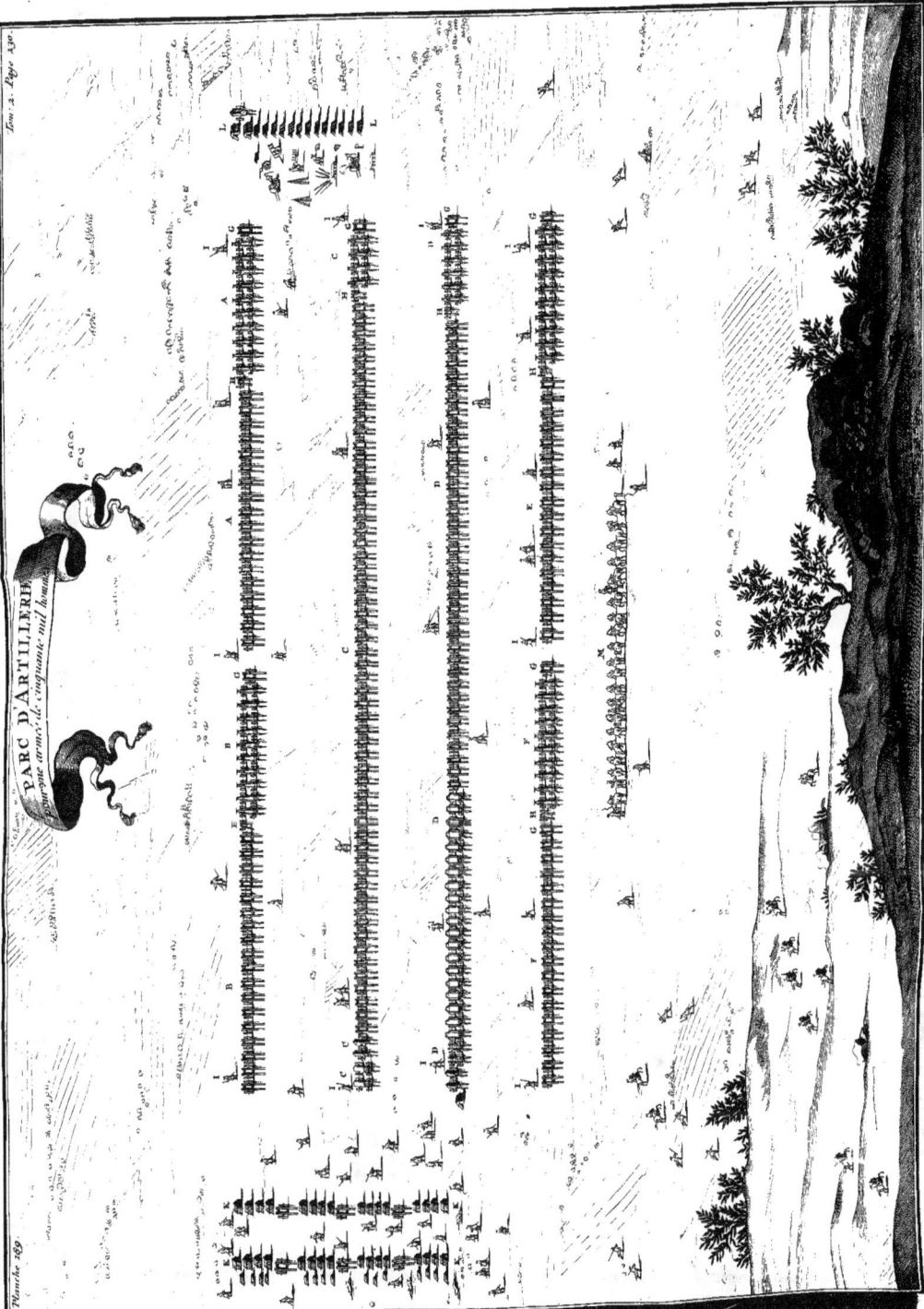

PARC D'ARTILLERIE

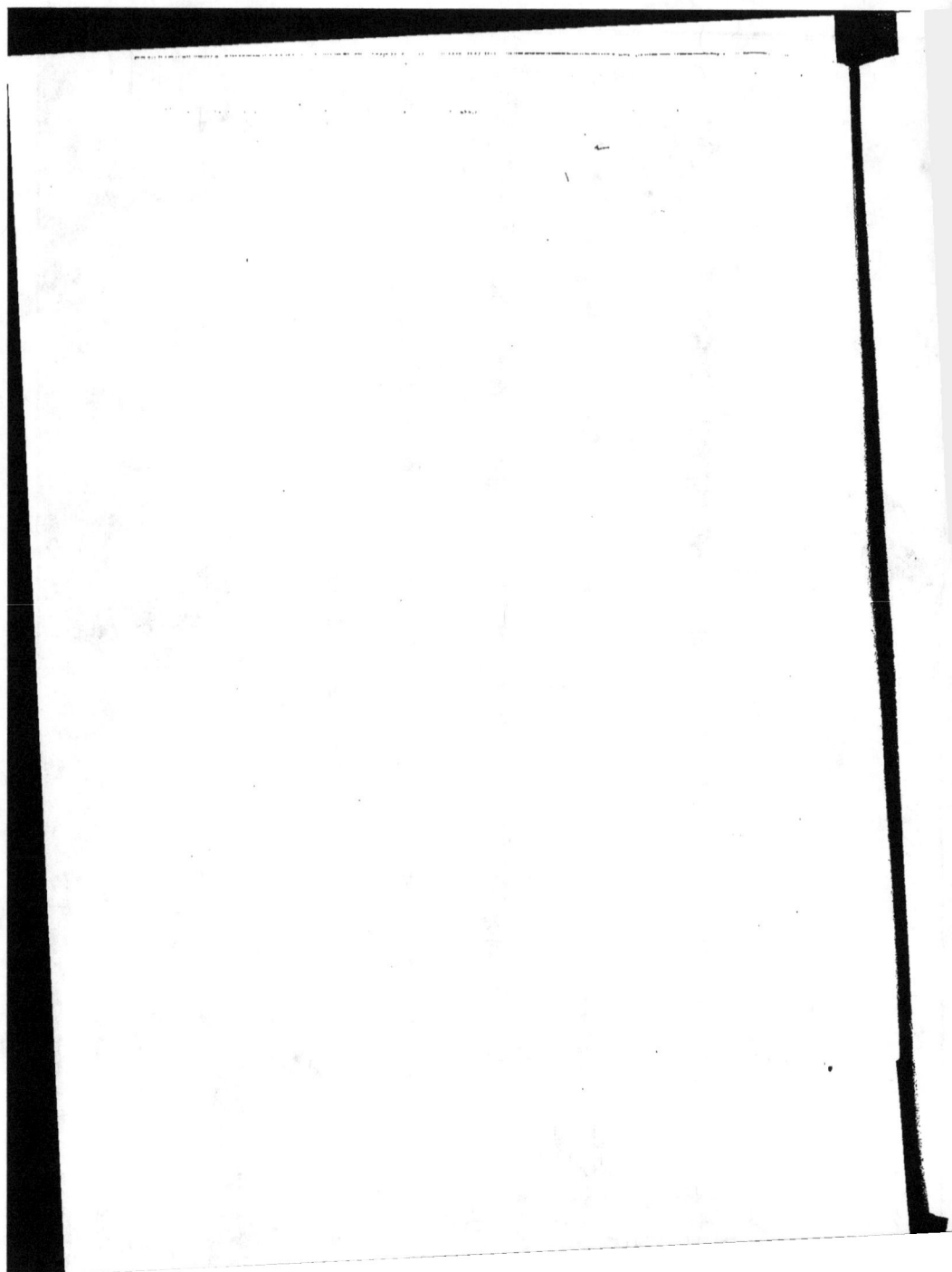

hoyaux, bêches, écoupes ou pelles de bois ferrées, haches &
ferpes, avec quarante Pionniers & un Waguemeftre pour
montrer le chemin, & le rendre pratiquable dans les endroits
où il ne le feroit pas.

Après cette charette doivent fuivre quatre petites Piéces
de Canon de quatre, montées fur leurs affûts, & aiant leurs
armes attachées aux côtez, toutes chargées à boulet, & leurs
Canonniers avec chacun un boutefeu allumé, deux dégorgeoirs, & enfuite une Charette d'Artillerie compofée, chargée d'un baril de poudre, d'un de plomb, d'un paquet de méche de 50 livres, d'une cinquantaine de boulets du calibre des .
Piéces, & de cinq ou fix prolonges.

Remarquez que le Tréfor & le Bagage Roïal, quand il n'y
a qu'une colonne, marchent ordinairement après ce petit é-
quipage, autrement ils marchent comme il fe voit ci-après.

Les Pontons, & ce qui leur appartient, doivent marcher
enfuite.

Après doivent fuivre la Chevre & tout fon équipage, avec
le Capitaine des Ouvriers, & quelques Charpentiers.

Suivent les Canons de gros calibre chargés fur leurs chariots.

On fait fuivre les Piéces montées fur leurs affûts, chacune felon fon calibre, aiant leurs armes attachées aux côtez.

Puis marchent les Affûts des groffes Piéces avec leurs armes attachées deffus, & les autres haut le pied.

Les Mortiers vont après.

Enfuite doivent marcher les Caiffons du Garde du Parc,
du Tréfor, du Maréchal des Logis, & du Capitaine des Ouvriers, où font contenus les outils à Ouvriers & à Mineurs,
comme auffi les forges.

Suivent les Bagages du Général de l'Artillerie & de tous
les autres Officiers de l'Equipage, chacun felon fon rang ;
ceux des Fufiliers & des Bombardiers s'y rencontrent auffi
ordinairement, & tous les Vivandiers de l'Equipage.

A leur tour marchent les Poudres, les Méches, les Sacs à
terre, les cordages, les fufées à Bombes & à Grénades, les
armes à l'épreuve, s'il y en a, le Plomb, les Grénades, les
outils

outils entonnés, les Affûts à Mortier, les Bombes, les Boulets, chacun felon fon calibre, les outils à Pionniers auffi fuivant leur ordre, & les charettes haut le pied.

Pour empêcher l'interruption de cette marche, le Général de l'Artillerie divife fes Officiers en cinq Brigades, dont les cinq plus anciens provinciaux font chefs. Les cinq Brigades partagent tout l'Equipage, & chacune amène au Parc la part dont elle eft chargée cette journée, roulant entre elles & aïant alternativement la tète & la queuë.

Titre IV.

Projets d'Equipages.

IL faut informer un Commiffaire de ce qu'il auroit à faire fi on lui ordonnoit de former un petit Equipage pour quelques détachemens. En voici un projet: par exemple,

Pour dix Piéces.

Chevaux, Piéces, Affûts, Avantrains, & Armes.

24	fur	4 Piéces de 8 montées fur leurs affûts, avec leurs avantrains & leurs armes complettes pour les exécuter.
24	fur	6 Piéces de 4 montées fur leurs affûts, avec leurs avantrains & leurs armes complettes.
8	fur	2 Affûts haut le pied, c'eft-à-dire furnuméraires, & deux paires d'armes de même fur ces affûts.
56	10	

Chevaux, Charettes.

8	. . .	2 chargées de 500 boulets, dont 200 de 8, & 300 de 4, pour tirer 50 coups de chaque Piéce.
32	. . .	8 chargées chacune de 1250 livres de poudre, le tout faifant 10 milliers, c'eft-à-dire, autant de milliers de poudre que de Piéces, tant pour y fervir, que pour fervir aux Troupes du détachement.
28	. . .	7 chargées chacune de 1143 l. de plomb, le tout faifant 8 milliers.
32	. . .	8 chargées chacune de 1238 l. de méche, le tout faifant 9900 livres.
8	. . .	2 chargées chacune de 1000 Grénades, & de 1200 fufées auffi chargées, ces charettes portant 1150 livres chacune.
32	. . .	8 chargées de 2000 outils: fçavoir,

```
          ⎧ 500 hoyaux,      ⎫
          │ 300 picqs-hoyaux, │
          │ 500 béches,      │  250 outils fur chacune charette, pe-
          │ 300 pelles ferrées, ⎬ fant chacun 5 livres.
          │ 150 haches,      │
          ⎩ 250 ferpes,      ⎭
            2000
```

Che-

Pl. 190.　　　　　　　　　　　　　Tom. 2. Pag. 233.

Timballe d'Artillerie.

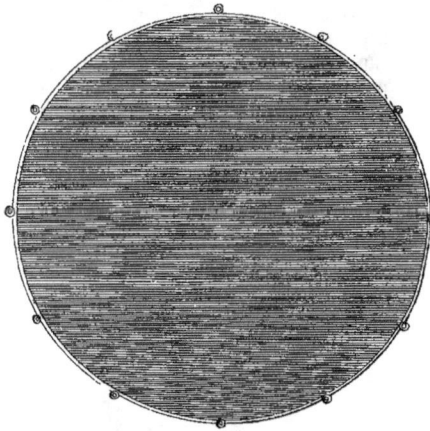

ix. po.

1　　　　　　　　2　　　　　　3 pieds.

Chevaux. *Charettes.*

4 . . .	1 chargée d'une forge complette.
4 . . .	1 chargée d'outils à Charron & à Charpentier.
4 . . .	1 chargée d'une tonne de cordages.
4 . . .	1 chargée d'une chevre complette.

212.   39.

Pour les Officiers.

UN Lieutenant.
Deux Provinciaux.
Trois ordinaires.
Cinq extraordinaires.
Deux Officiers Pointeurs.

Un Capitaine du charroi.
Un Conducteur.
Un Charpentier.
Un Charron.
Un Forgeur.

JE ne donne pas ce modéle-ci comme une régle certaine & comme un principe sûr dont il ne faille point se départir; car on peut augmenter ou diminuer aux munitions & aux Officiers, selon que l'occurrence le demande: c'est l'usage qui apprend ces sortes de convenances; & ceci n'est qu'un plan général des proportions qu'on doit garder pour la formation des Equipages. Cependant comme cet échantillon ne satisferoit pas le Lecteur, je crois que je lui ferai plaisir d'y joindre un plus ample projet de formation & de marche d'Equipage, tel qu'un Officier du Corps qui a toûjours été chargé de détail, & qui s'en est aussi toûjours aquitté avec applaudissement, l'a dressé sur le pied de ce qu'il a vû pratiquer en différentes Armées & en différens païs où il a servi. Si ce plan agrée, on pourra s'y conformer aux occasions.

Notre Officier suppose qu'il faille un Equipage d'Artillerie pour une Armée de cinquante mille hommes servant en Flandres : il prétend qu'il doit être composé de ce qui suit.

Tome II.   G g   Pour

MEMOIRES

Pour cinquante Piéces.

Chevaux, Piéces, Affûts, Avantrains, & Armes.

```
32 . . .  4 . . .  Piéces de 24 de la nouvelle invention montées & armées. . .  4.
 4 . . .  0 . . .  1 Affût  &  1 paire d'armes de rechange.
36 . . .  6 . . .  Piéces de 12 de la nouvelle invention montées & armées. . .  6.
 4 . . .  0 . . .  1 Afût  &  1 paire d'armes de rechange.
120 . . 20 . . .  Piéces de 8 longues montées & armées. . . . . . . . . . . . . . 20.
 8 . . .  0 . . .  2 Affûts &  2 paires d'armes de rechange.
80 . . . 20 . . .  Piéces de 4 longues montées & armées. . . . . . . . . . . . 20.
 8 . . .  0 . . .  2 Affûts &  2 paires d'armes de rechange.
```

292 chevaux.   50 Piéces.

Chevaux.   Charettes.

```
32 . . .   8 . . .  400 Boulets de 24 à  50 par charette, & pesant 1200. . . . . . 400
24 . . .   6 . . .  600 Boulets de 12 à 100 par charette, & pesant 1200. . . . . . 600
52 . . .  13 . . . 2000 Boulets de  8 à 154 par charette, & pesant 1232. . . . . . 2000
28 . . .   7 . . . 2000 Boulets de  4 à 286 par charette, & pesant 1144. . . . . . 2000
```

136 chevaux. 34 charettes.   Boulets . . 5000.

Chevaux.   Charettes.

```
         ⎧ 80 charettes chargées chacune de
         ⎪          400 l.  de poudre, ⎫
320 . . ⎨          400 l.  de plomb , ⎬ faisant 88000. ⎫
         ⎪       & 300 l.  de méche , ⎭                ⎪  60000 de poudre . 60000.
         ⎩                                             ⎬
 16 . . .  4 charettes chargées chacune de            ⎪  35200 de plomb . 35200.
                  800 l.  de plomb , ⎫ faisant 4400.   ⎪
               & 300 l.  de méche , ⎭                  ⎭  25200 de méche . 25200.

112 . . . 28 charettes chargées chacune de
                 1000 l. de poudre,  faisant 28000.
                                            120400.                120400. l.

 96 . . . 24 charettes chargées de            ⎧ 6000 outils à Pion-
                 250 outils chacune,          ⎪ niers, dont moitié
                 faisant 6000, &              ⎪ béches , & moitié
                 pesant environ  . . . 30000. ⎨ picqs-hoyaux, parmi
544 che. 136 charettes.                        ⎪ lesquels il y a 300
                                               ⎪ picqs à roc, & 300
                                               ⎪ pelles de bois fer-
                                               ⎩ rées . . . . . . . . 6000.
```

Chevaux.   Charettes.
               Chariots.
               Caissons.
               Pontons , &c.

```
15 . . .  3 chariots pour porter . 1000 haches emmanchées . . . . . . . .  1000.
16 . . .  4 charettes pour . . . . 2000 serpes entonnées . . . . . . . . . 2000.
20 . . .  5 charettes pour . . . . 2000 grénades chargées & entonnées. . . 2000.
 5 . . .  1 chariot pour porter les menus achats.
56.                                                                    Chevaux
```

56
Chevaux, Charettes, &c.

5	. . . 1 chariot. . . . 200 outils à Mineurs. . . . . . . 200.
15	. . . 3 chariots pour porter cordages de toutes fortes.
5	. . . 1 chariot pour porter 3000 facs à terre . . . . 3000.
12	. . . 3 charettes, 3 forges complettes. . . . . 3.
4	. . . 1 charette chargée de charbon.

16 . . 4 caiffons.
{
Ces Caiffons font pour
Le Capitaine des Ouvriers.
Le Major ou Maréchal des Logis de l'Artillerie.
Les Artificiers.
Le Chirurgien-Major. .
& l'Aumónier.
}

113

120 . . . 20 batteaux de cuivre montés sur leurs haquets . . . . . 20.
12 . . . 2 haquets de rechange . . . . 2.
8 . . . 2 caiffons remplis de cordages & outils pour travailler aux ponts.

140

Total des

Chevaux.	Charettes.	Chariots.	Caiffons.	Haquets.	Batteaux fur haquets.
292	34	3	4.	2.	20.
136	136	1	2		
544	4	1	6.		
113	5	3			
140	3	1			
1225.	1	9.			
	183.				

Remarques très-utiles , & qu'il faut obferver lorfque cet Equipage marche en Campagne.

AUffitôt que toutes les Troupes commencent de s'affembler au premier Camp , le Lieutenant commandant l'Artillerie va joindre le Général de l'Armée , pour s'aboucher avec lui , & prendre des mefures pour y faire tranfporter des munitions , comme poudre , plomb , méche , & outils qui leur font diftribués , afin que toutes les Troupes aient de quoi tirer dix à douze coups , auparavant que d'avancer du côté de l'Ennemi. Après cette diftribution les chevaux & charettes doivent rejoindre l'Equipage d'Artillerie pour être en état que tout puiffe marcher enfemble en bon ordre à l'Armée.

Le

Le Lieutenant paſſe en revûë tous les chevaux de ſon Equipage d'Artillerie , & envoie en Cour & au Grand-Maître un état de ceux qu'il aura fait marquer, & de ceux qu'il aura rebutés. Il ordonne au Capitaine-général du charroi de travailler avec le Commiſſaire provincial du Parc aux billets d'attelage , afin que les Capitaines du charroi ſçachent les Brigades qu'ils auront à mener ; & même il eſt très-à-propos qu'on les oblige à ne point abandonner dans la marche les Brigades dont ils ſont chargés par leurs billets : cela eſt de l'utilité du ſervice & de leur propre intérêt.

Toutes les munitions étant chargées & attelées ſuivant l'Etat ci-deſſus, on les fait marcher pour l'Armée par Brigades dans l'ordre ſuivant.

Première Brigade.

Officiers.

UN Commiſſaire provincial.
Deux Commiſſaires ordinaires.
Deux Commiſſaires extraordinaires.
Un Officier Pointeur.
Un Officier Déchargeur.
Un Capitaine du charroi.
Un Conducteur.
Trois Ouvriers.
Vingt charettes.

Munitions.

UNe charette d'outils compoſée de 50 béches & 50 picqs-hoyaux, avec les outils & cordages néceſſaires pour les Ouvriers de cette Brigade . . 100.
Dix Piéces de 8 longues montées & armées . 10.
Un affût & une paire d'armes de rechange . . 1.
Six charettes de boulets de 8 , chargées chacune de 150 . . . . 900.
Trois charettes de poudre chargées chacune

d'un

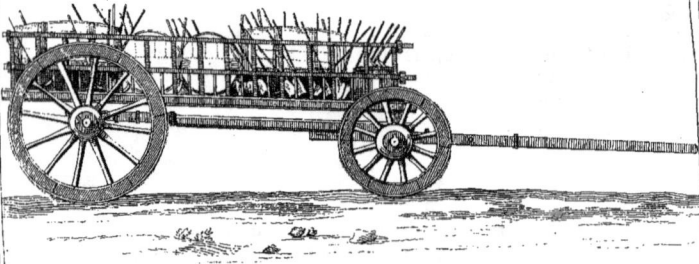

d'un millier . . . .   3000.
  Six charettes compofées chacune de 400 livres
de poudre . . . .   2400.
  Quatre cents livres de plomb . . . .   2400.
  Trois cents livres de méche . . . .   1800.
  Trois charettes d'outils chargées chacune de
250 . . . .   750.
  Une charette de Brigade pour les Officiers, fi on ne fait
de tout cet Equipage que cinq Brigades.

  Il y en aura encore trois qui feront compofées de la même manière pour les Officiers & les munitions, à la réferve
de la différence de leurs Piéces. Celle du Parc, qui eft la plus
forte, eft compofée des 4 Piéces de 24, & des 6 de 12 : elle a
auffi le reftant de toutes les munitions qui n'entrent point
dans les autres Brigades, avec les forges, les 20 pontons, haquets & caiffons. Cette Brigade marche toûjours au centre, aiant deux Brigades devant & après elle qui roulent
alternativement de la queuë à la tête; c'eft-à-dire, la première avec la troifième, & la deuxième avec la quatrième.

  Les Capitaines ou Conducteurs qui font fur l'Etat, font
difperfés à chaque Brigade pour aller connoître les paffages
& les lieux les plus aifés, & fe doivent tenir aux défilez &
pas dangereux qu'ils auront remarqués, avec un des Commiffaires ou Officiers de la Brigade, jufqu'à ce qu'elle foit
entièrement paffée. Les Brigades fuivantes en font de même; ce qui fait que tous les Chartiers prennent garde à eux,
& font par ce moyen fecourus en cas de befoin.

  Il faut de néceffité que le Commandant qui marche à la
tête de cet Equipage, y faffe mettre vingt Travailleurs, & dix
à chacune des Brigades, afin d'être toûjours en état de furmonter la difficulté des chemins & des accidens qui peuvent
arriver.

  Le Commiffaire provincial qui eft de jour pour marcher
le premier avec fa Brigade, ne la doit faire aller abfolument
que le pas des chevaux, & de tems en tems il doit l'arrêter, afin que les autres Brigades puiffent la fuivre, parce
qu'elles font obligées affez fouvent de courir quand elle n'i-

       Gg 3   roit

roit pas le pas : & quelquefois on voit que la première Brigade eft arrivée au Camp, que les dernières ne font pas encore forties du Parc, aiant été coupées des bagages de l'Armée qui ont paffés à la faveur des intervalles ; ce qui n'arriveroit pas fi on arrêtoit la tête jufqu'à ce que celui qui la
commande, apprît des nouvelles que tout fût en file. Ce
qu'on peut facilement fçavoir à la tête de chaque Brigade,
lorfque les Commiffaires provinciaux donneront ordre aux
Officiers qui font à la queuë de leur Brigade, de les faire
avertir quand la Brigade qui doit les fuivre, fera arrêtée ; ce
qui feroit que dans un inftant la tête de tout l'Equipage
en feroit avertie, comme du moment qu'elle aura rejoint.

Quand le refte fe trouve obligé de s'arrêter, elle doit
doubler dans le terrain le plus commode & le plus proche
qu'elle peut trouver, afin d'avancer toûjours les Brigades qui
font derrière.

Après qu'on a laiffé un détachement confidérable de Fufiliers pour marcher à la tête de l'Equipage, & un autre pour
la queuë, on donne encore pour la garde de l'Artillerie de
petits détachemens pour chaque Brigade, afin que, dans le
befoin, on en puiffe laiffer des pelottons dans les lieux où les
bagages pourroient la couper, qui reftent à ce même endroit
jufqu'à ce que la Brigade fuivante y foit arrivée, où pour lors
le détachement qu'elle a avec elle, prend le même pofte ; ce
qui contribue entièrement au bon ordre de la marche de ce
grand corps.

Le Major de l'Artillerie doit prendre le devant, avec deux
Officiers & un Conducteur, que le Commandant nomme
pour fe trouver enfemble au campement de l'Armée, afin de
voir le lieu qui eft marqué par les Officiers-Généraux de jour.
Un de ces Officiers d'Artillerie aiant reconnu l'endroit du
Parc, retourne fur fes pas au-devant de l'Equipage avec le
Conducteur qui remarque le meilleur chemin qu'il faut tenir
pour s'y rendre, tâchant toûjours de faire enforte qu'il ne
traverfe pas les lignes, à caufe des embaras & des inconvé-
niens qui pourroient en arriver.

Le Commiffaire d'Artillerie qui refte pour aligner le Parc,
doit

doit faire compter 400 pas des faisceaux de la première ligne jusqu'au terrain qu'on doit occuper ; distance ordinaire
qu'il faut observer pour éviter la proximité des Troupes.

Le Commissaire provincial, après avoir fait lever son Parc,
doit se rendre à la tête de l'Equipage, afin de prendre les devans pour reconnoître le terrain; après quoi il marque l'endroit que doivent occuper les Bataillons Roïal - Artillerie,
& Roïal - Bombardiers, qu'on éloigne à cent pas de la droite & de la gauche de l'alignement du Canon & du Parc.   Il
marque aussi entre les Bataillons & le Parc, le lieu où les Commissaires doivent camper, & voit avec le Capitaine - général
du charroi où on doit mettre les chevaux de l'Equipage, qui
doivent toûjours être éloignés de 300 pas du Parc.   On les
campe sur plusieurs lignes à droite ou à gauche, selon la disposition du terrain.

Il faut observer, autant qu'il est possible, de ne les pas
avancer devant les Bataillons, à cause des partis ennemis, où
dans cette rencontre on est obligé de donner des détachemens pour les garder.

E X

EXPLICATION DE LA FIGURE
d'un Parc d'Artillerie où les Piéces
font à la tête.

A *Première Brigade légére des Piéces de* 8, *& les munitions qui en dépendent.*

B *Troifième Brigade légére des Piéces de* 4, *& les munitions qui en dépendent.*

C *Première Brigade du Parc des Piéces de* 24, *& les munitions qui en dépendent.*

D *Deuxième Brigade du Parc des Piéces de* 12, *avec les munitions, chariots, caiffons, pontons, & haquets qui dépendent de cette Brigade.*

E *Deuxième Brigade légére des Piéces de* 8, *& les munitions qui en dépendent.*

F *Quatrième Brigade légére des Piéces de* 4, *& les munitions qui en dépendent.*

G *Piéces d'allarme & leurs avantrains.*

H *Canonnier avec fon bouttefeu.*

I *Charette d'outils qui marche à la tête de l'Equipage, & qui fe place la première fur la même ligne que les Piéces.*

K *Affûts de rechange placés à la fin des Piéces de chaque Brigade.*

L *Sentinelles pour la garde du Parc.*

M *Chevaux du Piquet.*

N *Tentes des Officiers d'Artillerie avec leurs charettes de Brigades.*

O *Tentes des Ouvriers & leurs atteliers.*

P *Premier Bataillon du Régiment Roïal-Artillerie.*

Q *Deuxième Bataillon du Régiment Roïal-Artillerie.*

R *Regiment Roïal-Bombardiers.*

S *Faifceaux d'armes avec les Sentinelles.*

T *Corps-de-garde avancés avec leurs Sentinelles.*

V *Ruiffeau.*

X *Sentinelles pour la garde des ponts qui font fur le ruiffeau.*

Y *Tentes des Officiers du Régiment Roïal-Artillerie & du Régiment*

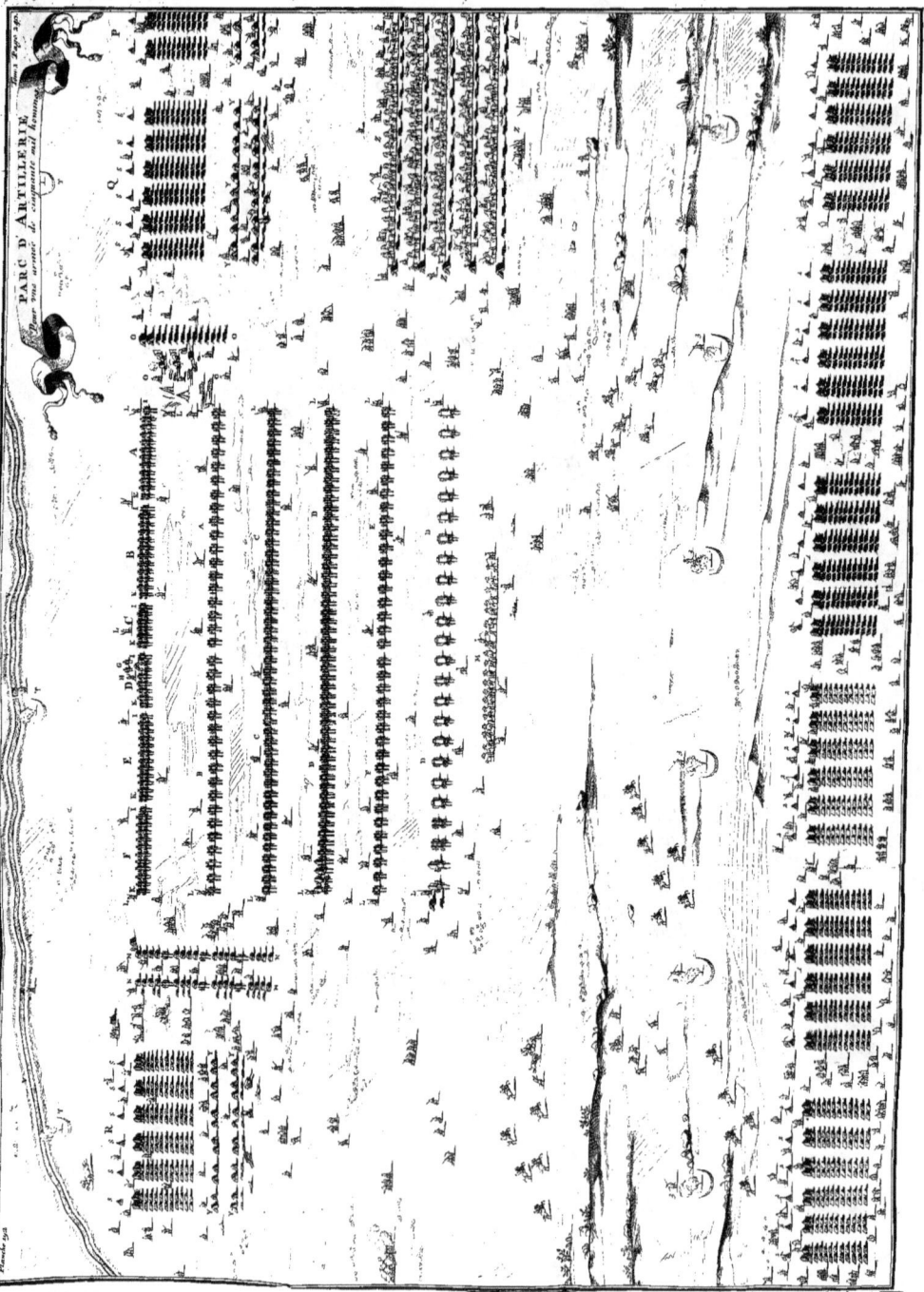

PARC D'ARTILLERIE
Pour une armée de cinquante mil hommes

giment Roïal - Bombardiers.
Z *Parc des chevaux, avec les tentes des Capitaines du charroi.*
1 *Bataillons de la première ligne de l'Armée.*
2 *Faisceaux d'armes.*
3 *Corps-de-garde avec leurs Sentinelles.*

Aïant ainfi aligné toutes les diftances & les campemens fur celui de l'Armée, un des Commiffaires du Parc fait avancer la charette d'outils qui eft à la tête, qu'il pofe la première à l'alignement du Canon qui doit être marqué par un cordeau ou piquet. Enfuite il fait tourner toutes les Piéces de cette Brigade par-devant la charette, afin que la volée foit du côté de l'Ennemi. Il faut laiffer un intervalle de deux grands pas de la charette à la première Piéce, & de même aux autres qui fuivent; ce qui doit donner 4 pas compris le corps de la charette, la diftance & l'affût: ainfi pour les 10 Piéces de la Brigade, avec l'affût & la charette d'outils qui marche à la tête, il faut avoir 48 pas. On augmente encore 5 pas pour laiffer une diftance raifonnable d'une Brigade à l'autre; ce qui feroit pour les cinq Brigades 260 pas de front. Il faut obferver toutes ces chofes, à moins qu'on ne foit borné par le terrain qui vous eft marqué, ou par la nuit qui ne vous permet pas d'aller plus loin; & pour lors, vous cherchez le moyen de pouvoir doubler feulement vos Brigades en attendant le jour.

Pendant qu'un Officier du Parc fait mettre le Canon à l'alignement ci-deffus marqué, d'autres Aides du Parc mettent la première ligne des munitions de cette première Brigade à 40 pas derrière celle du Canon; & par le moyen des intervalles qu'ils doivent donner entre chaque charette, & de la diftance qu'ils doivent laiffer entre ces deux premières Brigades, elles doivent occuper autant de front que le Canon: & quoique le nombre de charettes ne foit pas égal à celui des Piéces, cependant on doit rendre cette ligne égale à celle du Canon.

La Brigade du Parc qui fuit, aïant aligné fes Piéces avec les autres, on fait une feconde ligne de toutes les munitions

Tome II. H h de

de cette Brigade, éloignée seulement de 30 pas des deux autres Brigades qui font la première ligne de munitions : & comme cette Brigade est fort grosse, & qu'il s'y trouve beaucoup
de charettes, on prend ses mesures de manière qu'elle ne fait
qu'une ligne, en donnant un peu moins d'intervalle entre les
charettes, qu'on n'a fait aux autres.   Et même il est plus à
propos d'en faire deux Brigades du Parc, en mettant les quatre Piéces de 24 pour la première Brigade, & les six de 12
pour l'autre Brigade du Parc, & leur partager les munitions
qui restent dans l'Equipage, c'est-à-dire celles qui ne font pas
dans les Brigades légéres.

Les forges qui marchent immédiatement après les Piéces
de cette Brigade, la quittent proche le Parc, & vont ordinairement camper à la droite entre les Piéces & le Bataillon
où le Capitaine général des Ouvriers forme son attelier pour
le radoub des Piéces, & autres choses nécessaires.

Les deux autres Brigades conduisent aussi leur Canon au
même alignement des autres Piéces, & font une troisième
ligne de munitions du même front des autres, derrière celles du Parc, & de la distance de 30 pas; & faisant deux Brigades du Parc, au lieu de la troisième ligne elles en feront la
quatrième, comme il est marqué par la figure du grand Parc.

Les pontons qui suivent dans la marche la Brigade du
Parc, forment une quatrième & dernière ligne de 30 pas d'é-
loignement des deux dernières Brigades: & supposant encore qu'on fasse deux Brigades du Parc, qui font deux lignes,
les pontons se trouveront à la cinquième ligne, comme on
voit par la figure du grand Parc, & ferment le Parc du côté
de l'Armée; ce qui cause, avec son ornement, un très-bon effet, parce que les passans ne peuvent pas approcher des munitions, & par cette disposition ils font en état d'être attelés
aussi-tôt qu'on le demande, sans que cela dérange rien du
bon ordre qui se voit dans les autres lignes.

Le Commissaire du Parc fait aussi-tôt poser des Sentinelles
pour empêcher que personne n'approche des munitions.   On
en fait mettre trois à la première ligne des Piéces, une à chaque bout, & l'autre dans le centre; six autres aux six extrémitez

mitez des lignes des munitions; & trois à la dernière ligne, poſées comme à la première ligne des Piéces.

On met à 50 pas du Canon devant le centre un petit corps de Fuſiliers pour empêcher les ſurpriſes de l'Ennemi.

On avance à 10 pas de la ligne du Canon les deux Piéces d'allarme qui ſe trouvent toûjours celles du Parc, comme étant au centre, & les plus groſſes: il doit y avoir auprès une Sentinelle & un Canonnier de garde avec le bouttefeu allumé.

Auſſitôt que le Commiſſaire a diſpoſé tout ſon Parc de cette manière, il fait avertir le Capitaine général du charroi de lui envoïer 20, 30, 40 attelages pour le piquet, qu'on met à la queuë du Parc. Je ne fixe point ici le nombre d'attelages, parce que cela dépend du beſoin qu'on en peut avoir, où de la proximité où on eſt de l'Ennemi, & pour lors, il en faut tout au moins dequoi atteler une Brigade entière, afin qu'elle ſoit en état de marcher au premier ordre du Général.

Le Major doit commander tous les jours deux Commiſſaires d'ordonnance, un auprès du Général de l'Armée, afin que cet Officier ſoit en état de recevoir ſes ordres pour les porter au Commandant de l'Artillerie, un autre auprès du Grand-Maître de l'Artillerie quand il ſert à l'Armée.

On envoie tous les jours de fourage une Brigade d'Officiers pour contenir les Fourageurs de cet Equipage, qui ſont conduits en ordre juſqu'au lieu où on doit fourager.

Il y a auſſi chaque jour une Brigade d'Officiers de piquet qui ne doivent point ſortir du Parc, afin d'être prêt à faire atteler leur Brigade de Canon, ſi le Général la demandoit.

Chaque Brigade d'Officiers doit aller à ſon tour faire travailler aux ponts qu'on ordonne pour la marche de l'Armée, ou pour la communication des lignes.

Le Major, après être arrivé tous les ſoirs de l'ordre, va porter le mot au Grand-Maître, s'il y eſt, ou au Lieutenant qui commande ſous ſes ordres, & leur rend compte de ce qui ſera ordonné par le Général.

Il donne le mot à l'Officier qui fait l'emploi d'Aide-Major, pour le porter aux Commiſſaires provinciaux, & aux ordinaires qui commandent des Brigades. Ce même Officier prend soin d'aller chercher le pain pour le faire distribuer.

Commiffaire extraordinaire, 1.
Officier Pointeur, 1.
Déchargeur, 1.
Conducteur, 1.

Il faut tous les jours trois Officiers pour la garde du Parc, & un Conducteur, qui doivent indispensablement y rester tout le jour, pour contribuer par leur présence au bon ordre qu'on y doit tenir lorsqu'il faut charger ou décharger des munitions. Ils sont obligés de faire leur garde toute la nuit, & d'y faire leur ronde très-exactement les uns après les autres, afin de tenir toutes les Sentinelles alertes, & d'empêcher que personne ne puisse approcher du Parc, ni y entrer, qu'auparavant le Commissaire de garde ne lui parle, quand même ce seroit le Commandant ou autre; parce que, sous ce nom, il pourroit arriver des suites fâcheuses, & on ne sçauroit prendre trop de mesures & de précautions lorsqu'on est chargé de la garde d'un dépôt si utile & d'une si grosse conséquence.

S'il y a quelque travail ou remuement dans le Parc, le Commissaire du Parc le fait exécuter par ses Aides. Il est très-nécessaire que tous les Officiers passent dans ces emplois, sans quoi assurément ils ne peuvent devenir habiles, car ces sortes de détails ne se débrouillent pas aisément; & quelque facilité qu'un homme ait à toute autre chose, il ne sçauroit sortir de celle-ci qu'avec une grande pratique. Ainsi il ne faut pas que la crainte du travail l'en fasse éloigner, puisqu'il ne sçauroit bien connoître son emploi qu'après y avoir beaucoup travaillé : il est même à propos que le Commandant de l'Artillerie choisisse les plus entendus & les plus expérimentés, pour Commissaire provincial du Parc & pour Commissaire ordinaire, afin d'instruire & de rendre capables ceux qui sont au-dessous d'eux.

Encore bien que tous les Commissaires provinciaux fassent examiner chacun leur Brigade aussitôt qu'elle est arrivée, par leurs Officiers; cependant le Commissaire général du Parc doit encore envoïer tous les Officiers Pointeurs visiter s'il ne manque rien aux Piéces, & les Déchargeurs aux munitions. Ceux-ci doivent examiner de bien près, si tout est en bon état; chacun d'eux doit lui apporter un petit

tit mémoire de ce qui peut manquer, où il diſtingue la Brigade & la Piéce par ſon rang & par ſon calibre, ainſi que la charette, avec la qualité des munitions dont elle eſt chargée.

Le Commiſſaire du Parc, parfaitement inſtruit de toutes
choſes, en donne avis au Capitaine des Ouvriers, qui fait
travailler auſſitôt à tous les radoubs, afin que l'Equipage ſoit
toûjours en état de marcher.

Le Garde du Parc qui s'eſt chargé de tout, ne doit pas
manquer d'aller compter toutes ſes munitions auſſitôt que
cet Equipage eſt parqué, & d'examiner ſi tout eſt conforme
à ſon état. Les Déchargeurs doivent prendre ſoin de l'avertir
auſſi, & d'avertir le Commiſſaire général, des munitions qui
auroient été perdues ou laiſſées dans quelque méchant pas,
ou de celles qui ſeroient en état de ſe perdre, afin d'en connoître la cauſe, pour en prévenir le Commandant de l'Equipage qui donne ſes ordres pour y remédier.

Toutes les diſtributions ſe doivent faire avec beaucoup
de précaution, & il faut bien prendre garde que les troupes
n'entrent pas dans le Parc, à cauſe du danger qu'il y auroit
s'il y avoit de la confuſion. On fait pour cela éloigner par les
Sentinelles, les Soldats qui viennent chercher des munitions;
& les Officiers d'Artillerie qui doivent en faire la diſtribution, prennent avec chacun d'eux quatre Soldats, ou plus,
s'il en eſt beſoin, qui leur ſont donnés par les Officiers ou
Majors qui ſont à la tête de ces détachemens, pour rouler
les tonnes & barils le plus loin du Parc qu'il eſt poſſible au-
deſſous du vent, où pour lors les troupes d'une Brigade ou
d'un Régiment entrent dans leur détail, pendant qu'on retourne chercher d'autres munitions pour les diſtribuer à d'autres Bataillons. Ainſi toutes choſes ſe font avec ordre & ſans
embaras.

Il faut que, dans ce même tems, le Garde du Parc prenne un reçû des Majors, de la quantité des munitions qu'ils
reçoivent pour leur Brigade ou Régiment, lequel reçû le
Garde attache au pied de l'ordre du Général pour lui ſervir
de décharge, & pour faire voir au Commandant de l'Artillerie la diſtribution qui aura été faite.

Il eſt à propos que le Lieutenant commandant l'Artillerie tienne la main à toutes ces choſes, & forme ſon Equipage, comme il eſt marqué par l'Etat ci-deſſus, pour une Armée de 50000 hommes, afin que chaque Fantaſſin puiſſe avoir dans un jour d'affaire une livre de poudre qui lui fournit à tirer 24 coups, une livre de balles qui lui en donne 22 à 23, & une livre de mêche; ce qui fait 24 à 25 milliers de poudre, autant de plomb, & à proportion de mêche, parce que les Piquiers ne conſomment pas de munitions: ainſi, avec 30 milliers de poudre, & autant de plomb, il y aura de quoi fournir les 30 mille hommes d'Infanterie & Dragons qui ſont dans cette Armée.

On doit auſſi remarquer, que chaque Piéce de Canon conſomme par chacun coup les deux tiers de la peſanteur de ſon boulet, & qu'il faut pour une Piéce de vingt-quatre 1600 livres de poudre pour en tirer 100 boulets, & pour les 4 Piéces de vingt-quatre 6400 livres; ce qui feroit environ 20 milliers pour la conſommation de tous les boulets des 50 Piéces, en les réduiſant même à la moitié de la peſanteur du Boulet; ce qu'on fait quand les Piéces ſont échauffées à force de tirer.

Toutes les Troupes fournies de munitions, il en reſte encore ſuffiſamment pour quelque autre néceſſité: & même, quelque grande que ſoit une Bataille, il y a toûjours des Régimens & Bataillons qui n'en conſomment que très-peu, à cauſe des poſtes qu'ils ſont obligés de garder, où l'Ennemi ſouvent ne fait que ſe préſenter. Il en eſt de même de quelques Batteries où le Canon ne tire pas beaucoup, & d'autres qui ne ceſſent pas un ſeul moment de tirer; ainſi le nombre de ces munitions eſt non-ſeulement ſuffiſant pour une première Action, mais encore pour une ſeconde, ou pour la retraite.

Il eſt du bien du ſervice que, dans cette occurrence, on ne diſtribue point, s'il eſt poſſible, les munitions à l'Infanterie, à moins que certainement on ne ſoit prêt de combattre; mais qu'elles ſoient ſeulement remiſes au Major général de chaque Brigade par charettes compoſées avec les Chartiers & chevaux, qui ne quittent point les Brigades qu'ils
n'aient

n'aient auparavant reçû des ordres pour s'en retourner au Parc, parce que, fi elles étoient diftribuées, & qu'on ne donnât point de combat, la confommation feroit confidérable, & fans utilité; au lieu que, fi toutes les munitions avoient été confervées fur les charettes, elles refteroient encore en nature, & ferviroient dans la première occafion: pour lors, le Commandant de l'Artillerie ne feroit pas obligé de renvoïer chercher d'autres pour remettre cet Equipage fur le même pied; ce qui apporte de l'embaras, outre la dépenfe, à caufe de l'éloignement des Villes.

Le Commandant de l'Artillerie doit avoir toûjours des dépôts de Piéces & de munitions aux plus prochaines Villes de la frontière de fon département, afin qu'au premier befoin on puifle en faire venir.

Le nombre de 50 Piéces de Canon eft très-néceffaire lorfque l'Armée eft de 50 mille hommes: car, outre que les Ennemis ont très-fouvent beaucoup plus de Canon que nous dans leurs Armées, c'eft qu'il eft de la dernière importance, comme l'expérience le fait voir, qu'on ait une Brigade de Canon à la droite des lignes de l'Armée, & une à la gauche, afin d'occuper les poftes dont les Généraux trouvent à propos de fe faifir pour empêcher que les Ennemis ne prennent en flanc l'Armée, ou ne viennent reconnoître de trop près nos mouvemens & notre fituation, dont ils pourroient quelquefois profiter; au lieu que les Batteries les tiennent dans le refpect & les empêchent d'approcher.

Il eft très-à-propos qu'il y ait au moins fix Officiers lorfque la Brigade eft compofée de dix Piéces, parce que lorfqu'elle eft détachée, on eft quelquefois obligé d'en prendre 4 Piéces qu'on fait marcher fur la droite, & autant fur la gauche, où il faut envoïer un Officier pour commander chaque détachement, qu'on peut encore partager fuivant le befoin. Ainfi, fi l'Officier, qui commande la Brigade, n'avoit avec lui que trois Officiers, il ne pourroit pas en envoïer à quatre ou cinq détachemens qui fe peuvent faire de fa Brigade, fuivant l'occafion.

Il ne refte plus que 30 Piéces, qui fe poftent en front de
ban-

bandière devant la première ligne de l'Armée à la tête des Brigades d'Infanterie qu'elles doivent soûtenir.

Je crois qu'il est très-à-propos qu'on attache aux flasques de chaque Piéce une boëte qui puisse contenir cinq à six Gargouges à cartouches, afin qu'au premier coup de main on s'en serve utilement; ce qui produit un très-grand effet quand elles sont tirées de près.

On pourroit changer sur cet Etat 10 Piéces de 8 longues en 10 Piéces de 8 courtes de la nouvelle invention, & autant de celles de 4. Mais nous avons souvent reconnu qu'on tire beaucoup plus juste avec les longues, & qu'il y a bien moins de danger à les servir que les courtes qui sont chambrées, lesquelles brisent & rompent souvent leurs affûts.

Si on augmentoit le nombre des Brigades légéres & qu'on ne laissât que 6 à 8 Piéces dans chacune, il faudroit ôter de chacune des cinq Brigades légéres un Commissaire ordinaire & un extraordinaire, qui se trouveroient placés dans le nombre des Brigades qu'on augmenteroit. Cette manière de réduire les Brigades légéres à 6 ou 8 Piéces est la plus utile; parce que le front de Canon est plus grand & plus dispersé le long des lignes, & par conséquent plus à portée pour s'en servir avec succès dans une Affaire générale.

Lorsque le Général de l'Armée prévoit une Action, ou qu'on est proche des Ennemis; il fait ordinairement disperser toutes les Brigades légéres à la tête de la première ligne de l'Armée. Les Officiers qui les commandent, doivent aller reconnoître le terrain qui est devant la Brigade ou le Régiment avec lequel ils doivent combattre, & faire ensorte de se mettre dans l'éloignement ordinaire, en occupant toûjours la hauteur qui découvre le plus loin, & font camper leur détachement & leurs chevaux à la manière accoutumée. Dans cette conjoncture de mouvement, la Brigade du Parc va parquer derrière le centre de la seconde ligne, jusqu'à ce que le Général de l'Armée lui donne un autre ordre.

On ne doit jamais ôter les charettes composées de munitions des Brigades légéres lorsqu'elles vont à l'Action, & toutes les distributions se doivent prendre pour les Troupes,
dans

dans la Brigade du Parc, parce que toutes les Brigades légéres étant difperfées aux lieux les plus néceffaires pour foû-
tenir les Troupes qui combattent, elles font par ce moyen à
portée de pouvoir leur donner des munitions dans le befoin;
ce qui pourroit être de la dernière conféquence, & même
deviendroit très-dangereux s'il falloit les aller chercher à la
Brigade du Parc, qui peut être fort éloignée du lieu où on
pourroit en avoir befoin.

Les cent boulets par Piéce fuffifent pour les 50 Piéces,
étant prefque impoffible qu'on les puiffe toutes tirer dans
un jour d'Affaire, à caufe que les Troupes ne font pas long-
tems fans en venir aux mains; ce qui vous oblige de ceffer
jufqu'à ce que vous aïez trouvé une autre fituation d'où vous
puiffiez découvrir l'Ennemi.

Les 6000 outils avéc les haches & les ferpes eft un nombre convenable pour cette Armée, parce que la première
diftribution qui en a été faite au commencement de la Campagne à chaque Régiment, fuffit, prefque, pour aider à la
marche des colonnes. Mais, lorfque le Général de l'Armée
prévoit une marche difficile, il envoie fes ordres au Commandant de l'Artillerie, pour faire diftribuer des outils aux
détachemens qui doivent marcher à la tête des colonnes,
afin de faire des paffages par-tout, pour qu'elles puiffent
marcher au Camp fans tomber les unes fur les autres. Cette diftribution ne peut jamais être affez forte pour tous les
outils.

Il arrive quelquefois qu'on occupe des terrains où il en
faut, approchant ce nombre, pour ouvrir le devant du Camp,
afin d'en pouvoir fortir en Bataille; ou bien il arrive qu'on les
diftribue tous pour la démolition de quelque chateau ou enceinte de Place.

Les 3000 facs à terre fervent quand on eft obligé, dans
une Action, de faire quelque tranfport de munitions aux Troupes où les barils & tonnes ne peuvent pas être conduits; &
font encore très-néceffaires pour mettre fur les parapets des
ouvrages de terre qu'on veut défendre.

Les deux mille Grénades chargées fe donnent pour foutenir quelque château ou cimetière qui se trouve dans un passage ou défilé des Ennemis.

Il ne faut pas plus de 20 pontons en Flandres pour faire les ponts de cette Armée, à cause des guez & ponts qui se trouvent à portée sur les rivières de la Lys, de l'Escaut, & de la Sambre, par où les Troupes peuvent défiler. Il faut pour l'ordinaire sept pontons pour faire un pont sur l'une de ces rivières.

Si le nombre des Troupes augmentoit beaucoup, & que l'Armée fût forte de 80, 90 à 100 mille hommes, comme on l'a vû dans ces dernières Campagnes, pour lors il faudroit 80 à 90 Piéces de Canon, & à proportion augmenter les munitions: car le front de la première ligne de cette Armée occupant un très-spacieux terrain, 50 Piéces de Canon ne suffiroient pas, à cause des hauteurs, trouées, ou défilez, qu'il faut quelquefois garder avec le Canon dans une Bataille, qu'on ne peut pas déplacer; ainsi il y en auroit trop peu pour agir avec un si grand nombre de Troupes. On diminue toutes choses de la même manière lorsqu'on fait de gros détachemens, & que l'Armée peut devenir à 20, 30 ou 40 mille hommes, réduisant l'Équipage de l'Artillerie à 20, 30 ou 40 Piéces de Canon, & les munitions sur le même pied.

Il faut pourtant remarquer, que si une Armée s'éloignoit de ses Places, comme elle fait ordinairement en Allemagne, l'Équipage d'Artillerie doit être plus considérable en munitions qu'il ne l'est du côté de la Flandre, parce qu'on est toûjours à portée des Villes pour en pouvoir tirer dans le besoin d'un jour à l'autre.

TITRE

TITRE V.

Formation d'un Siége avec le Parc devant la Place assiégée.

NOus venons de voir comment se dresse un Parc d'Artillerie en Campagne. Je vais vous donner une idée d'un Parc pour un Siége; cela se suit naturellement.

On ne sçauroit faire de plan fixe pour la formation du Siége d'une Place: car, bien qu'il arrive quelquefois que celle qu'on veut assiéger, soit de peu d'étenduë, & n'ait que peu de Bastions, néanmoins sa situation la rendra plus meurtrière qu'une qui sera fort chargée d'ouvrages, & il faudra y emploïer, & plus d'Artillerie & de munitions, & plus de tems; ainsi ces sortes de projets roulent sur une grande expérience, & sur la prudence du Général. Cependant, si nous ne pouvons pas donner au juste le nombre des munitions qu'on doit rassembler pour assiéger une Place, pour n'en avoir point d'objet fixe, du moins pouvons-nous donner l'Etat certain de ce qui fut projetté pour un des plus beaux Siéges de nos jours. Mon Lecteur trouvera dans ce dessein, ce qui s'est fait, & ce qui se doit faire en pareilles occasions, & il pourra se régler là-dessus pour les entreprises qu'on auroit intention de faire pour l'avenir, & à proportion de la force des Places qu'on voudra attaquer. Ce mémoire me vient d'un Ingénieur des plus consommés dans le métier.

Munitions de Guerre & de Bouche qu'on rassembla pour former le Siége de. . . . .

Pain de Munition.

FAisant état de 32000 hommes de pied, & de 18000 chevaux, de deux Régimens de Bombardiers-Fusiliers, Officiers-Généraux, Mineurs, Canonniers, Hôpitaux, & 10000 Païsans, il ne faudra pas moins pour les 10 premiers jours de 90000 rations de pain par jour, & pour les 30 jours de

Siége jufqu'au départ des Troupes , 80000 par jour , qui , à raifon de 180 rations pour le feptier de Paris , font en tout pour 40 jours , environ . . . . 18350 feptiers.

Fourages.

A raifon de 18000 rations par jour , fuppofant moitié de la Cavalerie hors du camp & des lignes , la ration eftimée à 20 livres pefant de foin , 6 livres de paille , & 3 picotins d'avoine , le tout faifant pour quarante jours . . . . 720000 rations.

Poudre.

Pour tirer 40000 coups de Canon de 24. l. de balle , chaque coup eftimé à 12 livres de poudre . . 480000.

Pour tirer 16000 coups de Canon de 16 , 12 , 8 , 4 l. de balle , chaque coup eftimé à 6 livres , l'un portant l'autre . . . . 96000.

Pour tirer 9000 Bombes pendant le Siége , ce qui revient à 300 par jour , & pour 30 jours qu'il peut durer , à 16 livres de poudre chaque coup , y compris la charge du Mortier & des portefeux , . 144000.

Pour 40000 Grénades , à raifon de 2000 de confommation par jour , pendant 20 gardes de Tranchée ouverte , la charge de chacune eftimée à 4 onces &½ . . . . 11250.

Confommation de la Moufqueterie eftimée à 30000 coups par garde de Tranchée pendant 30 jours , & chaque livre de poudre à 24 coups , faifant pour le tout . . . . 37500.

Diftribution extraordinaire avant l'ouverture de la Tranchée . . . . 12000.

Déchet . . . . 12000.

792750.

Outre ce que deffus on en a tenu 150000 livres à portée des lignes pour les y pouvoir jetter pendant le Siége , fi on en avoit befoin , & des boulets à proportion.

Artil-

Artillerie.

GRos Canons de trente-trois & de vingt-
quatre, avec leurs affûts, avantrains, & ar-
mes . . . . 50 Piéces.
  Affûts de rechange . . . . 25.
  Canons de feize. ⌠ 10.
  De douze . . ⎧ avec leurs affûts, avan- ⎫ 10.
  De huit . . . ⎨ trains, & armes. ⎬ 20.
  De quatre . . ⌡ 20.
  Plus, des affûts de rechange de feize. . . 6.
  De douze . . . . 6.
  De huit . . . . 4.
  De quatre . . . . 6.
  Des armes de Piéces à proportion.
  Mortiers à Tournay . . . . 24.
  A Douay . . . . 16.

Boulets.

DE trente-trois pris à Valenciennes . . . 4000.
  A Tournay de trente-trois . . . . . 8000.
  De vingt-quatre à Valenciennes . . . . 13000.
  A Condé de vingt-quatre . . . . . . 6000.

Plomb.

PAr rapport à la quantité de poudre deftinée à la Moufqueterie, eftimée fur le pied de 24 balles à la livre, déchet
compris . . . . 55000.

Méche.

LA confommation de méche eftimée fur le pied de
6000 braffes allumées continuellement pendant 30 jours de
Siége, chaque braffe de 5 pieds de long pouvant durer 12 heures, & pour les 30 jours de Siége 36000 braffes, qui, réduites
au poids de 5 braffes à la livre, feront 72000 livres, & pour les
déchets 10000 livres enfemble . . . . . . 82000 liv.

Ii 3 *Bois.*

Bois.

SOixante plattes-formes portant chacune 700 pieds de gîtes à 2 f. le pied.

50000 pieds de planches de chêne au même prix.
100000 pieds de planches de bois blanc à 1 f. 6 d. le pied.
400000 pieds de gîtes en piéces au même prix.

Outils.

HAches. . . . .   800.
Pioches, hoyaux, & picqs-hoyaux. . . . 4000.
Ecoupes . . . . 5000.
Louchets . . . . 4000.
Broüettes. . . . . 300.
Hottes. . . . . 1000.
Rancaffes . . . . 60.
Bottes de pêcheurs, paires . . . . . . 60.
Paniers . . . . 4000.
Epuifoirs . . . . 40.
Maffes de bois . . . . 40.
Forges. . . . . 4.
Poulies . . . . 50.
Tonneaux de clouds . . . . 11.
Lanternes fourdes . . . . 40.
Feuilles de fer blanc . . . . 800.
Roüelles de charruë. . . . . 30 paires.
Traîneaux . . . . 12.
Petits traîneaux. . . . . 12.

Ouvriers menés au Siége.

CEnt Charpentiers.
Douze Scieurs de long.
Douze Forgeurs.

Batteaux.

ON s'eſt ſervi pour voiturer tout ce que deſſus des Villes de Valenciennes, Tournay, Arras, Douay & Condé, de 142 grands batteaux, & de 63 de la haute Deule, qu'on fit paſſer par le canal de Douay dans l'Eſcaut.

Pour tirer ces batteaux on avoit mis 350 hommes à Tournay, pour les tirer de cette Ville à Antouin, où il y en avoit 750 pour aller juſqu'à Mortagne, où on en avoit mis 1000, à Breuille 1000, à Condé autant, à Thuin autant, & au Bihain autant, qui gagnoient 25 ſ. par jour.

On avoit établi des Officiers à chaque poſte pour les commander, qui ont eu chaque 200 liv. de gratification; & celui qui avoit la conduite de la navigation & vûë ſur tous les poſtes depuis Tournay juſqu'à Condé, a eu 500 liv.

Ce ne ſont ici, comme on l'a dit, que les principales munitions de bouche & de guerre qui furent emploïées à ce Siége: mais pour connoître plus préciſément combien il s'emploie de munitions tirées de l'Artillerie dans de pareilles occaſions, il n'y a qu'à lire ce qui ſuit.

Ordre qu'on tient dans l'Artillerie pour faire le Siége d'une Place.

LOrſqu'on veut aſſiéger une Place conſidérable, auparavant que de rien faire connoître de ſon deſſein, on fait avancer les munitions de guerre néceſſaires pour cette entrepriſe, dans les Villes qui ſont à portée de celle qu'on veut attaquer.

Le Lieutenant de l'Artillerie qui commande dans ce département, reçoit des ordres particuliers. Pour lors, il fait travailler aux affût des Piéces de Canon, au radoub des pontons, haquets, charettes, & chariots couverts, & fait aſſembler les madriers & les bois dont il croit avoir beſoin, afin qu'au premier ordre il ſoit en état de faire marcher les choſes qui ſeront les plus utiles pour commencer à former le Parc & l'attelier des Ouvriers.

Cet ordre de Siége vient du même Officier qui a fait l'ordre de l'Equipage pour 50 Piéces, qu'on vient de voir. Il s'eſt rendu ſi recommandable par d'autres ou-

A près

Après avoir fait la revûë des chevaux qu'on lui a envoïés pour atteler les Piéces & les munitions, il commande des Officiers suivant l'état qu'il en a reçû du Grand-Maître pour aller faire charger les munitions qui leur sont marquées sur un mémoire qu'on donne à l'Officier qui doit commander ce détachement, où on explique le nombre de chevaux qu'il doit avoir à ses ordres, & même le jour & le lieu où ils doivent se rendre, afin que toutes les choses arrivent à tems.

Comme il est presque impossible qu'on puisse faire un transport si considérable & si prompt sans avoir un secours étranger, le Lieutenant de l'Artillerie fait sçavoir à l'Intendant de quel nombre de chariots il peut avoir besoin, & les Places où ils doivent se rendre & le jour. Il s'y trouve des Officiers d'Artillerie pour faire charger les munitions suivant l'ordre qu'ils en ont, & ils les conduisent au lieu qui leur est marqué.

Le Lieutenant commandant l'Artillerie, après avoir mis tout en mouvement, prend aussitôt les devans pour s'aboucher avec le Général de l'Armée qui a fait investir la Place, & va reconnoître avec lui le terrain qu'on peut occuper pour former le Parc de l'Artillerie. Le Lieutenant commandant l'Artillerie fait voir cet endroit à l'Officier qu'il a nommé pour être le Commissaire-général du Parc, qui prend toutes les précautions nécessaires pour le disposer de manière que les munitions qui arrivent, soient déchargées aux lieux qui leur sont convenables suivant leurs espéces. On renvoie aussitôt une partie des chevaux pour aller chercher les Piéces de Canon, Mortiers & affûts, pendant que l'autre partie des chevaux reste au Parc pour aider à placer en ordre les munitions qui y sont, & pour transporter celles qu'il faut distribuer aux Troupes lorsque le Général de l'Armée l'a ordonné.

Dans le tems de tout ce mouvement, le Capitaine des Ouvriers de l'Artillerie fait partir un de ses Chefs d'Ouvriers avec des Travailleurs, pour faire abattre les bois qu'il juge nécessaires pour son attelier. Le Commissaire général du
Parc

Parc lui fait atteler le nombre de charettes qu'il demande pour les transporter.

Le Général de l'Armée donne ses ordres pour faire apporter à l'entrée de la Tranchée les fascines & piquets dont on aura besoin pour les Batteries, afin que tous les Officiers de l'Artillerie ne soient occupés qu'à ce qui peut faire avancer le Canon & les munitions.

Le Commandant de l'Artillerie dispose son Parc de manière qu'il ne soit vû d'aucun endroit de la Ville, ni même des clochers, à moins qu'il n'en soit très-éloigné, à cause des suites fâcheuses qui en pourroient arriver par les Boulets & les Bombes de la Place qui mettroient le feu aux Magasins des poudres. Si, néanmoins, la situation de la Place découvroit de toutes parts, en cette occasion il le fait éloigner du feu de la Place, & fait faire des épaulemens assez relevés & assez à l'épreuve, pour que les Travailleurs ne soient pas inquiétés du feu du Canon. Mais, ordinairement, quelque situation avantageuse qu'une Place puisse avoir, il y a toûjours aux environs d'elle quelques fonds qu'on peut occuper sans en être vû, que le Général de l'Armée destine pour mettre en sûreté les munitions de son Artillerie.

Le Commissaire du Parc le forme en marquant le terrain aux Bataillons qui sont destinés pour la garde & le service de l'Artillerie. S'il y avoit quatre Bataillons, il en mettroit deux à la droite, éloignés de cent pas de l'alignement des Piéces ou des munitions, & les deux autres à la gauche dans la même distance. Il commence par marquer le terrain qu'il faut pour l'attelier des Forgeurs, Charrons & Charpentiers. Le Capitaine-général des Ouvriers commence le premier à s'établir & faire camper tous les Ouvriers proche de lui sur la même ligne, afin qu'il n'ait qu'à les appeller lorsqu'il peut en avoir besoin.

Il marque aussi avec le Capitaine-général du charroi le lieu où doivent camper les chevaux, qui doit être, si on peut, à cent pas derrière les munitions ou à côté, suivant que la situation du terrain le permet, où le Capitaine-géné-

ral du charroi campe avec tous les Conducteurs de cet Equipage qui font à ſes ordres.

EXPLICATION DE LA FIGURE
qui repréſente un Parc d'Artillerie devant
une Ville aſſiégée.

A *Ville aſſiégée.*
B *Hauteur qui couvre le Parc.*
C *Vedettes avancées ſur les hauteurs pour obſerver le mouve-*
    ment des Ennemis.
D *Garde de Cavalerie.*
E *Deux Bataillons du Régiment Roïal-Artillerie.*
F *Un Bataillon Roïal-Bombardiers.*
G *Appentis pour le travail des Artificiers, où ſont les Gréna-*
    des à charger.
H *Tentes des Ouvriers.*
I *Atteliers des Ouvriers.*
K *Piles de Boulets de différens calibres.*
L *Bombes de différens diamétres.*
M *Outils de toutes eſpéces.*
N *Barils de plomb.*
O *Tonnes de méche.*
P *Tentes des Officiers du Parc.*
Q *Chariots chargés de menus achats.*
R *Charettes ſervant au tranſport des munitions.*
S *Caiſſons chargés de cordages, & autres uſtenciles.*
T *Piéces de Batterie montées ſur leurs affûts.*
V *Chariots à porter corps de Canon.*
X *Affûts à Mortiers & à Pierriers.*
Y *Mortiers & Pierriers.*
Z *Piéces de Canon ſur le ventre.*
& *Chevre pour monter une Piéce.*
a *Piéces de Canon légéres montées ſur leurs affûts & avan-*
    trains.
b *Pontons de cuivre & autres montés ſur leurs haquets.*
c *Chevaux du piquet.*

d Parc

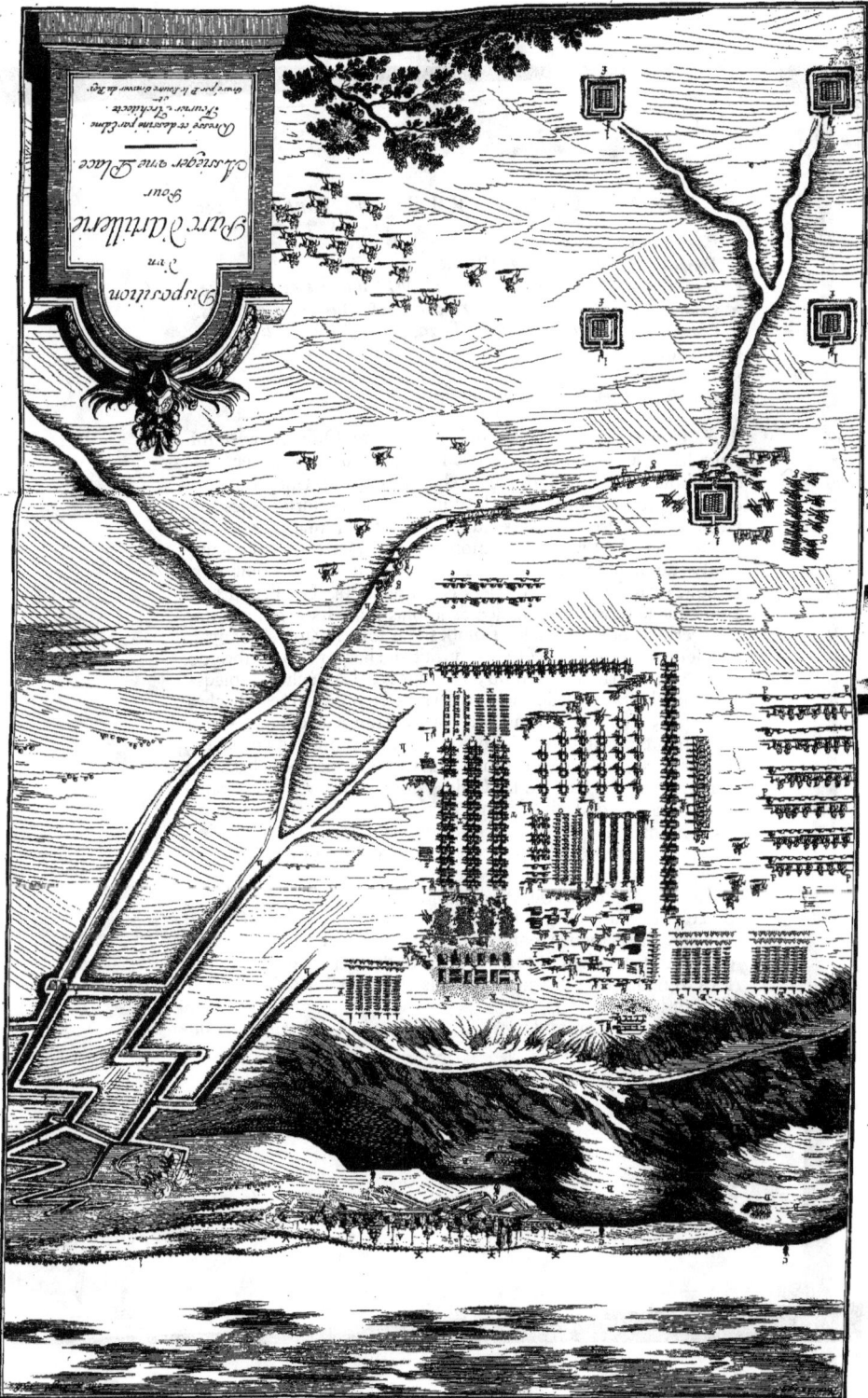

d *Parc des chevaux.*
e *Tentes des Officiers d'Artillerie.*
f *Les cinq Magasins à poudre à couvert du feu de la Place.*
g *Charettes chargées de poudre destinées pour les Batteries.*
h *Chemins qui conduisent aux Tranchées & aux Batteries.*
i *Boyaux & Tranchées.*
k *Batteries.*
l *Sentinelles pour la garde du Parc.*

LE Commissaire du Parc qui a plusieurs Officiers avec lui pour ses aides, leur fait voir le terrain où il veut placer chaque chose, & leur indique à chacun les munitions dont ils doivent prendre soin, & ils les font décharger lorsqu'elles arrivent, en ordre aux lieux qu'on leur a fait remarquer.

On met les Piéces de Canon pour les Batteries avec leurs affûts au lieu le plus proche du chemin qui conduit aux attaques, ainsi que les Mortiers & leurs affûts. On prend aux environs le terrain le plus sec & le plus spacieux, pour y décharger les boulets & les Bombes qui font séparés & rangés par leur calibre. A côté on y fait décharger les tonnes de méche & les barils de plomb, & auprès, les béches, picqs-hoyaux, hoyaux, pelles de bois ferrées & non ferrées, haches & serpes, qui font arrangés en ordre selon leur espéce. On y met aux environs les chariots couverts où font les cordages, sacs à terre, & autres caissons, chargés de menus achats. Le Commissaire du Parc & les Officiers qui font avec lui, campent dans cet endroit, afin d'être en état de leur communiquer les ordres qu'il reçoit du Commandant de l'Artillerie, ou en son absence, du Général de l'Armée, pour faire distribuer des munitions, ou pour en recevoir.

Le Commissaire du Parc choisit un lieu un peu éloigné de ce petit Parc pour y établir les Artificiers, où on fait un appenti de planches pour mettre à couvert les artifices auxquels ils travaillent. On y peut décharger à quarante pas les Grénades non chargées, qu'ils chargent lorsqu'on leur en demande.

Tous les Commissaires & Officiers de l'Artillerie campent

pent

pent au terrain le plus convenable & le plus proche du Parc, éloignés cependant à cent pas des munitions. Les pontons avec leurs haquets font mis fur une ligne pour fermer un des côtez du Parc. Les Piéces de 24, de 16, de 12, de 8 & de 4 de la nouvelle invention, avec toutes les autres de 8 & de 4 longues & leurs affûts, forment l'autre côté du Parc, afin que cette ligne couvre le derrière de toutes les munitions.

Comme il est de la dernière conféquence de bien placer les poudres, le Commissaire du Parc avec le Commandant de l'Artillerie examine le lieu où on pourra les mettre en fûreté. Pour y parvenir, il fait faire, fi le terrain le permet, cinq Magafins, fçavoir, quatre éloignés quarrément de 300 pas les uns des autres, à caufe du danger qu'il y auroit s'ils étoient plus près ; le cinquième est placé dans le même éloignement des autres, mais en s'approchant du Parc. Tous ces Magafins doivent avoir de bons foffez profonds en dehors avec des épaulemens relevés en dedans : il n'y a feulement qu'une entrée aux quatre qui font les plus éloignés. Les barils de poudre y font engerbés à deux rangs, afin qu'ils ne foient pas vûs de loin. Chaque Magafin doit être affez fpacieux pour y contenir 60 à 80 milliers de poudre. Celui qui est le plus voifin du petit Parc, doit avoir une entrée & une fortie, parce que c'est de lui qu'on tire tout ce dont on a befoin pour les Batteries & pour les Troupes, les autres Magafins ne fervant que de dépôt pour entretenir celui-là.

Tout le Parc étant ainfi difpofé & arrangé, on y fait mettre devant un Corps-de-garde, d'où on prend des Sentinelles qui font placées pour la première fois par le Commissaire du Parc, où il le juge à propos. Il fait pofer un petit Corps-de-garde du côté des cinq Magafins à poudre pour empêcher que qui que ce foit n'approche de ce terrain, que les Officiers qui font prépofés pour faire travailler au Parc. On met une Sentinelle à l'entrée de chaque Magafin pour leur fûreté.

Le Commissaire du Parc envoie au Capitaine-général du charroi un état des chevaux qu'il veut avoir au piquet pour

les

les remuemens de fon Parc , & lui mande de laiffer une partie de tous les chevaux harnachés à fon Parc pour le tranfport des munitions qu'on porte journellement aux Batteries & aux Troupes de l'Armée. Le Capitaine-général du
charroi commande aussi un Conducteur par chaque détachement qu'on fait.

Le Commiffaire du Parc envoie tous les foirs un billet au
Major du Roïal-Artillerie & à celui des Bombardiers , pour
avoir les Travailleurs dont il a befoin.

Le Commandant de l'Artillerie, pour le bon ordre, nomme des Officiers qui font chargés du détail des Batteries ,
les uns pour y envoïer des boulets & des Bombes, & les autres des poudres. Pour travailler utilement, les Officiers
prennent un nombre fuffifant de charettes chargées de boulets, de Bombes, ou de poudre, felon les munitions auxquelles
ils font attachés, qu'ils doivent faire partir le foir à la brune.
Un Conducteur de l'Equipage des chevaux doit les mener à
la Batterie dont il prend foin, afin d'y faire trouver & tranfporter tout ce que le Commiffaire provincial qui la commande , lui aura demandé. On fe fert de la nuit, afin de ne
pas perdre beaucoup de chevaux par le feu de la Place , auquel on eft fort fouvent expofé. Il y a quelquefois des fitua-
tions d'attaques , où on peut tranfporter de jour les munitions aux Batteries fans y être beaucoup à découvert ; mais
cela ne doit pas exempter les Officiers d'y envoïer tous les
foirs ce qu'il faut , afin que la Batterie foit en état de tirer
chaque jour 120 coups par Piéce, à moins qu'il n'y ait des ordres contraires des Commandans.

Les Officiers qui reftent au Parc , font détachés pour aller
reconnoître ce qui peut manquer aux Batteries ; d'autres
font décharger les munitions qui arrivent ; d'autres en font
porter aux Troupes; & les autres reftent au Parc à la diftribution des outils, des facs à terre, & des autres munitions.

Le Commiffaire & Garde du Parc qui eft campé dans ce
lieu , tient un état des munitions qu'il reçoit, & de celles
qu'on envoie chaque jour aux Batteries , & tire des Majors
des reçûs de celles qu'on diftribue aux Troupes. Il doit

tous les jours donner un état au Commandant de l'Artillerie des munitions qui restent en nature dans le Parc, afin
que le Commandant de l'Artillerie en rende compte tous
les jours au Grand-Maître, s'il est au Siége, & au Général de l'Armée, qui ordonne sur cela ce qu'il est à propos
de faire venir.

Le Commandant de l'Artillerie reconnoît à la queue de
la Tranchée le lieu le plus convenable pour y placer un petit
Parc de munitions qui soit à portée des Troupes, afin de leur
en faire distribuer suivant les ordres de l'Officier-général de
jour. S'il y avoit deux attaques éloignées l'une de l'autre, il
y fait porter des munitions, & y établit aussi un Parc où il y
a un Officier.

Tout étant dans l'ordre ci-dessus, le Capitaine-général
des Ouvriers fait préparer aux atteliers les plattes-formes pour
les Batteries de Canon & des Bombes. Il envoie des Ouvriers
monter les grosses Piéces sur leurs affûts, & faire tenir en
état les armes des Piéces de chaque calibre avec leurs coins
de mire.

Aussitôt que le Commandant de l'Artillerie a reconnu,
avec le Général de l'Armée, le terrain où on doit faire les
premières Batteries, il doit nommer pour une de 20 Piéces,
un Commissaire provincial, quatre ordinaires, & six extraordinaires, s'il n'y a pas de bas Officiers; ne donnant pas
plus de deux Piéces aux soins d'un Officier, si on veut que la
Batterie soit bien servie : car il y a beaucoup d'ordre à tenir
pour empêcher & prévenir les accidens qui peuvent arriver
aux Magasins de poudre, & au service des Piéces, où chaque
Officier est assez occupé, lorsqu'il fait agir à propos les douze Soldats destinés pour les deux Piéces.

Le Commissaire provincial après avoir examiné le lieu où
il doit placer sa Batterie & l'ouvrage qu'il doit battre, aidé de
ses Officiers, il y place avant la nuit les piquets de son alignement, en prenant sept grands pas de longueur pour le
terrain de chaque Piéce; & fait avancer peu de tems après,
ou à la brune, les Travailleurs qu'il a pris. Il les partage le
long de ce terrain, & leur fait ouvrir la terre à l'alignement
de

de ſes piquets. Les Officiers qui ſe font partagés à la droite, à la gauche, & au centre de ce travail, font jetter la terre d'u-né égale élévation derrière le foſſé en dedans, afin de ne pas s'enfoncer dans l'endroit où on doit poſer les Piéces. Je ſçai que le Soldat eſt inquiet lorſqu'il travaille à découvert; mais auſſi une Batterie qui eſt travaillée de cette manière, eſt beaucoup plus ſolide, & on y perd moins de monde dans la ſuite du Siége; que dans celle où on jette les terres devant ſoi, & où on eſt indiſpenſablement obligé d'en aller cher-cher derrière la Batterie à découvert pour remplacer celles qu'on a ôtées, afin de relever le terrain des plattes-formes qui ſe trouve trop profond pour y placer les Piéces, leſquel-les s'affaiſſent par le peu de fermeté de la terre qu'elles ont ſous elle; ce qui contraint les Officiers d'y faire ſouvent tra-vailler pour les mettre en état de battre l'ouvrage qui leur a été marqué.

Les terres de cette première Batterie aiant été jettées toute la nuit & relevées également en dedans du foſſé, les Officiers font rentrer à la petite pointe du jour tous les Tra-vailleurs dans le dedans de la Batterie, qui ſont pour lors à couvert du feu de la Place. On fait après piquetter & faſciner le dedans de la Batterie à 7, 8, 9 pieds de hauteur ſuivant la ſituation & les endroits d'où on peut être battu. On met le faſcinage un peu en talus par le dehors, afin de ſoutenir les terres de cette Batterie qui doit avoir 18 à 20 pieds d'épaiſ-ſeur juſqu'à ſon foſſé, ſuivant la qualité de la terre qui peut être plus ou moins ſablonneuſe. On laiſſe le long du foſſé une Berme de deux pieds pour ſoutenir les terres qui pour-roient tomber dans le foſſé du vent de la Piéce ou des coups du Canon des Ennemis. De cette manière on voit ce qu'on fait faire, & on travaille fort vîte & à propos, puiſqu'on peut placer de jour dans cette Batterie les plattes-formes, où le Capitaine-général des Ouvriers envoie un détachement de ſes Ouvriers avec les charettes chargées des madriers & heur-toirs néceſſaires. On ſe ſert de la nuit pour pouvoir ouvrir les embraſûres de cette Batterie & les rendre en état de réſiſter au feu de l'Ennemi.

Ii

Il arrive souvent que l'Ingénieur en chef fait placer des Batteries dans les boyaux de la Tranchée, d'où on voit des ouvrages qu'il faut absolument battre. Mais quelque avantage qu'il paroisse qu'on en puisse tirer par les terres déja relevées, on n'y sçauroit faire une bonne Batterie de dix Piéces dans une nuit, parce qu'il faut quelquefois plus de tems à déplacer les terres & à les ranger, qu'il n'en faudroit pour en faire faire une autre sur un terrain auquel on n'auroit pas encore touché. Il y a cependant quelquefois des ouvrages qu'on peut battre, quoique les Batteries soient enterrées. Pour lors, on affermit autant qu'il est possible le terrain où posent les plattes-formes ; &, dans cette rencontre, la Tranchée peut beaucoup servir pour avancer le travail des Batteries qu'on y veut faire.

Depuis qu'on fait des Siéges, les Troupes marquent ordinairement de l'impatience de ne pas entendre tirer le Canon des Batteries, mais mal-à-propos ; car il n'y a pas quelquefois plus de huit à dix heures qu'on a commencé d'y travailler. Il est enfin de toute impossibilité de donner 18 à 20 pieds d'épaisseur à une Batterie, la bien fasciner & piquetter à hauteur d'environ 9 pieds, mettre à plomb les plattes-formes, ouvrir les embrasures, les fasciner & piquetter, de peur, comme on l'a dit, que la terre ne tombe du vent de la Piéce, mettre les Piéces en Batterie, & faire derriere elles des réduits pour y placer le plus à couvert qu'on peut les poudres dont on a besoin pour les tirer pendant le jour, sans avoir tout au moins, pour y faire travailler, une nuit & un jour. Quantité de mauvaises Batteries qu'on a faites en quelques Siéges, dont le Canon de la Place traversoit l'épaulement, ont fait périr beaucoup de monde ; & ce malheur n'est arrivé que par le peu de tems qu'on donne pour y travailler. On dit souvent aux Officiers, pour les obliger à les faire pendant une nuit, qu'il faut prendre la moitié plus de monde qu'on n'a de coutume : Je réponds qu'on n'y en sçauroit mettre qu'autant que le terrain le permet. Lorsque les défenses de la Place sont entièrement ruinées, on prend moins de précautions pour les épaisseurs des Batteries qu'on veut faire.   Les

Les Piéces d'une Batterie étant en état de tirer, on doit avoir six Soldats commandés pour le service de chaque Piéce ; j'entens tout au moins des Soldats exercés à cette manœuvre. Les Officiers prennent bien garde que ceux qui vont chercher la poudre dans leur lanterne pour charger les Piéces, n'en répandent pas le long du chemin, à cause des accidens qui pourroient en arriver : & pour les éviter, on pourroit avoir des barils à bourse qui contiendroient 50 livres de poudre, de laquelle on se serviroit pour charger les Piéces avec plus de sûreté.

Lorsque les Piéces sont un peu échauffées, on observe qu'elles soient toûjours chargées également, en n'y mettant seulement de poudre que la moitié de la pesanteur du boulet, & on ne l'augmente pas pendant qu'elles sont échauffées. Tous les Soldats se partagent, les uns pour écouvillonner & charger les Piéces, les autres pour apporter la poudre, les boulets & le fourage, & il y en a un qui a le pouce sur la lumiere, pendant que deux autres refoulent. Il y a un Canonnier à chaque Piéce qui amorce la Piéce, & un autre qui a un boutefeu à la main, & le porte à un demi pied ou environ plus haut que la lumiere, où il a fait une traînée pour y mettre le feu, lorsque l'Officier le lui commande.

Auparavant que de tirer, on regarde si les Piéces battent l'endroit qu'on a ordonné. Il y a toûjours un Soldat à chaque côté de la Piéce avec un levier pour l'arrêter à son recul, afin qu'étant hors de son embrasure on la puisse charger avec moins de danger & plus de facilité ; après quoi, on la laisse retourner par la pente aisée qu'elle doit avoir sur sa platte-forme. On fait observer de faire mettre le feu à celle qui est le plus au-dessous du vent, afin que le feu de la Piéce qui est au-dessus, ne le porte pas à celle qui est au-dessous d'elle ; ce qui est arrivé tres-souvent par l'imprudence des Canonniers lorsqu'on n'a pas l'œil sur eux. Cela peut causer beaucoup de desordre ; car il arrive que la Piéce voisine n'étant pas encore dans son embrasure, ni même encore tout-à-fait chargée, la Piéce qui est au-dessus y aiant porté le feu, elle

Tome II. L l em-

emporte les bras des Canonniers, ouvre la Batterie, & peut tuer
du monde dans la Tranchée qui eſt devant elle. Pour éviter
ces dangers, le Commandant de la Batterie ordonne aux
Officiers qu'il a avec lui, d'être très-exaɛts à veiller ſur le
ſervice qui s'y fait, & même il ſe fait apporter de l'eau dans
quelques barils pour rafraîchir les Piéces.

Le Commandant de l'Artillerie voïant cette Batterie en
état de tirer, ordonne au Commiſſaire provincial qui la
commande, d'envoïer pendant la nuit une partie de ſes Officiers ſe repoſer à leurs tentes juſques à la pointe du jour, ſi
on ne tire pas la nuit; l'autre partie des Officiers y reſte pour
faire raccommoder les embraſûres, épaulemens, & autres
choſes marquées par celui qui la commande. Le ſervice n'en
ſouffre point, comme il feroit lorſqu'on y reſte douze à quinze jours de ſuite ſans en ſortir; après quoi, tous les Officiers
ſont beaucoup moins en état d'agir dans les mouvemens
où on pourroit avoir beſoin d'eux.

Le Commandant de l'Artillerie ne change pas le Provincial qui commande la Batterie pour y en mettre un autre,
ſans une très-grande néceſſité, parce que cette Batterie étant
ſon ouvrage, il prend plus à cœur d'y faire trouver tout ce
qui eſt utile pour qu'elle ſoit en état & bien ſervie.

On peut élever auſſi des Cavaliers & des Batteries qui découvrent dans la Place, & dans les ouvrages; ce qui donne
beaucoup d'inquiétude aux aſſiégez qui ne peuvent réparer
leur travail, n'oſant pas ſe montrer dans leur Place, & dans
les ouvrages où ils ſont vûs. On élève ces ſortes de Batteries
avec des faſcines & des terres rapportées à la faveur du Canon & du feu de la Tranchée qui eſt de ce côté-là.

Les Batteries qu'on fait pour les Bombes ou pour les
Balles à feu, n'ont point d'embraſûres, & ont les mêmes é-
paiſſeurs que celles du Canon. Celui qui les commande, fait
prendre un grand ſoin des Bombes qu'on charge aux environs de la Batterie, & prend garde aux Bombardiers ou
Canonniers qui chargent les Mortiers, & qui y mettent le feu:
car il pourroit arriver que le feu feroit à la fuſée de la Bombe,
& que l'amorce du Mortier auroit pris feu ſans faire aucun
effet

effet, la lumière n'aiant pas été bien nettoïée, ou aiant été mal amorcée, ou parce que la pluie auroit gâté l'amorce; ce qui apporteroit du defordre dans la Batterie & dans les Tranchées par les éclats des Bombes qui peuvent y tomber.

Si le Général de l'Armée ordonnoit qu'on tirât des Boulets rouges fur la Place affiégée, on y travaille de différentes façons. Quelquefois le peu de feu que font les affiégez, permet qu'on les tire la nuit fans épaulemens fur quelque hauteur: & pour lors, l'Officier qui commande cette Batterie, fait atteler à la brune les Piéces & les charettes qui portent les poudres & les boulets, fuivant l'ordre que le Commandant de l'Artillerie lui donne; & les Officiers qui font avec lui, font charger fur des charettes les bois, houilles, charbon de bois ou de terre, avec les grilles, cuillières, tenailles & pinces néceffaires: & tout étant conduit au lieu marqué pour la Batterie, on commence par ranger les Piéces fur une même ligne, avec une grande diftance entre les unes & les autres, afin d'en faire faire le fervice plus aifément.

Si cette Batterie eft compofée de 20 Piéces de huit longues, on fait faire à 10 pas de la première Piéce de la droite un fourneau, & un autre à 10 pas de la première Piéce de la gauche, dans lefquels on pofe les grilles & les boulets deffus. On jette les terres de chaque fourneau du côté de la Place, pour fervir d'épaulement aux Ouvriers qui prennent foin de chauffer les boulets, & qui les portent avec des cuillières ou tenailles à la bouche des Piéces. Lorfqu'ils font rouges, les Officiers font peu charger les Piéces, à caufe qu'elles s'échauffent beaucoup par la grande chaleur du boulet, & qu'on tire feulement pour qu'il puiffe, en s'enfonçant dans le toit d'une maifon, y refter pour y mettre le feu. On pointe toûjours la Piéce à toute volée; & dans le même tems que le boulet eft tombé fur le fourage qui eft au-deffus de la poudre, un Canonnier met promptement le feu à l'amorce de la Piéce, afin que le boulet n'ait pas le tems de pénétrer jufqu'à la poudre: fi ce boulet y mettoit le feu, il feroit reculer plus violemment la Piéce. On peut fe fervir au lieu de fourage, de gazon, lorfqu'on eft à portée d'en trouver. Après

que

que le fourage eſt ſur la poudre, on mouille l'écouvillon, &
on le coule dans l'ame de la Piéce juſqu'au fourage, afin
que le boulet ne puiſſe pas mettre le feu à la poudre qui pourroit y être reſtée.

Lorſque le nombre des boulets ordonné a été conſom-
mé, ou que le jour doit bien-tôt paroître, les Officiers de
cette Batterie font tout charger & atteler, pour ſe retirer tout
au plus tard à la petite pointe du jour avec les Piéces & les
munitions, à cauſe du feu de la Place qui les incommode-
roit ſi on les voïoit partir.

On travaille ces ſortes de Batteries ſans faire d'embraſûres, parce qu'on ne tire les Boulets rouges qu'à toute volée; ainſi il ſuffit que la bouche de la Piéce éléve de manière
ſon boulet en ſortant, qu'il ne touche pas l'épaulement de la
Batterie; ce qui ſe peut faire très-facilement en éloignant la
platte-forme du pied de l'épaulement. Si on y plaçoit 10 à 12
Piéces de 24, ou autre calibre de cette force, on placeroit
pour la diligence ou commodité du ſervice, un fourneau à
la droite, & un autre à la gauche des Piéces.

Très-ſouvent le Général de l'Armée ordonne au commencement du Siége des Batteries pour détruire & ruiner les défenſes & Cavaliers de la place qui peuvent le plus incommo-
der. Par ce moyen la Tranchée eſt moins inquiétée, l'ouvrage s'avance davantage, & ceux de la Place font très-emba-
raſſés: au lieu que ſi on ne le fait pas, on ſouffre de ſon Canon juſqu'au moment qu'elle ſe rend, & quelque effort
qu'on puiſſe faire pour jetter des Bombes à leurs Batteries, ils
font toûjours en état d'en tirer de petites Piéces en les chan-
geant ſouvent de place, vous ôtant par-là la connoiſſance
de l'endroit où elles font placées. Que ſi on avoit rui-
né les épaulemens & embraſûres de leurs Batteries & Cavaliers avec du Canon, ils ne pourroient plus y placer des Piéces: pour lors, en jettant à propos des Bombes aux lieux
où ils auroient mis quelques Piéces, ils ſeroient abſolument
obligés de les abandonner, n'aiant plus d'endroits où pouvoir ſe mettre à couvert; car le terrain le plus avantageux
d'une Place eſt toûjours connu par les défenſes qui y font
faites

PREMIERE PLACE

Munitions menées au Siege	Munitions consommées

DEUXIEME PLACE

Munitions menées au Siege	Munitions consommées

TROISIEME PLACE

Munitions menées au Siege	Munitions consommées

Pieces

Affuts

Boulets

Armes des Pièces

Mortiers

Perriers

Bombes

Fusées à Bombes

Outils

Cordages

faites, avant que de l'attaquer ; & lorsqu'elles font détruites, il eſt impoſſible aux aſſiégez d'en trouver d'autres qui faſſent le même effet dans le tems de l'attaque ; ·ce qui diminue & leur force & leur feu.

Pour

POur raifonner avec ordre fur l'état des munitions marquées dans la table de l'autre part, & fur leur quantité & leur
utilité , il faut auparavant faire obferver que cet état contient toutes les munitions qui ont été tranfportées pour faire
les Siéges de trois Villes des plus renommées des Païs-bas.
On y a auffi marqué celles qu'on y a confommées ; ce qui
doit fervir comme d'un plan jufte & certain pour les chofes
qui font abfolument néceffaires pour pouvoir faire le Siége
d'une Place la plus confidérable & la plus forte de l'Europe.

Commençant par les Piéces de Canon & du différent
effet de leur calibre, il faut convenir que celle de 33 eft la
Piéce dont le coup eft le plus violent , à caufe de la pefanteur de fon boulet, qui eft chaffé de l'ame de cette Piéce par
la confommation qui s'y fait de 22 livres de poudre ; & lorfqu'elle eft échauffée pour avoir tiré , par la confommation
de 16 & ½ , qui eft la pefanteur de la moitié de fon boulet.
Ces Piéces fervent pour détruire promptement un bâtar-
deau, une face de Baftion, & pour battre en bréche. La difficulté de leur tranfport oblige très-fouvent les Commandans
de l'Artillerie à n'y en mener qu'un petit nombre, ainfi qu'il
eft marqué dans cette table.   On en met fouvent deux ou
quatre dans les Batteries des Piéces de 23 , felon qu'elles
font plus ou moins fortes.

On a toûjours pour un Siége un plus grand nombre de
Piéces de 24, à caufe qu'il y a moins de difficulté à les tranfporter d'une Batterie à une autre, & qu'elles font un très-bon
effet lorfqu'on ne les éloigne que de cent toifes de l'ouvrage
qu'elles battent en bréche : fi on en augmentoit le nombre
jufqu'à cent , on avanceroit de beaucoup la prife d'une Place
fans qu'il en coûtât davantage pour la confommation des
boulets & de la poudre.

Je fuppofe qu'on batte en bréche une face de Baftion
ou une Courtine avec 10 à 12 Piéces de 24, dont on tire de
chacune par jour 90 à 100 coups ; il faudra quelquefois
plus de 12 à 15 jours avant que cette Bréche foit pratica-
ble:

ble : au lieu que , fi on augmentoit cette Batterie de moitié , c'eft-à-dire, qu'il y eût 24 Piéces , la face de cet ouvrage feroit abattue en cinq ou fix jours par l'efton, s'il fe peut dire , où le coup violent & réïteré de plufieurs boulets , qui frappant fans difcontinuer la maffe du mur de cet ouvrage , l'ébranleroit de manière qu'elle ne pourroit foutenir que très-peu de tems un fi rude effort. La confommation des boulets & de la poudre feroit beaucoup moindre , puifqu'une Batterie de 12 Piéces de 24 tirées feulement à 80 coups par jour de chaque Piéce , confommeroit pendant quinze jours 172800 l. de poudre , & celle de 24 Piéces tirées l'efpace de cinq jours , n'en confommeroit que 115200 l. Et il faut encore remarquer , que dans une groffe Batterie on n'y tire pas tant de coups de chaque Piéce , à caufe du feu qui fe continue toûjours également par le grand nombre de Canon ; ce qui empêche que la Piéce ne foit fitôt défectueufe , comme on l'a remarqué dans les Siéges précédens , qu'il s'en eft trouvé 30 ou 40 de cette qualité. Si on vouloit achever d'agrandir plûtôt la Bréche , on pourroit avoir des Batteries où il y auroit des Obus ou Mortiers longs chargés de Bombes, qu'on pointeroit comme le Canon pour pénétrer dans cette Bréche aux endroits où la chemife de cet ouvrage feroit abattue ; ce qui en bouleverferoit toutes les terres, & donneroit moyen au Canon d'aplanir & de rafer plus aifément cette Bréche ; les Bombes qui font élevées par leurs Mortiers ne le pouvant faire avec la même facilité que celles qui font pouffées par les Obus, puifque ces premières par le chemin qu'elles font en s'élevant en l'air, ne peuvent en tombant frapper à plomb le terrain qui forme l'épaiffeur de la Courtine ou de la Bréche qu'on bat , qui confifte en un très-petit efpace : au lieu que les Bombes qui font pointées comme le Canon, font chaffées par une ligne plus droite, & ont pour but toute la face extérieure de l'ouvrage qu'on ne peut manquer de toucher.

Les Obus feroient encore d'un grand fecours pour détruire les ouvrages de terre ; parce que les Bombes entrant dans l'épaiffeur des Courtines, créveroient & y feroient en

peu

peu de tems des Bréches; ce que le Canon ne fçauroit faire qu'après y avoir tiré quantité de coups.

On pourroit encore fe fervir la nuit des Obus qu'on pointeroit de jour fur les Bréches, chargés de Balles à feu qu'on tireroit la nuit, & qui donneroient par la grande lueur de leur feu, le moyen d'y tirer de nuit le Canon. En continuant de recharger les Obus & les tirer avec les Balles à feu, on empêcheroit les Ennemis de travailler à réparer leurs Bréches; ce qu'ils font très-facilement lorfqu'ils ne font pas inquiétés la nuit, & qu'ils ne font pas vûs; leurs Soldats feroient beaucoup plus fatigués par le monde qui feroit tué ou bleffé des boulets fans pouvoir les éviter, comme on peut faire de jour, lorfque le boulet a frappé le haut de la Bré-che, de laquelle il fort auffitôt une pouffiere qu'on voit, qui fait avifer le Soldat de fe jetter à droite ou à gauche pour s'en garantir. Il fuffiroit d'avoir quinze Obus pour fervir uti-lement dans un Siége avec quinze cents Balles à feu, parce qu'on ne s'en fert que pour voir aux Bréches : ces Obus fe montent fur des affûts à roües femblables à ceux de Canon, afin de les pointer de même.

On eft quelquefois obligé de prendre des ouvrages avan-cés pour communiquer l'attaque de la Tranchée, ou pour être en état de la pouffer plus près de la Place; on y fait faire auffitôt des Batteries. Les Officiers qui les comman-dent, ont des portières pour mettre dans leurs embrafûres, à caufe du feu du Moufquet de la Place qui pourroient par fa proximité leur tuer beaucoup de Soldats en faifant charger les Piéces. Les Officiers les pointent eux-mêmes avec des fronteaux de mire, & dans le même inftant les font tirer ; après quoi, on remet les portières qui font faites avec des madriers affez épais pour être à l'épreuve du Moufquet, ainfi que les fronteaux de mire.

Pour battre en bréche, on fait faire trois Batteries fituées en différens endroits, lefquelles ont cependant pour but la même face de l'ouvrage, avec cette différence qu'il y en a une qui le bat en droite ligne, & les deux autres oblique-ment & en écharpant par les deux côtez de cette face; ce

qui

qui fait que chaque coup porté de cette manière, détruit & fait tomber plûtôt la maffe de cet ouvrage.

On pourroit faire quatre à cinq Batteries confidérables de 80 Piéces de Canon de 24 en y joignant quelques Piéces de 33; les 20 de 24 qui refteroient au Parc de l'Artillerie, fer-viroient pour changer celles qui deviendroient dans la fuite hors d'état de fervir: & s'il étoit poffible, on difpoferoit ces quatre ou cinq Batteries de manière qu'elles puiffent battre tout le front de la bonne attaque.

Les Piéces de 16 & de 12 font néceffaires pour tirer aux chemins couverts, aux Cavaliers, & aux autres ouvrages, où il faut détruire les défenfes & épaulemens de leurs Batteries pour en démonter les Piéces, afin que la Tranchée n'en foit pas inquiétée.

Si on avoit deffein de mettre le feu dans la Ville affiégée, il faudroit fe fervir de Piéces de 8, dont on tireroit ces Bou-lets rouges pendant la nuit. Ces Piéces avec celles de 4 doi-vent fe pofter dans des petits ouvrages de terre pour défen-dre une Tranchée ou un boyau, & même on les peut placer dans des chemins creux ou des trouées pour affûrer les en-trées & les approches du Camp.

On a pour toutes les Piéces de Batteries des affûts de rechange, & tout au moins deux pour 5 Piéces, afin que cel-les qui font dans les Batteries ne reftent pas à terre ; ce qui embarafferoit lorfque leurs affûts feroient rompus ou bri-fés par les boulets des Ennemis. Si le feu de la Place eft trop violent, on attend à les remonter à la nuit. Autant qu'il eft poffible, les plattes-formes doivent être de niveau, afin que les roües ne faffent point incliner la Piéce ; ce qui empêche-roit que fon coup ne portât jufte où il auroit été pointé.

On peut faire provifion de 1000 ou 1200 boulets pour chaque Piéce de celles qui font deftinées pour les Batteries, & 500 pour chaque Piéce de 8 & de 4. Lorfqu'on porte des boulets aux Batteries, les Officiers les font placer de ma-nière qu'ils n'embaraffent pas le paffage, & que les Soldats ne foient pas expofés en les allant chercher.

Chaque Piéce de Canon qui eft en Batterie, doit avoir deux

paires d'armes; auſſitôt qu'il y en a une hors de ſervice, on l'envoie changer au Parc.

Les Mortiers ſont d'une très-grande utilité, puiſqu'ils portent les Bombes dans tous les lieux de la Place où on ne ſçauroit pointer le Canon. Il y a des Mortiers de 18 pouces 4 lignes, qui contiennent dans leur chambre 12 l. de poudre; leurs Bombes ſont chargées de 48 l., & péſent ſans cette poudre 490 l. Par leur chûte elles détruiſent & abattent les maiſons, & les réduits les plus forts, & y portent le feu. Elles ſont par leur groſſeur & leur peſanteur très-difficiles à remuer. On a même beſoin de chevrettes pour les placer dans leurs Mortiers. On a quelquefois porté juſques à trois de ces Mortiers qu'on a placés à différentes attaques.

Les Mortiers de 12 pouces 4 lignes contiennent dans leur chambre ordinairement 6 l. de poudre; leurs Bombes ſont chargées de 15 l. de poudre, & péſent ſans cette charge 130 l. Elles ſont plus d'uſage que celles de 18, à cauſe qu'on a plus de facilité à les voiturer & à les poſer dans leurs Mortiers; ce qui fait qu'on en tire beaucoup davantage.

Les Mortiers de 8 pouces 4 lignes contiennent 1 l. ¼ de poudre dans leur chambre; leurs Bombes ſont chargées de 4 l. de poudre, & péſent ſans cette charge 35 livres. On s'en ſert beaucoup pour les jetter dans les ouvrages & dans les chemins couverts de la Place. On peut faire proviſion de 250 Bombes pour chaque Mortier de différent calibre. On a 5 à 6 affûts de rechange des deux derniers calibres; & le tiers plus de fuſées que de Bombes, à cauſe qu'il s'en peut perdre ou gâter par les pluies. On travaille ſur le lieu à leur compoſition, afin qu'elles faſſent un bon effet. Les Grénades ſervent aux approches des ouvrages & des chemins couverts; les éclats inquiétent beaucoup ceux qui en ſont à portée.

Il faut bien prendre garde à la diſtribution & à la conſommation qui ſe doit faire de la poudre : on a journellement des convois qui en apportent, ſoit par eau ſi on a la commodité d'une rivière, ſoit par des chariots de païſans. Celle qu'on diſtribue aux Troupes, ſe délivre hors du Parc de l'Artillerie, & même au-deſſous du vent, pour éviter les acci-

accidens qui pourroient en arriver. On en donne à chaque Bataillon 200 livres, & on en fait encore délivrer à ceux qui font à la Tranchée, fur l'ordre qu'en donne l'Officier général de jour. Elle fe prend à la queuë de la Tranchée, où il y a exprès un petit Parc d'Artillerie. Quelque diſtribution qu'on puiſſe faire aux Troupes qui défendent le Camp, & qui attaquent la Place, quand le Siége dureroit un mois, elle ne peut aller qu'aux environs de cent milliers de poudre, la forte conſommation fe faiſant par les Batteries de Canon & de Bombes qui les conſommeroient en un jour s'il y avoit 100 Piéces en Batterie, & 50 Mortiers. Cette conſommation paroît très-conſidérable. Mais on a déja fait remarquer qu'elle ne le feroit pas tant que celle qui fe feroit pour une Place qu'on attaqueroit avec moins d'Artillerie, à cauſe qu'il faudroit plus de tems pour en ruiner les ouvrages, & les rendre en état d'être attaqués; ce qui en prolongeroit le Siége, & par conſéquent la conſommation en feroit plus forte, & mettroit auſſi plus de Piéces de Canon hors d'état de ſervice. On peut toûjours compter fur plus d'un million de poudre, afin de n'être pas ſurpris: car il pourroit arriver qu'un boulet de la Place mettroit le feu à quelqu'un des Magaſins, laquelle poudre par ſon effet violent le porteroit encore à un autre, & par ce malheur on feroit obligé de rallentir le feu des Batteries, ſi on n'étoit pas en état d'en avoir auſſitôt d'autre; & cela donneroit occaſion aux Ennemis d'en profiter, & de raccommoder de manière leurs Bréches & autres ouvrages, que l'entrepriſe en feroit de beaucoup retardée. La conſommation de poudre peut monter juſques à ſept à huit cents milliers au plus, comme il fe voit par les états des derniers Siéges. Il eſt même très-à-propos qu'il en reſte trois à quatre cents milliers au Parc pour en munir la Place lorſqu'elle eſt priſe.

Le plomb fe diſtribue aux Troupes en même quantité que la poudre. On en fait proviſion de deux cents milliers, parce qu'il en faut mettre dans la Place lorſqu'elle eſt priſe, & que celui qui s'y trouve, eſt de calibre différent du nôtre.

On ne donne à chaque Bataillon que 50 livres de méche, les

Trou-

Troupes aiant préfentement beaucoup de Fufils.   On en peut
avoir cent cinquante milliers , & il en reftera fuffifamment
pour la Place.

On prend des outils à Pionniers fuivant que le terrain eſt
plus ou moins pierreux ; mais les picqs-hoyaux & les béches
font de très-bon fervice par-tout.   Il en faut de chaque efpéce 25000 , de hoyaux 2000 , & autant de pelles de bois ferrées,
6000 haches , & 10000 ferpes.

Les facs à terre font d'un fervice très-utile pour conferver
& aſſûrer les Soldats qui font fur les banquettes le long de
la Tranchée. Ils les rempliffent de terre , & les mettent fur le
haut du parapet de la Tranchée , & pofent leurs Moufquets
entre deux facs à terre , d'où ils découvrent les ouvrages ou
les chemins couverts des Ennemis , & ceux qui y font pour
les défendre ; cela garantit beaucoup le Soldat du coup de
Moufquet , & le rend plus aſſûré pour tirer le fien. On prend
tout au moins 130000 facs à terre.

On fait provifion de cordages de toutes fortes de groffeurs & longueurs , d'armes à l'épreuve , menus achats , &
généralement de toutes les autres chofes marquées dans
l'Etat ci-devant.

On a des pontons ou batteaux de cuivre avec leurs poutrelles & planches de fapin , fuivant la largeur de la rivière
qui eſt à portée de la Place , & on dreſſe au moins deux
ponts au-deſſus & au-deſſous de la Ville aſſiégée , pour faire la
communication du Camp & des Troupes ; & même il eſt très-
à-propos d'en avoir de rechange pour mettre à la place de
ceux qui prennent l'eau , & pour couler quelquefois entre les
pontons qui foutiennent le milieu du pont , afin de le renforcer lorfqu'on eſt obligé d'y faire paſſer deſſus des Piéces de
33 ou de 24.

On fait provifion de plus de 200 charettes d'Artillerie
pour faciliter le tranfport des munitions dont on eſt le plus
preſſé , parce qu'on eſt toûjours obligé d'en envoïer beaucoup pour faire ces fortes de convois , & il eſt néceſſaire qu'il
en reſte un grand nombre au Parc pour porter les munitions
aux Troupes & aux Batteries.

Auſſi-

Auſſitôt que la Place a capitulé, ſi le Grand-Maître eſt au Siége, il nomme des Officiers pour aller faire l'inventaire des munitions qui ſont dans cette Ville; & ſuivant l'état qu'on lui en apporte, il fait un mémoire avec le Commandant de ſon Artillerie, de celles qu'il y doit encore augmenter. Après que le Général de l'Armée l'a approuvé, on le donne au Commiſſaire du Parc qui en fait exécuter le contenu par des Officiers du Parc. Tous les autres Officiers ſont partagés; les uns pour faire retirer des Batteries les Piéces, les boulets, &c., & en ſont auſſi lever les plattes-formes; les autres ſont raſſembler les outils & autres munitions qui ſont dans les boyaux & dans la Tranchée.

Le Capitaine des Ouvriers fait prendre tous les bois de ſon attelier; & s'il ne peut pas les faire tranſporter dans l'Arſenal de la Ville où il fait travailler, on les remet dans la Place avec les autres munitions. On fait recharger celles qui n'y reſtent point, & elles ſont conduites avec les Piéces de Canon par les Officiers, dans les Villes que le Commandant de l'Artillerie leur a marquées par l'état qu'il leur en a donné.

SI on veut remonter encore plus haut qu'au tems des trois Siéges dont on vient de parler, & pousser jusqu'à celui de . . . . qui fit tant de bruit, on verra par ce qui suit l'Artillerie qui y fut menée, & celle qui y fut consommée.

Etat des Piéces d'Artillerie & mu-   *Munitions usées & con-*
nitions de Guerre qui ont été   *sommées à ce Siége.*
menées devant . . . . . . pour
en faire le Siége.
      Piéces de fonte

De 33	7.	
De 24	33.	il y en eut quelques-unes
De 8	8.	d'éventées.
De 4	12.	
	60.	

		Avantrains . .	5.
Affûts avec leurs avantrains		Affûts.	
De 33	12.	. . . .	4.
De 24	46.	. . . .	2.
De 8	8.		
De 4	14.		
		Lanternes . .	16.
Paires d'armes	99.	Refouloirs . .	18.
		Ecouvillons . .	20.
Lanternes de rechange .	20.		
Chariots à porter Canon.	19.		
Charettes	125.		10.

Boulets

De 33	10620.	6792.
De 24	55274.	30100.
De 8	3800.	
De 4	5000.	618.
Mortiers	15.	
Affûts de fer coulé à		

                                                 Ce

Ce qui a été mené au Siége   *Ce qui y a été consommé.*
de. . . . . .

	Ce qui a été mené	Ce qui y a été consommé
Mortier	16.	
Chariots à porter affûts à Mortier . . .	16.	2.
Plusieurs susbandes d'affûts à Mortier avec leurs boulons.		Quelques susbandes.
Bombes	7092.	5501.
Fusées à Bombes . . .	7300.	5600.
Pierriers montés . . .	6.	
Grénades.	40304.	20660.
Fusées à Grénades . . .	57000.	40000.
Poudre	953000.	835300.
Plomb	90800.	59820.
Méche	133600.	67900.
Sacs à terre. . . .	199049.	109019.
Mousquets	2400.	618.
Fusils.	100.	100.
Hallebardes. . . .	200.	90.
Paires d'armes à l'épreuve	100.	2.
Pots à tête	100.	13.
Salpêtre.	534.	384.
Soufre	240.	104.
Une tonne de poix raisine.		
Une tonne de poix noire.		
Deux tonnes de gaudron.		
Mortiers de fonte avec leurs pilons . . .	2.	
Chaudières de fer . . .	2.	
Outils à Pionniers. . .	38809.	18795.
Haches	2310.	1076.
Serpes.	6670.	2120.
Manches d'outils . . .	3300.	1800.
Hottes	510.	500.
Broüettes.	260.	110.

Ce

Ce qui a été mené au Siége de.		Ce qui y a été confommé.
Outils à Mineur . . .	184.	
A Charpentier & à Char-ron	210.	74.
Trois forges complettes & un fouflet.		
Criks.	6.	3.
Un Equipage de pont de batteaux.		
Trois cens tonnes de cor-dages		. . . . 26.
Et quelques autres cor-dages.		Et quelques autres cordages.
Chevres	5.	Equipage de chevre 1.
Madriers	750.	. . . . . 567.
Coins de mire . . .	138.	. . . . . 88.
Leviers	41.	. . . . . 41.
Feuilles de fer noir . .	573.	. . . . . 573.
Feuilles de fer blanc . .	340.	. . . . . 340.
Effieux de bois. . . .	22.	. . . . . 22.
Peaux de moutons . .	115.	. . . . . 115.
Clouds	6430.	. . . . . 6430.
Clouds de cuivre . . .	16.	. . . . . 16.
Fer en barres	945.	. . . . . 945.
Effieux de fer	4.	. . . . . 4.
Chevilles ouvrières . .	3.	
Lanternes à éclairer . .	4.	. . . . . 4.
Boëtes pour lanternes .	24.	. . . . . 24.
Caiffons	6.	
Chariot à porter timbal-les.	1.	

Menus

Menus achats faits pour le Siége de		*Menus achats confom- més à ce Siége.*
Vieil oing	650 l.	650 l.
Flambeaux de cire jaune.	100.	47.
Bougie de cire jaune . .	30 l.⎫	42 l.
Bougie de cire blanche .	40 l.⎭	
Cire neuve	72 l.	22 l.
Chandelle	500 l.	500 l.
Aunes de toille. . . .	50.	50.
Fil.	6 l.	6 l.
Aiguilles.	200.	200.
Grands facs.	32.	32.
Grandes lanternes four- des.	33. ⎫	
Petites lanternes four- des.	37. ⎭	36.
Mefures de fer blanc . .	29.	12.
Barils à bourfe	24.	19.
Fournimens.	20.	20.
Fil de letton.	27 l.	
Ficelle	40 l.	40 l.
Menu cordage	20 l.	
Etoupes	100 l.	40 l.
Romaine.	1.	
Peaux de moutons. . .	100.	100.
Taule.	16 l.	16 l.
Acier.	50 l.	50 l.
Clouds de cuivre . . .	19 l.	19 l.
Rames de papier . . .	2. ⎫	
Rame de gros papier. .	1. ⎬ tout le papier.	
Rame de papier en quart.	1. ⎭	
Tamis	2.	
Balance	1.	
Poids de marc d'une livre chacun	2.	1.
Poix graffe	100 l.	

Menus achats faits pour le Siége de		*Menus achats consommés à ce Siége.*
Suif de mouton . . .	50 l.	
Clouds de toutes fortes.	400 l.	400 l.
Plumes & ancre.		
Une chapelle complette.		
Un coffre de médica- mens , avec un baril d'eau de vie.		

TITRE VI.

*Disposition d'un Equipage d'Artillerie le jour d'une Bat-
taille , comme elle a été écrite par un Officier Commandant & des plus entendus qu'il y ait eu dans le
Corps de l'Artillerie , & qui se trouva pour lors dans
une occasion très-chaude & très-importante.*

*Ordre général des mouvemens que doit faire l'Artillerie
à la tête de l'Armée , en préfence des Ennemis.*

DAns l'inftant que l'Armée fe mettra en Battaille , fuivant
l'ordre de Battaille qui aura été réglé , l'Artillerie prendra fes poftes à la tête de l'Infanterie. La première Brigade
aura la droite , l'autre aura la gauche ; s'il y a une troifième Brigade , elle fe poftera dans le centre de la même Infanterie.

L'Artillerie tirera du Canon auffitôt qu'elle fera à portée , &
qu'elle en aura reçû l'ordre : elle fera feu fans difcontinuer,
jufqu'à ce que l'Affaire s'engage dans un combat ou à donner
Battaille. En l'une ou l'autre de ces deux occafions l'Artillerie joindra les Efcadrons de Cavalerie & de Dragons pour
marcher aux Ennemis par les intervalles , en joignant de près
les deux aîles des Efcadrons , enforte que les Officiers à
cheval marchant à la tête faffent le même front de l'Efca-
dron pour couvrir les Piéces de Canon , & tous les Canonniers

qui

qui feront à pied pour les fervir jufqu'à ce qu'on foit à portée des Ennemis, d'où on pourra leur faire tirer quelques
coups fi nos Efcadrons font alte, en gardant toûjours la plus
groffe quantité de Canon en état de tirer fur eux, en cas qu'ils
viennent à nos gens.

Mais fi les Ennemis demeurent dans leurs poftes, l'Artillerie fera la même marche des Ennemis qui iront à eux, tenant
les Piéces chargées à boulets & à cartouches fans les découvrir qu'à demi portée de Moufquet, où elles paroîtront
pointées au poitrail des chevaux des Ennemis pour tirer auffitôt que notre Cavalerie partira pour les charger. C'eft un
moment précieux dont les Officiers d'Artillerie doivent fçavoir profiter chacun dans leurs poftes; & y faifant leur devoir, c'eft le moyen d'affûrer leur victoire.

Après ce dernier coup, & nos gens étant mêlés avec les
Ennemis, c'eft l'affaire de la Cavalerie d'achever le refte, &
celle de l'Artillerie eft de reprendre fes premiers poftes à la
tête de l'Infanterie, & de marcher en bon ordre à la défaite
des Ennemis, fi nos gens ont l'avantage, ou en cas de mauvais
évènement, pour favorifer leur retraite qu'ils feront par les
intervalles de l'Infanterie, & pour leur donner le tems de fe
rallier dans les derrières, & empêchant les Ennemis de les
fuivre, & les arrêtant à force de coups de Canon tirés à boulets & à cartouches.

Les mêmes mouvemens fe doivent faire à la tête de la
feconde ligne, fi la première avoit été battue, & de même
à la tête du corps de réferve; obfervant de reprendre toûjours les poftes à la tête de l'Infanterie. C'eft à quoi les Officiers d'Artillerie ne doivent jamais manquer : ces deux corps
doivent être inféparables ; la raifon eft qu'ils fe rendent in-
vincibles en demeurant unis.

Ces mouvemens fe feront en corps, en tout ou en partie,
dans les détachemens de l'Artillerie avec les corps de Cavalerie ou de Dragons, ou avec l'Infanterie. Mais comme ces fortes d'occafions font importantes, & qu'il n'y faut pas laiffer
manquer des chofes qui font néceffaires pour les faire réuffir,
il eft fort à propos que le Chef de la Brigade d'Artillerie qui

eft

eſt commandée, & tous les Officiers avec lui, entrent dans le détail & dans la connoiſſance des choſes qui doivent compoſer la Brigade pour la remplir de tous ſes beſoins, avant de ſe mettre en marche pour aller prendre les poſtes au champ de Battaille.

Si le Canon eſt vieux chargé, on le fera décharger & flamber avec amorce par la lumière , qu'on fera fermer avec de la cire; & on fera charger ces Piéces à boulets.

Les armes des Piéces , les gargouges , les boulets & les cartouches feront viſités pour reconnoître leur calibre , leur nombre & la qualité de la poudre. Enſuite de quoi, on fournira la quantité de ces munitions qui ſe trouveront de ſervice, qu'on fera mettre dans les boëtes qui ſont deſtinées à les recevoir, pour les avoir près de ſoi dans les occaſions chaudes, où on doit tirer vivement. Les Canonniers en pourront mettre dans leurs gibecières avec du fourage de calibre pour s'en ſervir plus promptement dans ces occaſions ; le reſte ſe mettra dans les barils à bourſe & dans les barils ſur les charettes qui ſuivront de près le Canon.

Il y aura quatre leviers , & deux coins de mire à chaque Piéce , avec deux eſſes & quatre clavettes dans la boëte aux boulets , deux tirebours par Brigade , qu'on mettra ſur l'affût qui ſuivra haut le pied avec quelques leviers , des coins de mire, & deux paires d'armes pour remplacer , lorſque celles des Piéces manqueront : il faut auſſi quelques paquets de mèche , des traits & quantité de fourage.

On joindra à chaque affût une hache , deux ſerpes , une écoupe , & un picq-hoyau. Ces outils feront attachés au lieu qui leur eſt deſtiné , afin de les avoir prêts à s'en ſervir dans le beſoin.

On fera graiſſer les roües des affûts & des avantrains, & celles des charettes, principalement ſi c'eſt une marche qui ſe faſſe de nuit pour ſurprendre les Ennemis.

Il ne faut pas oublier le cordage à Canon. Chaque Piéce en aura un, afin que par le moyen des Soldats commandés on puiſſe faire les mouvemens néceſſaires à la tête des Troupes.

On

On pourra encore porter un palonnier pour faire faire les mouvemens avec des chevaux sans se servir de l'avant-train.

Cet Equipage sera complet en y joignant quantité de fourage, & s'il est possible, de l'eau pour rafraîchir les Piéces, observant que tout soit de service, & qu'il ne manque aucune ferrure aux affûts.

Tous ces détails demandent beaucoup de tems : & comme il n'en faut pas perdre lorsqu'il s'agit d'aller aux Ennemis, il est de la prudence des Officiers de prévoir les occasions, & d'avoir fait les revûës pour être en état de marcher, & de faire servir l'Artillerie au premier ordre & sans retardement ; l'attelage des chevaux en cause de très-ennuïeux.

Pendant qu'on les prépare avec toute la diligence possible, il faut faire la revûë des Canonniers, afin qu'ils soient pourvûs chacun de deux dégorgeoirs, d'un fourniment rempli de poudre avec du poulverin, d'une gibecière & d'un bouttefeu garni de méche.

Il suffira qu'il y ait deux bouttefeux allumés par les deux bouts pour chaque Piéce : les autres Canonniers porteront leurs bouttefeux pour s'en servir comme de spontons.

Il y aura douze Soldats commandés pour servir chacune Piéce ; il suffira qu'ils soient quatre dans les actions ordinaires & pour les canonnades, où on poste le Canon sans faire d'autres mouvemens que de tirer aux Ennemis.

Pour réussir dans ces occasions, il suffit de faire un feu continuel sur les Troupes, & aux Batteries qui sont à la droite & à la gauche des postes qu'on occupe, & d'adresser quelques coups à celles qui sont opposées pour les tenir en respect. Par ce moyen il ne se tire pas un coup de Canon qui n'inquiéte toutes les Troupes ennemies, & le boulet fait beaucoup plus d'effet lorsqu'il entre dans un Bataillon ou dans un Escadron par les aîles, ou qu'il prend les Batteries en roüage, que lorsqu'il prend les attaques par le front. Quand les affûts durent, on a des Canonniers de reste pour relever ceux qui seront fatigués ; il ne sera pas inutile de leur faire distribuer quelque peu de brandevin.

Mais

Mais lorſqu'il s'agira d'aller en avant pour occuper quelques poſtes qui incommodent les Ennemis pour les prendre
en flanc, ou favoriſer nos Troupes qui marchent à eux, enfin
Les Piè- pour faire les mouvemens dont j'ai ci-devant parlé , on
ces dont emploïera huit hommes à chaque Piéce pour la conduire
il eſt par- avec le cordage à Canon , ſans embaras de chevaux ni d'a-
lé dans ce
Mémoire vantrains, & les quatre autres Soldats porteront les armes, la
etoient poudre , les gargouges, boulets & cartouches , le fourage ,
des Piè-
ces de 4 les leviers, & les bouttefeux allumés, afin de ſe tenir prêts à
livres de redoubler les coups en arrivant aux Ennemis.
la nou-
velle in-   Dans ces conjonctures , les Commiſſaires de l'Artillerie
vention. doivent être ſur leurs gardes , pour ne pas expoſer leur Canon; ils doivent toûjours le tenir en ſûreté par la proximité
des Troupes , ou par de bonnes gardes détachées : & dans celles où l'Ennemi preſſe, le Canon doit être poſté à côté de l'Infanterie & à portée de faire feu.

     Pour lui en laiſſer la liberté , l'Artillerie ſe partagera à la
droite & à la gauche des Bataillons joignant de près les aîles,
pour ne pas occuper entièrement les intervalles, & pour laiſſer à la Cavalerie de quoi faire ſes mouvemens.

     En toutes ſortes d'occaſions les Commiſſaires d'Artillerie
doivent accoutumer les Canonniers à tirer juſte, & à charger
les Piéces promptement, & ſans s'embaraſſer. Le moyen d'y
réuſſir, c'eſt de donner à chacun des fonctions, & d'en deſti-
ner un qui ait en main la hampe, aux deux bouts de laquelle
ſoient l'écouvillon & le refouloir. Le Canonnier ſe tiendra
prêt auſſitôt que la Piéce aura tiré, pour y paſſer l'écouvillon, lequel étant retiré, le ſecond Canonnier chargera la poudre ou la gargouge dans la Piéce, obſervant de fendre la gargouge à l'endroit qui ſe doit trouver ſous la lumière de la
Piéce ; & le troiſième aiant en main deux tampons de fourage de calibre, en mettra un ſur la poudre, & l'autre ſur
le boulet : après que le quatrième Canonnier l'aura mis dans
la Piéce, le Canonnier qui porte le refouloir, s'en ſervira deux
fois; la première en refoulant la poudre avec le tampon de
fourage pour la raſſembler dans le lieu de la charge , & l'autre en donnant le troiſième coup de refouloir ſur le tampon
qui

qui eſt après le boulet : il ſe fera aider par le Canonnier qui aura mis le fourage dans la Piéce. Cependant celui qui aura
chargé la poudre, doit ſe tenir à la lumière de la Piéce pour la
fermer avec le doigt, aiant ſon dégorgeoir & le fourniment
prêts pour l'amorcer : après le dernier coup de refouloir, il
ne doit pas manquer à percer la gargouge avec ſon dégorgeoir pour y faire communiquer l'amorce.

Le quatrième Canonnier tiendra le bouttefeu en main,
pendant que les autres avec des leviers mettront la Piéce en
Batterie, & que l'Officier Pointeur entrera dans le flaſque
pour voir que le coin de mire n'ait pas changé de ſituation,
& que la Piéce ſoit pointée au poitrail des chevaux des Ennemis pour faire haut les bras, & mettre le feu à l'ordre du
Commiſſaire qui commande la Piéce.

Si on ſe ſert de gargouges, on joindra le boulet dans le
parchemin de la gargouge, qu'on mettra à la main dans la
bouche de la Piéce, & enſuite un tampon de fourage par le
moyen du refouloir.

Le Commiſſaire qui eſt à la tête de la Brigade, doit être à
cheval, pour voir que le ſervice ſe faſſe avec diligence & ſans
confuſion, tant pour faire atteler l'Équipage, & pour le faire
marcher, que pour faire exécuter les ordres qu'il recevra du
Général de l'Artillerie, ou des Généraux de l'Armée.

Il doit continuellement pourvoir à ne pas manquer de
munitions pour entretenir un grand feu de Canon contre les
Ennemis, & d'avoir des chevaux prêts & des hommes pour
aller à eux ſi l'occaſion s'en préſente. Il eſt même de ſa prévoyance d'en avoir de relais pour enlever le Canon de l'Ennemi, ſi nous nous en rendons les maîtres, ou au moins d'a-
voir des clouds d'acier pour l'encloüer, & de faire le choix
de chevaux qui n'aient pas peur & qui ſoutiennent le feu
avec aſſûrance.

Les chevaux & les hommes feront gardés avec les munitions dans un endroit le plus ſûr & le plus à couvert
qu'on pourra trouver derriere les Bataillons de la première
ligne.

Le Commiſſaire qui commande la Brigade & les autres
Offi-

Officiers choifiront cet endroit en faifant leur marche pour prendre leurs poftes à la tète de l'Armée. On y fera remettre, en paffant, les munitions qui feront de trop, afin d'éviter la confufion au champ de Battaille, où il fuffira d'avoir de la poudre & des boulets pour tirer 25 ou 30 coups de chaque Piéce.

On fera remettre au même lieu des charettes chargées de munitions qui feront deftinées pour les Bataillons de la première & de la feconde ligne, à la tête defquelles la Brigade d'Artillerie prendra fes poftes.

Les charettes feront compofées de 400 livres de poudre, autant de plomb, & autant de méche, avec 50 outils à Pionniers pour chaque Bataillon. Il y aura des Officiers qui feront détachés de la Brigade, & qui feront garder ces munitions par un corps-de-garde d'Infanterie jufqu'à ce que les Majors des Régimens les viennent prendre pour les diftribuer aux Troupes.

La même garde d'Infanterie, jointe aux Officiers d'Artillerie, gardera très-foigneufement les chevaux & les Chartiers qui les conduifent, & les Soldats qui font deftinés à faire les mouvemens du Canon: elle gardera particulièrement les affûts, les armes des Piéces, & toutes les munitions qui feront là de réferve.

Quelque fuccès qu'il y ait dans nos entreprifes, il eft du devoir des Officiers de l'Artillerie, après que les affaires feront finies, de raffembler leur Canon, & les munitions avec tous les débris: & fi les Ennemis avoient abandonné de leur Canon, c'eft une marque de victoire & un trophée qu'il ne faut pas négliger de faire paroître, afin d'animer les Troupes à faire leur devoir.

Il faut aufli leur infpirer de la valeur & de la fermété en toutes occafions, particulièrement dans celles qui paroiffent les plus defefpérées.

Ordre

Ordre pour la Marche de l'Artillerie, & pour les Gardes & les Exercices.

LEs gardes se feront régulièrement par les trois Brigades *On voit* de l'Artillerie chacune à leur tour. Celle qui sera de jour, se *qu'il n'y* rendra dès quatre heures du matin au Parc, où le Chef de la *avoit là* Brigade fera relever en sa presence les postes, en détachant *que troi:* de sa Brigade un Officier Pointeur avec les Canonniers né-*Briga-* cessaires. Dix Soldats, un Caporal, & un Sergent, seront déta-*des.* chés pour la même garde, avec un bouttefeu allumé, & deux Piéces d'allarme qui seront chargées & amorcées, & l'avantrain bas.

Il y restera deux Commissaires de l'Artillerie pour les commander, lesquels auront soin de faire faire régulière-ment la garde du Canon & des autres munitions, & princi-palement des poudres, auxquelles ils tiendront pendant la nuit un Officier Pointeur de garde, qui sera relevé par l'Officier Canonnier, afin que les Sentinelles fassent leur devoir.

Les mêmes Commissaires feront visiter le Canon, tant de leur Brigade que des autres Brigades, pour voir si tout est en état de servir, & que les charettes soient complettes, suivant le mémoire qui leur en sera donné. Tout ce qu'il y aura de défaut, sera remarqué pour le faire remplacer, & païer sur les appointemens des Officiers qui descendent la garde, sans en excepter aucun, remettant à nos Généraux d'en faire fai-re une plus forte punition.

La Brigade qui sera de jour, fera l'exercice en presence du Chef de Brigade, sans rien laisser en arrière de tout ce que les Officiers & Soldats doivent sçavoir.

Après que l'exercice sera fini, s'il n'y a pas d'ordre pour marcher, il faudra faire demeurer au Parc la troupe destinée pour la garde, & le reste de la Brigade pourra se retirer sans sortir du quartier, & pour se rassembler au Parc en état de marcher au premier ordre.

Si le Commissaire du Parc a besoin d'Officiers, le Chef de Brigade les fera détacher de sa Brigade. Il envoïera un Com-

Tome II. Oo missaire

miſſaire au quartier des chevaux , ou lui-même ira voir ſi les chevaux qui doivent atteler ſa Brigade , ſont en état de marcher avec les Officiers du charroi , & les Chartiers qui les doivent conduire pour les faire harnacher & atteler , s'il y a ordre.

Il ſe trouvera tous les ſoirs au Parc un Officier Canonnier pour prendre l'ordre du Major , & pour le porter aux trois Chefs de Brigades ; l'un des Déchargeurs viendra à l'ordre pour le porter au Commiſſaire du Parc.

Les Capitaines du charroi & les Conducteurs ſe chargeront de faire marcher l'Equipage ſous les ordres des Commiſſaires.

Les Canonniers marcheront avec leurs bouttefeux chacun , & leurs Piéces : & lorſque les Soldats qui ſont deſtinés pour le Canon , auront joint l'Artillerie , ils marcheront en bon ordre à l'arriéregarde avec leurs armes ou des bouttefeux armés ; on en pourra détacher une partie qui marchera à la tête , & la plus petite troupe à la queuë de l'Equipage. Par ce moyen , les Canonniers Soldats de l'arrièregarde ne ſerviront que pour l'eſcorte , & ne quitteront point leurs armes pour mettre la main à l'œuvre ; ce ſeront les Travailleurs de l'arrièregarde qui ſerviront aux Ouvriers pour relever , rétablir & faire aller en avant les voitures de munitions qui ſeront reſtées derrière par quelques accidens.

Outre la garde qui ſera détachée de la troupe des Canonniers de l'arrièregarde pour eſcorter les voitures de munitions qui n'auront pas joint l'Equipage , le Commiſſaire qui commandera l'arrièregarde , pourra encore détacher des Troupes qui font l'arrièregarde , ce qu'il jugera à propos pour renforcer cette garde , aſin qu'il puiſſe conduire cette Artillerie avec toute ſûreté.

Et en arrivant au Camp , les gardes ſe poſteront & ſe continueront pendant la nuit à l'ordinaire.

Je demande à Meſſieurs les Commiſſaires beaucoup d'exactitude pendant ce tems-là , auſſi-bien qu'à l'Officier Pointeur & à l'Officier Canonnier , l'un deſquels doit reſter continuellement aux poudres.

La

La Compagnie des Armuriers marchera avec le caiſſon & la charette où ſont les outils, & les Artificiers avec le caiſ-ſon & la charette des artifices, afin de conſerver les muni-tions qui concernent leurs emplois.

Titre VII.

Comment il faut munir d'Artillerie une Place de Guerre.

QUand les Gouverneurs des Places ont quelque ſujet de croire qu'ils pourront être aſſiégés, ils ont coutume de demander aux Commiſſaires d'Artillerie qui y ſont en réſi-dence, des mémoires de ce qu'ils eſtiment devoir être mis par augmentation dans leurs Magaſins pour faire une vigou-reuſe réſiſtance.

On ne ſçauroit guéres donner de régles certaines pour ce ravitaillement, parce que cela dépend de la grandeur de la Place, de ſa ſituation, de la manière dont elle eſt fortifiée, & de la garniſon qui y eſt établie. Mais, comme il m'eſt tombé entre les mains un état dreſſé par l'un des premiers hommes du ſiécle, & le plus entendu pour ce qui peut regarder la ſû-reté d'un Place, touchant les hommes & les munitions qu'il croïoit devoir être mis dans l'une des plus conſidérables Places du Henaut; je vous en fais part, auſſi-bien que des remarques qui ont été faites là-deſſus, ſuivant que l'a déſiré l'Ingénieur lui-même, par un Commiſſaire provincial de l'Artillerie qui ne le céde à pas un autre pour la bravoure, pour l'intelligence, & pour l'habileté. C'eſt M. Goizet.

On trouvera dans ces mémoires des inſtructions très-néceſſaires, & qui donnent une grande connoiſſance de l'em-ploi qui ſe fait des munitions pendant un Siége, & de la manière qu'on fait ſervir la garniſon; c'eſt un détail qui m'a paru curieux, & peut-être vous le paroîtra-t-il auſſi. Je n'y changerai rien.

Il faut pour défendre la Ville de. . . . en cas de Siége

Infanterie . . . . 4000 hommes,
Cavalerie . . . . 600 chevaux,
Commiſſaires d'Artillerie . . . . . 10.
Canonniers . . . . 50.
Mineurs . . . . 20.
Aides-Gouverneur . . . . 4.
Charpentiers & Charrons . . . . . 30.
Artificiers . . . . 2.
Ingénieurs . . . . 3.

Piéces de Canon

De vingt-quatre . . . . 10.
De ſeize . . . . 10.
De douze . . . . 10.
De huit . . . . 18.
De quatre . . . . 24.
—————
72.
Mortiers . . . . 12.
Pierriers . . . . 8.
Affûts pour chaque Piéce . . . . . 2.
Arquebuſes à croc . . . . 60.
Mouſquets de réſerve . . . . . . 6000.
Fuſils . . . . 1000.
Mouſquetons . . . . 400.
Piſtolets de ceinture . . . . . . 400.
Spontons . . . . 400.
Piques . . . . 2000.
Hallebardes . . . . 200.
Epées de réſerve . . . . 600.
Sabres . . . . 600.
Bombes à Mortier . . . . 1500.
Bombes à main ou de foſſé . . . . 600.
Grénades à main . . . . 50000.
Du gaudron, de la poix noire, du ſoufre, du ſalpêtre, & d'autres artifices à proportion.

Les

Les Poudres.

POur fçavoir la quantité qu'il s'en peut confommer pendant un Siége comme celui de . . . . . . il faut faire eftima-
tion de fa durée , en fuppofant la Place foiblement attaquée
par fon plus fort, la garnifon vigoureufe, bien pourvûe de
toutes chofes , & le Gouverneur & fon Etat-Major très-
habiles. Sans paffer par tous les détails des attaques qui feroient trop ennuïeux , il eft à préfumer que la Place pourra
durer deux mois de tems, fçavoir 10 jours d'inveftiture (*remarquez que c'eft l'Ingénieur qui parle,*) & 50 de Tranchée ouverte. Cela préfuppofé,

Nous en compterons pour la confomma-
tion des 10 jours qu'elle fera inveftie . . . 10000 l.
Pour le furplus , nous compterons com-
me il fuit.
Des 4000 hommes de pied dont la gar-
nifon eft compofée , il en faut ôter pour les
malades & les bleffés . . . . 300.
Pour le travail ordinaire . . . . . . 300.
Pour le fervice du Canon . . . . . . 200.
Pour le tranfport des munitions dans les
poftes, outils, matériaux & bleffés . . . 140.
Pour le fervice des Mines . . . . . . 60.
Cela fera . . . . 1000 hommes.
Partant , il faut faire état feulement de
3000 hommes que nous diviferons en trois :
fçavoir,
Pour la garde ordinaire . . . . . . 1000 hommes.
Pour le biouac . . . . 1000.
Pour le repos . . . . 1000.
Des mille hommes deftinés pour la gar-
de ordinaire , nous en ôterons un tiers
pour celle des poftes non attaqués , mon-
tant à 333 , auxquels on diftribuera un

quar-

quartron de poudre à chacun ; cela fera
par jour . . . .   83 ½ l.
    Pour les 1000 hommes du biouac ¼ cha-
cun ; cela fera par jour. . . . .   250.
    Pour les 600 chevaux, ¼ chacun par jour .   150.
    Pour les 667 hommes opposés aux atta-
ques, à 2 livres & ½ chacun, feront . . .   1667 ½.
    Pour 150 coups de Canon , à 5 l. chacun.   750.
            Total de chaque journée   2901.
    Et pour les 50 jours. . . . .   145050.
    · Pour les actions extraordinaires . . . .   20000.
    Pour charger & tirer les 1500 Bombes
à Mortier, à 16 livres chacune . . . .   24000.
    Pour les 50000 Grénades , à 5 onces & ½
chacune, à cause qu'il se perd de la poudre   17187 ½.
    Pour les Mines & fougasses . . . . .   12500.
    Déchet. . . . .   10000.
    Artifices . . . .   1263.
    Il faut qu'il en demeure à la reddition . .   10000.
            Total . . . . . .   240000 ½ l.
    A quoi ajoutant les consommations de
l'investiture, montant à . . , ...   10000.
        Fera pour le tout . . . . .   250000 ½ l.

*Remarques du Commissaire de résidence sur l'Etat
ci-dessus.*

L'Ingénieur demande trop de Piéces de 8 & de 4 , & o-
met celles de 2 & de 1 l. qui sont néanmoins fort utiles : c'est
pourquoi dans le modéle d'inventaire général qu'on a dressé pour la Place dont est question , on a diminué deux Pièces de 8 , & quatre de 4 de l'état , & on y en a ajouté huit
de 2 , & six de 1 l. , qui feront 80 Piéces en tout : on y a encore ajouté 40 Arquebuses à croc.
    Il demande dix Commissaires, & 50 Canonniers, & veut
qu'on ne tire que 150 coups de Canon par jour : c'est trop peu
                                              pour

pour une réſiſtance opiniâtrée. Il faut qu'il y ait , au moins, 30 Piéces de Canon continuellement oppoſées au feu des Ennemis , & qu'elles tirent au moins dix coups chacune par jour, qui feront 300 coups, au lieu de 150 , y aiant 10 Cavaliers dans la Place.

Il n'alloue que 5 l. de poudre pour chaque coup; il en faut bien 6 livres au moins, y aiant entre les 80 Piéces, dix Piéces de 24, dix de 16, & dix de 12.

Il ne demande que 1500 Bombes à Mortier: c'eſt trop peu pour douze Mortiers; il en faut bien 3000; ce ne ſeront que 60 par jour.

Il n'alloue que 16 l. de Poudre pour charger à tirer les Bombes: elles en contiennent cependant 18 l. chacune, & le Mortier 5 l; ce qui fait 23 livres pour chaque Bombe.

Il a omis la poudre pour charger les 600 Bombes à main qu'il demande, qui ſont apparemment Bombes de rempart qu'on appelle, pour jetter dans les foſſez ſecs, ou du chemin couvert ſur le glacis , avec les bâcules : elles en contiendront bien 10 livres chacune.

Il a encore omis la poudre pour tirer les Pierriers , qui montera, à 6 l. par coup, pour 50 par jour pendant huit jours ſeulement , à 2400 livres.

Plus encore la Poudre pour tirer les 100 Arquebuſes à croc, qui montera pour 300 coups par jour ; ce qui conſommera 30 l. de poudre à 10 coups par livre; à 1500 livres.

C'eſt trop peu de 126 livres de poudre pour les artifices dans une Place comme celle-ci , dont les foſſez ſont ſecs du côté de l'attaque; il y en faut au moins 2500.

Le glacis de la Place étant miné, 12500 l. de poudre ne ſuffiront pas encore; il en faut bien au moins 20 milliers.

De Poudre.

IL en faut donc,

Pour le Canon pendant les 50 jours de Siége	90000.
Pour les Bombes & les Mortiers.	69000.
Pour les Bombes à main.	6000.
	165000.

. . . . 165000.
Pour les Pierriers . . . . 2400.
Pour les Arquebufes à croc . . . . 1500.
Pour charger cinquante mille Grénades . . . 17187½.
Pour les artifices . . . . 2500.
Pour les Mines & les fougaffes . . . . . . 20000.
Pour les dix jours d'inveftiture . . . . . . 10000.
Pour les actions extraordinaires . . . . . 20000.
Pour les poftes non attaqués . . . . . 4175.
Pour le biouac . . . . 12500.
Pour la Cavalerie . . . . 7500.
Pour les attaques . . . . 83375.
Pour le déchet . . . . 10000.
Pour la reddition . . . . 10000.
Total de la poudre qu'il faut dans cette Pla-
ce pour fa défenfe . . . . 366137½.

Plomb.

IL n'y en a dans les Magafins que cent milliers :
ce n'eft point affez ; il en faut, fuivant la dépenfe
de poudre, à l'Infanterie & à la Cavalerie . . 137550.
Pour les cartouches . . . . 9600.
Pour les Arquebufes à croc . . . . . . 2850.
Cela fera en tout . . . . 150000.

On ne dit rien des autres munitions ; car il y en a dans la
Place de toutes fortes à fuffifance.

C'est le Commiffaire qui parle. On ajoute feulement ici les raifons pour lefquelles le Commiffaire d'Artillerie demande toutes ces poudres.

La première eft, que les Piéces de Canon étant les armes offenfives & défenfives les plus longues que nous aïons, on ne peut trop s'en fervir pour obliger d'abord les Ennemis à faire leurs lignes de circonvallation plus éloignées. On fçait que cela rend leur Camp moins fort, & la Ville plus aifée à fe-courir ; cela les empêche encore de reconnoître la Place de fi près. C'eft pourquoi je fouhaiterois, que des dix Piéces de

12 il y en eût quatre de 14 pieds de long , comme j'en ai vû autrefois à Ath, fix de 8 , & huit de 4 aufli de 10 pieds de longueur.

La deuxième eft, que de quelque côté que les Ennemis faffent leur grande attaque, il y aura toûjours trois Baftions qui feront face , fur lefquels y aiant 30 Piéces de Canon bien fervies, on peut leur réfifter long-tems, & empêcher qu'ils n'avancent fitôt leurs Batteries pour s'attacher au corps de la Place , & y faire Bréche, ou le trou pour loger le Mineur ; c'eft pourquoi je demande force fafcines, piquets & gabions, pour réparer la nuit les débris du jour.

La troifième eft, que tirant quantité de Bombes, on peut mettre le feu, fi-non au grand Magafin à Poudre des Ennemis à caufe de fon éloignement, au moins aux petits qu'ils font obligés d'avoir derrière leurs Batteries, tant de Canon que de Mortiers; ce qui fe pourroit aifément faire par l'adreffe & la vigilance d'un Commiffaire. On fçait encore de quelle conféquence cela eft, & on voit qu'on ne rifque perfonne. Je voudrois aufli qu'entre les 12 Mortiers il y en eût deux de 12 l. de poudre, comme ceux dont on s'eft fervi pour bombarder Alger & Genes, qui portent 5000 pas.

La quatrième & dernière eft que , ne manquant rien à l'Artillerie, & étant bien fervie, outre qu'elle fait perdre beaucoup de gens avec peu qu'elle expofe, elle retarde les travaux des Ennemis, gagne un tems confidérable, qui eft tout en toutes chofes, & qu'elle peut être en ufage jufqu'à la chamade. On en a affez vû l'utilité à Grave , où elle n'a pas peu contribué à la gloire de M. de Chamilly ; aufli y avoit-il 1400000 livres de poudre.

On dépenfe des millions à fortifier une Place pour arrêter l'Armée la plus nombreufe, avec une petite quantité de monde. Mais quelle réfiftance pourra-t-elle faire avec un feu médiocre ? Et à quoi ferviront ces montagnes fur montagnes, fi les approches n'en font défendues ?

Ici finiffent les Remarques.

SI on veut fçavoir comment on proportionne autrement
le plomb avec la poudre dans une Place de guerre, il faut lire
ce qui fuit, qui est le fentiment d'un des plus habiles Commandans du Roïaume.

Il faut 1 l. & ½ de plomb, dit-il, pour confommer une livre de poudre depuis qu'on la fait fine; ainfi 300 milliers de
plomb confomment 200 milliers de poudre : & quand une
garnifon est confidérable, & qu'on a beaucoup de poftes à
défendre, la Moufqueterie a bientôt confommé 200 milliers
de poudre, à n'emploïer que le tiers de la garnifon à 2 livres par
Soldat, qui font environ 60 coups chacun pendant 24 heures.

TITRE VIII.

Commandement dans les Détachemens & Convois.

Le Titre de la mar-che de l'E-quipage & l'ordre pour une Battaille, instrui-fent affez de ce qu'il y a à fçavoir là-deffus. REste feulement à dire à l'égard de ce Titre-ci, que pour
terminer les difficultez qui furvenoient entre les Offi-
ciers des Troupes qui fervoient aux détachemens & aux efcortes ordonnés pour l'Artillerie, & les Officiers de ce
Corps, le Roi a fait le Réglement en forme d'Ordonnance
que vous avez déja vû dans la première Partie de cet Ouvrage au Titre du Roïal-Artillerie, & qui eft du 25 Novembre 1695.

TITRE IX.

Fonctions & Subordination des Officiers.

Avertiffement.

COmme on a traité amplement dans tous les précédens Titres, de la bonne & mauvaife qualité des munitions de toutes efpeces, de la frabrication des ouvrages, tant
pour les Places que pour l'Armée, & de leurs prix, des Ordonnances & Réglemens rendus fur la manière de faire fervir les Officiers, & généralement de tout ce qu'ils doivent
fçavoir

fçavoir pour bien s'aquitter de leurs fonctions différentes ; fi on trouve dans l'inftruction ci-après quelques particularitez fur lefquelles on veuille avoir de plus grands éclairciffemens, il n'y a qu'à recourir à la Table qui eft à la tête du Livre, pour y chercher le Titre des matières qu'on voudra connoître à fond. On a cru que cet Avertiffement fuffifoit pour ne pas charger la marge de renvois & de repétitions inutiles.

Nous commencerons d'abord par le devoir d'un Lieutenant d'Artillerie.

Devoir d'un Lieutenant ou d'un Commiffaire provincial d'Artillerie commandant dans un Département, ou commandant un Equipage.

Dans les Places de fon Département.

IL doit avoir un état général de tous les Officiers d'Artillerie qui y fervent & de leurs appointemens, fur lequel état il fera mettre par apoftille à côté de chaque nom, l'âge de l'Officier, fes fervices, fes mœurs, fa conduite, & fa capacité, afin de connoître les gens à qui il a affaire, & quel fond il peut faire fur eux.

Il réglera les différens qui pourront furvenir entre eux, ou pour le rang, fur le pied de leur ancienneté, ou pour leurs appointemens, obfervant que l'intention eft qu'un Officier de quelque qualité qu'il foit, qui eft deftiné pour en relever un autre, ne foit païé qu'à commencer du jour qu'il arrive dans la Place, & que de ce jour-là ceffent par conféquent les appointemens de fon devancier. Et s'il arrive que quelqu'un d'eux tombe en faute, il l'envoiera aux arrêts, & en donnera avis à M. le Grand-Maître, qui feul a le pouvoir de les en fortir. On en a vû l'Ordonnance au premier Tome.

Il doit avoir auffi des inventaires des munitions qui font dans toutes les Places, dattés du premier jour de l'année, fignés par les Gardes, certifiés par les Commiffaires, & contrôlés par le Contrôleur du Département ; & recommander

aux Commiſſaires de tenir la main que ces Gardes lui envoient
à la fin de chacun quartier de l'année des états bien détaillés
des conſommations & des remiſes qui ſe ſont dans leurs Magaſins, & même toutes les fois qu'il ſe fait quelque remiſe, ou
quelque conſommation un peu forte, de lui en donner avis
ſans attendre la fin du quartier.

Il faut auſſi qu'il leur recommande de voir par leurs yeux,
& ſans s'en rapporter aux Gardes, ce qu'il ſe remet de munitions dans les Magaſins, & notamment de la poudre ; car ſi
les Gardes ont mauvaiſe intention, c'eſt particulièrement
ſur cet article qu'ils pourront en impoſer.

De ces inventaires il en doit compoſer un régître, à
côté duquel ſoient portées ces remiſes & ces conſommations, afin qu'en tous tems il ſoit en état de connoître ce
qu'il reſte de munitions dans les Places, & d'envoïer à la
Cour, quand elle le demandera, le mémoire des choſes les
plus eſſentielles, & ſur leſquelles on peut compter.

Il doit faire ſa viſite dans les Places tous les deux ou trois
mois, ſelon qu'il le juge à propos pour le bien du ſervice.

Dans chaque Magaſin il faut qu'il obſerve s'il y a trois
clefs, afin que les munitions ne ſoient point laiſſées à la diſpoſition d'un ſeul Officier ; qu'il obſerve auſſi ſi les munitions ſont bien rangées, en ſureté & ſéchement, particulièrement les poudres : il doit même y avoir quatre clefs quand
il ſe trouve un Contrôleur dans la Place.

Il faut qu'il voie les Intendans, ou les Commiſſaires or-
donnateurs, ou ceux qui ont ſoin des fortifications, pour les
ſolliciter de faire travailler aux Magaſins qui auront beſoin de
réparation ; &, ſi on en fait de nouveaux, il leur fera obſerver que les fenêtres des Magaſins à poudre doivent avoir
leurs ouvertures au levant, & qu'ils ſoient éloignés des maiſons
d'une diſtance raiſonnable pour éviter les accidens du feu.

Qu'ils ſoient bien lambriſſés & bien plancheïés avec
lambourdes & du charbon ou mâcheſer par-deſſous, pour
empêcher l'humidité de pénétrer.

Il fera ouvrir quelques barils de poudre pour en connoître la qualité ; & s'il les trouve en bouillie, en maſſe, en pouſſière

fière ou brillantes au foleil, qui font toutes mauvaifes qualitez dans la poudre, il en fera avertir le Commis de l'Entrepreneur des poudres pour y faire travailler. Quand elles ne
font qu'humides, il ne faut que les reffécher ; autrement il
les faut envoïer au moulin, pour les rebattre & pour les recharger de falpêtre.

Il faut qu'elles foient en barils de 200 enchappés, ou en
barils de 100 enfachés.

Il ne doit être tiré de poudres défectueufes des Magafins
pour être envoïées au moulin, que 3 milliers à la fois ; & à
mefure que ces 3 milliers fe rapportent, on en délivre trois
autres milliers, jufqu'à ce que ce radoub foit entièrement
achevé.

Il recommandera fort de ne laiffer entrer dans ces Maga-
fins-là, ni fumeur, ni Soldat aiant des clouds à fes fouliers.

Il ne permettra point qu'il foit donné aux Officiers d'Artillerie, ni caves, ni celliers, ni jardins, autour des Magafins
à poudre.

Il verra fi les Gardes font foigneux d'ouvrir les fenêtres
des Magafins tous les jours de beau tems.

Si les armes font bien entretenues ; & en cas que les Gardes
foient négligens là-deffus, il fera retenir leurs appointemens
pour païer le travail qui fe trouvera à faire pour les remettre
en bon état.

Il prendra garde que les barils qui renferment les plombs,
& les autres munitions, foient bien cerclés & bien conditionnés, afin que les munitions ne fe perdent pas, comme il
arrive au gaudron, à la poix, & aux autres matières liquides.

Il verra fi le plomb eft du calibre de France.

Si la méche eft bien féchement, & entonnée en tonnes de
300, ou emballée en balots de 100 ou 150, pour être portée à
dos de mulet felon les lieux.

Si elle eft en paquets, ordonner de la faire battre pour en
tirer la pouffière, & faire refaire les paquets de 50 de 100 ou
de 150 livres chacun.

Il fera fa vifite fur les remparts pour reconnoître la qualité des Piéces de Canon, & voir fi elles ne font point entrées

P p 3   &

& trop négligées, & donnera avis à la Cour de celles qui sont défectueuses & chambrées pour les envoïer à la fonte.

Il verra si les affûts sont en état de servir, & réglera le radoub qui s'y peut faire. Si on n'en peut plus tirer de service, il les fera rompre, & en fera remettre le fer dans les Magasins, recommandant au Commissaire de le faire peser auparavant que d'en charger le Garde, & il en fera vendre le bois au profit du Roi, si on en peut tirer quelque chose.

Il verra aussi si les plattes-formes sont bien faites & proportionnées à la genouillière des embrasûres, afin que, quand on se sert de ces affûts, qu'on appelle Marins ou de Place, la Piéce ne se trouve point placée trop bas, & puisse être pointée à telle hauteur qu'il sera à propos.

S'il ne se présente point d'occasion d'exécuter les Piéces, il fera resserrer les affûts dans les Magasins pour les conserver, à moins qu'ils ne soient de fer.

Il se fera montrer les artifices & fusées à Bombes & à Grénades pour voir s'il ne faudroit point faire travailler à charger ou rafraîchir ce qui en aura besoin.

Il visitera les charettes, chariots & tous les autres ustensiles des Magasins, pour faire rétablir chaque chose & tenir tout en état de s'en pouvoir servir quand il le faudra.

Il fera, avec le Gouverneur ou Commandant de la Place, un mémoire de tout ce qu'il croira être nécessaire d'ajouter à son Artillerie pour la mettre en défense; & pour cet effet il reconnoîtra les endroits où il faudra du Canon & des Mortiers, & le calibre & le diamétre dont il les faudra.

Il réglera le nombre de boulets & de Bombes, à raison de 3 ou 400 pour chaque Piéce ou Mortier.

Il réglera aussi la quantité de poudre, de plomb, de méche, d'armes de guerre, de Grénades, & de toutes autres munitions, sur le pied du Canon & de la garnison qu'il y aura dans la Place, & de la manière qu'on pourra le remarquer dans quelques mémoires contenus dans ce Tome-ci.

Il fera racerer les outils & emmancher ceux qui devront servir au besoin.

Il tiendra la main que les Officiers d'Artillerie soient logés

gés proportionnément à leur qualité & aux endroits convenables pour pouvoir faire commodément le service, & que
les Villes leur fourniffent les uftenfiles néceffaires.

Il doit fçavoir qu'on doit apporter l'ordre tous les foirs
aux Commiffaires d'Artillerie, & que la même chofe fe fait
pour les Gardes quand ils font feuls, & qu'ils ont le titre de
Commiffaire joint avec l'autre.

S'il reçoit des ordres de la Cour pour acheter des munitions, ou pour faire faire des ouvrages, il cherchera tous les
moyens poffibles pour les exécuter avec diligence & écono-
mie.

Il fera chercher le bois, le fer, & les autres matériaux par
des Officiers & Ouvriers intelligens, fera les marchez lui-
même, prendra des échantillons de tout, & recommandera
bien aux Officiers de ne rien recevoir qu'après qu'ils auront
reconnu que les fournitures feront entièrement femblables
aux échantillons.

S'il y a des fonderies dans fon département, il fera extrêmement régulier à la reception des Piéces & des Mortiers,
& à l'emploi qui fe fera du métal, examinant & faifant examiner pour les pefées, les poids dont on fe fervira, qui doivent être de 16 onces à la livre.

Il fera la même chofe, foit à la reception des poudres, foit
à l'épreuve qu'il en fera faire dans les occurrences.

Il prendra foin de remplacer toûjours les munitions qui fe
confommeront, ou qui s'évacueront des Places pour être
envoïées ailleurs. Enforte que chaque Place foit toûjours
munie fur le pied de ce qui aura été une fois réglé par la
Cour : & il profitera autant qu'il pourra, des bons marchez
qu'il trouvera lieu de faire avec les naturels du païs, ou avec
les gens des païs étrangers, s'il s'en trouve quelques-uns qui
veuillent faire des traitez avec lui pour en faire venir des munitions.

Il doit fçavoir auffi qu'il y a une Ordonnance qui porte,
qu'il fera détaché des Corps-de-garde des Places des Soldats,
dont les Commiffaires d'Artillerie qui y fervent, auront befoin pour faire exploiter & remuer les Piéces d'Artillerie &
ma-

munitions de guerre, & nettoïer les Magafins, au lieu des Canonniers qui y étoient ci-devant emploïés.

En Campagne.

IL faut qu'il ait un état des Officiers de fon Equipage, & des Capitaines du charroi, & des chevaux qui y fervent.

Qu'il faffe tous les mois la revûë des uns & des autres, & qu'il tienne la main que les marchez pour les chevaux foient exécutés avec ponctualité.

Il faut qu'il tire, fuivant les ordres qu'il en aura, des Places de la frontière où il doit commander l'Equipage, les Piéces d'Artillerie & les munitions de guerre qui doivent fervir à la fuite.

Il fera mettre en état les affûts, avantrains, charettes chariots, chevres, outils, poudre, plomb, mèche, Grénades, Bombes, boulets, Mortiers, pontons & leurs haquets, & autres munitions & uftenfiles.

Il fupputera exactement le nombre de chevaux & de charettes dont il faudra qu'il fe ferve pour le tranfport de ces Piéces & de ces munitions, fur le pied des exemples que nous en avons déja donnés dans ces mémoires-ci aux projets & marches d'Equipages, & ailleurs.

Il fera acheter les menus uftenfiles, qu'on appelle menus achats, pour s'en fervir dans la marche le jour, & même la nuit, fuivant les différentes rencontres, & les befoins imprévûs.

Il vifitera exactement lui-même tout cet Equipage quand il fera fur pied & prêt à marcher, pour voir s'il n'y manque rien : & fa prévoyance doit aller fi loin, qu'il ne faut pas qu'il fe trouve court d'aucune chofe, au moins autant qu'il pourra dépendre de lui pendant la Campagne.

Il faudra qu'il diftribue fes Officiers en plufieurs Brigades, & qu'il faffe févérement obferver les réglemens qu'il aura faits, ou pour leur manière de fervir, ou pour la marche, afin qu'il ne s'y faffe point de confufion ni de defordre, & qu'aucun Officier ne fe dérobe à fon devoir, ni ne manque à l'obéïffance qu'il doit à fes Supérieurs.

Il

Il envoïera foigneufement reconnoître les chemins par-où doit paffer l'Equipage, par les Officiers qui font chargés ordinairement de ce foin, & fera de bonne heure travailler à ceux qui pourroient retarder la marche.

Il prendra grand foin de faire parquer les munitions qu'il menera, dans un lieu fûr & commode pour les hommes & pour les chevaux. Il établira des Officiers par-tout pour la garde & la diftribution des munitions ; & il fe fera rendre compte exactement tous les matins & tous les foirs par les Commiffaires & le Garde du Parc, des munitions qui auront été délivrées, & de celles qui refteront, & en aura toûjours le précis avec lui pour pouvoir en informer le Général, s'il le lui demande.

Il fera auffi rendre compte par le Maréchal des Logis ou Major, de tout ce qui fe paffera dans l'Equipage, foit pour les marches, foit pour les logemens, foit pour la diftribution du pain de munition, afin d'empêcher que les Officiers ne fe plaignent, & qu'on ne leur faffe aucun paffe-droit.

Il s'informera de tems en tems des Chefs de Brigade, de la conduite des Officiers qui feront fous leur charge ; & tous les matins & tous les foirs, comme il le trouvera à pro-pos pour le fervice, les Officiers principaux & le Capitaine du charroi viendront recevoir fes ordres pour ce qu'ils au-ront à faire pendant la nuit, ou pendant le jour fuivant.

Il eft inutile de dire ici qu'il doit être affidu auprès du Général le plus qu'il pourra, pour fçavoir ce qu'il aura à fai-re, fans néanmoins que cette affiduïté doive l'empêcher d'aller par-tout, & de reconnoître tout par fes yeux , pour voir fi l'Equipage ne manque de rien , fi tout le monde eft à fon devoir, fi les chevaux font bien nourris , s'ils font tous em-ploïés, & fi par cabale & prédilection le Capitaine du char-roi n'épargne pas plus les uns que les autres.

S'il arrive qu'il faille faire des ponts ou d'autres ouvrages , il fera fournir régulièrement aux Officiers & Ouvriers qui y feront emploïés, toutes les chofes qui leur feront néceffai-res, & les fera relever en tems convenable.

S'il s'agit de faire un Siége, il faut qu'il aille reconnoître

Tome II. Qq la

la Place avec les Officiers - Généraux pour en remarquer le fort & le foible.

Il dreſſera un projet de tout ce qu'il lui conviendra faire pendant le Siége, ſoit pour faire amener la plus grande quantité de munitions que faire ſe pourra, eu égard à la force de la Place, & au tems qu'il faudra emploïer à ce Siége, ſoit pour les Officiers qu'il diſtribuera aux différentes attaques, pour ceux qu'il établira pour le ſoin du Parc, ceux qui feront proche ſa perſonne pour aller porter les ordres partout, & ceux qui ſeront emploïés aux convois.

Il prendra grand ſoin de faire établir ſon Parc en lieu ſûr, & hors la portée du Canon de la Place.

Il fera faire une groſſe proviſion de faſcines & de piquets pour ſervir à faire les Batteries.

Il reconnoîtra lui - même les lieux où les Ingénieurs auront jugé à propos de dreſſer les Batteries.

Il y établira les Commiſſaires provinciaux, & les autres Officiers & Soldats qui feront deſtinés pour y ſervir.

Il fera grande attention à pourvoir ces Batteries de toutes les choſes qui y feront néceſſaires, & les viſitera ſouvent pour voir ſi elles ſont bien faites, ſi les ordres qu'il a donnés, s'exécutent, ſi le travail s'avance, ſi les Piéces ſont l'effet qu'on en attendoit, s'il ne faut point en tirer les défectueuſes & éventées pour y en faire conduire d'autres, ſi les munitions qui y ſervent, ſont placées en lieu ſûr & hors du feu des Ennemis.

Il fera relever les Officiers dans les tems réglés pour cela.

Il faut qu'il ſoit toûjours informé des munitions qui reſtent au Parc; & s'il prévoit qu'il puiſſe bien - tôt manquer de quelque choſe, il doit faire toute la diligence poſſible pour le faire venir des Places voiſines.

Il doit être ſurveillant, actif, ſoigneux, libéral, & careſſant pour les Officiers: l'accès aiſé qu'ils ont auprès de leur Supérieur, & les honnêtetez qu'ils en reçoivent, leur ouvrent le cœur, & les fait ſervir agréablement.

Il faut toûjours que le Commandant de l'Artillerie faſſe

une

une dépenfe honorable, tant pour fon équipage particulier & pour fa perfonne, que pour fa table, où il doit toûjours appeller les Officiers d'Artillerie chacun à fon tour, enforte qu'on puiffe remarquer que l'avidité d'amaffer & l'intérêt ne le gouvernent point; rien n'étant plus propre pour lui aquerir l'eftime des Généraux, & pour lui concilier l'affection & le zele des Officiers de fon Corps en particulier, qu'une manière ouverte, honnête, & généreufe.

Si on prend la Ville, il doit charger certains Officiers du foin de faire ramaffer toutes les munitions qui font difperfées dans le Camp, dans les Tranchées, & dans les Batteries, pour en faire entrer dans la Ville ce qui fera jugé à propos, & remettre le refte au gros de l'Equipage.

Il commettra d'autres Officiers pour aller faire l'inventaire de la Place, & ira lui-même reconnoître ces munitions, & les Magafins qu'on lui indiquera.

Il fera auffi retirer du foffé, des ouvrages de dehors, & des remparts & Baftions, toutes les munitions que les Ennemis y avoient, & en fera tenir des mémoires bien exacts.

Il envoïera retirer des Mines, les poudres qui pourroient y être demeurées, & il fera foigneufement vifiter les Magafins pour reconnoître fi les Ennemis, en fortant, n'y auroient point laiffé de méche allumée, particulièrement dans ceux où feront les poudres.

Il donnera fes certificats pour les chevaux tués, ou pour les Officiers bleffés dans l'occafion.

Si on eft obligé de lever le Siége, il faudra qu'il fe ferve de toute fa prudence pour faire retirer les Piéces & les munitions principales de toutes les attaques pendant la nuit, & de les faire partir fecrettement & diligemment avec les efcortes que le Général lui fera fournir.

Et s'il eft obligé de laiffer quelque chofe, que ce foit tout ce qu'il y aura d'inutile, & qui pourra être aifément confommé en y mettant le feu; étant de fon honneur qu'il ne refte rien entre les mains des Ennemis dont ils puiffent fe prévaloir & tirer avantage.

Il prendra foin auffi de renvoïer dans les Places, les Pié-

ces

ces & les munitions qui feront inutiles dans l'Equipage, & fongera à faire, pendant le courant de l'année, le remplacement des munitions confommées, & qui auront été tirées des Magafins des Places de fon département.

Il rendra compte exactement de tems en tems à M. le Grand-Maître, des ordres qu'il aura reçûs, & de ce qu'il aura fait en exécution.

On ne dit rien ici du devoir d'un Lieutenant le jour d'une Bataille & d'un Combat; car les principaux foins qu'il fe doit donner en pareille occafion, font expliqués au Titre VI. de la difpofition d'un Equipage d'Artillerie le jour d'une Bataille.

Il y auroit encore bien des obfervations à ajouter ici; mais je ne m'étendrai pas davantage là-deffus, parce qu'on les trouve déja répandues en plufieurs endroits de cet Ouvrage, & ce ne feroit qu'une repétition ennuïeufe : outre cela on fuppofe que, quand un Officier eft parvenu au grade de Lieutenant, il n'ignore rien de tous ces détails.

TITRE X.

Devoir d'un Commiffaire dans une Réfidence.

SOn principal foin eft de voir fi les armes de guerre font bien claires & bien entretenues, le Garde étant païé de cet entretenement.

Si les Magafins font bien fermés de portes & de fenêtres.

Si les poudres font féchement.

Si le Garde ouvre les fenêtres du Magafin à poudre tous les jours de beau tems pour y donner de l'air.

Si on ne fait aucun bâtiment voifin des Magafins où il puiffe y avoir danger de feu.

S'il ne manque rien aux affûts des Piéces, & fi on pourroit s'en fervir dans un befoin.

S'il y a des boulets fuffifamment pour exécuter les Piéces, pour tirer 300 coups de chacune.

Si les armes pour les Piéces font en bon état.

Si

Si les Piéces ne font point engorgées, ni chambrées.

Si elles ne font point enterrées fur les remparts; auquel cas il les faut faire déterrer, & les mettre fur des chantiers, les affûts devant être refferrés dans les Magafins, à moins que ces affûts ne foient de fer.

Voir s'il y a fuffifamment de poudre dans la Place pour tirer 300 coups de chacune, & pour faire tirer la garnifon, à 24 coups par livre de poudre.

Si les outils n'ont pas befoin d'être racerés.

Si les Grénades font de fervice, & fi elles font chargées. Si elles ne le font pas, il faut les charger, fuppofé que les Ennemis foient dans le voifinage ; & cela pourtant avec l'agrément du Gouverneur ou Commandant : & s'il n'y a rien à craindre, il faut faire décharger celles qui font vieilles chargées, & les Bombes, & en remettre la poudre dans les Magafins.

Voir s'il y a des balances & des poids de marc pour la reception & la délivrance des munitions.

Si le plomb eft bien embarillé & bien enchappé.

Si les méches font dans un lieu bien fec, & fi elles ne fe pourriffent point, les faire battre pour en fecouer la pouffière, & les relier, fi elles font en bottes ou en balots.

Voir s'il y a quelques paniers dans la Place pour porter des munitions fur le rempart.

Si les chevres font en état de rendre un bon fervice.

S'il y a quelques cordages pour le remuement des Piéces.

S'il y a des rechaux de rempart & du gaudron pour éclairer la nuit dans les foffez en cas de Siége.

Enfin il faut fe tourner de tous côtez, prendre avis des plus habiles gens, confulter les Officiers d'Artillerie qui pourroient aller dans la Place ; & s'il furvient quelques difficultez que le Commiffaire ne puiffe pas faire réfoudre fur les lieux, il faut qu'il en écrive à fon Provincial, ou au Lieutenant du département pour en avoir la folution.

Il doit avoir une clef du Magafin, le Gouverneur une autre, le Contrôleur, s'il y en a un, la troifième, & le Garde la quatrième; & ils n'y doivent pas entrer les uns fans les autres.

Il doit folliciter Meffieurs des fortifications de faire fournir les bois & les plattes-formes néceffaires pour les Batteries.

Faire tenir les embrafûres bien propres & bien nettes.

Sçavoir que, quand il fe fait un remuement de munitions, on détache des Soldats de la garnifon pour faire le fervice; & pour cela il doit y avoir un certain nombre de Canonniers pour être toûjours en état d'exécuter le Canon. Cela eft plus particulièrement expliqué par l'Ordonnance donnée à ce fujet.

On doit apporter l'ordre au Commiffaire & en fon abfence au Garde.

ORDONNANCE
DU ROI,

Pour faire détacher des Corps-de-gardes des Places, des Soldats dont les Commiffaires d'Artillerie fervant en icelles auront befoin pour faire exploiter & remuer les Piéces d'Artillerie & munitions de guerre, & nettoïer les Magafins, au lieu des Canonniers qui y étoient ci-devant emploïés.

Du 23 Janvier 1679.

DE PAR LE ROI.

SA MAJESTE' aiant jugé qu'il étoit du bien de fon fervice de retrancher la dépenfe qu'Elle étoit obligée de faire pour l'entretenement des Canonniers dans fes Places;

&

& aiant en même tems eftimé à propos de pourvoir à ce-
que les Commiffaires d'Artillerie qu'Elle a ordonnés pour
fervir dans lefdites Places, puiffent faire faire les remuemens
des Piéces d'Artillerie & munitions de guerre auffi fouvent
que le bien de fon fervice le pourroit requerir , auxquelles
fonctions lefdits Canonniers étoient ci-devant emploïés:
Sa Majesté a ordonné & ordonne, veut & entend , que ,
lorfque dans ladite Place il arrivera quelque occafion dans laquelle il fera néceffaire d'exploiter & remuer les Piéces d'Artillerie & munitions de guerre , le Gouverneur ou Commandant dans ladite Place donnera l'ordre néceffaire, pour, fuivant la requifition qui lui en fera faite par ledit Commiffaire d'Artillerie , faire détacher des Soldats des Corps-de-gardes commandés par des Sergens , & ce, au nombre que ledit
Gouverneur ou Commandant jugera être néceffaire fur
le compte que ledit Commiffaire lui rendra de ce à quoi
ils devront être emploïés, avec injonction auxdits Sergens
& Soldats de faire exécuter tout ce que ledit Commiffaire d'Artillerie leur ordonnera fans difficulté. Comme auffi
Sa Majefté veut & ordonne , que par le-dit Gouverneur ou
Commandant il foit détaché de ladite garde , deux fois par
mois, fix Soldats pour aller nettoïer les Magafins defdites
Places , & faire fur ce fujet tout ce que ledit Commiffaire
leur ordonnera auffi , fans difficulté; voulant qu'après que ce
qui aura été ordonné aux uns & aux autres defdits Sergens & Soldats par ledit Commiffaire d'Artillerie, aura été
exécuté, ils foient déchargés du refte de ladite garde, &
puiffent fe retirer dans leurs chambres , fans que le Capitaine ou autre Officier qui commandera ladite Garde, les puiffe
obliger de retourner achever le refte de leur garde. Mande
& ordonne Sa Majefté aux Gouverneurs ou Commandans
dans fes Places, de tenir la main à l'exécution de la Préfente,
& de fe conformer à ce qui y eft contenu des intentions de
Sa Majefté. Fait à Saint-Germain en Laye le vingt-troifième
jour de Janvier mille fix cens foixante-&-dix-neuf. Signé ,
LOUIS. Et plus-bas, Le Tellier.

TITRE

T i t r e XI.

Devoir d'un Contrôleur ou d'un Commis au Contrôle dans une Place, ou à l'Armée.

IL y a un fi petit nombre de Contrôleurs ou de Commis au Contrôle dans les Equipages & dans les Places, qu'on a cru inutile d'expliquer ici par le détail, les chofes qui font de leur devoir ; ils en feront d'ailleurs fuffifamment informés en recevant leurs inftruction de M. le Contrôleur général.

T i t r e XII.

Devoir d'un Garde.

ON verra dans les deux inftructions fuivantes le devoir d'un Garde, auxquelles j'ai joint un modéle d'Inventaire qui comprend toutes les munitions qui peuvent fe rencontrer dans les Magafins les mieux fournis. Un Garde fe peut régler là-deffus pour dreffer le fien : bien entendu qu'il ne doit y emploïer que ce qu'il aura de munitions à fa charge ; car il feroit fuperflu qu'il fît mention des titres des autres munitions qui ne font point dans fes Magafins.

Mémoire pour fervir d'inftruction à un nouveau Garde, quand il prend poffeffion du Magafin d'une Place.

LOrfque le Garde arrive dans la Place, il faut qu'il s'adreffe au Commiffaire d'Artillerie de réfidence, pour qu'il le préfente au Gouverneur, auquel il fera voir fa commiffion.

Il travaillera conjointement avec le Garde qu'il relevera, & le Commiffaire de réfidence, à l'inventaire des munitions de la Place, & donnera une décharge à ce Garde au pied du nouvel inventaire, après qu'il aura reconnu que toutes les munitions portées par l'inventaire font effectives dans la Place.

Il aura un régître de moyenne grandeur, fur lequel fera
                                                    tranfcrit

tranfcrit fon premier inventaire, qui fera figné de lui, & certifié du Commiffaire provincial, ou du Commiffaire de réfidence.

La recette s'écrira d'un côté de ce régître, & la dépenfe de l'autre.

Le Garde fera dans la recette une notte fort ample des
Piéces & des munitions qui lui feront remifes, en fpécifiant
le calibre, le poids, la longueur, & la qualité des Piéces; & la
quantité, la qualité, & le poids des munitions, le lieu d'où
elles feront venues, le jour qu'il les aura reçûes, & le nom de
ceux qui les auront remifes, de qui il prendra foin de retirer
des ampliations ou copies fignées de fes récépiffez pour fervir à fon compte.

Il fera auffi la même chofe pour les Piéces & les munitions qu'il délivrera, gardant par-devers lui très-foigneufement les ordres & les récépiffez qu'il aura retirés pour ces
délivrances, afin de les joindre pareillement à fon compte.

Le Garde envoïera à la fin de chaque quartier de l'année *Il n'y a*
à Mr. le Grand-Maître, & à qui il lui fera ordonné par lui, *voit pas*
des états de la recette & de la dépenfe qu'il aura faites pen- *Direc-*
dant le quartier, jour par jour, & article par article. *teur*
général
Le Garde envoïera, comme deffus, un abrégé de fon in- *de l'Ar-*
ventaire figné de lui, & certifié du Commiffaire qui fe trou- *tillerie.*
vera de réfidence, en la manière accoutumée au commencement de chaque année, ou toutes les fois qu'il en fera requis,
conformément au modéle qui lui en fera envoïé; obfervant
néanmoins de faire une fupputation très-exaĉte des munitions
remifes ou confommées dans la Place pendant toute l'année,
pour défalquer toutes les confommations fur l'ancien inventaire, & y ajouter les remifes, enforte que le noûveau ne foit
compofé que des Piéces & des munitions qui feront effeĉti-
ves dans la Place le premier Janvier.

Il prendra foin de l'entretenement des armes de la Place,
dont il fera païé fur le certificat du Gouverneur, qui le donne
ordinairement fur celui du Commiffaire.

On lui donnera un mémoire particulier de ce qu'il y a à
faire fur cet article.

Tome II. R r Tous

Tous les jours de beau tems, il fera ouvrir les fenêtres des Magasins à poudre, & prendra bien garde, quand il entrera dans les Magasins, de ne s'y pas faire accompagner par des gens qui aient des clouds à leurs souliers, ou aucun ferrement, ni qui fument.

Il est nécessaire que, suivant la commission de M. le Grand-Maître, le nouveau Garde donne au Garde-général une caution solvable jusqu'à la somme de 1000 liv.

Autre instruction pour un Garde qui alloit servir à . . . . . où il n'y en avoit point encore d'établi.

IL faut que le Garde se rende incessamment à . . . . . & qu'il y présente à M. le Gouverneur, ou à celui qui commande en son absence dans la Place, la commission qu'il a de M. le Grand-Maître.

Il le priera de lui donner quelqu'un pour aller faire avec lui la reconnoissance de toutes les Piéces & munitions qui sont dans la Place, dont il dressera un inventaire exact, observant d'y emploïer d'abord les Piéces du plus gros calibre, & finissant par les plus petites.

Mettant ensuite les boulets.

Les armes des Piéces.

Les affûts.

La poudre.

Le plomb.

Et la méche.

S'il y en a, & ainsi des autres munitions, commençant par les plus considérables.

Il doit arriver incessamment dans la Place 10000 livres de poudre que M . . . . est chargé d'y faire remettre.

10000 livres de plomb. ⎫ qu'on y envoie de . . . .
Et 9900 livres de méche. ⎭

Il faut que le Garde examine si ces 10 milliers de poudre feront bien embarillés & enchappés en barils de 200 poids de marc, & qu'après en avoir fait défoncer une partie pour en reconnoître la bonne ou la mauvaise qualité, il les fasse
                                                                    mettre

mettre dans un lieu où elles foient féchement, & où il n'y ait aucuns outils ni inftrumens de fer.

Le plomb fera en balles de 22 à 24 à la livre, bien embarillé & enchappé en barils de 200.

Et la méche fera entonnée en tonnes de 300.

Il donnera fes récépiffez de ces munitions.

Le premier pour la poudre au nom de M. . . . . & par les mains de celui qui les livrera, fuivant le modéle qui eft à la fin de ce mémoire.

Le fecond & le troifième, au nom du Sieur. . . Garde de. . . fuivant auffi le modéle ci-après.

Il aura un régître fur lequel fera tranfcrit fon premier inventaire, qui fera figné de lui, & certifié par le Commandant de la Place.

Quand il lui fera fait quelques remifes de munitions, il en fera une mention fort expliquée dans un des côtez du régître, marquant la quantité & la qualité des munitions qui lui auront été remifes, & les perfonnes & les lieux d'où elles proviendront, & leur en donnera fon récépiffé, dont il prendra foin de retirer une copie fignée de celui ou de ceux de qui il recevra les munitions. Cela s'appelle une ampliation.

A l'égard de la confommation, il prendra foin de retirer l'ordre du Commandant de la Place pour la délivrance des munitions, & le récépiffé de celui ou de ceux à qui il délivrera.

Le Garde tiendra prêt à la fin de chaque quartier de l'année un état des confommations, & un autre des remifes qui fe feront faites dans la Place pendant le quartier, fpécifiant dans ces états le jour que la confommation ou la remife s'en fera faite, les gens à qui les munitions auront été délivrées, & les lieux où elles auront été envoïées, ou ceux d'où elles viendront.

Et au premier jour de chaque année il tiendra prêt auffi un inventaire exact des Piéces & des munitions qui feront lors effectives dans la Place, pour envoïer le tout à qui il lui fera ordonné par M. le Grand-Maître.

Et tous les jours de beau tems il fera ouvrir les fenêtres

des

des Magafins à poudre, & prendra bien garde, quand il entrera dans les Magafins, de ne pas s'y faire accompagner par
gens qui aient des clouds à leurs fouliers, ou aucuns ferremens, ni qui fument; cela étant également périlleux pour les
Magafins où on refferre les poudres.

Modéles des récépiffez.

JE fouffigné, Garde des Piéces d'Artillerie & des munitions
de Guerre à. . . . .reconnois & confeffe avoir reçû de
M. . . . . . Adjudicataire général des Poudres & Salpêtres de France, par les mains de. . . .& provenant des Moulins de. . . la quantité de dix milliers de Poudre de Guerre de bonne qualité, bien embarillée & enchappée en barils
de 200 poids de marc, & bien conditionnés, lefquels dix
milliers de Poudre ont été remis dans les Magafins dudit. . . m'en étant chargé pour en rendre compte au Roi,
à Monfeigneur le Grand-Maître, &c. Fait audit. . . . .
ce . . . .

JE fouffigné reconnois & confeffe avoir reçû du Sieur
. . . Garde d'Artillerie à. . . par les voitures du Sieur
. . . la quantité de dix milliers de Plomb en balles de 22 à
24 à la livre, bien embarillé & enchappé en barils de 200
poids de marc, bien conditionnés, lefquels &c.

Il en faut autant pour les 9900 livres de Méche.

LA plûpart des Gardes, & même des Commiffaires fe
trouvant embaraffés fur la manière de dreffer les inventaires des Places, il faut leur en donner ici le modéle, qui comprend, comme on l'a déjà dit, généralement toutes les munitions qui peuvent fe rencontrer dans les Magafins les mieux
fournis : & on repéte encore que chaque Garde, en dreffant
le fien fur celui-ci, diminuera à fon égard ce qui ne fe trouvera pas de ces munitions dans les Magafins qui font à fa
charge.

In-

Inventaire fait en preſence de. . . . des Piéces d'Artille-
rie & des Munitions de Guerre qui ſont dans les Ma-
gaſins & ſur les remparts de . . . . le . . . . jour
de. . . . . 17 . . . .

C'eſt or-
dinaire-
ment le
Gouver-
neur ou
Comman-
dant, ou
quelqu'un
de ſa part,
& le Com-
miſſaire
d'Artille-
rie de ré-
ſidence,
même
quelque-
fois le
Provin-
cial du
Départe-
ment, qui
aſſiſtent
à cet in-
ventaire.

Piéces de Canon de fonte.	Suite des Piéces de fer.
(a) DE 48	De 36 . . . .
De 40	De 33 . . . .
De 36	De 24 . . . .
De 33	De 16 . . . .
De 24 { de la nouvelle invention. à l'ancienne manière.	De 12 . . . .
	De 10 . . . .
De 16	De 8 . . . .
De 12	De 6 . . . .
De 10	De 5 . . . .
De 8	De 4 . . . .
De 6	De 3 . . . .
De 5	De 2 . . . .
De 4	De 1 . . . .
De 3	De ¾ . . . .
(b) De 2	De ½ . . . .
De 1	De ¼ . . . .
De ¾	Arquebuſes à { montées. croc de fonte { non montées.
De ½	Arquebuſes à { montées. croc de fer { non montées.
De ¼	Canon d'Arquebuſes
De 2 onces. .	à croc . . . . . .
(c)	Orgue de . . . . ca- nons . . . . .
Piéces de fer.	
De 48	
De 40	

(a) Expliquer toutes les Piéces par leur longueur, leur poids, & leur ſignal quand
elles en ont, & ſi elles ſont à l'ancienne ou à la nouvelle manière.
(b) Ces ſortes de petites Piéces de 2 & au-deſſous, ſe connoiſſent encore ſous le nom de
faucons, fauconneaux, ſacres, ſacrets, émerillons, épingards, & autres noms anciens.
(c) Le Garde mettra un total au bas de chaque eſpèce de Piéces ou de munitions.

Rr 3   Bou-

(a) Boulets.

De 80 . . . .
De 60 . . . .
De 50 . . . .
De 48 . . . .
De 40 . . . .
De 36 . . . .
De 33 . . . .
De 24 . . . .
De 16 . . . .
De 12 . . . .
De 10 . . . .
De 8 . . . .
De 6 . . . .
De 5 . . . .
De 4 . . . .
De 3 . . . .
De 2 . . . .
De 1 . . . .
De ¼ . . . .
De ½ . . . .
De ⅛ . . . .
De 2 onces . .
A Fauconneaux . .

Boulets creux.

De 48 . . . .
De 33 . . . .
De 24 . . . .
De 16 . . . .
Porteseux de cuivre
pour boulets creux .

(b) Cartouches.

De 33 . . . .
De 24 . . . .
De 16 . . . .
De 12 . . . .
De 10 . . . .
De 8 . . . .
De 6 . . . .
De 5 . . . .
De 4 . . . .
De 3 . . . .
De 2 . . . .
De 1 . . . .

(c) Moules à faire Balles, Coquilles, &c.

Moules de fonte à faire balles de Mousquet .
Cuillières à fondre plomb.
Coquilles à boulets. .
Passeboulets . . . .
Tenailles à couper .

Affûts.

De 48 & 40. . . . .
De 36 & 33 dont. { pour Campagne. / pour Place.

(a) S'il y a des Boulets de plomb & de pierre, on en fera mention.
(b) Dire de quoi seront ces Cartouches, de bois, de fer blanc, de parchemin, de papier, ou autre sorte.
(c) Expliquer de quel métal tout cela est.

Suite

Suite des Affûts.	*Suite des Affûts marins.*

De 24, dont { de Campagne. / de la nouv. inv. (a) / de Place.

De 16, dont { de Place. / de Campagne.

De 12, dont { de Place. / de Campagne.

De 10, dont { de Place. / de Campagne.

De 8, dont { de Place. / de Campagne.

De 6, dont { de Place. / de Campagne.

De 5, dont { de Place. / de Campagne.

De 4, dont { de Place. / de Campagne.

De 3, dont { de Place. / de Campagne.

De 2, dont { de place. / de Campagne.

De 1, dont { de Place. / de Campagne.

De $\frac{3}{4}$ de Place . .

De $\frac{1}{2}$ de Place . .

De $\frac{1}{4}$ de Place . .

Affûts marins.

De 48 & 40 . . .

De 36 & 33 . . .

Suite des Affûts marins.

De 24 . . . .

De 16 . . . .

De 12

De 10 . . . .

De 8

De 6 . . . .

De 5

De 4 . . . .

De 3

De 2 . . . .

De 1 . . . .

De $\frac{1}{2}$ . . . .

De $\frac{1}{3}$

De $\frac{1}{4}$ . . . .

(b)

Avantrains.

De 48 & 40 . .

De 36 & 33 . .

De 24 . . . .

De 16 . . . .

De 12 . . . .

De 10 . . . .

De 8 . . . .

De 6 . . . .

De 5 . . . .

De 4 . . . .

De 3 . . . .

De 2 & au deſſous.

(a) On continuera à ſpécifier ce qui ſera de la nouvelle invention, & ce qui n'en ſera pas. Tous les *Affûts* de cette colonne ſont à hauts roüages; mais les plus petites Piéces vont rarement en Campagne.

(b) Il y a des *Affûts* marins à roulettes. Il y a des *Affûts* de marine auſſi à roulettes. Il y a auſſi en certaines Places des *Affûts* de fer. Il faut diſtinguer tout cela par eſpé. ce, & des totaux par-tout.

Roü-

Roüages d'Affûts, & autres.

Roües de 48 & 40

Roües de 33 { ferrées.
           non ferrées.

De 24 . . . . .
De 16 . . . . .
De 12 . . . . .
De 10 . . . . .
De 8 . . . . .
De 6 . . . . .
De 4 . . . . .
De 3 . . . . .
De 2 . . . . .
De 1 . . . . .
Roües de chariots .
Roües de triquebales.
Roües de charettes.
Roües de haquets .
Roües d'avantrains .

(a)

Emboëtures de fonte pour
roüages à Canon.

De 48 & 40 . . .
De 36 & 33 pour
Campagne . . . .
De 24 . . . . .
De 16 . . . . .
De 12 . . . . .
De 8 . . . . .
De 4 & le reste.

(b)

Emboëtures de fer pour
roüages à Canon.

De 48 & 40 . .
De 36 & 33 . .
De 24 pour Place .
De 16 . . . . .
De 12 . . . . .
De 10 . . . . .
De 8 . . . . .
De 4 . . . . .
De 3 & le reste.

Ferrures d'Affûts.

Effieux de fer . .
Heurtoirs . . . .
Contreheurtoirs . .
Sous-contreheurtoirs .
Susbandes . . . .
Sousbandes . . . .
Crochets de retraite .
Liens de flafques . .
Anneaux d'embrêla-
ge . . . . . .
Chevilles ouvrières,
& le reste . . . . .

(c)

Chariots, Charettes, Caiffons,
&c.

Chariots à porter Ca-
non . . . .
Chariots à porter

(a) S'il s'en trouve de quelques autres calibres, il en faut faire mention.
(b) S'il s'en trouve d'autres, les mettre, & fpécifier fi elles font du gros ou du menu bout.
(c) Il faut ffavoir le poids de toutes ces ferrures.

a.

Suite

Suite des Chariots, charettes, Caissons, &c.

Mortiers . . . .
Chariots à porter Af-
fûts de fer à Mortier. .
Chariots à porter mu-
nitions . . . .
Charettes à ridelles à
essieux de fer . . .
Triqueballes avec chaî-
nes . . . . .
Corps de chariots à
Canon . . . . .
Brancards de chariots
de bois d'orme . . .
Limons de charettes .
(a).

Armes des Piéces complettes
avec leur accompagnement,
c'est-à-dire, lanterne, refou-
loir, & écouvillon, &c.

De 48 & 40 . . .
De 36 . . . .
De 33 . . . .
(b)De 24, dont { pour Piéces de la nouv. invent. pour Piéces à l'ordinaire.
De 16 . . . .
De 12 . . . .
De 10 . . . .
De 8 . . . .

Suite des Armes des Piéces complettes, &c.

De 6 . . . . .
De 5 . . . . .
De 4 . . . . .
De 3 . . . . .
De 2 . . . . .
De 1 . . . .

Lanternes dépareillées.

De 40 . . . .
De 36 . . . .
De 33 . . . .
De 24 . . . .
De 16 . . . .
De 12 . . . .
De 10 . . . .
De 8 . . . .
De 6 . . . .
De 5 . . . .
De 4 &c. . . . .

Boëtes ou { Masses ou têtes de lan-
ternes.
Masses de refouloirs.
Masses d'écouvillons.

Hampes de frêne
pour Piéces de la nou-
velle invention . . .
Hampes de frêne
pour Piéces à l'ordinai-
re . . . .
Chapiteaux . . . .
Coins de mire . . .
Leviers . . . . .

(a) *Se souvenir d'expliquer toûjours ce qui est de service, & ce qui ne l'est pas.*
(b) *Suivre ainsi pour le reste.*

Suite des Lanternes.

Tireboures . . . .
Barils à bourſe. . .
Peaux de moutons .

Mortiers de fonte.

De 18 pouces 4. lignes
de diamétre, de la nou-
velle invention, dont les
tourillons ſont à la culaſſe, & la chambre con-
cave contient 12 livres
de Poudre . . . . .

De 12 pouces 4 lignes
de la nouvelle invention,
dont les tourillons ſont à
la culaſſe, & la chambre
concave contient 8 livres
de Poudre . . . . .

De 12 pouces à l'or-
dinaire, dont les touril-
lons ſont à la culaſſe, &
la chambre concave con-
tient 6 livres de Poudre.

De 9 pouces à l'ordi-
naire, dont les tourillons
ſont au renfort, & la
chambre contient 4 livres
de Poudre . . . . .

De 8 pouces à l'ordi-
naire, dont les tourillons
ſont à la culaſſe, & la
chambre contient. . .
de Poudre . . . . .

Suite des Mortiers de fonte.

De 4 pouces & ½ à jet-
ter groſſes Grénades. .

(a)

Pierriers de fonte.

De 12 *ou* de 15 pouces
de diamétre, *ſuivant ce
qu'ils ont*, dont les tourillons ſont à la culaſſe .

Pierriers de fer.

De . . . de diamétre :

Mortiers de fer.

De 15 à 16 po. de dia-
métre, dont la chambre
contient 8 l. de Poudre.

De 10 à 11 pouces,
dont la chambre con-
tient 5 livres de Poudre.

De 5 à 6 pouc., dont
la chambre contient 3 l.
de Poudre . . . . .

De . . . de diamétre.

Affûts à Mortiers & à Pier-
riers.

De fonte pour Mor-
tiers de 12 pouces . .

De fer coulé pour Mor-
tiers . . . .

De fer battu . . .

De bois ferré pour

(a) *S'il y en a de quelqu'autre diamétre, ne les pas oublier.*

Suite

Suite des Affûts à Mortiers & à Pierriers.

Mortier à l'ordinaire . .
De bois non ferré . .
Affûts de bois ferrés
pour Pierriers . . . .
(a)

Bombes.

Rondes de 17 à 18
pouces de diamétre . .
De 12 pouces rondes .
De 12 pouces, oblon-
gues, à marmite, ou à
côte de melon . . . .
De 10 à 11 pouces
rondes . . . . . .
De 9 pouces rondes .
De 8 pouces . . .
De 6 pouces . . . .

Fusées à Bombes.

Chargées . . . . .
Non chargées . . .

Pétards.

De fonte, pesant . .
De fer . . . . .
De plomb, pesant . .
De bois . . . . .
Avec madriers . . .

Boëtes à réjouïssance.

De fonte . . . . .
De fer . . . . .

Carcasses & Balles à feu.

Carcasses ou Balles
à feu . . . . .
Balles à feu dans
des paniers . . . .
(b) Petites Grénades
à carcasses . . . .
Petits Canons à car-
casses . . . . .

Grénades.

De fonte { chargées, non chargées.

A main de fer coulé.
Grosses Grénades de
fossé.
Du calibre de 33,
pesant 16 livres . .
Du calibre de 24,
pesant 12 livres . .
Du calibre de 16,
pesant 8 livres . . .

Fusées à Grénades.

A main chargées. :
Non chargées.
Fusées à grosses Gré-
nades . . . . . .
Grandes cuillières à
jetter Grénades . . .

Armes de Guerre.

Mousquets de rem-
part. . . . . .

(a) S'il y en a pour d'autres Mortiers, en faire mention.
(b) Dire si tout cela est chargé, ou non.

S ſ 2

Suite

Suite des Armes de Guerre.   *Suite des Armes de Guerre.*

Mousquets { de service.
ordinaires . . { hors de service.
Canons de Mousquet .
Fusils . . : . .
Carabines . . . .
Mousquetons . . .
Paires de Pistolets. .
Canons de Pistolet .
Fourreaux de Pisto-
let . . . . . .
Hallebardes. . . .
Pertuisannes . . .
Fourches ferrées . .
Haches d'armes . .
Piques . . . . .
Demi-piques . . .
Spontons . . . . .
Brins d'estoc . . .
Bâtons à deux bouts .
Fléaux armés . . .
Faux à revers . . .
Serpes d'armes. . .
Bandouillières . . .
Charges de bandouil-
lières . . . . .
Fournimens . . .
Fourchettes à Mous-
quet . . . .
Sabres . . . . .
Espadons . . . . .
Epées . . . . .
Bayonnettes . . .
Armes complettes à
l'épreuve avec leurs pots.

Cuirasses à l'épreuve .
Cuirasses légéres . .
Corcelets . . . .
Cuissards . . . .
Brassards . . . .
Chemises de mailles .
Casques . . . .
Bourguignottes . .
Haussecols . . . .
Platines de Mousquet.
Platines de Fusil . .
Platines à Pistolet . .
Coussinets à Mousque-
taires. . . . . .
Baguettes de Mous-
quet . . . .
Pierres à Fusil . . .
Pierres à Pistolet . .
Armures de chevaux.

(a) *Artifices.*

Salpêtre . . . . . ton-
neaux, pesant chacun . .
Soufre . . . . . .
Tonneaux de gau-
dron . . . . . .
Poix-raisine . . . .
Poix noire . . . .
Poix blanche . . .
Cire neuve . . . .
Colophone . . . .
Huile de lin. . . .
Huile de Pétreol . . .
Huile de terebentine .

(a) *Tout cecy par livres & par tonnes ou augets, & cuves de bois ou de pierre.*

Suite

Suite des Artifices.

Talk . . . . .
Vieil oing . . . .
Suif . . . . .
Chandelle . . . .
Flambeaux de cire. .
Bougie . . . . .
Lances à feu . . .
Pots à feu . . . .
Saucissons . . . .
Composition d'artifi-
ce. . . . . . .
Tourteaux gaudron-
nés . . . . . .
Tourteaux non gau-
dronnés. . . . .
Fagots gaudronnés .
Fascines gaudronnées.
Sacs d'amorce . . .
Etoupe . . . . .
Tamis de soie & de
crin à 1 ou à 2 fonds
Baguettes de fer à
charger fusées à Bom-
bes . . . . . .
Baguettes à fusées de
Grénades . . . . .
Toile pour Balles à
feu . . . .
Saucissons de Mineurs.
Chaudières de fer . .
Trépieds. . . . .
Ecuelles de bois. . .
Egrugeoirs . . . . .

Suite des Artifices.

Maillets . . . . .
Dégorgeoirs. . . .
Entonnoirs . . . .
Mortiers à piler com-
position . . . . .
Mesures de cuivre &
de fer blanc . . . .
Rechaux à parapet. .
Lampions . . . . .
Fanaux . . . . .
Et falots. . . . .

Cordages.

Cable de chevre . .
Cinquenelles . . .
Alognes . . . . .
Combleaux . . . .
Prolonges doubles. .
Simples . . . . .
Travers . . . . .
Commandes . . .
(a) Paires de traits à Ca-
non . . . . . .
Menu cordage . . .
(b) *Sacs à terre, Paniers, Hot-
tes, Civières, Broüettes, &c.*
Sacs à terre . . . .
Paniers à parapet . . .
Hottes . . . . .
Civières . . . . .
Broüettes . . . . .
Bayards . . . . . .

(a) *Spécifier leur qualité & leur nom. Il y en a de communs, de bâtards, &c.*
(b) *Par bonne & mauvaise qualité.*

Sf 3. *Suite*

Suite des Sacs à terre, Paniers, Hottes, &c.

Serpillières . . . .
Cabas de jonc . . .

Outils à Pionniers.

Bêches { emmanchées.
{ non emmanchées.

Picqs-hoyaux emman-
chés
Non emmanchés . .
Picqs à roc . . . .
Picqs à tête . . . .
Picqs à feuille de sauge.
Hoyaux . . . . .
Ecoupes ou pelles de
fer .
Louchets . . . . .
Pelles de bois ferrées.
Non ferrées . . .
(a)

Haches { emmanchées.
{ non emmanchées.

Serpes { entonnées.
{ non entonnées.

Manches d'outils de
routes sortes : . . .

Outils à Ouvriers.

Grandes Coignées . .
Coignées à main . .
Doloires . . . . .

Outils à Ouvriers.

Herminettes . . . .
Besaiguës . . . . .
Terrieres . . . . .
Equierres . . . . .
Gouges rondes . . .
Gouges carrées . . .
Plannes . . . . .
Ciseaux . . . . .
Compas . . . . .
Scies de long . . .
Scies de travers . .
Passe-par-tout . . .
Ebauchoirs . . . .
Marteaux de fer . .
Masses à enrayer . .
Tirefonds . . . .
Essettes . . . . .
Amorçoirs . . . .
Vrillettes . . . . .
Villebrequins . . .
(b)

(c) Outils à Mineurs.

Picqs à roc . . . .
A deux taillans . . .
Têtuës . . . . .
Pinces de fer . . .
Pieds de chevre . .
Masses à main . . .
Marteaux . . . .
Poinçons . . . . .
Grelets . . . . .

(a) *Mettre ici un total.*
(b) *On n'a point mis ici tous les outils à Ouvriers ; car cela paroît inutile. Chaque Garde emploiera ce qu'il en aura dans ses Magasins, distinguant, s'il se peut, à quels Ouvriers ils servent.*
(c) *On a vû au Titre des Mines le nom de tous les outils à Mineurs.*

Suite

Suite des Outils à Mineurs.

Coins de fer . . . .
Ciseaux . . . . .
Aiguilles . . . . .
Sondes. . . . . .
Chandeliers . . . .

Ponts avec leurs équipages.

Batteaux de cuivre.
Haquets { avec avantrains.
{ à limonières.
Batteaux de fer blanc.
Batteaux de bois. . .
Chariots . . . . .
Ponts de tonneaux
montés sur leurs chariots.

Tables de { de sapin.
{ de chêne.
pont { de bois blanc.

Poutrelles { de chêne.
{ de bois blanc.}

Ancres. . . . . .
Capestans. . . . .
Cordages . . . . .
Rames. . . . . .
Batteaux d'ozier poissé.
Engins à lever & peser
Canon & munitions . .
Chevres complettes .
Chevrettes . . . .
Verins. . . . . .
Criks . . . . . .
Moufles garnis de leurs
poulies de fonte . . .
Romaines avec poids.
Balances . . . . .

*Suite des Engins à lever & pe-
fer Canon & Munitions.*

Poids de fer . . . .
Poids de plomb. . .
Fléaux { de bois.
{ de fer.
Platteaux. . . . .

Bois de remontage.

Flasques d'orme de . .
pieds de long, & de . . .
pouces de large, & de . .
pouces d'épaisseur . . .
Flasques de . . . pieds
de long, de . . . pieds de
large, & de . . . d'épaisseur.
Moyeux à Piéces de .
Jantes à Piéces de . .
Billes de jantes . . .
Rais . . . . . .
Essieux d'orme à Pié-
ces de . . . . . .
Corps d'arbre de bois
d'orme . . . . .

Bois de plattes-formes.

Madriers de chêne
pour plattes-formes de . .
pieds de long, de . . . pou-
ces d'épaisseur, & de . . .
de large . . . . .
Palissades . . . . .
Pieux . . . . . .
Fraises . . . . . .
Piquets . . . . . .
Fascines . . . . . .

Forz-

Forges complettes, Fer, Acier, Clouds, Charbon, Houille, &c.

Forge complette compofée de . . . . . (a)
Fer neuf en barres plat & quarré . . . . . .
Fer neuf en verdillon .
Fer en taule . . .
Acier . . . . .
Clouds de toutes fortes . . . . . .
Clouds d'atrappe ou chauffetrappes . . . . .
Clouière . . . .
Vieille ferraille . .
Mitraille . . .
Charbon de bois . .
De terre . . . .
Houille . . . .
Fil de fer . . . .
Eperons à glace . .

Métaux : fçavoir,

Piéces de fonte défectueufes . . . . . .
Du calibre de ... &c. (b)
Mortiers de . . .
Pierriers . . . .
Cloches de fonte .
Cuivre en rofette .
Planches ou plaques

Suite des Métaux.

de cuivre . . . .
Maffelottes . . . .
Alléfures . . . .
Morceaux de fonte, pefant . . . . .
Etaim . . . . .
Letton . . . .
Boëtes rompues ou crévées . . . . .
Emboëtures de nul fervice.

Autres Munitions.

Moulins à grain { à bras. à cheval.
Moulins à Poudre .
Chevaux de frize .
Lanternes { fourdes. claires.
Echelles . . . .
Rateliers . . . .
Crochets à éteindre le feu . . . . .
Seringues de cuivre à jetter l'eau fur le feu .
Seaux de cuir bouilli .
Seaux de bois . . .
Coffres de rempart .
Tables à fécher poudre . . . . .
Tréteaux . . . .
Grenoir . . . . .
Rouleau , &c. . . .

(a) *Mettre tous les outils qui en dépendent.*
(b) *Les bien diftinguer par leur calibre & par leur poids, & mettre auffi le poids des autres articles qui fuivent.*

USTEN-

USTENSILES DE FONDERIE.

ON auroit bien mis ici par le détail le nom de tous les outils
qui servent à la Fonderie. Mais, comme ces outils portent des
noms connus, & dont on se sert dans l'Artillerie à d'autres
ouvrages, il a semblé inutile & même ennüieux de les repéter,
& on s'est seulement contenté de faire mention sous ce titre-
ci, de certains ustensiles qui n'ont point, pour la plupart, encore
été nommés : comme,

Quarré de cuivre servant à alléser.
Boëtes de cuivre pour le même usage.
Cercles de fer à soutenir & bander les moules.
Quarrez de fer pour redresser les bandes de fer.
Tampons de fer pour fourneaux.
Tables de fer.
Des mortiers de fer & de bois à piler.
Des manivelles.
Archelets de fer pour scier masselottes, qui est, com-
me on l'a dit, le métal superflus, & qui reste des Piéces
coulées.
Fers à vuider Piéces.
Cages de fer servant à poser les moules dans la fosse.
Travers ou clefs de fer.
Des arbres de fer pour alléser Piéces.
Des chauffrettes de fer.
Bâcules de fer pour les portes du fourneau.
Des portes de fer.
Bloc pour appüier les arbres de fer.
La perrière pour boucher le trou du fourneau.
Battes de fer à battre terre.
Embrasseurs de fer pour embrasser les Canons à l'allésoir.
Bandes de fer pour servir aux moules au recuit.
Bandes & bandages de fer à bander les moules, & à ar-
rêter le dessus des noyaux.
Coursons.
Echantillons qui servent à marquer la forme extérieure &
les moulures des Piéces.

Tome II.   T t   Traî-

Traîneaux à porter moules de Canon.

Chaifes de bois à pofer les moules dans la foffe.

Chariots à porter les moules au recuit.

Le Garde en faifant fon Inventaire ajoutera en cet endroit-ci toutes les autres chofes qu'il trouvera dans les Magafins appartenant précifément à la Fonderie, & que j'ai omifes par les raifons ci-deffus marquées.

Poudre : fçavoir,

En barils de 200 enchappés . . . .

En barils de 100 non enchappés, mais enfachés.

En barils de différens poids non enchappés, ni enfachés . . . .

Plomb : fçavoir,

En barils de 200 enchappés, en balles pour Moufquet de 22 à 24 à la livre . . . .

En barils de 200 non enchappés, en balles . .

En calibre étranger, auffi en balles . . . . .

En faumon . . . .

En tables & goutières . . . .

Mèche : fçavoir,

En tonnes de 300 . . . .

En tonnes de différens poids . . . .

Non entonnée & en paquets . . . .

Toute cette méche bonne, à l'exception de la quantité de . . . .

JE fouffigné (*a*) . . . certifie que toutes les Piéces d'Artillerie & Munitions de Guerre mentionnées en chacun Article du prefent Inventaire, font effectives dans les Magafins de . . . & que je m'en fuis chargé (*b*) pour en rendre compte au Roi, à Monfeigneur le Grand-Maître, &c. Fait à . . . . . . les jours & an que deffus.

(*a*) *Le Garde mettra ici fon nom & fon furnom.*

(*b*) *Quand il relevera un autre Garde, il faudra qu'il ajoute, à la décharge de . . que je reléve,*

T I T R E

Titre XIII.

Devoir d'un Major d'Artillerie, comme l'a mis par écrit un Officier du Corps, qui a exercé cet emploi.

EN premier lieu, il sera très-connu de Messieurs les Com-
andans, & tout-à-fait appliqué à sa charge. Aura
beaucoup de service, d'expérience, de vigilance, de capacité,
bonne conduite, douceur, & honnêteté; mais sera très-rigi-
de sur les choses qui regarderont son devoir.

Il faut qu'aiant joint l'Armée & le Corps d'Artillerie, il en
prenne une entière connoissance. Premièrement, de tous les
Officiers & Ouvriers qui composent l'Equipage, il en sçaura les qualitez, caractére, capacité, ancienneté au service du
Roi, & dans le Corps, leur application à leur charge, le tout
en détail, & en général, & en rendra compte au Lieutenant d'Artillerie commandant l'Equipage, ou à l'Officier qui
commandera en son absence, afin qu'ils soient emploïés &
postés aux endroits qu'il leur conviendra le mieux.

Il tiendra un petit état de leurs noms; & de ce à quoi leur
Commandant les aura destinés, il leur en portera l'ordre.

Il tiendra la main à la parfaite exécution de cet ordre, &
n'y changera rien, sans un autre ordre exprès de son Commandant.

Il s'informera soigneusement des noms & du nombre des
Capitaines du charroi, & des Conducteurs qu'ils auront à
leurs gages, & de la quantité, force & bonté des chevaux de
leurs équipages.

Il sçaura les Bataillons du Régiment Roïal-Artillerie, les
Compagnies des Bombardiers & de Mineurs destinés pour
l'Armée, leur quantité & bonté.

Il sçaura, conjointement avec le Commissaire du Parc, le
nombre de toutes les munitions d'Artillerie destinées, emploïées & consommées à l'Armée généralement, en gros
& en détail.

Et de tous les articles ci-dessus, & des suivans,

Tt 2

Il

Il en rendra compte en tems & lieu au Lieutenant ou Commandant l'Equipage.

Il se trouvera indispensablement & exactement aux marches, & à tous les campemens qui se feront pour l'exécution de ce qui est dit ensuite.

Dans une première marche ou décampement il joindra diligemment le Maréchal de Camp de jour, & le Maréchal des Logis de l'Armée, pour les suivre & arriver avec eux au lieu où doit camper l'Armée, pour sçavoir ensuite où ils marqueront le terrain pour parquer & camper l'Artillerie. Le Maréchal des Logis de l'Artillerie y sera conjointement avec le Major, supposé que dans l'Equipage il y ait des Officiers de l'une & l'autre espéce.

Comme il sçaura, ou doit sçavoir, la force & quantité tant des Officiers qui composent l'Equipage, que des équipages de chevaux & munitions qui s'y trouveront, comme il est dit ci-devant; quand Messieurs les Généraux auront marqué tout le terrain en général, le Major avec le Maréchal des Logis le réduiront & partageront selon & suivant les nécessitez, après en avoir & fait visiter la circonvallation, les avenuës, l'étenduë & la capacité.

Il aura soin que son Commandant soit logé ou campé le plus proprement & le plus commodément que faire se pourra.

Se logera s'il le peut, mais campera près de son Commandant, pour être & se trouver plûtôt prêt à recevoir ses ordres.

Il campera aussi près du Commandant, l'Aumônier & le Chirurgien.

Il campera bien en alignement les Lieutenans, Commissaires provinciaux, ordinaires & extraordinaires, & Cadets de l'Artillerie, s'il y en a lors, tous bien partagés & sans confusion, suivant leurs emplois & caractére.

Après avoir bien regardé & considéré le terrain le plus propre, le plus éloigné du feu & du commerce,

Il parquera, & il y logera les poudres, soufre, salpêtres, gaudron & eau de vie, & généralement tout ce qui est combustible, & tous les artifices.

Il

Il marquera le terrain des fourages, piquets, fascines & gabions.

Ensuite les picqs à roc, picqs-hoyaux, pelles ou écoupes, serpes, haches, ainsi des autres outils de cette nature, tous bien séparément.

Ensuite les Bombes, Grénades vuides, Boulets, &c. chacun en leur calibre, & bien séparément partagés.

Ensuite les Canons, Pierriers & Mortiers, tous partagés suivant leurs calibres.

Ensuite les pontons, batteaux, videlins, esquifs, ancres, cordages, cables, madriers, poutrelles, &c. ce qui doit servir à la construction des ponts.

Aura soin de faire camper les Régimens destinés au service de l'Artillerie suivant leur rang, celui du Roïal-Artillerie à la droite de l'Artillerie, & celui des Bombardiers à la gauche, s'ils se trouvent ensemble.

Ensuite, & hors le commerce, les Maréchaux & Forgeurs, & leurs Officiers près d'eux.

Ensuite les Charrons, Tonneliers, & tous les Ouvriers en bois, leurs Officiers près d'eux.

Aura soin que les Commissaires du Parc, Gardes & Déchargeurs destinés pour le soin des reception & distribution des munitions, soient campés près & à portée des munitions, & même, s'il se peut, à l'entrée du Parc ; & cela, afin qu'il ne puisse rien entrer ni sortir des munitions sans la vûë & connoissance des Officiers, & qu'ils soient promptement trouvés dans le besoin.

Aura soin que tous les chariots & charettes qui auront amené des munitions, soient parqués & bien arrangés près des munitions qu'ils auront amenées & déchargées, afin que chaque attelage n'ait qu'à aller atteler à sa même charette ou chariot, qui se trouveront par ce moyen tous propres à porter les munitions, & bientôt trouvez dans une occasion préssante. Cet article, comme d'autres, regarde beaucoup les Commissaires du Parc ; mais il est nécessaire que le Major en ait connoissance pour le campement, &c.

Aura soin que les chevaux de l'Artillerie soient campés &

parqués le plus près de l'eau & des munitions que faire se pourra.

Aura soin que le Capitaine général du charroi, & ceux qui sont sous lui, soient campés à l'entrée du Parc des attelages, afin qu'il n'en sorte pas de chevaux sans ses ordres.

Aura soin que tous les Capitaines du charroi soient campés à la tête ou à la queuë, devant ou derrière leur équipage.

Après quoi, le Major prendra soin d'avoir suffisamment d'Officiers, Sergens ou Soldats, des Régimens destinés au service de l'Artillerie, ou autres, tant pour les Corps-de-gardes & Sentinelles qu'il posera dans les endroits où il sera nécessaire pour la sûreté du Camp, du Parc, & des munitions, que pour bien prendre garde au feu.

Le Camp & Parc d'Artillerie fait & bien marqué, il joindra le plus diligemment qu'il lui sera possible le Commandant de l'Artillerie, tant pour lui rendre compte de son exécution, que pour être présent avec lui chez les Généraux de l'Armée, aux résolutions qu'on aura prises concernant l'Artillerie, si c'est pour quelque détachement, ou pour faire & construire quelques Batteries.

De même tous les jours suivans en allant chez le Général à l'ordre.

Pour les détachemens, il en sçaura le nombre, prendra l'ordre de son Commandant pour le porter aux Officiers préposés, prendra soin de l'exécution.

Pour les Batteries, il en sçaura la quantité, comme aussi des Piéces le nombre & le calibre.

Sçaura le lieu & l'endroit où on aura résolu de les établir, ira le reconnoître très-exactement.

Aura soin de s'en faire instruire, & sçaura leur utilité & conséquence.

Aura soin, s'il y a des Batteries de Mortiers ou Pierriers, de faire fournir aux Officiers commandans les Batteries, les Soldats dont ils auront besoin, tant pour le transport des Bombes, que pour celui des Pierriers & autres nécessitez.

Il aura soin ensuite, autant que faire se pourra, qu'il y ait un endroit propre & hors du commerce & du passage, à loger

ger un petit Parc fuffifant pour la fubfiftance & fourniture
des Batteries : il en verra les avenuës, & le vifitera bien exactement, afin qu'on y puiffe voiturer des munitions le plus
commodément que faire fe pourra ; en rendra compte à fon
Commandant, & prendra fon ordre fur les Officiers qu'il
deftine à la conftruction des Batteries, pour leur en aller porter l'ordre ; & les amenera fur les lieux, en leur faifant connoître ce qui a été réfolu, & ce qu'ils doivent faire.

Aura foin de faire fournir à ces Officiers, le nombre d'Officiers & Soldats Travailleurs dont ils auront befoin, en tiendra un mémoire, & prendra foin que les Soldats foient païés
de ce qui leur eft juftement dû.

De l'ordre de fon Commandant, aura foin de faire fournir
fuffifamment des Officiers Pointeurs, Canonniers & Soldats
pour fervir les Piéces en Batterie ; aura foin de les faire relever fuivant l'ordre de fon Commandant ; tiendra un mémoire de tout pour l'en informer.

Sçavoir le nom des Commiffaires provinciaux ou ordinaires qui auront conftruit & fait faire en leur nom les Batteries, le nombre & les noms des Officiers qui fervent avec
eux.

Sçaura de fon Commandant le tems que les Officiers
devront refter à chaque Batterie ; s'ils doivent être relevés,
quel jour & à quelle heure.

Aura foin d'en faire avertir les Officiers deftinés, en fçaura le nombre & le nom.

Suivant la volonté du Commandant, il eft à propos & néceffaire que les Officiers qui auront fait faire en leur nom
une Batterie, ne quittent jamais la Batterie tant & fi long-
tems qu'elle fubfiftera en même lieu.

Aura foin de vifiter chaque jour toutes les Batteries, fçaura fi elles ont été bien fervies, & s'informera de la quantité
de coups que chaque Piéce aura tiré le jour & la nuit précédens, en tiendra un petit état.

Aura foin en même tems de faire une revûë exacte de
toutes les Piéces & Affûts en Batterie, pour y reconnoître fi
elles n'ont point été endommagées par le feu de l'Ennemi,

ou

ou par la faute du métal , & tiendra un petit régître de toutes celles qui font hors de fervice, & de la caufe , & en rendra compte tous les foirs à fon Commandant.

Aura foin en même tems de vifiter les Magafins qui fourniffent les Batteries, & avertira l'Officier qui en aura foin, de bien prendre garde que rien ne puiffe manquer pour le parfait entretien & fubfiftance des Piéces en Batterie , & de faire toûjours avertir d'avance des néceffitez pour n'être pas furpris.

Aura foin de fçavoir les Officiers, Canonniers ou Soldats, qui auront été bleffés ou tués à chaque Batterie par chaque jour ou nuit, en tiendra un petit état , & en rendra compte chaque foir au Commandant.

Aura foin de tenir la main à ce que les Officiers deftinés à la conduite des convois qui fe feront pour le tranfport des munitions du grand Parc au petit, foient affidus à bien conduire les convois , & qu'ils rapportent au Commiffaire du Parc un reçû de l'Officier auquel ils auront remis les munitions; par ce moyen rien ne s'écartera.

Aura foin qu'il y ait tous les jours de néceffité des Officiers commandés pour aller faire faire des fafcines, gabions & piquets, & les faire porter où il leur fera ordonné.

Aura foin qu'il y ait tous les jours un Officier d'exactitude commandé pour aller le long des Tranchées & ouvrages où befoin fera , faire ramaffer tous les outils , comme pelles ou écoupes , picqs, picqs-hoyaux , &c. que les Travailleurs auroient laiffés le long & à côté des Tranchées, & les faire porter aux petits Parcs les plus prochains des lieux d'où ils les auront retirés. Pour ce faire l'Officier commandé de jour s'adreffera à l'Officier-général commandant l'attaque , demandera huit ou dix hommes pour faire faire cette exécution , & auffitôt après rendra compte tant à l'Officier-général de Tranchée qu'à fon Commandant , de la quantité & de la qualité d'outils qu'il aura fait ramaffer & remettre aux Gardes des petits Parcs, dont il prendra reçû.

Aura foin qu'il y ait toûjours & à tout moment des Officiers commandés & prêts à marcher pour les détachemens d'Artild'Artillerie, ou mouvemens qui se pourront faire de l'Armée, & faire ce qui leur sera ordonné; ce détachement se fera des Officiers les plus expérimentés & connus.

Aura soin qu'il y ait tous les jours des Officiers commandés de se tenir près de leur Commandant pour en recevoir & exécuter les ordres.

Aura soin qu'il y ait pendant un Siége, un Officier à chaque attaque qui se tiendra près de l'Officier général commandant l'attaque, pour, en cas de besoin, recevoir de lui l'ordre de ce qu'il y aura à faire concernant l'Artillerie, afin d'en aller avertir son Commandant.

Aura soin d'aller tous les jours à l'ordre chez le Général de l'Armée, & sçaura s'il doit y avoir le jour, ou la nuit suivante, changement de Batteries, ou quelque nouvelle, la quantité, comme aussi des Piéces & leur qualité. S'il y a nouveauté, il ira en même tems en informer son Commandant, pour ensuite, & par ses ordres, aller joindre l'Officier commandant l'attaque; sçaura de lui le lieu & le terrain destiné pour poser les Batteries; les visitera, comme il est précédemment dit : après quoi il aura soin de faire avertir les Officiers que le Commandant d'Artillerie aura choisis, & les conduira sur les lieux destinés pour construire les Batteries.

Aura soin de tenir un régître de toutes les Batteries qui auront été faites, & du nom de ceux qui les auront construites, & un détail des jours de leur subsistance, le nombre des Piéces qui auront été mises en Batterie, comme aussi des coups que chaque Piéce aura tirés en détail & en général, ainsi de toutes les autres. Pour ce faire, il tiendra la main à ce que tous les jours chaque Officier Pointeur rende compte à son Commandant du nombre des coups que sa Piéce aura tirés.

Autant qu'il lui sera possible, il ne perdra point d'occasion de se rencontrer au moment de la prise de quelques ouvrages des Ennemis, afin de reconnoître s'il s'y trouve quelques munitions, Canons, & autres choses d'Artillerie; en fera un petit inventaire; les fera ramasser & mettre en sûreté le mieux qu'il pourra: après quoi il en rendra compte à son Commandant.

A la prife d'une Ville ou Place, il fe trouvera avec fon Commandant, aux Arfenaux & autres lieux où il y aura de l'Artillerie ou des munitions, & fera de fon côté un inventaire de tout ce qui s'y trouvera concernant l'Artillerie, pour le repréfenter en cas de befoin à fon Commandant.

Tiendra un petit état & journal de tous les détachemens qui fe feront dans l'Artillerie, des noms, qualité, quantité d'Officiers détachés, les jours de leur départ, & de leur retour.

Aura foin qu'il y ait toûjours un Officier des plus fages & de probité, commandé & deftiné pour avoir foin des Officiers du Corps malades ou bleffés, tant pour prendre foin de leurs affaires temporelles & fpirituelles, qu'afin de les foulager dans leurs maladies ou bleffures, & pour en informer leur Commandant.

Aura foin de tenir la main à ce que pas un Officier du Corps ne forte ni ne s'écarte du Camp & Parc d'Artillerie fans fa connoiffance, & congé du Commandant, afin qu'il puiffe toûjours compter fur ceux qui ne font point emploïés.

Aura foin qu'il y ait des Officiers commandés pour faire ramaffer les munitions difperfées, lefquelles ils feront conduire aux endroits qui leur feront marqués.

Aura foin qu'il ait des Officiers chargés de la conduite des convois qui fe devront faire dans une marche ou autrement.

Aura foin qu'il y ait des Officiers deftinés & commandés pour faire charger ou embarquer des munitions ou Piéces d'Artillerie le nombre des Officiers qu'il en fera de befoin.

Aura foin de tenir un régître de tous les Soldats emploïés tous les jours, tant en Batterie, qu'au Parc ou ailleurs, qui devront être païés, en fçaura le nombre par chacun jour, en gros & en détail, & de ce qui leur pourra être dû, de quelque qualité qu'ils foient, & en rendra compte à fon Commandant.

Aura foin, autant que le Commandant le lui ordonnera, de fçavoir tout l'argent qui peut être dû, tant pour les appointemens de tous les Officiers d'Artillerie, que pour la conftruction & fubfiftance des Piéces mifes en Batteries.

En

En certains Equipages où il n'y a point de Major, le Maréchal des Logis fait cette fonction ; & prend soin outre cela du pain de munition qu'il reçoit du Munitionnaire, & le fait ensuite distribuer à l'Equipage en faisant le décompte de chacun des Officiers.

Il fait la même chose pour le fourage & l'avoine qui pourroient être ordonnés à l'Equipage.

Il prend soin que les chevaux soient bien nourris, & se trouve dans les marches pour y faire observer l'ordre, & empêcher que l'Equipage ne soit coupé.

Par ces échantillons de fonctions différentes, on peut voir à peu près quelle peut être celle des autres Officiers inférieurs & subalternes.

T i t r e XIV.

Prix des Voitures dans le Roïaume.

C'Etoit mon deſſein de donner ici un détail des prix des voitures qui ſe font par tout le Roïaume pour les munitions de toutes ſortes, ſur le pied de ce qui en a été païé par le paſſé; mais les années dernières y aiant apporté beaucoup de changemens, on n'en auroit pu tirer aucune utilité.

On peut ſeulement obſerver que M. le Marquis de la Frézelière avoit réglé les voitures par terre dans tout ſon département, c'eſt-à-dire,

La Champagne,

Le Luxembourg,

La Lorraine,

Le Païs Meſſin,

L'Alſace,

La Comté,

Et le Duché de Bourgogne, à 18 ſ. pour mille par lieuë, qui eſt 1 ſ. 9 d. & ½ par cent ou environ.

Et M. de Vigny dans le ſien, qui comprend

La Flandre,

La Picardie,

Le Païs conquis,

L'Artois,

Et le Hainaut, à 12, 13 & 14 ſ. le millier.

Il n'eſt point de prix fixé pour les autres départemens: on y ſuit l'uſage des lieux.

T I T R E

TITRE XV.

Tarif du prix de quelques Voitures & Munitions.

LOrfqu'un **Officier** d'Artillerie eſt obligé de faire faire
des voitures, ou de recevoir des munitions & de les
païer, s'il n'eſt pas habile en arithmétique, les calculs l'ef-
fraïent: il ſe tourmente, il ſe trompe; il eſt même quelquefois obligé de s'en rapporter au compte du Voiturier ou
du Marchand. Le petit Tarif qui ſuit, quoiqu'interrompu
en quelques endroits, peut le tirer d'embaras d'un ſeul coup
d'œil: il n'a qu'à faire des additions pour les autres prix qui
manquent ici, ceux-ci lui ſerviront de modéle.

A .. 3 liv. 0 ſ. 0 d. le millier.		0 liv. 12 ſ. 0 d. le 100.	
1	10 les 500.	6	les 50.
	6 le 100.	1 6	les 10 &
	3 ſ. les 50.		⅞ de den.
	7 les 10. plus		
	⅞ de den.	A .. 7 liv. 0 ſ. 0 d. le millier.	
		3	10 les 500.
A .. 3 liv. 10 ſ. 0 d. le millier.		14	le 100.
1	15 les 500.	7	les 50.
	7 le 100.	1 5	les 10. plus
	3 6 les 50.		⅞ de den.
	8 ou environ		
	les 10.	A .. 8 liv. 0 ſ. 0 d. le millier.	
		4	les 500.
A .. 5 liv. 0 ſ. 0 d. le millier.		16	le 100.
	10 le 100.	8	les 50.
	5 les 50.	1 7	les 10. plus
	2 6 les 25.		⅞ de den.
2	10 les 500.		
		A .. 10 liv. 0 ſ. 0 d. le millier.	
		5	le 500.
A .. 6 liv. 0 ſ. 0 d. le millier.		1	le 100.
3	les 500.		

V v 3

o liv. 2 f. o d. les 10.
  4 les 20.
  8 les 40.
  16 les 80.

A .. 12 liv. o f. o d. le millier.
 6   les 500.
 3   les 250.
 1 4 le 100.
 12 les 50.
  6 les 25.

A .. 15 liv. o f. o d. le millier.
 1 10 le 100.
  3 les 10.
  6 les 20.
 12 les 40.
1 4 les 80.

A .. 16 liv. o f. o d. le millier.
 1 12 le 100.

A .. 17 liv. o f. o d. le millier.
 8 10 les 500.
 1 14 le 100.
 17 les 50.
 3 5 moins ½ de
    den. les 10.

A .: 18 liv. o f. o d. le millier.
 9   les 500.
 1 16 le 100.
 18 les 50.
  9 les 25.
 4 6 les 12½.

A .. 20 liv. o f. o d. le millier.
2   le 100.
 4 les 10.
 8 les 20.
 16 les 40.
1 12 les 80.

A .. 26 liv. o f. o d. le millier.
2 12 le 100.
1 6 les 50.
5 3 moins ½ de
   den. les 10.

A .. 27 liv. 10 f. o d. le millier.
2 15 le 100.
1 7 6 les 50.
5 6 les 10.

A .. 30 liv. o f. o d. le millier.
3   le 100.
  6 les 10.
 12 les 20.
1 4 les 40.
1 16 les 60.
2 8 les 80.

A .. 32 liv. o f. o d. le millier.
 16 les 500.
3 4 le 100.
1 12 les 50.
 16 les 25.

A .. 35 liv. o f. o d. le millier.
3 10 le 100.
  7 les 10.
 14 les 20.
    1 liv.

```
1 liv. 8 f. 0 d. les 40.
2    16        les 80.          A..48 liv. 0 f. 0 d. le millier.
                                4    16        le 100.
A .. 40 liv. 0 f. 0 d. le millier.   9   7   les 10.
4              le 100.               19  2   les 20.
        8      les 10.          1    18  4   les 40.
        16     les 20.
1       12     les 40.          A..50 liv. 0 f. 0 d. le millier.
                                25             les 500.
A .. 43 liv. 15 f. 0 d. le millier.  5         le 100.
4       7   6  le 100.          2    10        les 50.
        8   9  les 10.          1    5         les 25.
        17  6  les 20.                10        les 10.
1       15     les 40.          1              les 20.
                                2              les 40.
A .. 45 liv. 0 f. 0 d. le millier.  3          les 60.
4       10     le 100.          4              les 80.
        9      les 10.
        18     les 20.          A..55 liv. 0 f. 0 d. le millier.
1       16     les 40.          27   10        les 500.
2       14     les 60.          5    10        le 100.
3       12     les 80.               11        les 10.
                                1    2         les 20.
A .. 47 liv. 10 f. 0 d. le millier.  2    4     les 40.
23      15     les 500.         3    6         les 60.
4       15     le 100.          4    8         les 80.
2       7   6  les 50.
        9   6  les 10.          A..60 liv. 0 f. 0 d. le millier.
                                6              le 100.
A .. 47 liv. 0 f. 0 d. le millier.      12     les 10.
23      10     les 500.         1    4         les 20.
4       14     le 100.          2    8         les 40.
2       7      les 50.          4    16        les 80.
        9   5  les 10.          A..65 liv. 0 f. 0 d. le millier.
               moins ;          6    10        le 100.
               de den.         3    5         les 50.
                                13             les 10.
                                                   A . .
```

A..70 liv. o f. o d. le millier.

7		le 100.
	14	les 10.
1	8	les 20.
2	16	les 40.
5	12	les 80.

A..75 liv. o f. o d. le millier.

7	10	le 100.
3	15	les 50.
	15	les 10.
2	5	les 30.

A..80 liv. o f. o d. le millier.

8			le 100.
4			les 50.
	1	7	la livre.
		16	les 10.
1		12	les 20.
3		4	les 40.
6		8	les 80.

A..84 liv. o f. o d. le millier.

8	8	le 100.
4	4	les 50.
16	9½	les 10.

A..90 liv. o f. o d. le millier.

45	les 500.
9	le 100.

o liv. 18 f. o d. les 10.

1	16	les 20.
3	12	les 40.
7	4	les 80.

A..100 liv. o f. o d. le millier.

10	le 100.

A..120 liv. o f. o d. le millier.

12		le 100.
1	4	les 10.
2	8	les 20.
4	16	les 40.
9	12	les 80.

A..140 liv. o f. o d. le millier.

70		les 500.
35		les 250.
14		le 100.
1	8	les 10.
2	16	les 20.
5	12	les 40.
11	4	les 80.

A..150 liv. o f. o d. le millier.

15		le 100.
1	10	les 10.
3		les 20.
6		les 40.
12		les 80.

T I T R E

Titre XVI.

Avis sur la distance des Villes & Places de Guerre.

COmme il arrive souvent que les Officiers d'Artillerie sont obligés de passer d'une Place à une autre, & qu'il est bon de sçavoir le nombre des lieuës qu'on a à faire, j'estime qu'il est très-à-propos qu'ils se pourvoient de ces sortes de Cartes intitulées *Echelles Géographiques* qui se vendent à Paris, pour sçavoir promptement la distance qu'il y a de l'une à l'autre des principales Villes & Forteresses situées dans les païs frontières qui servent présentement de théatre à la Guerre.

FIN.

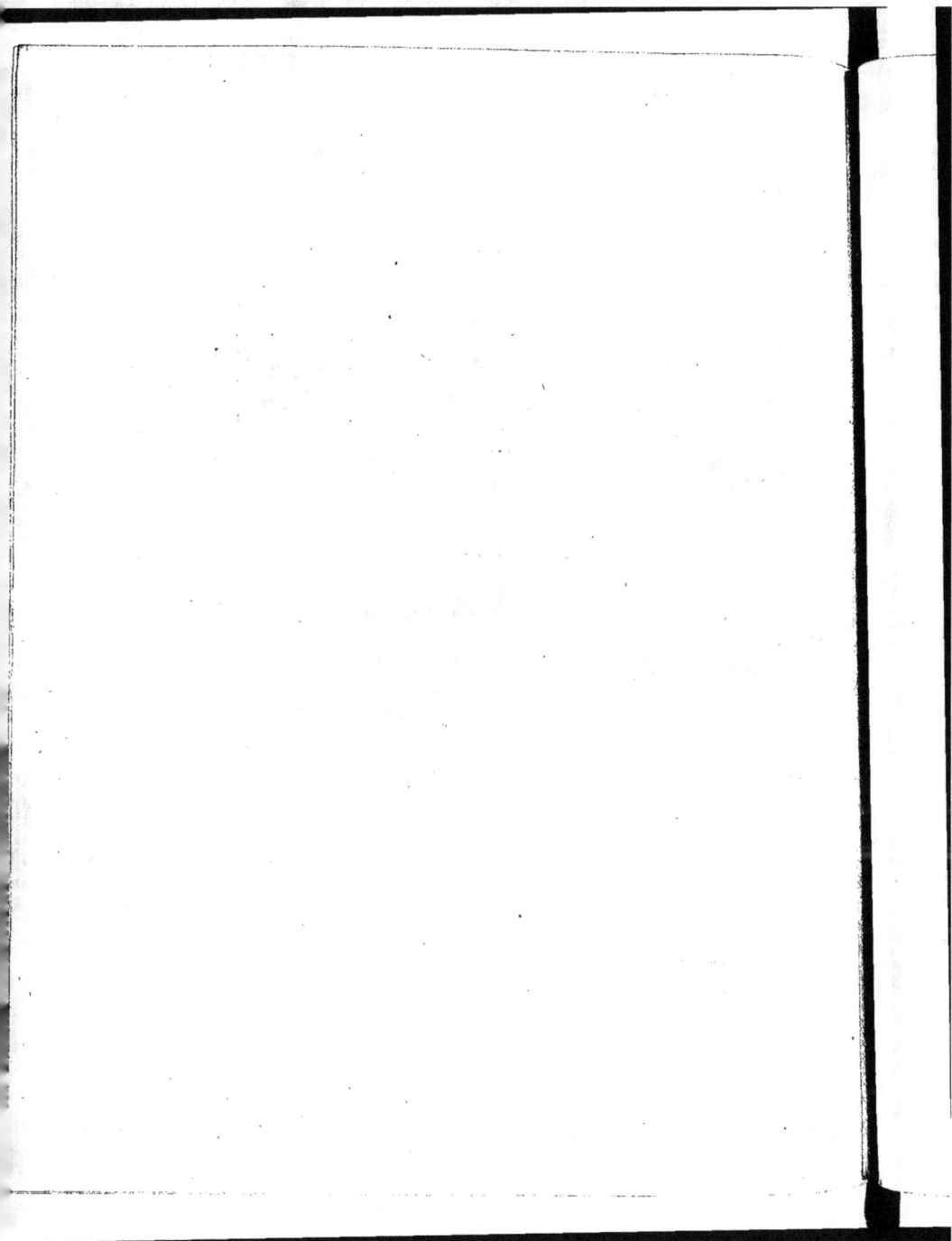

DICTIONNAIRE

DES MOTS

ET

DES TERMES

QUI SONT PROPRES A L'ARTILLERIE.

Xx 2

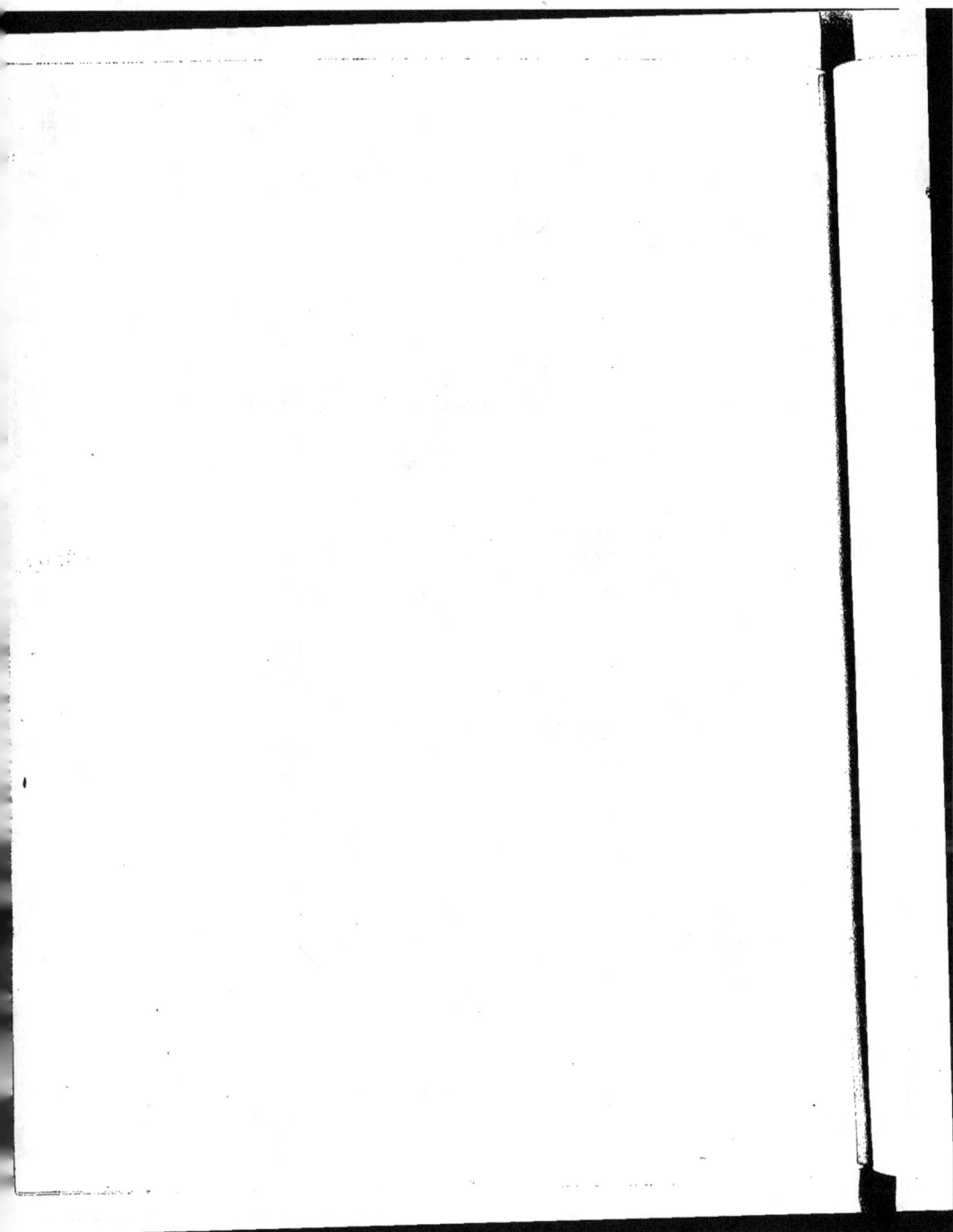

AVERTISSEMENT.

L'ARTILLERIE *a des Noms qui lui sont propres pour son service & pour son exécution. Mais il faut avouer qu'elle en a peu; car la meilleure partie de ceux qui sont en usage dans ce Corps, ne la regardent pas plus qu'ils regardent les autres arts, métiers & professions de la Société civile : une roüe, une limonière sont toûjours une roüe & une limonière en tous lieux; de même que le fer, le bois, l'acier, sont aussi les mêmes matériaux qui entrent dans tous les ouvrages de cette qualité. C'est la même chose pour les outils à Ouvriers qui ont presque toûjours le même nom en quelque lieu qu'on s'en serve.*

Il auroit donc été très-inutile de rassembler ici les termes & les mots généraux qui se trouvent par-tout, & qui sont entendus de tout le monde : ainsi je me suis renfermé, autant que je l'ai pu, à ne former mon Dictionnaire que de ce qui peut être spécialement affecté à l'Artillerie.

Il est vrai que cette régle, que je me suis proposée, n'a pas été si générale qu'elle n'ait eu quelque exception: & quoique certains mots & certains termes qui se trouveront semés en quelques endroits de mon Dictionnaire, aient relation avec les autres arts, il m'a paru que les choses qu'ils signifient, étant aussi nécessaires & aussi usitées qu'elles le sont dans l'Artillerie, je ne pouvois pas me dispenser de les y conserver; observant néanmoins de me contenter d'en expliquer la valeur & la force par rapport à l'Artillerie seulement, & laissant les autres explications qu'elles ont, & qu'on peut trouver dans les autres Dictionnaires qui traitent de tous les mots de la Langue.

On m'objectera, peut-être, que ces autres Dictionnaires ont aussi traité de la signification des mots qui concernent l'Artillerie. Je répons à cela, ou que très-souvent leur explication n'est point assez ample ni assez étendue, ou qu'elle n'est ni juste ni vraie

Xx 3

vraie, ou qu'un grand nombre des mots dont on se sert dans l'Artillerie, ne s'y trouvent point du tout. Donnons-en quelques exemples.

Un de ces Dictionnaires qui est le plus en reputation, explique les articles suivants de la manière qu'on va voir.

Premier exemple : Noyau, *dit le Dictionnaire,* en termes d'Artillerie, est la partie du Canon dans laquelle roule le boulet, qu'on appelle autrement l'ame. *&* finit-là.

Et voici ce que c'est que Noyau dans sa vraie signification.

C'est un morceau de fer fort long & de forme cylindrique, qui, après avoir été revêtu d'un fil d'archal tourné en spirale, & recouvert d'une pâte de cendre qu'on fait bien sécher, se place au milieu du moule d'une Piéce de Canon, & qui, en étant retiré quand le métal a été coulé dans le moule & que la Piéce est fondue, laisse ce vuide qui s'appelle l'ame de la Piéce, & qui s'allése après, quand le calibre ne se trouve pas assez ouvert.

A l'égard des Bombes, des Grénades, & des Boulets-creux, ce qu'on appelle Noyau est un globe ou boule de terre cuitte & séche, sur laquelle boule se moule la chappe des Bombes, des Grénades, & des Boulets-creux : entre cette chappe & ce noyau se coule le métal ; & quand il est coulé, on casse ce noyau, & on en fait sortir la terre.

Aux Boulets, on ne fait des noyaux pour les Boulets que pour faire les coquilles, & ces noyaux sont de la grosseur qu'on veut les Boulets. Voïez au I. Tome des Mémoires d'Artillerie page 139, & au Tome II, page 57.

La différence de ces deux explications est toute visible.

Second exemple : Plattebande, *dit le Dictionnaire,* en termes d'Artillerie, est la piéce de fer qu'on applique sur les tourillons d'un Canon pour le tenir ferme sur son affût quand on le braque ; elle est aussi accompagnée d'un archet.

Et voici en effet ce que c'est que Plattebande.

Plattebande, *en termes d'Artillerie, est une partie de la Piéce de Canon, laquelle partie, quoique platte par sa figure,* est

est

est un peu relevée au-dessus du reste du métal de cette Piéce,
& précéde toûjours une moulure. Il y a ordinairement trois
plattesbandes sur une Piéce régulière: sçavoir,

La plattebande & moulure de culasse.

La plattebande & moulure du premier renfort.

La plattebande & moulure du second renfort.

Remarquez aussi que le terme de braquer *est impropre, &*
que, si on dit braquer un carosse ou un chariot, on doit dire
pointer un Canon, ou une Piéce.

On ne sçait ce que c'est que l'archet *dont parle le Diction-*
naire.

Le troisième exemple est bien plus sensible.

Il consiste en plus de cent mots propres à l'Artillerie, qui ne
se trouvent point dans ces Dictionnaires: ils sont marqués en
leur ordre dans celui-ci en cette manière *.

Mon premier dessein n'étoit d'abord que de faire un Alpha-
bet de tous ces mots qui auroient eu leur renvoi au Tome & à
la page, où on auroit pu les lire, & voir l'emploi qu'on
a coutume de faire de ce qu'ils signifient; & cela, de la mé-
me façon qu'en a usé M. Félibien en plusieurs endroits de
son Dictionnaire des arts.

Trois choses m'avoient fait prendre ce parti.

1°. Je trouvois beaucoup de difficulté à distinguer ce qui
étoit purement de l'Artillerie, & ce qui n'en étoit pas.

2°. Il me paroissoit superflu de répéter dans ce Diction-
naire les mêmes matières dont j'avois déja traité si ample-
ment dans tout le courant de mes Mémoires; c'étoit aussi
une des raisons de M. Félibien.

3°. Il y a des noms auxquels il n'est pas aisé de donner une
définition bien nette, & qu'on comprend beaucoup mieux
quand ils se trouvent enchassés dans un discours entier qui en
fait connoître tout l'usage. M. Félibien dit la même chose.

Mais les instances de mes Amis ont prévalu sur ces raisons;
& si cet Ouvrage plaît au Public, je leur en aurai toute l'o-
bligation. Une chose qui me reste à dire, est que, comme c'est
toûjours la destinée des Dictionnaires de n'être jamais aussi

am-

amples ni auſſi univerſels qu'on le déſire, & qu'il ne ſe peut
faire que je n'aie oublié quelques mots dans celui-ci ; mes
Lecteurs me feront plaiſir de me les faire remarquer, afin que
j'y puiſſe ajouter par la ſuite le ſupplément qu'il conviendra.

Il faut encore que je faſſe obſerver que l'Artillerie ſe trouvant ſouvent mélée avec la fortification, ſoit par rapport aux
ouvrages qu'elle eſt obligée de battre & de détruire, ſoit par
le travail qui ſe fait aux Batteries de Canon, & à la forme
qu'on leur donne, ſoit pour les ouvertures des embraſures ſur
les remparts, & l'établiſſement des plattes-formes, les ouvrages
de mines, & tant d'autres ; je n'ai pu m'empêcher d'expliquer quelques termes de Fortification, qui ne pourront qu'ex-
trémement ſoulager les Officiers d'Artillerie, quand ils ſe trouveront engagés ou à raiſonner ou à exécuter.

DICTION.

DICTIONNAIRE
DES MOTS ET DES TERMES
qui font propres à l'Artillerie.

A

AFFUT. C'eſt un aſſemblage de deux groſſes piéces de bois appellées flaſques, qui ſont jointes & unies par trois ou quatre autres piéces de bois appellées entretoiſes : c'eſt ſur cet Affût qu'on monte les Piéces de Canon , ſoit pour les tirer, ſoit pour les tranſporter d'un lieu à l'autre. Il y en a de pluſieurs ſortes.

De Place, marins ou bâtards, qui n'ont que des roulettes pleines; d'autres aiant des rouës avec des jantes & des rais. Et de Campagne , qui ſont montés auſſi ſur des roüages à jour, mais

qui ſont plus chargés de ferrure.

Il y en a à la manière de la marine, qui ont des degrez ou crans ſur leurs flaſques qui ſervent à hauſſer ou baiſſer les Piéces.

Il y en a auſſi de fer pour Placé & pour Campagne. *Voyez Tome I. page* 147. Les Mortiers & les Pierriers ont pareillement leurs Affûts ; mais ordinairement ils ſont ſans rouës, & quelques-uns conſiſtent en une ſeule piéce de bois creuſée & ferrée.

Ils ont auſſi des Affûts de fer, d'autres ſont de bois à roüages ; mais c'eſt pour les Obus, qui ſont des Mortiers qui ſe tirent horiſontalement. *Voyez T. I. p.* 259 *&* 264.

Tome II.　　　　Y y　　　　*Aigre-*

Aigremore. C'est le charbon qui sert à faire de la poudre & des compositions d'artifice ; ce sont les Artificiers qui lui donnent ce nom. *Voyez Charbon. Voyez aussi T. I. p. 359.*

Aiguille. Je laisse toutes les explications différentes qu'on peut donner à ce nom, pour me réduire à ce qu'il peut signifier de plus important dans l'Artillerie : c'est un outil à Mineur qui sert à travailler dans le roc pour faire de petits logemens de poudre pour enlever des roches, accommoder des chemins, & faire des excavations dans le roc. *Voyez T. II. p. 155.*

Alléser. Est nettoïer l'ame d'une Pièce de Canon, l'aggrandir, & la rendre du calibre dont il faut qu'elle soit. *Voyez T. II. p. 72, & à la tête de la troisième Partie.*

Allésoir. Est un chassis de charpente suspendu en l'air bien ferme, avec de forts cordages, dans lequel chassis se place une Pièce de Canon la bouche en bas, pour en arrondir & aggrandir l'ame ou calibre, par le moyen d'un couteau bien aceré & fort tranchant, emboëté dans une boëte de cuivre, qu'on dispose immédiatement sous la Pièce. On descend & on remonte la Pièce autant qu'on veut par des moufles & des poulies, pour donner lieu au couteau de couper tout aussi avant qu'il le faut; & ce couteau est situé à l'extrémité d'un arbre de fer planté en terre & bien assuré, qui est traversé horisontalement par une roue ou par une croix, aussi de fer, sur les branches de laquelle on met des hommes ou des chevaux, lesquels tournent le couteau & emportent le métal qui tombe en bas. *Voyez là-même.*

Allésures. C'est le métal qui provient des Pièces qu'on allése, c'est ce qui s'appelle les allésures. *Voyez là-même.*

Alliage. C'est le mélange des métaux qui s'emploient particulièrement pour la fabrication du Canon, des Mortiers, &c. *Voyez T. II. p. 45.*

Allogne. Est un cordage qui sert aux pontons. *Voyez T. II. p. 23.*

Ame. Est l'intérieur ou le dedans du Canon, du Mortier, & des autres armes servant à l'Artillerie, où on met la poudre pour tirer. Outre cette ame, néanmoins, il y a encore une chambre particulière aux Canons & aux Mortiers, dont il sera fait mention à la lettre C. *Voyez T. I. p. 59.*

Amorce. C'est de la poudre de la plus fine qu'on met à la lumière, & dans le bassinet des armes à feu pour les faire tirer. On en fait aussi des traînées, ou bien, on l'écrase suivant que le feu doit être plus ou moins lent, ou ce sera une mèche soufrée qui répondra à tout ce qu'on voudra exécuter.

Angle saillant, Angle rentrant, Angle flanqué, &c. Ce sont termes de Géométrie qu'il faut qu'un Officier d'Artillerie connoisse ; ils sont expliqués au *Tome II. p. 169 & 191.*

Anse des Pièces. Les Pièces de Canon de fonte ont deux anses, & les Mortiers & Pierriers une ; les Pièces.

Piéces de fer n'en ont pas pour l'ordinaire. Les anſes ſervent à paſſer les leviers & les cordages pour remuer plus aiſément ce fardeau ; elles repréſentent des dauphins, des ſerpens, & autres figures. Elles ſont placées, à l'égard des Piéces, vers les tourillons, c'eſt-à-dire quaſi au milieu de la Piéce. Aux Mortiers l'anſe eſt preſqu'à la volée, & les tourillons ſouvent à la culaſſe. *Voyez T. I. p.* 59 & 251.

Araignée. Voyez *Rameau de Mine.*

Armes à l'épreuve. Ce qu'on appelle armes à l'épreuve, eſt une cuiraſſe de fer poli conſiſtant en un devant à l'épreuve du Mouſquet, le derriere à l'épreuve du Piſtolet, & un pot auſſi à l'épreuve du Mouſquet. Il y a auſſi des calottes & des chapeaux de fer de même qualité. *Voyez T. I. p.* 341.

Armes des Piéces de Canon. Ce qu'on appelle armes complettes pour une Piéce de Canon, eſt une lanterne ou cuilliére de cuivre qui ſert à porter la poudre dans l'ame de la Piéce. Le refouloir qui eſt la boëte ou maſſe de bois montée ſur une hampe avec laquelle on foule ſur la poudre, & enſuite ſur le boulet. Et l'écouvillon qui eſt une autre boëte montée ſur une hampe, & couverte d'une peau de mouton, qui ſert à nettoïer & rafraîchir la Piéce. *Voyez T. I. p.* 100.

Arquebuſe à croc. Arme à feu, qui reſſemble, pour la figure, au Mouſquet ou au Fuſil, mais qui eſt ſoutenue par un croc de fer qui tient à ſon canon ſur une eſ-

péce de chevalet : ordinairement elles ſont beaucoup plus groſſes que les Fuſils & que les Mouſquets ; & on s'en ſervoit autre fois pour garnir les meurtrières des tours antiques. *Voyez. T. I. p.* 317.

Arſenal. Lieu deſtiné pour fabriquer & pour reſſerrer toutes les munitions qui ſervent à la guerre. *Voyez T. II. p.* 212.

Artifice. Comprend tous les feux qui ſe font avec compoſition de poudre, de ſoufre, de ſalpêtre, de charbon, & autres, ſoit pour la guerre, ſoit pour les réjouïſſances. *Voyez T. I. p.* 345.

Artificier. Eſt celui qui fait des feux d'artifice, & qui charge les Bombes, les Grénades, & leurs fuſées. Les Artificiers qui travaillent à Paris, & qui y ont boutique, doivent être pourvûs de proviſions du Grand - Maître. *Voyez T. I. p.* 14.

Artillerie. Par ce nom on entend le Canon, les Bombes, les Mortiers, les Pétards, la Poudre, le Plomb, la Méche, les Grénades, & généralement toutes les munitions qui ſe portent à la guerre, ou pour les Battailles, ou pour l'attaque des Places, ou pour leur défenſe. Il comprend auſſi les Officiers qui ſervent dans ce Corps. *Voyez T. I. p.* 1.

Aſpic. On a donné quelquefois le nom d'aſpic à la Piéce de Canon de 12 l. de balle ; elle peſoit 4250 l. *Voyez T. I. p.* 56.

Aſtragalle. C'eſt un petit membre d'architecture, qui eſt rond en forme d'anneau, qu'on voit ſur les Piéces de Canon, & qui

leur

leur fert d'ornement, comme il feroit fur une colonne : il y en a ordinairement trois fur une Piéce. *Voyez T. I. p. 59.*

Avantduc. C'eft un pilotage qui fe fait de plufieurs jeunes arbres fur le bord & à l'entrée d'une riviére, où on les enfonce très-avant avec des moutons ou des groffes maffes de fer, pour en former un plancher égal, fur lequel on établit des doffes ou groffes planches bien clouées pour commencer un pont; & à l'endroit où l'avantduc finit, on place des bateaux. Cela fe fait quand une riviére eft trop large, & qu'on n'a pas fuffifamment de bateaux pour en faire un pont entier; on en fait autant à l'autre côté de la riviére. *Voyez T. II. p. 153.*

Avantrain, comme qui diroit *Train de devant.* Il eft compofé d'une fellette, d'un effieu, de deux roués, & de deux limoniéres avec leurs dépendances : il fe joint à l'affût avec une cheville de fer nommée *cheville ouvriére,* qui entre dans ce qui s'appelle la lunette de l'entretoife de l'affût qu'on pofe deffus; cela entre & fort aifément. On ne fe fert de l'avantrain, que quand on veut mener des Piéces en Campagne. *Voyez T. I. p. 150.*

Auget & Augette. Ce font des conduits de bois où fe placent les fauciffons de toile qui conduifent la poudre aux fourneaux & chambres des Mines. *Voyez T. II. p. 187.*

Aune de Paris. L'aune de Paris a 44 pouces de Roi, qui valent 3 pieds 8 pouces. On fe fert de cet-te aune pour mefurer les toiles à facs à terre, & autres dont on a befoin dans l'Artillerie. *Voyez T. II. p. 28.*

B

BALANCE n'eft pas plus affectée à l'Artillerie qu'au négoce ordinaire des Marchands. Mais cependant comme on s'en fert fouvent dans l'Artillerie, il eft bon d'expliquer ce que c'eft. C'eft un fléau ou verge de fer qui eft fufpendu de travers, & qu'on attache ordinairement à quelques poutres en l'air : de ce fléau pendent deux cordes qui foutiennent deux platteaux ou madriers de bois plats & quarrés, fur l'un defquels fe met ce qu'on veut pefer, & fur l'autre les poids de fer ou de plomb, qui font connoître ce que péfent les munitions qui leur font oppofées ; ces balances s'appellent le *fléau.* Il y a de plus petites balances pour les plus petits fardeaux, qui même fe peuvent pefer avec un fimple marc de cuivre qui n'eft que de feize onces à la livre. Il y a auffi la Romaine; mais nous en parlerons en fon lieu. *Voyez T. I. p. 388.*

Balle à feu. Elle eft de figure ronde ou ovale, & remplie d'artifice. Il y en a de plufieurs groffeurs. Quelques-unes fe jettent à la main, & d'autres dans des Mortiers, comme les carcaffes qui s'appellent quelquefois auffi Balles à feu. *Voyez T. I. p. 346.*

Balles de plomb. Il y en a de plufieurs groffeurs. Elles fervent à charger les armes à feu. Il s'en eft.

eft fondu quelquefois de fer pour
en éprouver l'effet ; mais outre
qu'elles font trop légéres , & ne
portent pas jufte , elles rayent le
canon du Moufquet ou du Fufil.
Quoiqu'on dife ordinairement
un boulet de Canon , néanmoins
on dit auffi , une Piéce de batterie porte 36, 33, ou 24 l. de balle , au lieu de dire calibre ou boulet: on dit auffi charger à balle ,
pour dire charger avec le boulet.
Voyez T. II. p. 125.

Banquette. C'eft un degré ou deux
qui regnent tout le long d'un parapet, afin qu'on puiffe tirer par-
deffus : la banquette doit avoir
pour l'ordinaire , un pied & demi de haut & trois pieds de large.
Voyez T. II. p. 168.

*Barbette. On dit tirer à barbette
quand on tire avec le Canon à découvert , & fans épaulement de
terre pour fe cacher. On ne tire
guéres que la nuit à barbette ou
dans un jour de Bataille. Quelquefois on fait une genouillière
ou parapet de fafcinage avec une
platteforme de planches & de
madriers pour pofer les Piéces.
Voyez T. I. p. 181.

Barils. Il y a des barils faits de tout
bois & de toutes grandeurs pour
contenir les munitions , comme la
poudre, le plomb, &c. Il y en a
même à bourfe de cuir par l'ouverture d'en-haut , pour tenir la
poudre plus fûrement aux Batteries. *Voyez T. I. p. 244, & T. II.
p. 128.*

Barils foudroyans & flamboyans.
Ce font des morceaux d'artifice
pour fervir dans des Siéges. *Voyez
T. I. p. 345.*

Bafilic. Eft une Piéce de Canon de
48 l. de balle , & qui péfe 7200 l.
ou environ. On n'en fond plus de
fi groffes pour la terre : il y en a
néanmoins encore de ce calibre
en plufieurs Places du Roïaume.
Voyez T. I. p. 55.

Baftion. Piéce de fortification qu'il
eft bon qu'un Officier d'Artillerie connoiffe. C'eft une groffe
maffe de terre qui eft fouvent re-
vêtue de pierre, & qui s'avance
en dehors d'une Place de guerre
pour fa défenfe. Le Baftion eft
compofé de deux faces ou pans
de muraille qui font un angle
faillant , & de deux flancs qui l'attachent aux courtines , avec une
gorge par - où on y entre. Les
Baftions à orillon font fort en u-
fage. *Voyez T. II. p. 170.*

Bât de mulet. Selle groffière qu'on
met fur le dos des mulets.
Il faut pour le harnois complet
d'un mulet ou d'une mule portant
le bât: un bât, une fangle, une
billadoire , une carcadoire , une
bille , une foufre , un furfoufre , un
cordonnet, une feuquière , une
foufventrière , un poitrail , un mo-
rau, un bridon , un ernadou, une
couverture , un pollier. *Voyez
T. II. p. 207.*

Bâtarde. C'eft la Piéce de 8 l. de
calibre , qui péfe 1950 l. ou environ. *Voyez T. I. p. 57.*

Bâton à deux bouts. Fût ou hampe
de bois ferré par les deux bouts
en pointes. *Voyez T. I. p. 337.*

*Battage. On dit battage, du tems
qui s'emploie à battre la poudre dans le moulin : les pilons
font de bois, & armés de fonte,
& les mortiers font de bois creu-

fés dans une poutre ; quand ils font de fer, il en arrive souvent des accidens. Pour faire la bonne poudre, il faut un battage de vingt-quatre heures à 3500 coups de pilon par heure, si le mortier contient 16 livres de composition. Le battage est moins rude l'Eté que l'Hiver, à caufe que l'eau est moins forte. *Voyez T. II. p.* 110 *&* 111.

Batterie. C'est le lieu où on place le Canon pour le tirer. On met les Piéces en Batterie fur des plattes-formes faites avec de bons madriers & des piéces de bois élevées par derrière, pour empêcher le recul des Piéces. Les Batteries font à couvert du feu de l'ennemi par un fossé, & des épaulemens & fafcinages de terre.

Il y a des Batteries, qu'on appelle enterrées quand elles font au-deffus du rez de chauffée.

Des Batteries croifées ou en chapelet, quand véritablement elles fe croifent pour battre la même face, & que l'une acheve ce que l'autre à commencé d'ébranler.

Batteries d'enfilade, qui est en ligne droite.

En écharpe, qui battent par le côté, par bricolles, par coup oblique.

En roüage pour démonter les Piéces de l'ennemi.

A revers, qui battent à dos, & qui voient dans la Place.

Batteries à redans ou redens, qui font des angles entrans & faillans, dont les faces fe flanquent l'une l'autre.

Il y a des Batteries doubles

qui en effet ont doubles fafcinages & merlons. *Voyez T. I. p.* 233, *& au T. II. p.* 169.

Il y a encore des Batteries à ricochet ; c'est lors qu'aiant fait des Batteries à la droite & à la gauche des attaques qui enfilent & battent de revers les chemins couverts & autres ouvrages, on charge les Piéces d'une petite quantité de poudre, fuffifante néanmoins pour porter leurs boulets à toute volée dans les ouvrages qu'elles enfilent, & dans lefquels ils font plufieurs bonds & ricochets après leur chûte, qui incommodent de manière ceux qui les défendent, qu'ils font forcés de les abandonner pendant le jour, ainfi qu'on a vû tout récemment au Siége d'Ath. Ces Batteries font de peu de dépenfe, attendu que les Piéces ne font chargées que d'une demi livre, ou d'un quartron de poudre, plus ou moins fuivant le calibre de la Piéce & fon éloignement, parce qu'ordinairement elles ne font éloignées au plus de leur objet que de 80 à 100 toifes. Les étrangers nomment l'effet de ces boulets, des *Boulets fourds,* à caufe qu'ils font chaffés avec fi peu de bruit, qu'il est prefque impoffible de s'en garantir. Ces Batteries qui font de l'invention de M. de Vauban, ne fçauroient être que d'une très-grande utilité lorfqu'on veut donner un affaut à quelque ouvrage, en les y tirant fans difcontinuer pendant une heure ou deux avant que de l'attaquer ; cela éloigne tous ceux qui le défenfendent, & donne moyen aux Troupes deftinées pour cette attaque, de profiter du defordre où font leurs ennemis. Je tiens cette explication de M. Vaultier, qui fait préfentement la fonction de Major dans l'Equipage d'Artillerie de l'Armée de Flandres.

Battre en bréche. C'eft vouloir faire tomber une muraille, ou la chemife d'un Baftion, ou de quelque autre ouvrage, pour y donner l'affaut. On dit auffi battre de toutes les manières différentes, qu'on vient de voir. *Battre par camarade*, eft quand plufieurs Piéces de Canon tirent tout à la fois fur un même corps, foit d'une même Batterie, foit de différentes.

Bayard. C'eft une manière de civiere: ce nom eft ufité en Languedoc & en Rouffillon, & on le voit fur les Inventaires des Gardes-Magafins.

Bayonnette. Dague ou couteau pointu, en guife de poignard, qui n'a que deux petits boutons pour garde. *Voyez T. I. p. 336.*

Béche. Voyez *Outils à Pionniers.*

Berme. Encore bien que ce foit un terme de fortification, comme il faut connoître ce que c'eft en faifant une Batterie, je dirai que c'eft un petit efpace de terre relevée, qui fe conferve entre le foffé qu'on fait autour d'une Batterie, & les merlons de la Batterie-même. *Voyez T. I. p. 233.*

Blinde. Ce font certaines défenfes faites de bois ou de branches entrelaffées qu'on enferme entre deux rangs de pieux debout, ou de clayes, pour fe mettre à couvert du Moufquet. *Voyez T. II. à l'Inventaire.*

Boëte. Il y a des boëtes à rejouïffance qui font de fer ou de fonte, & qui fe chargent avec de la poudre & un tampon, & même pour moins confommer de poudre on y met quelquefois du fon avec la poudre; les traînées fe font de fon, la poudre par-deffus, à caufe de l'humidité de la terre. *Voyez T. I. p. 354.*

Boëte. Pour charger un Mortier-Pierrier, qui fert à jetter des pierres. *Voyez T. I. p. 251.*

Boëte qui eft de cuivre, qui contient un couteau bien aceré, & qui fert à diminuer le métal des Piéces qu'on veut mettre à leur calibre; ce qui s'appelle alléfer. *Voyez T. II. p. 72.*

Boëte ou *Emboëture* de fer ou de fonte, dans laquelle entre le bout d'un effieu d'affût, ou autre. *Voyez T. I. p. 153.*

Boëte fe dit auffi du bouton fur lequel eft monté la lanterne, ou la peau de l'écouvillon; la tête du refouloir s'appelle auffi *boëte.* *Voyez T. I. p. 100.*

Bombarde. C'étoit autrefois une très-groffe Piéce d'Artillerie qu'on chargeoit avec de la poudre & des boulets de pierre; elle n'eft plus d'ufage.

*Bombardement. C'eft le fracas qu'on fait en jettant des Bombes dans une Place ou ailleurs.

Bombarder. C'eft lorfqu'on jette des Bombes dans une Place.

Bombardier. C'eft celui qui exécute les Mortiers & les Bombes.

Bombe. Boulet qui eft creux, qu'on rem-

remplit de poudre. La Bombe se met dans un Mortier aussi chargé de poudre, qui la chasse au lieu ou on veut qu'elle tombe, & où elle créve. *Voyez T. I. p.* 286.

Bouche. Se dit pour l'embouchure d'une Piéce de Canon, pour celle d'un Mortier, d'un Fusil, d'un Mousquet, & de toute arme à feu. *Voyez T. I. p.* 59.

Boulet. Il est pour l'ordinaire de fer & de forme sphérique. Il y en a de tous calibres. Ils se mettent dans le Canon après la poudre. Le Boulet rouge est celui qu'on fait effectivement rougir sur une grille de fer, & qui porte le feu dans les Villes. Il y a encore des Boulets à l'ange, à deux têtes, & d'autres inventions, qui sont des boulets attachés ensemble avec des chaînes ou des barres de fer, pour faire plus de fracas dans les lieux où ils sont poussés. Il y a des Boulets messagers qui sont creux, & qui servoient autrefois à porter des nouvelles d'un lieu à un autre. *Voyez T. I. p.* 110 *&* 146.

Bourguignotte. C'est une armure de tête, faite de fer poli, dont se servent les Piquiers. *Voyez T. I. p.* 341.

Bouriquet. C'est un panier qui sert à tirer la terre des Mines. *Voyez T. II. p.* 190.

Bourrelet. C'est l'extrémité d'une Piéce de Canon du côté de son ouverture qui s'appelle bouche. En cet endroit la Piéce est renforcée de métal, & ressemble à un bourrelet. *Voyez T. I. p.* 59.

Boutefeu. C'est un bâton ou hampe de bois garni d'un serpentin de fer par en-haut, dans lequel se passe la méche qui sert à mettre le feu aux Piéces de Canon. *Voyez T. I. p.* 100.

Bouton. C'est ce petit corps rond fondu avec le Canon, qui est à l'extrémité du côté de la volée, & qui sert de mire pour tirer plus droit. *Voyez T. I. p.* 59. Il y a encore le bouton de la culasse qui est à son extrémité. *T. I. planche* 21. Quelques-uns appellent aussi bouton la tête de la lanterne, du refouloir, & de l'écouvillon.

Braquer. Se dit improprement du Canon qu'on tourne d'un certain côté; car il faut dire pointer une Piéce. *Voyez T. II. p.* 351.

Brassard. Il est de fer poli. C'étoit une piéce d'armure qui servoit à couvrir les bras des Gens de guerre qui étoient armés de toutes piéces. *Voyez T. I. p.* 341.

Brasse de méche. La brasse a six pieds de Roi de longueur ou à peu près; la brasse de méche pése cinq onces peu plus. *Voyez T. II. p.* 131.

Brigade. Brigade se dit d'une division d'une troupe de Gens de guerre: une Brigade d'Artillerie est composée d'un Commissaire provincial, & d'un certain nombre de Commissaires ordinaires & extraordinaires, d'Officiers Pointeurs, de Déchargeurs, & autres. *Voyez T. II. p.* 232.

Les fonctions de tous les Officiers sont si amplement expliquées dans le *premier Tome*, & à la fin du *second*, qu'on a cru inutiles de les faire entrer, ni leurs noms, dans ce Dictionnaire.

Broüette.

Brouette. La brouette fert à bien des ufages ; mais on s'en fert fort dans les Mines, & dans les Batteries. C'eft une manière de petite charette aiant une feule rouë à fon centre, & qu'un homme pouffe devant foi. *Voyez T. II. p.* 171.

Buze. C'eft un tuyau, ou de bois ou de plomb, qui conduit l'air dans les Mines par des ouvertures & des puits. *Voyez T. II. p.* 189.

C

CABAS. C'eft une efpéce de panier de jonc dont on fe fert en Languedoc & en Rouffillon pour mettre quelques munitions ; les Inventaires en font mention.

Cable. Le cable ou chable eft un cordage fi connu que je n'en parlerois pas, fi ce n'eft qu'il eft extrêmement en ufage dans l'Artillerie. C'eft un gros cordage qui fert particulièrement aux chevres. *Voyez T. I. p.* 375.

Caiffon de Bombes. C'eft une tonne ou cuve qu'on emplit de Bombes chargées, & qu'on enterre jufqu'au niveau du rez de chauffée en l'inclinant un peu de côté, & repandant force poudre de guerre par-deffus ; & par le moyen d'un fauciffon qui répond au fond de ce caiffon, on y met le feu qui fait élever les Bombes en l'air, & les porte du côté qu'on veut ; cette invention n'eft plus guéres d'ufage.

Calibre. C'eft l'ouverture de la Piéce de Canon & de toutes autres armes à feu, par-où entrent & fortent le boulet & la balle. Cette Piéce eft d'un tel calibre : on le dit auffi d'un boulet. L'inftru-

Tome II.

ment même dont on fe fert pour prendre la grandeur de l'ouverture ou diamétre d'une Piéce ou d'un Mortier, s'appelle *Calibre.* *Voyez T. I. p.* 62, & *T. II. p.* 20.

Calibrer. Prendre la mefure du calibre.

Camion. Se dit d'une efpéce de petite charette ou haquet qui eft traîné par deux hommes, & qui fert à tranfporter des boulets ; cela eft bon pour la commodité des Magafins dans les Villes.

Canon, *Piéce de Canon.* Eft cette machine & bouche à feu, qui depuis trois ou quatre fiécles * fait de fi prodigieux ravages à la Guerre, foit pour l'attaque & la défenfe des Places, foit dans les Combats & dans les Battailles. Il y a des Piéces de Canon de fonte, depuis deux onces de balle jufqu'à cent livres. Véritablement les plus fortes, & dont on fe fert le plus ordinairement en France font celles de 48, 36, 24 & au-deffous, qui ont 10 à 11 pieds de long : elles péfent en métal 7, 6 & 5 milliers. On les charge de poudre de guerre & de boulets ou de cartouches ; & plufieurs Officiers font emploïés à les exécuter ou fervir, car l'un & l'autre fe dit. Les Piéces qui s'appellent de la nouvelle invention ou à l'Efpagnole, ont une concavité ou chambre au fond de l'ame, qui fait qu'elles pouffent bien plus loin le boulet que les autres, & avec moins de poudre ; elles font auffi plus courtes. Il y a des Piéces de Canon qu'on appelle folles, parce qu'elles n'ont pas l'ame bien droite ; ce qui eft cau-

Zz · fe

Du Canon fe dit qu'on voit dans les Régîtres de la Chambre des Comptes, que l'ufage du Canon étoit déja établi en France en 1338.

se que le boulet ne va jamais juste au but qu'on s'est proposé: c'est la faute du Fondeur qui les a mal fondues ou mal alléfées; on ne sçauroit compter sur ces mauvaises Piéces-là. Il y en a d'autres qui sont plus fortes de métal d'un côté que d'autre; c'est encore un très-grand défaut, & qui fait bientôt crever la Piéce, n'étant pas en état de soûtenir également des deux côtez la force & la violence de la poudre: les coups n'en sont jamais justes, & les affûts en souffrent beaucoup. Quand on doit se servir d'une Piéce, il faut l'examiner avec un très-grand soin pour reconnoître tous ces défauts: il y en a quelques-unes même qui sont absolument tortues; celles-là il faut les renvoyer à la fonte. Il y a des Canons de fer; mais on s'en sert peu sur la terre, à cause du danger qu'il y a à les tirer, étant une matière qui créve aisément. *Voyez T. I. p.* 57 *&* 209. On dit aussi le *Canon* d'un Fusil & d'un Mousquet. *Voyez T. I. p.* 321.

Canonnade. Se dit de la batterie continuelle des Piéces.

Canonner. C'est battre à coups de Canon.

Caque. On dit caque de poudre, qui est la même chose que tonne ou baril.

Carabine. C'est une manière de Fusil racourci. Il y a des Carabines rayées par le dedans de l'ame qui portent leur plomb extrêmement loin. *Voyez T. I. p.* 319.

Carcasse. C'est une balle à feu de figure oblongue qui se tire dans un Mortier: elle est composée de deux cercles passés en croix l'un sur l'autre, & aiant au bas un culot ou plaque de fer. On emplit cette balle à feu de petits canons & de petites Grénades chargées: tout cela mêlé avec d'autre artifice, elle se couvre de grosse toile bien gaudronnée, & toute cette composition prenant feu en partant du Mortier, va le porter au lieu où tombe la carcasse, & fait beaucoup de desordre. *Voyez T. I. p.* 343. On appelle aussi *Carcasse*, l'ouvrage de menuiserie d'un batteau ou ponton de cuivre, qui n'a point encore sa couverture de cuivre. *Voyez T. II. p.* 138.

Cartouche. C'est une charge pour le Canon enfermée dans du papier, du parchemin, du bois, ou du fer blanc, & dont on se sert quand on veut tirer un coup qui écarte considérablement; car on y met des balles de plomb, des clouds, des chaînes, de la mitraille ou feraille, &c. La Gargouge est différente de la Cartouche, en ce que la Gargouge ne contient que la poudre seule, & la dernière ne contient que le plomb ou la mitraille. Cependant pour le Mousquet, on se sert d'une Cartouche qui comprend la poudre & la balle. *Voyez T. I. p.* 142.

On nomme aussi *Cartouche* de fusée le papier ou carton disposé pour recevoir la composition; & alors ce mot est masculin. *Voyez T. I. p.* 355.

Casque. Arme défensive pour couvrir la tête & le col d'un Cavalier, qu'on appelle autrement, Heaume. *Voyez T. I. p.* 320.

Cas-

Caſtine. C'eſt un minéral qui ſe trouve mêlé avec la mine de fer, & qui ſe fond avec elle. *Voyez T. I. p.* 138.

Cavalier. Piéce de fortification qui commande autour d'elle : on en verra le plan *au Tome II. p.* 158.

Cercles gaudronnés. Ce ſont de vieilles méches ou de vieux cordages poiſſés & trempés dans le gaudron ou goudron, comme diſent quelques-uns, qui ſont pliés & tournés en cercles : ils ſervent à mettre dans des rechauts pour éclairer dans une Ville aſſiégée. *Voyez T. I. p.* 351.

Chambre. Eſt une concavité qui ſe trouve quelquefois dans les Piéces quand elles viennent d'être fondues : ces chambres peuvent faire créver les Piéces, parce qu'elles ſont plus foibles en cet endroit qu'ailleurs. C'eſt par cette raiſon qu'on rebute les Piéces chambrées. *Voyez T. II. p.* 74. On appelle encore *Chambre*, un endroit au fond de l'ame de certaines Piéces de Canon & de certains Mortiers de la nouvelle invention, qui eſt concave, & faite ou en rond ou en poire. Cela ſe dit auſſi de l'endroit où ſe met la poudre dans une Mine. *Voyez T. I. p.* 59, *&* T. II. *p.* 167.

Chandelier. Sont des pieux fichés à plomb dans de longues piéces de bois, entre leſquelles on met des faſcines pour couvrir des Travailleurs : on y met auſſi des planches pour empêcher de voir ce qui ſe fait derriére ; c'eſt une manière de Blinde.

La place où ſe logent les Pier-riers ſur certaines galiottes, s'appelle *Chandelier.*

Chantier. C'eſt une piéce de bois équarrie qui ſert de chevalet pour élever quelque choſe. Le chantier eſt fort connu, & je n'en parle que parce qu'on s'en ſert pour ranger les barils de poudre, & pour éprouver les Piéces au lieu d'affûts. *Voyez T. II. p.* 57.

*Chapelet. Eſt un morceau de fer rond & plat, & aiant trois tenons, qui ſe met à l'extrémité de l'ame d'une Piéce de Canon lorſqu'on en fait le moule pour aſſembler la Piéce avec la culaſſe. *Voyez T. II. p.* 57.

*Chapiteau. Ce ſont deux ais joints enſemble qu'on met ſur la lumière des Piéces de Canon pour empêcher le vent d'en emporter l'amorce, ou la pluie de la mouiller. *Voyez T. I. p.* 100.

*Chappe. C'eſt un baril qui couvre un autre baril. C'eſt auſſi une compoſition de terre, de fiente de cheval, & de bourre qui couvre un moule ou de Canon, ou de Mortier, &c. *Voyez T. I. p.* 139, *&* 288, *&* T. II. *p.* 57.

Charbon. Le charbon dont on ſe ſert préſentement pour faire la poudre de guerre, eſt de bois de bourdaine, autrement pevine ou noirprun. Il eſt appelé *Aigremore* par les Artificiers. On ſe ſert dans l'Artillerie pour les ouvrages, de charbon d'autre bois, & de charbon de terre ou de houille. *Voyez T. II. p.* 108.

Charette. Tout le monde connoît ce que c'eſt qu'une charette : mais c'eſt une choſe ſi utile dans l'Artillerie, qu'il ſemble qu'on ne puiſſe

puisse se dispenser d'en dire un mot. Elle sert à porter des munitions. Elle change de figure dans chaque département, parce que Messieurs les Lieutenans ont chacun leur . manière de les faire construire, eu égard aux païs où ils servent. *Voyez T. II. p.* 200.

Charges à Bandouillières. C'étoit autrefois des casses de cuir bouilli qui se fermoient avec un bouchon, & où le Soldat mettoit une charge de poudre: la Bandouillière qui passoit devant & derrière son corps, en étoit remplie par étages; mais on se sert présentement de fournimens. *Voyez T. I. p.* 320.

Charger une Piéce. C'est y mettre la poudre, le boulet, ou la cartouche, ou la gargouge, & le fourage.

Chariot à Canon. Il sert uniquement à porter le corps d'une Piéce de Canon. Il consiste en une fléche, deux brancards, deux essieux, quatre roües, & deux limonières. *Voyez T. I. p.* 225.

Chariot à munition. Il en est de même de ces chariots que des charettes, c'est-à-dire qu'on les fait suivant l'usage des lieux & la voie du païs. *Voyez T. II. p. 195 & 198.*

Il y a aussi des *Chariots* à porter affûts de fer à Mortier. *Voyez T. I. p.* 285.

Chat. Est un morceau de fer portant une, deux ou trois griffes fort aigues, disposées en triangle, monté sur une hampe de bois ou bâton. Ce chat sert à gratter & visiter le dedans des Piéces de Canon, pour voir s'il ne

s'y trouve point de chambres: c'est pourquoi les Fondeurs l'appellent aussi *Diable*; & quand il s'y fait encore quelque petit rafinement, ils le nomment *la malice du Diable. Voyez T. I. p.* 100, *& T. II. p.* 71.

Chauffe. La chauffe est un lieu où se jette & se brûle le bois qu'on emploie à la fonte des Piéces. La chauffe est située à côté & à trois pieds plus bas que le fourneau où est placé le métal, & la flamme sortant de la chauffe se repand par ondes tout du long de la voute du fourneau, & par son excessive ardeur fond le métal. *Voyez T. II. p.* 60.

Chaussetrappe. Ce sont quatre pointes de fer disposées de telle sorte qu'il y en a toûjours trois qui portent à terre & une demeure debout: on en seme plusieurs dans des guez de rivière, ou en certains passages où la Cavalerie doit passer, afin qu'elles se fichent dans les pieds des chevaux, & les enclouent. Quelques-uns les nomment *Clouds d'attrappe. Voyez T. II. à l'Inventaire.*

Chemin couvert. C'est le coridor de la contrescarpe qui est couvert de son parapet, & qui regne autour de la Place. *Voyez T. II. p.* 169.

Chemise de mailles. C'est un corps de chemise fait de plusieurs mailles ou anneaux de fer qu'on met sous l'habit comme une arme défensive. *Voyez T. I. p.* 320.

Cheval de frize. Est une longue piéce de bois traversée, & hérissée de pointes d'autre bois, ou même de fer, fort aigues. Ce che-

cheval fe met dans les guez des rivières, fur les bréches des villes, & dans les paffages étroits, pour arrêter l'ennemi ; & on tire de derrière comme de derrière un retranchement. *Voyez T. II. p.* 209.

Chevet. Eft une manière de petit coin de mire qui fert à élever un Mortier; il fe met entre l'affût & le ventre du Mortier. *Voyez T. I. p.* 262.

Chevre. La chevre eft un engin fort connu, & dont fe fervent particulièrement les Charpentiers. On s'en fert beaucoup dans l'Artillerie ; elle leve les Canons & autres gros fardeaux. Elle a deux jambes d'un côté, & une autre jambe ou pied d'un autre : à l'endroit où ils fe joignent, eft pendue une poulie avec fes moufles, dans lefquels eft paffé un cable qui leve ce qu'on veut par le moyen d'un treuil où il eft roulé, & qui eft appuïé fur les deux jambes de la chevre. *Voyez T. I. p.* 375.

Il eft des pinces de fer qu'on appelle *à pied de chevre.*

Chevrotte. Elle n'a que 3 pieds ½ de hauteur. Ce font deux piéces de bois élevées en haut, fichées fur une autre piéce qui traverfe & qui touche à terre : elle a en-haut un boulon de fer qui entretient les deux piéces droites, & une cheville qui fe hauffe & fe baiffe dans des trous faits exprès à proportion qu'on veut hauffer & baiffer les fardeaux qui fe pofent deffus. *Voyez T. I. p.* 379.

*Chevrotine. Ce font des balles de plomb de petit calibre, dont il y

en a 166 à la livre. *Voyez T. II. p.* 221.

Civière. Petit brancard très-connu, que deux hommes portent à bras. On s'en fert beaucoup dans l'Artillerie, notamment aux Batteries de Mortiers. *Voyez T. I. p.* 296.

*Cloches. Je ne parlerois pas ici de cloches, fi ce n'étoit un mot ufité dans l'Artillerie pour exprimer le droit qu'a le Grand-Maître fur tout le métal qui fe trouve dans une Place qui a été battue du Canon, & qui s'eft rendue : les habitans rachettent ce métal, & on dit : *M. le Grand-Maître a eu tant des cloches de cette Place. Voyez T. I. p.* 38.

Cognée ou *Hache.* Voyez *Outils à Pionniers.*

Coin de mire. Voyez *Mire.*

Collet Eft la partie du Canon comprife entre l'aftragalle & le bourrelet. *Voyez T. I. p.* 59.

Combleau. Eft un cordage qui fert à charger & décharger les Piéces de Canon & lever d'autres gros fardeaux avec une grüe ou à des tours d'éclufes. *Voyez T. II. p.* 27.

Commande. Eft un cordage qui fert fur les bateaux & pontons. *Voyez T. II. p.* 27.

*Compartinens des feux. En termes de Mines, fe dit de la difpofition des fauciffons, pour porter le feu aux fourneaux dans le même tems. *Voyez T. II. p.* 186.

*Compaffement des feux. Régle qui s'obferve pour efpacer les fourneaux des Mines. *Voyez T. II. p.* 183.

Contrebatterie. C'eft une Batterie qu'on oppofe à une autre Batterie.

Cône. C'est un terme de Géométrie, dont on verra l'explication au *Tome II. p.* 177.

Contreforts ou *Esperons.* Ce font des appuis de murs ou de terrasses qui sont sujets à la poussée : on s'en sert dans les Mines. *Voyez T. II. p.* 164.

*Contrebeurtoir. Voyez *Heurtoir.*

Contremine. C'est un puits & une gallerie qu'on fait exprès pour aller rencontrer la Mine des ennemis, quand on sçait à peu près où ils travaillent. *Voyez T. II. p.* 168.

Dans les Places bien fortifiées il y a toûjours des Contremines de faites.

Contrescarpe. Est cette piéce de fortification qui regne le long du fossé d'une Place, & qui regarde la campagne. La Contrescarpe comprend le chemin couvert avec son parapet, les places d'armes & le glacis, les fraises & les palissades. *Voyez T. II. p.* 165.

Coquilles à boulet. Il y en a de fonte & de fer. Pour faire un boulet, il faut deux coquilles qui se joignent & se serrent ensemble quand on y coule le fer pour former le boulet. Cette jointure n'est jamais si juste ni si bien fermée qu'il n'en sorte un peu de métal; ce qu'on appelle *les barbes* qu'on casse par la suite pour rendre le boulet bien rond. *Voyez T. I. p.* 139.

Corcelet. Petite cuirasse que portent les Piquiers dans les compagnies. *Voyez T. I. p.* 320.

Couler. On dit couler une Piéce de Canon quand on en fond le métal, & qu'il entre dans son moule. *Voyez T. II. p.* 60.

Couleuvrine & demi-Couleuvrine. Est un Piéce d'Artillerie fort longue, & qui porte loin. On appelloit aussi autrefois cette sorte de Piéce demi-Canon de France; elle est de 16 livres, & pése 4100. *Voyez T. I. p.* 57.

Courantin. C'est un mot qui est en usage chez les Artificiers. Ils donnent ce nom à ces fusées dont on se sert aux jours de réjouïssance dans les feux d'artifice, pour parcourir une corde tendue & fortement bandées en l'air. On met ce courantin dans le corps de quelques figures d'osier qui représentent des hommes & des animaux, & qui forment quelquefois un combat en l'air, ou vont allumer le feu. *Voyez T. I. p.* 354.

Courçon. Est une piéce de fer longue qui se couche tout du long des moules des Piéces, & qui sert à les bander ou serrer. *Voyez T. II. à l'Inventaire p.* 329. J'en parle ici, parce que son usage n'est point expliqué ailleurs.

Coussinet à Mousquetaire. Le Soldat portoit autrefois un coussinet sous sa bandouillière à l'endroit où on porte le Mousquet. *Voyez T. I. p.* 320.

Il y a aussi des fourchettes pour les soutenir.

Coutelas. Epée de fin acier fort tranchante, large & courte. *Voyez T. I. p.* 334.

Crible. Tout le monde connoît le crible, qui est une manière de tamis, aiant un cercle de bois autour & une peau de parchemin en-

entièrement percée par des trous ronds ou de différentes figures. *Voyez T. II. p.* 110.

Crick. Quoiqu'il serve aux carosses, aux chariots, & en bien d'autres occasions; comme il est plus spécialement attaché à l'Artillerie, je ne puis m'empêcher d'en dire quelque chose. C'est une cramaillère de fer enchassée dans un morceau de bois cerclé aussi de fer & soutenu de deux pointes de même, laquelle cramaillère se hausse & se baisse comme on veut par le moyen d'une manivelle. Le crick sert à lever le Canon, & les plus gros fardeaux. *Voyez T. I. p.* 379.

Cuirasse. Cet article est expliqué aux armes à l'épreuve. *Voyez T. I. p.* 320.

Cuissard. Arme défensive qui s'attache au-bas du devant de la cuirasse pour défendre les cuisses. *Voyez T. I. p.* 320.

*Cuitte. Il faut que le salpêtre soit de trois cuittes pour être propre à être emploïé à la confection de la poudre.

La première fait le salpêtre brut.

La deuxième celui de deux eaux.

La troisième celui en glace.

Il s'en fait encore une quatrième qui fait le salpêtre en roche; celui-là cuit sans eau. *Voyez T. II. p.* 103.

Cuivre. Voyez *Rosette.*

Culasse. Est la partie du Canon la plus épaisse qui comprend la lumière, la dernière plattebande, & le bouton. *Voyez T. I. p.* 59.

D

*D*AGUE, ou *Bayonnette.* Gros poignard, dont on se servoit autrefois dans les combats singuliers. *Voyez T. I. p.* 336.

*Dame ou *Demoiselle.* Est une piéce de bois aiant des bras de même, qu'on tient à deux mains pour battre & refouler la terre ou le gazon qui se met dans un Mortier. *Voyez T. I. p.* 293 & 294.

En termes de Mines, une terre restée entre les fourneaux lorsqu'ils ont joué, s'appelle aussi *Dame. Voyez T. II. p.* 183.

Dégorgeoir ou *Dégourgeoir.* Est un petit fer ou fil d'archal qui sert à sonder la lumière du Canon & à la nettoïer pour y mettre l'amorce. *Voyez T. I. p.* 100.

Demi-Coulevrine. Voyez *Coulevrine.*

Demi-lune. Piéce de fortification séparée du corps de la Place, dont un Officier d'Artillerie doit avoir connoissance. *Voyez T. II. p.* 161.

Demoiselle. C'est la même chose que *Dame. Voyez T. I. p.* 293 & 294.

*Dépouille. Retirer du milieu du moule d'une Piéce de Canon le trousseau ou morceau de bois qui a servi d'abord à le former étant couvert de natte, & nettoïer toute cette terre qui occupoit la place que le noyau de fer & le métal doivent remplir; cela s'appelle *mettre en dépouille. Voyez T. II. p.* 55.

Diable. C'est le même que le *Chat.*

Diamétre. Ligne qui passe par le centre d'un cercle, & qui aboutit à la circonférence. C'est la troisième partie de la circonférence. On dit, ce Mortier a tant de diamétre pour faire connoître de quel-

quelle groffeur eft fa Bombe: cette Bombe a tant de diamétre. Il y a de grands compas courbes qui fervent à prendre ce diamétre. *Voyez T. I. p.* 289.

Dragon, & *Dragon-volant.* Ce font les noms qu'on donnoit autrefois à des anciennes Piéces d'Artillerie.

Le dragon étoit de 40 livres de balle.

Le dragon-volant de 31.

Le nom ni la Piéce de l'un & de l'autre calibre ne font plus en ufage.

E

EAux *meres* ou *ameres.* Ce font les eaux qui proviennent de l'égout du falpêtre brut de premiére cuitte. *Voyez T. II. p.* 100. On s'en fert pour recharger les cuviers.

Petites Eaux. Eaux provenantes du falpêtre quand elles font parvenues à un certain degré de cuifson. *Voyez T. II. p.* 97.

Echantillon. Eft un ais garni de fer par un côté, qu'on arrête fur des chantiers, & qui fert à former les moulures des Piéces de Canon fur la terre molle qui couvre le trouffeau, en le tournant à mefure, par un moulinet qui eft au bout du trouffeau. *Voyez T. II. p.* 57.

Ecoupe. Voyez *Outils à Pionniers.*

Ecouvillon. Il eft compofé d'une tête, maffe, ou boëte de bois, car on lui donne tous ces noms, couverte d'une peau de mouton, & montée fur un long bâton ou hanipe; il fert à nettoïer & rafraîchir l'ame du Canon quand il a tiré. *Voyez T. I. p.* 100.

Ecouvillonner. C'eft nettoïer ou rafraîchir le Canon devant ou après qu'il a tiré.

Emboëture ou *Boëte.* Eft cette boëte de fonte qui s'encaftre dans un moyeu, & par-où paffe la fufée de l'effieu; il y en a quatre à un affût, deux du gros bout & deux du menu. Ordinairement les emboëtures pour les affûts de Campagne font de fonte, & ceux de Place font de fer. *Voyez T. I. p.* 152.

Embouchure ou *Bouche.* Bien des gens difent l'embouchure du Canon; mais c'eft improprement: il faut toûjours dire la bouche du Canon, & l'embouchure d'une riviére.

Embrafures. Ce font les ouvertures ou fenêtres qui fe font aux Batteries de Canon, & par où les Piéces tirent contre les ouvrages oppofés. Il y en a auffi fur les remparts des Villes. Elles s'ouvrent de deux pieds par le dedans de la Batterie, & de fept à neuf en dehors. *Voyez T. I. p.* 233.

Embraffeur. Eft un certain morceau de fer qui embraffe en effet, comme avec deux mains, les tourillons de la Piéce de Canon, lorfqu'on l'éleve dans le chaffis de l'alléfoir pour agrandir fon calibre. *Voyez T. II. p.* 72, & à la tête de la troifième Partie.

Emerillon. Eft une petite Piéce de fonte qui ne paffe guéres une livre de balle. *Voyez T. I. p.* 56.

Empilement de Boulets, *de Bombes & de Grénades.* C'eft la maniére de ranger les Boulets, les Bombes & les Grénades, les uns fur les autres. *Voyez T. I. p.* 112.

Em-

Empiler. Voyez *là-même.*

Enclouer. On encloue le Canon ennemi, ou celui qu'on eſt contraint d'abandonner, quand on ne peut pas le faire créver. *Enclouer* eſt ficher à force un cloud qui eſt preſque toûjours d'acier, dans la lumière de la Piéce. *Voyez T. II. p.* 287.

Encloûüre. Ne doit s'entendre dans l'Artillerie, que de l'état & diſpoſition d'une choſe enclouée. Quand le Canon a été encloué, il eſt rare qu'on puiſſe le remettre en état de ſervice, à moins qu'on ne lui perce une autre lumière. *Encloûüre* ne ſe dit guéres qu'en langage figuré.

Epaulement. Eſt un faſcinage mêlé de terre & arrêté par des piquets qu'on éleve de huit à neuf pieds de haut, pour mettre une Batterie à couvert des coups de l'ennemi. *Voyez T. I. p.* 233.

*Epingard. Eſt une petite Piéce qui ne paſſe pas une livre de balle. *Voyez T. II. p.* 317.

ᵃEprouvette. C'eſt une machine pour éprouver la poudre. Sa conſtruction pour l'ordinaire eſt une manière de batterie de piſtolet avec ſon chien & ſon baſſinet, montée ſur un petit fût de bois, dont le canon, qui eſt de fer & long d'un peu plus d'un pouce, eſt placé verticalement pour recevoir la poudre qu'on veut éprouver : ce canon eſt couvert d'un petit couvercle de fer qui tient à une roüe dentelée, dont les crans ſont arrêtés par un reſſort qui eſt au bout du fût. Quand on lâche la détente de la batterie, la poudre voulant ſortir du canon chaſſe la

Tome II.

roüe avec violence, & lui fait parcourir un certain nombre de crans qui eſt ce qui marque la bonne ou la mauvaiſe qualité de la poudre. Ce nombre de crans néanmoins, pour la meilleure qualité de la poudre en général, n'eſt point fixé ; ainſi ce n'eſt que par la comparaiſon d'une poudre avec une autre qu'on peut ſe rendre certain de la bonté de celle qu'on éprouve : & c'eſt pour cela auſſi qu'on a quitté l'éprouvette pour s'arrêter au petit mortier qui porte un boulet de fonte de 60 l. ; & quand trois onces de poudre miſes dans ce mortier qui eſt toûjours pointé à 45 degrez, le chaſſent à 50 toiſes, c'eſt-là la vraie force de la poudre de guerre, & à 45, c'eſt celle de la poudre défectueuſe qu'on a raccommodée : Il y a des éprouvettes de pluſieurs manières. *Voyez T. II. p.* 115.

Equipage d'Artillerie. Il comprend les Officiers, les Piéces & les munitions, & les chevaux d'Artillerie qui ſervent à la ſuite des Armées. *Voyez T. I. p.* 5.

Eſponton. Voyez *Sponton.*

*Etablage. Dans l'Artillerie on appelle établage l'entre-deux des limonières d'un avantrain, ou d'une charette. *Voyez T. II. p.* 150.

Etaim. Métal blanc qui eſt plus dur que le plomb, & moins que l'argent. On en met dans les fontes de Canon. *Voyez T. II. p.* 45. Celui de Cornoüaille en Angleterre eſt le meilleur.

Etançon. Groſſe piéce de bois qu'on met pour ſoutenir une muraille qu'on ſappe. *Voyez T. II. p.* 165.

A A a　　　　　　　　　*Etan-*

Etançonnement. Voyez *là-même.*

Etançonner. Voyez *là-même.*

Etersillon, Etresillon, ou *Arc-boutant.* Ce font les piéces de bois qu'on met entre des ais ou doffes, qui font appliqués contre les terres dont on craint l'éboulement ; ils fervent aux Mines. *Voyez T. II. p.* 184.

Event. Est une ouverture ronde ou longue qui fe trouve dans les Piéces de Canon & autres armes à feu, après qu'on en a fait l'épreuve avec la poudre, & qu'elles fe trouvent défectueufes. Il y en a qui ne paroiffent quelquefois que comme la trace d'un cheveu , & par-où néanmoins l'eau fuinte , & la fumée fort. On rebutte ces Piéces, & on leur caffe les anfes. *Voyez T. II. p.* 79.

*Exécuter. On dit exécuter & fervir une Piéce. La manière de faire ce fervice eft amplement expliquée au *T. I. p.* 293 *& fuiv.*

F

FAUCON , *Fauconneau.* Petite Piéce de Canon dont le calibre ne paffe guéres 1 livre à 1 l. ½ de balle. *Voyez T. I. p.* 56.

*Fagot gaudronné. Plufieurs branches & morceaux de bois raffemblés & liés avec une hart , font le fagot. Quand on veut voir ce qui fe paffe la nuit dans les foffez d'une Place affiégée, on y jette des fagots allumés, & qui ont trempé dans la poix & le gaudron. *Voyez T. I. p.* 351.

Fafcine & Fafcine gaudronnée. C'eft un fagot de menu branchage dont on fe fert à l'Armée pour fe couvrir, ou pour brûler des lo-

gemens, ou pour combler des foffez. La fafcine gaudronnée eft d'un pied & demi de tour. Il y en a de plus longues que des fagots, & qui font liées de deux & même de trois harts. *Voyez T. I. p* 346 *&* 351.

Feuille de fauge. Voyez *Outils à Pionniers.*

Flamber une Piéce , fe dit lorfqu'on y fait entrer quelque poudre pour la nettoïer avant que de la charger. *Voyez T. II. p.* 73.

Flafques. Sont deux gros madriers affemblés par des entretoifes qui compofent l'affût d'une Piéce de Canon ou d'un Mortier , & entre lefquels la Piéce ou le Mortier font placés quand on veut s'en fervir en Campagne, ou dans une Place. *Voyez T. I. p.* 148 , *& à l'Article des Affûts.*

Fonderie, Forges , & Fourneaux. Dans l'Artillerie c'eft le lieu où on fond les Piéces de Canon de fonte, les Mortiers, Pétards, Boëtes, &c. *Voyez T. II. p.* 60.

Il entre d'une infinité de fortes d'outils & d'uftenfiles dans une fonderie, propres à tous les métiers, & qui font très-connus; on verra les autres ici. *Voyez T. II. p.* 329.

Il y a auffi des fonderies, forges & fourneaux auprès des Mines de fer, où on fond les Piéces de Canon de ce métal. *Voyez T II. p.* 91.

On y fond auffi des Boulets , des Bombes & des Grénades. *Voyez T. I. p.* 137 *&* 140.

Fougaffe. Quelques - uns l'appellent *Fougade & Fogaffe.* C'eft un petit fourneau fait en forme de puits,

lar-

large de 8 à 10 pieds & profond de 10 à 12, qu'on charge de poudre fous une contrefcarpe ou un chemin couvert, ou autre ouvrage qu'on veut faire fauter. *Voyez T. II. p.* 168.

Fouloir. Voyez *Refouloir.*

Fourage. Dans l'Artillerie, c'eſt le foin ou l'herbe dont on fait des tampons qu'on fourre dans le Canon, d'abord fur la poudre, & enfuite fur le boulet, pour les ferrer & preffer enfemble. On fe fervoit autrefois de bourre, d'où eſt venu le mot *bourrer une Piéce*; on bourre un Moufquet & un Fufil. *Voyez T. I. p.* 238.

Foureaux de Piſtolets. Etuis pour ferrer des piſtolets, quand on les porte à cheval à l'arçon de la felle. *Voyez T. I. p.* 319.

Fourneau de Mine. Eſt la partie de la Mine où on met la poudre, autrement la chambre. *Voyez T. II. p.* 166.

Fourniment. C'eſt une boëte de cuir ou de corne qui renferme la poudre pour amorcer les Piéces; les Canonniers la pendent à leur col en écharpe. *Voyez T. I. p.* 104.

Fraiſe. On en parle ici, parce qu'il s'en remet fouvent dans les Magafins. C'eſt un long morceau de bois à quatre faces, ou pieu pointu par le bout, qui fe fiche prefque horifontalement dans les terres d'un retranchement ou d'une autre piéce de fortification, pour empêcher les ennemis de monter à l'efcalade. *Voyez T. II. à l'Inventaire, p.* 328.

*Fronteau de mire. Voyez *Mire.*

Fuſée. Il y a des fuſées volantes qui font faites pour les feux d'artifi-

ce qu'on tire les jours de réjouïffance.

Il y a des fuſées pour les Bombes, pour les Grénades & pour les Boulets creux.

Ces premières ne font que de carton rempli de compofition de poudre, de charbon, & de foufre, bien écrafés enfemble, & bien tamifés. *Voyez T. I. p.* 353.

Les dernières fe chargent de pareille compofition, qu'on rallentit jufqu'à un certain degré, & elles font de bois & quelquefois de cuivre. *Voyez T. I. p.* 307.

Fuſil, Fuſil-mouſquet. C'eſt une arme à feu aiant un canon de fer monté fur un fût de bois. Le Fufil a une batterie vers la culaffe, dont le chien ou reffort fe rabattant donne le feu au canon & le fait tirer. Il fe charge de poudre & d'une balle de plomb. Il eſt long de 3 pieds 8 pouces, & porte des balles de vingt-deux à vingt-quatre à la livre.

Il y a des *Fuſils-Mouſquets* qui aiant mêmes longueur & calibre, ont une platine où il y a un chien & une batterie pareils à ceux ci-deffus; laquelle batterie toutesfois fe découvre pour recevoir le feu d'une méche qui peut être compaffée & mife au chien ou ferpentin qui eſt placé à l'autre extrémité de la platine, pour s'en fervir en cas que le chien portant la pierre vînt à manquer. *Voyez T. I. p.* 322 *&* 325.

G

GABION. Panier d'ozier de figure cylindrique, haut depuis 3 pieds jufqu'à 8, & large de 3

jufjusqu'à 6, qu'on emplit de terre pour couvrir des Batteries quand on manque de terre & de fascines pour faire les Batteries à l'ordinaire. *Voyez T. I. p. 246.*

Gabionner. C'est se couvrir de gabions.

Galiotte. Il y a certaines Places dont les environs sont marécageux, & qui ont été prises avec le secours de petits bâtimens appellés *Galiottes*, comme à Condé sur l'Escaut ; elles vont à voile & à rames. *Voyez T. II. p. 31.*

Elles ont des mâts de différentes sortes, des rames, des sabords, des chandeliers, un gouvernail, des cordages & d'autres parties ou attirails dont les noms sont marins, & ne sont point propres à l'Artillerie ; c'est pourquoi je ne les ai point placés dans ce Dictionnaire. *Voyez T. I. p. 284, T. II. p. 33.*

Gallerie. Est une petite allée de charpente qu'on fait pour passer un fossé. Elle est couverte de grosses planches de bois & de terre posées en angle aigu pour mieux résister aux coups de l'ennemi.

C'est aussi le conduit pour aller à une Mine. Il y a des gens qui lui donnent encore les noms d'*araignée*, *rameau*, *branche*, *canal*, *retour* de la Mine. *Voyez T. II. p. 159 & 180.*

Gantelet. Gros gant pour couvrir la main d'un Cavalier armé de toutes piéces. Il est de fer, & les doigts sont couverts de lames par écailles : on ne s'en sert plus. *Voyez T. I. p. 341.*

Gargouge, *Gargouche*, *& Gargousse.*

Ces trois noms ne signifient que la même chose. C'est une manière de boëte ou rouleau creux fait de toile, de papier, ou de parchemin, du calibre d'une Piéce, & qui renferme une charge de poudre. *Voyez T. I. p. 141. Voyez aussi ce que j'ai dit des Cartouches.*

Gaudron ou Goudron. On se sert de gaudron à bien des usages. On l'emploie dans l'Artillerie aux feux d'artifice, & particulièrement à faire ce qu'on appelle des tourteaux gaudronnés. *Goudron* est une poix noire dans laquelle on mêle ordinairement du suif, ou de la graisse, de l'huile & de la poix-raisine : on en poisse de vieux cordages, ou de vieilles méches, dont on se sert ensuite à éclairer dans des fossez, & sur des remparts. *Voyez T. I. p. 350.*

Genouillière. Est la partie basse de l'embrasure d'une Batterie : elle a depuis la platte-forme jusqu'à l'ouverture de l'embrasure deux pieds & demi & jusqu'à trois pieds de haut. Elle se trouve immédiatement sous la volée de la Piéce : son épaisseur qui est un fascinage, est la même que celle des merlons, c'est-à-dire depuis 18 jusqu'à 22 pieds. Elle prend son nom de genouillière ; parce qu'elle se trouve à peu près à la hauteur du genouil. *Voyez T. I. p. 243.*

Girandole. Cercle garni de fusées dont on se sert dans les feux d'artifice. *Voyez T. I. p. 367.*

Glacis, ou *Esplanade.* Terme de fortification. C'est une pente douce & insensible qui se donne aux de-

dehors d'une Place de guerre. *Voyez*
T. II. p. 170.

Grain. On appelle mettre un grain
à une Piéce, lorsque sa lumière
étant aggrandie pour avoir trop
tiré, on la remplit d'un métal
nouveau en chauffant la Piéce &
la rendant presque au même degré de chaleur que le métal fondu qu'on y coule. Quand ce
métal est refroidi, on perce une
autre lumière. *Voyez T. II. p.* 79.

Grain d'orge. Voyez *Outils à Mi-*
neurs.

Grainoir. Est une espéce de crible,
dans lequel se passe la poudre par
de petits trous ronds qui y sont
faits exprès, & qui forment le
grain en passant, quand la matière
vient d'être tirée des Mortiers du
moulin : il y en a de plusieurs grandeurs. *Voyez T. II. p.* 110 & 113.

Gratoir. Petit ferrement dont on
se sert pour nettoïer la chambre
& l'ame d'un Mortier, & le boulet du Mortier à éprouver la poudre. *Voyez T. I. p.* 267.

Grénade. Est un globe de fer aigre
qu'on remplit de poudre, &
qui n'a qu'une ouverture appellée lumiére, dans laquelle on
fait entrer une fusée de bois chargée de composition. La Grénade
se jette dans des retranchemens
& sur des bréches, où, en crévant, elle fait beaucoup de dés-
ordre. Il y en a à main qui sont
du poids de deux livres, & du calibre d'un boulet de 4 l.; d'autres
du calibre de boulets de 33, 24,
& de 16. Elles se roulent celles-
la, à la différence des autres qui
se jettent à la main. *Voyez T. I.*
p. 305.

H

Ache, ou *Cognée.* Voyez *Ou-*
tils à Pionniers.

Hache d'armes. Est une petite arme
dont souvent le manche est tout
de fer : elle est d'un côté taillée
en forme de hache ou cognée, &
de l'autre en marteau, ou en pointe. *Voyez T. I. p.* 335.

Hallebarde ou *Pertuisanne.* Est une
arme composée d'un long bâton
ou hampe de bois, & d'une lame
de fer, qui ont ensemble six pieds
de longueur ; le bois a aussi un ta-
lon de fer à son autre extrémité.
Voyez T. I. p. 331.

Hampe ou *Hante*, comme disent
quelques-uns. Est un long bâton
qui sert à emmancher quelque
chose, comme une hallebarde,
une pique, une lanterne, un refouloir, un écouvillon, &c.

Il est ordinairement de frêne,
de hêtre, & de ce qu'on appelle
bois de Biscaye. *Voyez T. I. p.*
100.

Haquet. Dans l'Artillerie ce sont les
chariots qui portent les bateaux de cuivre : ils sont un peu
différens les uns des autres selon
les départemens. *Voyez T. II. p.*
142.

Harnois de chevaux. Ils sont par-
tout les mêmes. Mais comme
l'Artillerie ne sçauroit, presque
par tout païs, être remuée sans
chevaux, il semble qu'il en faille
dire un mot. Les attellages com-
plets dans l'Artillerie sont toûjours de quatre chevaux. Il faut
au premier cheval qui est le limonier, une avaloire, une selle de
limon, une dossière, un collier

gar-

garni d'attelles, de billaux, de mancelles & d'attelloires de fer, bride à culeron, licol, croupière. & housse de peau de mouton.

Pour le cheval de trait qui suit, qui est le chevillé, un collier garni d'attelles, & billaux, d'une couverture de toile piquée de cuir, avec une paire de foureaux de traits garnis d'un surtaut, d'un faux surtaut, & retraite de cuir de bœuf, bride à culeron de même, avec une housse & une paire de traits.

Le troisième cheval qui s'appelle le cheval de faute, a un pareil harnois que le chevillé, à la réserve que ses traits ne doivent peser que 5 livres $\frac{1}{2}$, & les autres pesant 6 à 7 livres.

Le quatrième cheval qui est le cheval de devant, de même, à la réserve que ses traits ne doivent peser que 5 livres. *Voyez T. II.* p. 205.

Hérisson foudroyant. C'est un morceau d'artifice qui est hérissé de pointes par le dehors, & chargé de composition par le dedans; il sert dans des bréches & des retranchemens. *Voyez T. I. p. 345.*

Heurtequins. Ce sont deux morceaux de fer battu qui ressemblent un peu au heurtoir, & qui se placent sur l'essieu d'affût à l'extrémité de la fusée, à son plus gros bout en dedans. *Voyez T. I. p. 152.*

Heurtoir. Est un morceau de fer battu fait comme une très-grosse cheville à tête percée, qui s'enfonce dans l'épaisseur du flasque de bois d'un affût à Canon, & qui soutient la susbande de fer qui couvre le tourillon de la Piéce.

Il y a des *Contreheurtoirs*, & des *Sous-contreheurtoirs*, qui sont des morceaux & bandes de fer qui accompagnent le heurtoir. *Voyez T. I. p.* 153 & 168.

On appelle aussi *Heurtoir* une piéce de bois de 9 pieds de longueur sur 9 à 10 pouces en quarré, qui se place au pied de l'épaulement d'une Batterie au-devant des plattes-formes. *Voyez T. I.* p. 236.

Hottes. Elles servent beaucoup au remuement des terres quand on fait des Batteries & autres ouvrages. Elles sont d'ozier, de saule, ou de coudre, & ont 14 pouces de hauteur, 14 de largeur par en haut, 4 à 5 pouces de largeur, & autant de long par le bas: elles ont des brételles. *Voyez T. II.* p. 29

Hoyau. Voyez *Outils à Pionniers.*

J

Javelle. Un baril ou une tonne tombe en javelle quand les cercles manquent, & que les douves & les fonds se séparent. *Voyez T. II. p.* 216.

Jet. On dit jet des Bombes; ce qui s'appelloit autrefois aussi *Tir.*

Le jet est le mouvement de quelque corps poussé avec violence. Il se dit aussi de l'espace que parcourt le corps qu'on a poussé: comme la Bombe quand elle sort du Mortier, & qu'elle est chassée par la poudre. *Voyez T. I.* p. 263.

Le jet de la Bombe forme ordinairement une ligne courbe; mais

mais quand le Mortier eft pointé horifontalement , on prétend qu'elle décrit les trois mouvemens du boulet , le violent ou droit, le mixte ou courbe, & le naturel qui eft perpendiculaire.

On dit auffi le *Jet* de la fufée.

Jet fe dit encore, en termes de fonderie , des tuyaux de terre cuitte ou de cire que font les Fondeurs pour couler le métal dans leurs moules. *Voyez T. II. p. 65.*

L

*Lampion à parapet. Vaiffeau de fer où on met du gaudron & de la poix pour brûler & pour éclairer la nuit dans une Place affiégée fur le parapet & ailleurs. On le confond auffi quelquefois avec le rechaut de rempart. *Voyez T. I. p. 364.*

Lance à feu. Eft une compofition d'artifice, enfermée dans du papier ou du carton roulé & collé en forme de fufée, qui rend un feu fort clair , qui jette de tems en tems des étoiles, & qu'on attache fur les échaffauts des feux d'artifice pour les éclairer pendant que le refte joue. On les tient auffi quelquefois à la main , & on s'en fert pour mettre le feu aux autres fufées.

Lance eft une arme offenfive d'un Cavalier. Elle eft faite d'un bois long & léger , pointu & ferré par le bout & pefant du côté de la main. On ne s'en fert plus en France qu'aux carroufels & aux courfes de bague. *Voyez T. I. p 320.*

En l'année 1668 , que j'étois à Rome , j'ai vû des Lanciers dans les troupes du Pape Clément IX. C'étoient tous gens bien faits, bien équippés, & bien montés : leurs lances portoient des banderolles de couleur qui voltigeoient au gré du vent; ce qui faifoit un fort agréable effet au foleil.

Lance eft auffi une verge de fer qui fe place au travers du noyau de terre d'une Bombe, & qui le fufpend en l'air quand on la coule ; & lorfqu'elle eft fondue, on rompt cette lance avec des inftrumens faits exprès. En recevant des Bombes, il faut bien prendre garde que ces lances n'y reftent pas; il n'y auroit pas moyen de les charger. *Voyez T. I. p. 288.*

Lanterne. On l'appelle quelquefois *Cuillière :* elle eft ordinairement de cuivre rouge. Elle fert à porter la poudre dans la Piéce. Elle eft faite en forme d'une longue cuillière ronde , & eft montée fur une tête , maffe , ou boëte, emmanchée d'une hampe ou long bâton. *Voyez T. I. p. 100 & 203, & T. II. p. 37.*

Lavage. En termes de Salpêtrier, eft quand on met de l'eau de puits pure fur les cendres & plâtrats des cuviers, qui eft un jour & un peu plus à paffer. *Voyez T. II. p. 97.*

Lavure. C'eft le métal que les Fondeurs retirent des cendrures, alléfures & fciures tombées dans la pouffière des fonderies & atteliers où ils travaillent : ils les lavent comme il fe voit *T. II. p. 81.*

Letton. Métal qui fe fait avec du
cuivre

cuivre rouge appellé rofette, & de la calamine qui eft un minéral jaune, dont il y a abondance au païs de Liége.

On fe fert de letton dans les fontes de Piéces. On prétend que la meilleure manière eft de mettre dans une fonte de 11 à 12 milliers de métal, 10 milliers de rofette, 900 livres d'étaim, & 600 livres de letton. Les fentimens fur ces alliages font différens. *Voyez T. II. p.* 46.

Levier. Eft d'un ufage fi néceffaire & fi indifpenfablement attaché à l'Artillerie., que, quoiqu'il foit emploïé à bien d'autres chofes, je ne crois pas pouvoir me dif-penfer d'en dire un mot. Ce n'eft qu'un gros, long, & fort bâton qui fert à lever par un bout, le Canon, les affûts, & les plus lourds fardeaux. On le tient pour la première & la plus fimple de toutes les machines; prefque tou-tes les forces mouvantes n'agif-fent que par la force & le fecours du levier. *Voyez T. I. p.* 100 & 379.

**Liffoir.* Se dit d'un affemblage de plufieurs tonneaux attachés en-femble, dans lefquels on met la poudre deftinée pour la chaffe, & qui, tournant par le moyen d'un moulin, la remuent de manière qu'elle devient luftrée & plus ron-de, & d'un grain plus égal que la poudre de guerre. Il y en a un aux moulins d'Effaunes. *Voyez T. II. p.* 113.

Louchet. Voyez *Outils à Pionniers.*

Lumière. La Lumière d'un Canon, d'un Moufquet, ou autre arme à feu, eft un trou proche de la cu-laffe, où on met l'amorce pour les tirer. *Voyez T. I p.* 59.

M

MACHINE INFERNALE. Cette machine a fait beau-coup de bruit depuis cette der-nière guerre : c'eft celle que les Anglois firent jouer au Port de Saint-Malo, où elle fit très-peu d'effet. Ils en avoient encore en-voïé devant Dunkerque & d'au-tres Places ; mais ç'a toûjours été fans fruit & fans réuffite. C'eft un bâtiment à trois ponts chargé au plus bas de poudre, au fecond de Bombes & de Carcaf-fes, & au troifième de barils cer-clés de fer pleins d'artifice, & fon tillac auffi comblé de vieux Ca-nons & de mitrailles. *Voyez T. I. p.* 371.

Madrier. Les madriers font de plu-fieurs épaiffeurs, largeurs, & lon-gueurs. On s'en fert à bien des chofes dans l'Artillerie. Ceux qui fervent aux plattes-formes à Ca-non & à Mortier font depuis 9 jufqu'à 12 ou 15 pieds de long fur un pied de large & plus, & 2 pouces ½ d'épais. *Voyez T. I. p.* 148 & 236.

Malice du Diable. Voyez *Diable.*

Manche d'outil. C'eft un morceau de bois d'une longueur & grof-feur proportionnées, qui entre dans la douille ou ouverture d'un outil, & qui y eft attaché avec des clous au travers de ce qui s'appelle l'œil de l'outil : il y en a de différentes fortes. *Voyez T. II. p.* 13.

Marc. Efpéce de poids qui fert à pefer les chofes précieufes, ou qui

qui font en petit volume : il eſt fait de cuivre, & eſt ſubdiviſé en pluſieurs petits poids qui s'enchaſſent l'un dans l'autre, & qui vont toûjours en diminuant de la moitié. En France les Orſévres & Jouailliers ne comptent le marc que de huit onces ; mais pour les groſſes marchandiſes & pour les munitions, il eſt de 16 onces à la livre.

Il doit y avoir des poids de marc avec des balances dans tous les Magaſins des Places. Aux lieux où le poids de table eſt en uſage, on réduit le poids de table au poids de marc, tant en recevant qu'en délivrant les munitions. *Voyez T. I. p.* 389.

Maſſelotte. Eſt une ſuperfluïté de métal qui ſe trouve aux moules des Piéces de Canon & des Mortiers, après qu'ils ont été coulés ; car il faut toûjours mettre plus de métal qu'il n'en eſt beſoin pour ce qu'on a à fondre. Quand la Piéce ſe coule la volée en bas, la maſſelotte ſe trouve à la culaſſe ; c'eſt le métal le dernier fondu, & ainſi du reſte. Cet excédant de métal ſe ſcie quand on répare la Piéce ou le Mortier. *Voyez T. II. p.* 57.

Méche. C'eſt une manière de corde faite d'étoupes de lin, ou d'étoupes de chanvre, filée à trois cordons, chaque cordon recouvert de pur chanvre ſéparément. Son uſage eſt, quand elle eſt une fois allumée, d'entretenir longtems le feu pour le communiquer ou au Canon ou aux Mortiers par l'amorce de poudre qui ſe met à la lumière, ou au baſſinet d'un Mouſquet. *Voyez T. II. p.* 130.

Merlon. C'eſt le faſcinage plein d'une Batterie à Canon, qui forme une manière de trumeau entre deux embraſures ; il a 18 pieds de face ; il eſt de 7 à 9 pieds de haut, & de 18 à 22 pieds d'épaiſſeur. *Voyez T. I. p.* 233 *&* 243.

Meſures. Pour s'épargner la peine & la longueur de tems qu'on conſomme à peſer la poudre, on ſe ſert quelquefois de meſures de fer blanc qu'on fait pour contenir un certain poids ; c'eſt dans les occaſions où on eſt preſſé. *Voyez T. I. p.* 388.

Métal. On entend ordinairement par le mot de métal, du cuivre mélangé qui eſt propre pour la fonte. Avec le cuivre-roſette qui eſt le plus précieux, on met de l'étaim d'Angleterre, du letton, autrement cuivre jaune, & des tronçons de vieilles Piéces de Canon. *Voyez T. II. p.* 45.

Le bronze eſt en quelque choſe inférieur à ce métal.

Mine. Eſt un canal ſouterrain qu'on conduit ſous un baſtion ou ſous le rempart d'un ouvrage qu'on veut faire ſauter par le moyen de la poudre qu'on y enferme. *Voyez T. II. p.* 167.

Miner. Eſt faire un chemin ſous terre ou dans un mur pour faire ſauter quelque ouvrage. *Voyez T. II. p.* 167.

Mire. Il y a des fronteaux de mire qui ſont des morceaux de bois de 4 pouces d'épaiſſeur, d'un pied de haut, & de 2 pieds ½ de long, qu'on met ſur la Piéce de Canon,

Tome II.   B B b   non,

non, quand on veut la pointer juste.

Il y a auffi des coins de mire qui font d'autres morceaux de bois qui fervent à hauffer ou baiffer la Piéce. *Voyez T. I. p.* 100. On s'en fert auffi pour les Mortiers.

Mitraille. Vieux fers, comme têtes de clouds, & autres menues ferrailles dont on charge les Canons ou Pierriers. *Voyez T. I. p.* 143.

Mortier. Eft une manière de canon très-court & très-large à fon ouverture, & qui fert à jetter des Bombes & des Carcaffes. Il y en a. de plufieurs diamétres ; quelques-uns avec une concavité ou chambre particulière au fond de l'ame qui fait qu'ils chaffent la Bombe plus loin que les autres. Sous ce nom on peut comprendre les Mortiers-pierriers qui fervent à jetter des pierres & des cailloux dans des retranchemens. On y comprend auffi les Mortiers qui fervent à éprouver la poudre avec trois onces de poudre dans leur chambre & un boulet de fonte pefant 60 livres. *Voyez T. I. p.* 254.

On ne parle point des mortiers dans lefquels on bat la poudre au moulin où elle fe fait. *Voyez T. II. p.* 111.

Ni des autres mortiers qui fervent à broyer les compofitions.

Moufle. On s'en fert dans l'Artillerie en plufieurs occafions, & quand on leve de gros fardeaux. Ce font plufieurs poulies qui fe meuvent dans une piéce de bois pour multiplier les forces mouvantes. *Voyez T. I. p.* 375.

Moule. Moule eft ordinairement un creux qui fert à former une figure par le métal qu'on y coule ; il y a des moules à Canon, à Mortier, à Boulets, à Bombes, & à faire balles de plomb.

Les moules à Canon, &c. fe font avec de la terre, de la fiente de cheval, & de la bourre, & fe recuifent au feu. La fonte fe coule dans ces moules. *Voyez T. II. p.* 50.

Pour ceux à faire des Bombes, &c. *Voyez T. I. p.* 139 & 288. Ceux à faire des fufées. *Voyez T. I. p.* 353.

Et pour ceux à faire des balles de Moufquet. *Voyez T. II. p.* 129.

Moufquet. Arme à feu qu'on porte fur l'épaule qui fert à la guerre, & qui prend feu avec une méche ; il a 3 pieds 8 pouces de long depuis l'extrémité jufqu'au baffinet, & fon calibre doit être ouvert pour recevoir une balle de plomb de 22 à 24 à la livre. *Voyez Tome I. p.* 321.

Moufqueton. Petite arme qui eft plus courte que le Moufquet, & qui fe tire avec un fufil compofé d'un chien & d'une batterie, au lieu que le Moufquet s'exécute avec une méche qui eft compaffée fur le ferpentin. *Voyez T. I. p.* 328.

Moyenne. On donnoit autrefois ce nom à une Piéce de Canon que nous connoiffons préfentement fous le calibre de 4 livres, qui péfe 1300 l., & qui eft longue de 10 pieds. *Voyez T. I. p.* 58.

NŒUD.

N

NOEUD DE CHARRUE. C'eft un nœud en ufage dans l'Artillerie, & que font les Capitaines du charroi quand ils paffent des cordages dans des roüages pour relever des Piéces verfées. *Voyez T. I. p.* 383.

Nitre. Voyez *Salpêtre.*

Noyau. Eft un morceau de fer fort long & de forme cylindrique, qui après avoir été revêtu d'un fil d'archal tourné en fpirale & recouvert d'une pâte de cendre qu'on fait bien fécher, fe place au milieu du moule d'une Piéce de Canon, & qui en étant retiré quand le métal a été coulé dans le moule & que la Piéce eft fondue, laiffe ce vuide qui s'appelle l'ame de la Piéce, & qui s'alléfe, après, quand le calibre ne fe trouve pas affez ouvert. *Voyez T. II. p.* 57.

A l'égard des Bombes, des Grénades & des Boulets creux, ce qu'on appelle noyau, eft un globe ou boule de terre, fur laquelle fe moule la chappe des Bombes, des Grénades, & des Boulets creux: entre cette chappe & ce noyau fe coule le métal; & quand il eft coulé, on caffe ce noyau, & on en fait fortir la terre.

Aux boulets: on ne fait des noyaux pour les boulets, que pour faire les coquilles qui font ou de fer ou de fable, & ces noyaux font de la groffeur qu'on veut les boulets. *Voyez T. I. p.* 139 & 288.

O

OBUS. Eft une efpéce de Mortier, mais qui fe tire horifontalement & fur un affût à roüages, à la différence des Mortiers ordinaires qui font montés fur des affûts plats de fer ou de bois fans roües, & qui fe tirent, ou verticalement, ou obliquement.

Les galiottes à Bombes portent auffi de ces fortes d'Obus. Ils ont une chambre concave, & faite, pour la plûpart, en forme de poire. *Voyez T. I. p.* 280.

Orgue. Eft une machine compofée de plufieurs canons de Moufquet attachés enfemble, & dont on fe fert pour défendre des bréches & des retranchemens, parce que par leur moyen on tire plufieurs coups à la fois. *Voyez T. I. p.* 318.

Ombre, fécher à l'ombre. Les Fondeurs de l'Artillerie font fécher fans feu la terre fine appellée *potée,* qu'ils mettent fur les moules des Piéces avant que de faire la chappe, & ils appellent cela *fécher à l'ombre. Voyez T. II. p.* 54.

Outils à Mineurs. Ils confiftent en fondes, pinces, aiguilles, dragues, béches, pelles de bois ferrées, maffes, marteaux, grainsd'orges, grélets, picqs-hoyaux, & à roc, hoyaux, feuilles de fauge, cifeaux, poinçons, louchets, équerres, bouffoles, plomb avec fon foüet & fon chat. *Voyez T. II. p.* 155.

Outils à Pionniers. Ce font les outils dont on fe fert dans l'Artillerie quand il s'agit d'ouvrir la ter-

terre ou de faire des chemins. Ils confistent en hoyaux ou louchets, picqs-hoyaux, picqs à roc, picqs à tête, picqs à feuille de fauge, écoupes, béches, pelles de bois, & des pelles de bois ferrées. On ajoute ordinairement à ces outils la hache & la ferpe: il y a encore des picqs à tranche, & des rateaux à couteaux, qui font des outils particuliers. *Voyez l'explication de toutes ces fortes d'outils,* T. II. p. 1.

P

PALISSADES. Ce font des pieux gros de 8 à 9 pouces, longs de 9 pieds, qui s'enfoncent en terre trois pieds avant, & qui fervent à fortifier des avenuës, des demi-lunes, des gorges, & des chemins couverts; on s'en fert autour des Magafins à poudre. *Voyez* T. II. p. 217.

Panier d'ozier. C'eft un panier à l'ordinaire, mais qui néanmoins a des proportions particulières. Il fert à porter la terre lorfqu'on travaille aux tranchées, & on le met même fur le revers des tranchées pour fe garantir des moufquetades d'une Ville affiégée. *Voyez* T. II. p. 30.

Panier à Mines. Voyez *Bourriquet.*

Parapet. Terme de fortification. C'eft une défenfe de 6 à 7 pieds de haut qu'on fait tant fur les remparts d'une Ville que dans fes dehors, pour mettre les Troupes & le Canon à couvert des ennemis. Le parapet qui s'appelle roïal, doit avoir 18 à 20 pieds d'épaiffeur; il reffemble fort au faf-

cinage des Batteries de Canon. *Voyez* T. II. p. 164.

Parc. Eft le lieu où font raffemblées toutes les Piéces de Canon & munitions de guerre qui font à la fuite d'une Armée pour fervir en Campagne ou pour affiéger une Place. Celui qui fert à faire un Siége, doit être éloigné de la portée du Canon de la Ville, & les munitions s'en rangent un peu différemment de celles de l'autre Parc; la raifon de cela eft qu'il faut en pouvoir difpofer à tous momens pour les Batteries, au lieu que les autres reftent toûjours fur les charettes pour marcher. *Voyez* T. II. p. 230.

Paffandeau. C'eft ainfi que s'appelloit autrefois une Piéce de Canon de 8 livres de balle, qui pefoit 3500 livres.

Paffeballe ou *Paffeboulet.* C'eft une planche de bois, de fer ou de cuivre, qui eft percée en rond pour le calibre qu'on veut, enforte qu'un boulet y puiffe paffer en effleurant feulement les bords. Quand le paffeballe a un manche, on fe contente de le préfenter fur les boulets l'un après l'autre. Il y a encore une autre manière de paffeboulets, qui eft une planche trouée & attachée, aiant des pieds, au travers de laquelle on fait paffer tous les boulets qu'on veut calibrer. *Voyez* T. I. p. 110 & 131.

Paffemur. C'étoit autrefois le nom qu'on donnoit à une Piéce de Canon de 16 livres de boulet; elle pefoit 4200 livres. *Voyez* T. I. p. 56.

Pélican. Etoit autrefois une Piéce d'Ard'Artillerie qui portoit 6 livres de balle, & qui pefoit 2400 livres. *Voyez T. I. p.* 56.

Pelle de bois, & Pelle ferrée. Voyez *Outils à Pionniers.*

*Pelotte à feu. On s'en fert la nuit pour éclairer dans un foffé , ou ailleurs. Elle fe fait d'une compofition d'artifice. *Voyez T. I. p.* 352.

*Perrière. Eft un morceau de fer qui a une maffe pointue à fon extrémité , avec laquelle le Maître Fondeur enfonce & débouche le trou du fourneau par-où fort le métal tout liquide & tout bouillonnant pour fe précipiter dans les moules. *Voyez T. I. p.* 60.

Pertuifanne. Voyez *Hallebarde.*

Pétard. Eft une efpéce de boëte de fonte. Il y en a de plufieurs hauteurs & largeurs : pour l'ordinaire il eft de 10 pouces de haut, de diamétre 7 pouces par en-haut, & 10 pouces par en-bas, & péfe depuis 40 l. jufqu'à 60. Il fe charge avec de la compofition de poudre, de charbon, & d'autres ingrédiens. Il fe place fur un bon madrier où on l'attache fortement ; il s'accroche à des herfes ou à des ponts-levis de Châteaux & de Villes pour les enfoncer. *Voyez T. I. p.* 313 *&* 345.

On ne parle point des pétards que font les Artificiers ou les enfans avec du papier & de la poudre dans les rejouïffances.

Pétarder. C'eft appliquer le pétard. *Voyez T. I. p.* 314.

Pétardeur. Celui qui attache le pétard ; ce n'eft point une fonction particulière , tous les Officiers peuvent appliquer le pétard.

Picqs-hoyaux, à roc, à tête , à feuille de fauge, & à tranche. Voyez *Outils à Pionniers.*

Piéce de Canon. Voyez *Canon.*

Piéce de Canon brifée. Il eft certaines Piéces qui font de plufieurs morceaux, & qui après avoir tiré , fe démontent & font plus portatives. Un Fondeur de Rouffillon les a renouvellées , & a fait des Piéces brifées ou de deux morceaux ; mais on n'a rien décidé fur leur conftruction, ni fur leur ufage. *Voyez T. I. p.* 209.

Pied de Roi. C'eft une mefure contenant 12 pouces ou 144 lignes. Un pied quarré eft la même mefure en longueur & en largeur , qui fait 144 pouces de fuperficie. Un pied cube eft la même mefure felon les trois dimenfions ; le pied cube a 1728 pouces cubes. Je ne parlerois pas ici du pied , fi ce n'eft qu'on en a fouvent befoin dans l'Artillerie pour toutes les mefures qu'on y prend. *Voyez T. I. p.* 63.

Pied droit. C'eft un jambage de pierre ou de bois qui fert à appuïer fortement quelque chofe. On s'en fert dans le Mines. *Voyez T. II. p.* 184.

Pierre à Fufil & à Piftolet. C'eft un caillou qui fait aifément du feu en le frottant contre un morceau de fer ou d'acier : ces pierres fervent aux Fufils , Moufquetons, Carabines, Piftolets , &c. *Voyez T. I. p.* 341.

Pierrier. C'eft une manière de Mortier avec lequel on jette des pierres dans un retranchement ou autre ouvrage ; il fe charge comme un Mortier à l'ordinaire , & les

BBb 3　　　　　　　pier-

pierres ou cailloux se mettent dans un panier. *Voyez T. I. p.* 251.

Pile. Masse de plusieurs choses entassées les unes sur les autres : une pile de Boulets, de Bombes, &c. *Voyez T. I. p.* 111.

On dit aussi une *pile de marc.*

Pince. On se sert fort de pinces dans l'Artillerie. C'est un gros levier de fer, aiguisé d'un côté en biseau, qui sert à lever des fardeaux. Il y a des pinces à pied de chevre qui sont fourchues, & ont deux pointes. *Voyez T. I. p.* 379.

Pinnule. Terme de Mathématique. C'est une petite plaque de cuivre élevée perpendiculairement sur les bords d'une alhidade ou instrument propre à observer, laquelle a un petit trou ou petite fente par-où entre la lumière des astres, & par-où les rayons visuels se portent vers les objets. *Voyez T. II. p.* 191.

Pique. Arme offensive faite d'un long bois de 13 pieds de long, ferré par un bout d'une lame d'un grand pied, pour servir dans l'Infanterie Françoise ou Suisse. On ne s'en sert plus guéres en France. *Voyez T. I. p.* 331.

Piquet. Est un bâton pointu qui se fiche dans les fascines, pour assûrer le travail d'un épaulement. Il y en a de plusieurs longueurs. *Voyez T. I. p.* 246.

Dans les Parcs d'Artillerie il y a toûjours un certain nombre de chevaux d'Artillerie tout enharnachés & prêts à marcher pour les occasions subites & imprévûes : cela s'appelle les *chevaux du piquet. Voyez T. II. p.* 230.

Pistolet. Petite arme à feu que les Cavaliers portent à l'arçon de la selle. Il y en a à tous usages : ils tirent comme les Fusils. *Voyez T. I. p.* 329.

Platteau. Est un morceau de bois plat qui sert quelquefois aux Mortiers. On se sert aussi de petits platteaux pour former la base des cartouches à pommes de pin. Il y a aussi aux grandes balances, fléau, cordages & platteaux. *Voyez T. I. p.* 241 & 388.

Plattebande Est une partie de la Piéce de Canon, laquelle partie, quoique platte par sa figure, est un peu relevée au-dessus du reste du métal de cette Piéce, & précéde toûjours une moulure. Il y a ordinairement trois plattesbandes sur une Piéce régulière.

La plattebande & moulure de culasse.

La plattebande & moulure du premier renfort.

La plattebande & moulure du second renfort. *Voyez T. I. p.* 59.

Platteforme. Est un lieu préparé avec des madriers ou des planches de bois pour recevoir & placer le Canon qu'on veut mettre en Batterie, soit sur des remparts, soit à un Siége. La platteforme doit toûjours être relevée par le derrière, afin que quand les Piéces reculent, elles reviennent d'elles-mêmes se remettre en Batterie. *Voyez T. I. p.* 233.

Plomb. Le plomb se fond en balles de 22 à 24 à la livre, & s'enfonce dans des barils de 200 enchappés ou de 100 sans chappes. Il y a du plomb

plomb en balles de plus gros calibre pour les Arquebufes à croc
& les Moufquets de rempart,
d'autre moindre pour les Piftolets & les petites armes. *Voyez
T. II. p. 125.*

Il y en a en faumon qui eft une
groffe maffe qui péfe quelquefois
jufqu'à 500 livres, fa figure reffemble à peu près à celle d'un faumon. Le plomb en lingot eft à
peu près la même chofe.

Plomb avec fon fouet & fon chat.
C'eft un petit morceau de plomb
pendu à une cordelette qui fert
aux Mineurs pour prendre les
hauteurs dans les galleries & rameaux. *Voyez T. II. p. 155.*

Plongée du parapet. C'eft la partie
du parapet qui va en talus ou glacis. *Voyez T. I. p. 203.*

Pluie de feu. C'eft l'effet que produit une certaine compofition
d'artifice qui fe mêle dans les
pétards des fufées à rejouïffance.
Voyez T. I. p. 361.

Poids de toutes fortes. Voyez *ce que
nous avons dit du poids de marc
au mot Marc.* Il y a encore le
poids de table qui eft bien de 16
onces à la livre comme le poids
de marc; mais les onces poids de
table font plus légéres : enforte
qu'une livre poids de table ne fait
que 13 onces & demie poids de
marc, & la livre poids de marc
fait 19 onces poids de table. Quelques gens conteftent ces proportions : cela git en expérience.
Voyez T. I. p. 390.

Il y a des poids de fer, de pierre, de plomb, &c. *Voyez T. I.
p. 389.*

Pointer. Se dit de la Piéce de Canon

quand on la met en mire, &
qu'on veut tirer à quelque chof
la hauteur qu'on lui donne, it
régle fur l'objet qu'on a au devant. L'Officier Pointeur eft celui qui pointe.

À l'égard du Mortier, on le tire ordinairement à 45 degrez d'é-
lévation fur le quart de cercle.

Ponton. En termes d'Artillerie fe dit
des bateaux de bois, de cuivre,
ou d'autres matiéres, qui fervent à
faire des ponts pour paffer des canaux & des riviéres. Il y en a de
plufieurs longueurs, & la plûpart
fe portent fur des haquets ou chariots faits exprès. *Voyez T. II. p.132.*

Un pont de bateaux a fes poutrelles, fes tables ou planches,
des capeftans, des piquets, des
maillets, des ancres, des rames, des
avirons, & des cordages. *Voyez
là - même.*

Portefeu. C'eft le bois d'une fufée
à Bombe ou à Grénade. Il y en a
de cuivre pour des Boulets creux.
C'eft auffi le conduit où on
met de l'amorce pour faire jouer
fucceffivement des fufées dans les
feux d'artifice.

Quand on craint qu'une Piéce ne créve, on met une fufée à
Grénade ou un petit portefeu de
carte fur la lumiére; la compofition lente dont il eft plein, donne moyen au Canonnier de fe retirer quand il y a mis le feu.
Voyez T. I. p. 310, & T. II. p. 78.

Portiére. Ce font deux morceaux
ou venteaux de bois qui fe placent dans l'embrafure d'une Batterie & qui fe ferment quand la
Piéce a tiré, afin d'ôter vifiére à
l'ennemi.

Po

Pot à feu. Est une espéce de petite
Grénade qu'on jette à la main. Il y
a aussi des pots à feu dans les feux
de joye qui jettent de l'artifice.
Voyez T. I. p. 352. La-mê-
me on verra ce que c'est que le
Pot à fusée.

Pot à tête. Voyez *Armes à l'épreuve complettes.*

*Potée. La potée, en termes d'Artillerie, est une terre préparée avec
de la fiente de cheval, de l'argile,
& de la bourre qui s'applique
sur les moules des Piéces avant
que de former ce qu'on appelle
la chappe du moule, qui est faite
de bien plus grosse terre. Cette
potée est la terre qui conserve
l'impression des traits & des ornemens du moule. *Voyez T. II.
p. 53.*

Potin, Cuivre. Il y a deux sortes de
potin: l'un qui est de bonne qualité composé de cuivre jaune &
de quelque partie de cuivre rouge; celui-là sert fort bien à la
confection des Piéces de Canon
en y mêlant d'autre cuivre rouge appellé rosette : mais il y a
d'un autre potin, qui sont les lavûres qui sortent de la fabrique
du letton, lesquelles sont incapables de souffrir le marteau; celui-
là ne vaut rien pour les Piéces.
Voyez T. II. p. 47.

Poulie. Petite roue cannelée , qu'on
enchasse dans une piéce de
bois ou de fer, qui par le moyen
d'un cable posé sur la cannelure
sert à élever des fardeaux. On s'en
sert fort aux chevres d'Artillerie.
Voyez T. I. p. 375.

Poudre. C'est proprement l'ame de
toute l'Artillerie ; car sans elle, le
Canon, le Mortier, la Bombe , le
Pétard, les Grénades, toutes les
armes à feu ne serviroient de rien,
& il n'y auroit presque point
d'artifice. Elle est composée de
salpêtre , de soufre , & de charbon; trois quarts du premier, &
un quart des deux autres, par moitié. Ces trois matières se battent
bien ensemble pour n'en faire
qu'une composition : après quoi,
elle se séche , & se tamise de la
grosseur qu'on veut. En France
il n'y a plus que d'une sorte de
poudre pour le Mousquet & pour
le Canon , & qui n'est guéres
moins fine que la poudre de chasse. Quantité d'Auteurs ont écrit
de l'origine de la poudre: le plus
grand nombre s'accorde à dire
que ce fut un Moine Allemand
nommé *Bertholde Schwarts* ou
Le noir qui l'inventa dès l'année
1380, & qui en enseigna premièrement l'usage aux Vénitiens dans
la guerre qu'ils eurent contre les
Génois. Néanmoins un Auteur
François prétend qu'on voit
par les Régîtres de la Chambre
des Comptes que la poudre étoit
en usage en France dès l'année
1338. *Voyez T. II p. 109.*

*Poulvrin. On écrase de la poudre
pour amorcer les Piéces , & on
en fait même quelquefois des
traînées un peu longues sur le
corps de la Piéce quand la lumière est trop ouverte , & qu'on
craint qu'en prenant feu, la poudre ne jette en l'air le bouttefeu
du Canonnier; cette poudre écrasée qui est souvent de la plus fine,
s'appelle poulvrin. *Voyez T. I. p.
295 & 332.*

Poussier.

*Pouffier. Pouffier eft ce qui refte de la poudre après le grain formé par le tamis, ou quand la poudre a été remuée & que le grain s'en eft froiffé & découvert. *Voyez T. II. p. 112.*

Prolonge. C'eft un cordage qui fert à tirer le Canon en retraite, & quand une Piéce eft embourbée. Il y en a de doubles & de fimples. *Voyez T. II. p. 27.*

*Puifoir. C'eft un vaiffeau de cuivre dont fe fervent les Salpêtriers pour tirer de la chaudière où fe cuit le falpêtre, ce même falpêtre quand il eft formé. *Voyez T. II. p. 99.*

Puits. Ouverture qu'on fait en creufant la terre en rond. Les Mineurs font des puits pour faire des Mines & conduire divers rameaux & galleries fous terre. *Voyez T. II. p. 173.*

Q

QUART *de cercle.* Se dit auffi *Quart de nonante.* C'eft un inftrument qui fert à prendre les angles & les élévations, divifé pour l'ordinaire en 90 degrez, & garni de fes pinnules & de fon alhidade. *Voyez T. I. p. 62.*

Quintal. C'eft autant comme qui diroit un cent. C'eft un terme ufité en Provence, en Languedoc, en Dauphiné & autres païs voifins de l'Italie, ou de l'Efpagne. *Voyez T. I. p. 392.*

Dans l'Artillerie toutes les munitions fe péfent au poids de marc de 16 onces à la livre.

Tome II.

R

RADEAU. Ce font plufieurs piéces de bois affemblées & jointes, dont on fe fert au lieu de bateaux pour paffer des foffez. Quelquefois on s'en fert pour aller attacher le Mineur au pied d'une muraille. *Voyez T. II. p. 153.*

*Raffinage. Se dit du travail qui fe fait pour perfectionner le falpêtre quand il n'eft que d'une première cuitte. *Voyez T. II. p. 102.*

*Raffiner. Eft travailler au raffinage. *Voyez là-même.*

*Raffinerie. Eft l'attelier où on travaille au raffinage. *Voyez là-même.*

Rameau de Mine, ou *Araignée.* Se dit des Mines & de leurs divers conduits, qui s'appellent auffi branches, canaux, retours, araignées, galleries. *Voyez T. II. p. 180.*

*Rappuroir. Eft une futaille de bois ou un vaiffeau de cuivre dont fe fervent les Salpêtriers pour mettre le falpêtre de la première cuitte. Il n'y eft ordinairement qu'une demi heure ou trois quarts d'heure; après quoi on l'en fait fortir par une fontaine qui eft au pied de ce vaiffeau. *Voyez T. II. p. 99.*

Ratelier. Laiffant l'explication du *Ratelier* qui fert dans les écuries; je parle ici du ratelier qui fert dans les Magafins à porter des Moufquets, Fufils, & autres armes à feu. Il eft de menuiferie, & compofé de traverfes, & de quelques montans. *Voyez T. I. p. 342.*

CCc

Re-

Recette. Est, en terme de Salpêtrier, un baquet qui se met au-dessous des cuviers pleins de plâtras écrasés & de cendres pour recevoir les eaux qu'on a versées dessus, & qui en distillent. *Voyez T. II. p. 97.*

*Rechaut. Est un vaisseau fait comme les rechauts de ménage, ou à peu près. Il sert pour faire brûler des gaudrons, & pour éclairer les fossez & les remparts d'une Place assiégée pour se garantir des surprises. Les rechauts s'attachent autour des murailles. *Voyez T. I. p. 374.*

Recuit. On dit en termes de Fondeur d'Artillerie, mettre ou porter un moule au recuit, quand effectivement ce moule étant vuidé par le dedans de la première terre qui avoit servi à le former, & qu'il ne reste plus que la chappe qui doit donner l'impression au métal, on le porte dans la fosse destinée pour cela, & qu'on le recuit & qu'on le séche avec force buches allumées qu'on jette dedans. *Voyez T. II. p. 55.*

Recul. Est le mouvement en arrière que fait le Canon quand il tire. Le Mortier n'a pas grand recul. *Voyez T. I. p. 236 & 244.*

Redans ou *Redens.* C'est un terme de fortification qu'il est bon de sçavoir, parce qu'on fait quelquefois des Batteries à redans. Ce sont des angles entrans & saillans dont les faces se flanquent l'une l'autre. On les appelle aussi ouvrages à scie, parce qu'ils en ont la figure. *Voyez T. I. p. 247.*

Redoute. Piéce de fortification, ou Fort presque quarré qui se fait dans des circonvallations, tranchées & lignes d'approches. Quelques-uns l'appellent *Réduit. Voyez T. II. p. 182.*

Refouler. Quand la poudre est dans le Canon, ou dans le Mortier, on la refoule; c'est la fouler & battre plusieurs fois.

Refouloir. Est ce long bâton ou hampe qui porte à son extrémité une boëte, masse, ou tête de bois, de forme cylindrique, c'est-à-dire également gros en-haut comme en-bas, avec laquelle on presse la poudre dans la Piéce. Quelques-uns le nomment *Fouloir*; mais *Refouloir* est le vrai mot. *Voyez T. I. p. 100.*

Régle. Instrument qui sert à tracer une ligne droite. Dans l'Artillerie, la régle est divisée & porte les différens diamétres & calibres des Piéces & des boulets. *Voyez T. I. p. 63, & T. II. p. 20.*

Renfort. Est une partie de la Piéce de Canon. La Piéce de Canon est ordinairement de trois grosseurs ou circonférences.

Le premier renfort qui forme la première circonférence de la Piéce, est depuis l'astragalle de la lumière jusqu'à la plattebande & moulure qui est sous les anses.

Le second renfort qui est la seconde circonférence, est depuis cette plattebande & moulure jusqu'à la plattebande & moulure qu'on trouve immédiatement après les tourillons.

Ces deux renforts vont toûjours en diminuant; & ensuite est la volée, troisiéme circonférence

rence qui eft auffi moindre en groffeur. *Voyez T. I. p. 59.*

Retirade. Terme de fortification. C'eft un retranchement qu'on fait fur un baftion ou autre piéce, pour difputer le terrain à l'ennemi. *Voyez T. II. p. 170.*

Retraite ou *Relais.* Un petit efpace qu'on laiffe fur l'épaiffeur d'un mur, ou autre ouvrage à mefure qu'on l'éleve.

Les parapets font toûjours bâtis en retraite. *Voyez T. I. p. 264.*

Ribadequin. Quelques-uns difent *Ribadoquin.* Ce font des Piéces de 1 l. & de demi livre, à qui on donnoit autrefois ce nom. Elles pefoient depuis 450 jufqu'à 750. *Voyez T. I. p. 56.*

Roche à feu. C'eft une mixtion de foufre, de falpêtre, & de poudre, qui eft propre à beaucoup d'artifices. *Voyez T. I. p. 349.*

Romaine. Eft une efpéce de balance qui eft compofée de neuf piéces effentielles. 1. De la verge, vulgairement appellée *la branche.* 2. Du crochet fur lequel fe chargent les munitions qu'on veut pefer. 3. De la garde foible. 4. De l'anneau où tient la garde foible, où fe paffe un bâton pour foutenir la balance. 5. De la garde forte. 6. De la l'anneau de la garde forte. 7. De trois broches qui paffent au travers de la verge pour foutenir les deux gardes & le crochet. 8. De l'anneau coulant qui fe meut le long de la branche. 9. De la maffe ou boulon attaché à l'anneau coulant qui fert de contrepoids. La Ro-

maine s'appelle quelquefois *Pefon avec fon crochet. Voyez T. I. p. 388.*

Rondache. Efpéce de bouclier qui n'eft plus en ufage en France, & dont fe fervent encore les Efpagnols. *Voyez T. I. p. 320.*

Rofette. Eft le nom qu'on donne au cuivre pur & net, & tel qu'il eft lorfqu'il vient des Mines en plaques, armes ou faumons de la première fonte, & lorfqu'il n'eft point mêlé de calamine qui le rend jaune. La rofette fe tire de Hongrie, Suede, Norvegue, Italie & Lorraine; celle de Norvegue eft meilleure que les autres pour les ouvrages d'Artillerie étant plus dure: il y en a encore en France, en Savoie, & dans le Tirol. On l'appelle auffi *Fonte. Voyez T. II. p. 45.*

Roüage. Se dit de la partie des affûts, charettes & chariots d'Artillerie qui confifte en roüës. *Voyez T. I. p. 158.*

Rouleau. Eft un morceau de bois de forme cylindrique, ferré par les bouts avec deux frettes, & qui a des mortoifes faites pour recevoir le bout du levier; ce rouleau fert beaucoup fous les gros fardeaux.

On appelle auffi *Rouleau*, ce que quelques-uns nomment *Tourteau*, un rond de bois plat, arrondi même auffi par les bords de 9 ou 10 pouces de diamétre, & d'un pouce & demi d'épaiffeur, dont on fe fert pour écrafer la poudre dans le grenoir ou crible qui en forme le grain. *Voyez T. I. p. 376, & T. II. p. 112.*

S

SABRE. Groſſe & peſante épée qui eſt un peu recourbée par le bout, & que la Cavalerie porte au côté. *Voyez T. I. p.* 320.

Sac à terre. C'eſt un ſac de moyenne grandeur qu'on remplit de terre, & dont les Soldats bordent une tranchée ou des remparts de Ville, pour pouvoir tirer entredeux en ſûreté. Quand le terrain eſt dur & de roche on ſe ſert fort de ſacs à terre & de gabions. *Voyez T. II. p.* 28.

Il y a des *Sacs à amorce* qui ſont fermés, & qui ſervent effectivement à porter de la poudre aux Batteries pour amorcer les Piéces. *Voyez T. I. p.* 100.

Sacre & Sacret. On donnoit anciennement ce nom aux Piéces de Canon de fonte de 4 & 5 livres de boulet : ils peſoient depuis 2500 juſqu'à 2850. *Voyez T. I. p.* 56.

Saigner. On dit ſaigner une Piéce, quand étant montée ſur un affût la volée emporte la culaſſe ; cela arrive lorſqu'une Piéce tire de haut en bas.

Salpêtre. Le ſalpêtre eſt, ou artificiel, ou minéral ; l'artificiel ſe tire des gravois & plâtras de vieux édifices ruinés, & de terres & cendres qu'on leſcive dans des cuviers.

Le minéral ſe trouve dans les Indes, dans des montagnes ou dans des campagnes comme le long de la Volga, fameuſe rivière de Moſcovie.

On y peut ajouter celui qui eſt attaché aux murs des caves, celliers, pigeonniers, granges, magaſins, écuries, &c.

Les ſalpêtres de l'une ni de l'autre eſpéce ne ſçauroient ſervir pour faire de la poudre ſans être raffinés.

J'ai déja dit ailleurs qu'on en fait trois cuittes.

A la première, on lui donne le nom de ſalpêtre brut.

A la ſeconde, il eſt appellé de deux eaux.

A la troiſiéme, il eſt de trois eaux en glace.

Il peut s'en faire encore une quatrième qui eſt quand on fond le ſalpêtre ſans eau, & alors il s'appelle *Salpêtre en roche.*

Avec le ſalpêtre, le ſoufre & le charbon, on fait la poudre de guerre & de chaſſe.

Les terres qui ont ſervi à faire le ſalpêtre, peuvent ſe réanimer, comme diſent les Salpêtriers, & s'amander enſorte que quelques années après on en tire encore du ſalpêtre tout de nouveau ; mais il faut qu'elles ſoient ſous des couverts & arroſées des écumes & des eaux inutiles du ſalpêtre, ou même d'urine. *Voyez T. II. p.* 95.

Sappe. Travailler à la ſappe, c'eſt percer la terre pour ſe faire un chemin par-deſſous quelque piéce de fortification : quand, par exemple, on veut faire la deſcente dans le foſſé ſans paroître ſur la contreſcarpe ni dans le chemin couvert d'une Place, on perce la contreſcarpe, & on ſe coule par degrez dans le foſſé. Ces ſappes s'étayent d'eſpace en eſpace pour la ſûreté des Sappeurs. *Voyez T. II. p.* 159.   Sau-

Saucisson. Il y a de deux fortes de faucissons.

Ceux qu'on emplit de poudre pour porter le feu aux Mines, & qui se cachent dans les terres.

Les autres sont de petites fusées d'une façon particulière & enveloppées dans un papier aiant plusieurs plis, dont on se sert aux feux de joie. *Voyez T. I. p.* 353, & *T. II. p.* 187.

Saumon. Voyez *Plomb.*

Sel. Celui qu'on connoît dans l'Artillerie, est le *Sel lescivial* qui est fixe, & qu'on tire du salpêtre par plusieurs lavages ou lescives d'eau chaude qu'on fait ensuite évaporer; ce sel rougit les viandes. Pour que le salpêtre soit pur & bon, il faut qu'il soit sans sel & sans graisse. On submerge tout le sel qui provient du salpêtre. *Voyez T. II. p.* 210.

Semelle. Est une planche de bois assez épaisse, qui se place entre les deux flasques d'un affût, & sur laquelle la Piéce de Canon repose. *Voyez T. I. p.* 150.

Sentinelle. Soldat tiré d'un corps de garde d'Infanterie, & qu'on poste à quelque endroit pour éviter les surprises, ou pour prévenir les accidens. *Voyez T. II. p.* 22.

Serpe. Voyez *Outils à Pionniers.*

Serpe d'armes. Arme offensive, & qui approche de la figure d'une serpe à l'ordinaire. *Voyez T. I. p.* 319.

Serpenteau. Cercle de fer muni de petites Grénades chargées, & de pointes aigues, qui se jette sur une bréche.

Serpenteau est encore une fusée remplie d'une composition, & pliée de manière qu'en tirant elle se tourne & s'élance en plusieurs manières différentes. *Voyez T. I. p.* 345, & 353.

Sonde. Voyez *Outils à Mineurs.*

Soufle. La compression de l'air formée par la sortie du boulet hors d'une Piéce de Canon, est ce qui s'appelle *le soufle de la Piéce.* Ce soufle abat quelquefois une partie des embrasures des Batteries, particulièrement quand ce sont des Piéces à chambre concave. *Voyez T. I. p.* 60.

Souflure. Se dit de certaines concavitez ou certaines bouteilles qui se forment dans l'épaisseur du métal quand il a été fondu trop chaud. Dans les boulets quelquefois il se trouve des souflures en dehors; c'est un défaut, & ils n'ont pas leurs poids. *Voyez T. I. p.* 105.

Soufre. C'est un minéral engendré d'une substance terrestre, onctueuse & inflammable. Le soufre est une des trois parties qui composent la poudre à Canon, & qui lui fait prendre feu aisément. Le verdâtre est le meilleur, & doit crier à l'oreille quand on l'en approche. *Voyez T. II. p.* 107.

Sousbande. Est une bande de fer qui entre sur un affût à Mortier. *Voyez T. I. p.* 259.

Sponton ou *Esponton.* C'est une demi pique dont se servent les Officiers, qui n'est que de sept à huit pieds de long, la lame d'un grand pied sur un bois de Biscaye. *Voyez T. I. p.* 331.

Subsistance des Piéces. Se dit de ce qui se paie pour faire subsister les Officiers, Canonniers & Soldats

CCc 3   dats

dats qui fervent aux Batteries de Canon. Il y a un prix fixé pour loger une Piéce & la mettre en Batterie, & un autre à tant par jour & à tant par nuit pour la fubfiftance de la même Piéce.

*Susbande. C'eft la bande de fer qui couvre le tourillon d'une Piéce ou d'un Mortier quand ils font fur leur affût. Elle eft ordinairement à charnière. *Voyez T. I. p.* 153.

T

TABLE. *Poids de table.* Voyez *Poids de table & Poids de marc.*

Talus. Voyez *Glacis.*

Tamis. Sas, vaiffeau rond, au milieu duquel il y a un tiffu de toile, de crin, ou de foie, par lequel on paffe la poudre, le foufre, le falpêtre, le charbon & les autres matières pour l'artifice, quand elles font réduites en poudre. *Voyez T. I. p.* 354.

Tampon. Il eft de bois : on s'en fert pour boucher des cartouches, des pétards, des boëtes, &c. *Voyez T. I. p.* 142.

*Té. En termes de Mines, fe dit d'une figure qui a beaucoup de rapport à celle d'un T, & qui fe forme par la difpofition & l'arrangement des fourneaux, chambres ou logemens, qui fe font fous une piéce de fortification pour la faire fauter. Le Té a quatre logemens.

Le double Té a huit logemens. Le triple Té en a douze.

Telas ou *Toile d'étoupe.* C'eft une très-groffe toile dont fe font les facs à terre. *Voyez T. II. p.* 28.

Timbale. Il y a eu depuis ces derniè-

res guerres des timbales dans l'Artillerie qui marchoient à la tête des Equipages. *Voyez la figure T. II. p.* 232.

Tir. Se dit de la ligne fuivant laquelle on tire une Piéce d'Artillerie ou arme à feu. Les Canonniers difent quelquefois qu'ils ont fait un bon tir quand ils ont fait un bon coup ; ce mot n'eft plus guéres ufité. *Voyez Jet.*

Tirebourre. Eft un inftrument de fer qui fert à décharger le Canon ; il eft tortillé, & a le bout pointu : on lui en fait même quelquefois deux pour pouvoir retirer le fourage qui peut être demeuré dans la Piéce, ou quelque ordure. Il fe monte fur une hampe ou long morceau de bois. *Voyez T. I. p.* 100.

Tirefond. Je n'en parlerois pas, fi ce n'eft qu'il fert à attacher le pétard aux portes & herfes des ponts & châteaux. C'eft un outil de Tonnelier qui eft en façon de cercle ou d'anneau de fer qui a une pointe tournée en vis, & qui fe plante dans le bois, & y entre autant qu'on veut. *Voyez T. II. p.* 23.

*Tirefufée. C'eft une invention nouvelle qu'un Officier a trouvée pour tirer commodément les fufées des Bombes & des Grénades qu'on veut décharger. C'eft une vis & un écrou, lefquels fe ferrant font approcher deux griffes ou pinces de fer qui embraffent la fufée & qui l'enlevent de force hors de la lumière ; il a quelque reffemblance avec le caffenoifettes des enfans. *Voyez T. I. p.* 343.

Toife & toife cube. Il y a mille chofes dans l'Artillerie qu'on eft obli-

obligé de toiser, comme le terrain des Batteries, celui des Mines, &c. La toise est une longueur ou étendüe de six pieds de Roi. La toise courante est celle où on ne mesure que la longueur. Une toise quarrée est six pieds en longueur, & six en largeur, dont l'aire est de trente-six pieds. Une toise cube contient six pieds en tout sens, longueur, largeur & hauteur, & a deux cents seize pieds cubes. *Voyez T. II. p.* 157.

Tonne. Grand vaisseau de bois propre à renfermer des munitions.

Il y a des tonnes à méche qui en contiennent 300 pesant poids de marc, des tonnes à sacs à terre qui en contiennent 8 à 900, & il y en a aussi d'autres qui contiennent 500 livres de salpêtre. Beaucoup de munitions se mettent en tonnes, en tonneaux, & en barils. *Voyez T. II. p.* 27, *& p.* 223.

*Tourillons. Sont ces parties rondes & saillantes qui se voient à côté d'une Piéce de Canon, & qui servent à l'entretenir sur son affût. Les tourillons sont encaftrés dans une entaille & embrassés par-dessus d'une susbande de fer. Le tourillon est de la grosseur du calibre de la Piéce. *Voyez T. I. p.* 59.

Tourteau gaudronné. Ce n'est autre chose que de la vieille corde ou de la vieille méche détortillée qu'on trempe dans la poix ou le gaudron, & qu'on laisse sécher pour s'en servir ensuite à éclairer dans les fossez & autres lieux quand une Ville est assiégée. *Voyez T. I. p.* 350.

Traîneau. Assemblage de quelques piéces de bois ou flasques, sans

roües, entretenues & unies avec des traverses ou entretoises aussi de bois, soutenues de boulons de fer. Ces traîneaux servent à transporter des munitions d'un lieu à un autre. *Voyez T. I. p.* 231.

Traits. Ce sont des cordages qui servent au charroi & transport des Piéces & des munitions. Ils se comptent par paires de traits communs ou bâtards. Ils font partie du harnachement des chevaux; c'est pourquoi on dit *Chevaux de trait. Voyez T. II. p.* 27 *&* 203.

Tranchée. Est un fossé qu'on creuse dans la terre pour approcher à couvert d'une Place assiégée. *Voyez T. II. p.* 168.

Travers. C'est un cordage qui sert à lier ou brêler les Piéces & à les attacher sur leurs chariots & triqueballes, & à attacher d'autres fardeaux. *Voyez T. II. p.* 27.

Traverse. C'est un travail ou grand fossé couvert qu'on fait pour fermer le passage à l'ennemi dans un lieu étroit. Ce mot signifie aussi quelquefois une gallerie pour passer un fossé, un retranchement, ou une ligne fortifiée.

*Trefle. C'est encore un terme de Mines. Le trefle n'a que deux logemens.

Le double trefle, quatre.

Le triple trefle, six. *Voyez T. II. p.* 181.

*Triqueballe. Invention très-simple qui n'est composée que d'une grande fléche de bois ou timon, appuïé sur un essieu à deux roües par derrière, & sur un avantrain par devant. Le triqueballe sert à transporter des Piéces de Canon

en les attachant fur cette fléche avec une chaîne de fer, ou de bons cordages. *Voyez T. I. p. 228.*

Trouffeau. On appelle trouffeau, en termes de Fondeur d'Artillerie, cette longue piéce de bois, de forme cônique, c'eft-à-dire plus menue par un bout que par l'autre, fur laquelle on forme les moules des Piéces de Canon. *Voyez T. II. p. 57.*

V

VEDETTE. Sentinelle à cheval pour découvrir les environs; c'eft pour la Cavalerie. *Voyez T. II. p. 258.*

Vent. Eft ce vuide qu'on laiffe pour donner au boulet la liberté d'entrer dans l'ame d'une Piéce. Aux Piéces de 24 la différence entre le calibre des Piéces & le diamétre des boulets eft de deux lignes ou environ. *Voyez à la Table du calibre des Piéces, T. I. p. 107.*

Ventre. On dit qu'un Canon eft fur le ventre quand il n'a point d'affût, & qu'il eft couché à terre.

Verrin. Machine qui fert à élever de gros fardeaux. Elle eft compofée de deux piéces de bois, paffées en travers dans deux vis très-fortes, qui élevent & baiffent la traverfe de bois d'en-haut, auffi haut qu'on veut comme une preffe de relieur. On la tourne avec des le-

viers, & par le moyen d'un pointal ou piéce de bois qu'on applique deffus, on redreffe des paneaux de charpente, & d'autres chofes. On en a quelquefois befoin dans l'Artillerie. *Voyez T. I. p. 375.*

Volée. La volée d'une Piéce de Canon eft à peu près cette partie qui prend depuis les tourillons jufqu'à la bouche. *Voyez T. I. p. 59.*

Une Piéce a fa volée & fa culaffe, qui eft autant que fi on difoit fa tête & fa queuë.

On dit tirer une volée de Canon, c'eft un coup de Canon.

Tirer à toute volée, c'eft élever la Piéce, & la tirer en rafe campagne fans lui donner d'objet ni de but, & on mefure cette portée depuis la Piéce jufqu'à l'endroit où le boulet a roulé & s'eft arrêté.

Le boulet, dit-on, a trois mouvemens dans la ligne qu'il décrit en l'air, laquelle ligne s'appelle parabolique ou courbée, fçavoir:

Le violent ou droit, qui eft en fortant de la Piéce.

Le mixte, qui eft celui du milieu de fa portée qui commence à fe courber.

Et le naturel ou perpendiculaire, qui eft à fa fin.

Le boulet, après être tombé, roule encore quelque tems.

FIN.

EDITS

ET

DECLARATIONS

TOUCHANT L'ARTILLERIE.

EDIT DU ROI,

*Portant suppression des anciens Offices, & création de nou-
veaux Offices de l'Artillerie. Donné à Versailles au mois
d'Août* 1703, *& régistré en Parlement.*

LOUIS par la grace de Dieu, Roi de France & de Navarre: A
tous presens & à venir, Salut. Les avis qui Nous ont été donnés
que les Ordonnances & Réglemens faits sur l'Artillerie par les Rois
nos Prédécesseurs & par Nous, restoient pour la plûpart sans exécution, Nous ont porté à chercher la cause de ce relâchement; & Nous
étant fait représenter lesdites Ordonnances & Réglemens, Nous aurions
reconnu que cette inexécution provenoit de ce que ceux qui sont commis aux emplois, n'ont pas toute l'attention nécessaire au service, à
cause du peu de stabilité de leurs emplois, & des fréquentes mutations auxquelles ils sont exposés. A quoi désirant pourvoir, & établir
un ordre certain dans le Corps de notre Artillerie, nous avons cru
qu'il étoit de l'utilité & du bien de notre service de supprimer les
offices anciennement créés, & de revoquer toutes les commissions
qui ont ci-devant été données, soit par les Rois nos Prédécesseurs, soit
par Nous, ou par les Grands-Maîtres Capitaines-Généraux de notre
Artillerie, & rejetter de nos Etats & Ordonnances tous gages, appointemens & droits attribués auxdits offices ou commissions, afin
qu'établissant une fonction fixe aux Officiers de notre Artillerie, &
assûrant par la possession des offices leur état & celui de leur famille,

ils foient engagés à Nous fervir avec plus de zéle & plus d'exactitude. A ces caufes, & de notre certaine fcience, pleine puiffance & autorité Roïale:

Suppreffion des
Offices créés en
1536. 52. 73. 82.
& 1634.
I. Nous avons fupprimé & fupprimons par notre prefent Edit l'office de Surintendant des poudres & falpêtres, créé par Edit du mois
de Janvier mille fix cens trente-quatre, dont Nous avons réuni les
fonctions à l'Etat de Grand-Maître de notre Artillerie. Nous avons
pareillement fupprimé les offices de Commiffaire-général, Com-
miffaires-Contrôleurs & Gardes-Magafins provinciaux, créés par
ledit Edit & autres précédens. Nous avons auffi fupprimé l'office
de Garde-général de l'Artillerie, Bâtons & munitions de France, créé
en 1536, dont Nous avons réuni les fonctions aux offices de Gardes provinciaux qui feront créés par le prefent Edit. Avons auffi fupprimé tous les offices de Gardes provinciaux & particuliers, créés
par Edit du mois de Mai 1573, les offices de Capitaines de charrois d'Artillerie, créés par Edit du mois de Décembre 1552, les offices qui ont compofé les Arfenaux d'augmentation jufqu'au nombre
de trente, avec les offices de Commiffaires-Gardes provinciaux fur
les poudres & falpêtres, & les deux offices de Sergens à chacun
Suppreffion gé-
nérale.
d'iceux; le tout créé par Edit du mois de Février 1582, & généralement tous les offices fubordonnés au Grand-Maître, qui pourroient
avoir été créés en titre d'offices, concernant notre-dite Artillerie, par
les Edits de nos Prédéceffeurs Rois, ou par les nôtres, de quelque manière & en quelque fonction que ce puiffe être.

Exceptés les Tré-
foriers & les
Contrôleurs-gé-
néraux.
II. A la réferve des Tréforiers-généraux, Tréforiers particuliers, premiers Commis & autres réunis auxdits offices de Tréforiers-généraux; & encore à la réferve des trois Contrôleurs-généraux de notre-
dite Artillerie, & du Contrôleur provincial de l'Ifle de France y réuni: lefquels Tréforiers & Contrôleurs-généraux, & Contrôleur provincial réuni, Nous confirmons dans les poffeffions & fonctions de
leursdits offices, gages & droits y attribués en ce qui n'y fera pas dérogé
ci-après.

Autre fuppref-
fion des Offices
créés en 1572.
III. Avons pareillement éteint & fupprimé en tant que befoin feroit,
les états & offices de Lieutenant général de notre Artillerie, Lieutenans provinciaux, tous autres Lieutenans, le Secrétaire de notre Artillerie, les Commiffaires-généraux & particuliers des fontes, les
Commiffaires provinciaux, Commiffaires ordinaires & extraordinaires,
Officiers Pointeurs, Contrôleurs provinciaux, Gardes-Magafins provinciaux & particuliers, Déchargeurs, Artificiers, & Armuriers, les Capitaines de charrois & Conducteurs, les Aumôniers, & généralement
tous autres offices de notre-dite Artillerie en quelque façon que ce
puiffe être, foit qu'ils aient des lettres ou commiffions de Nous, ou
commiffions de nos Grands-Maîtres; comme auffi tous les offices
qui

qui compofent le Bailliage de notre Artillerie, qui a été transféré du Louvre en l'Arfenal de Paris par Edit du mois de Décembre 1572, enfemble la Prévôté, le Maréchal-général des Logis, Fourriers, Médecins, Chirurgiens & Apoticaires.

Voulons que les gages, appointemens & droits de tous lefdits of- *Les anciens ga-* fices & commiffions, éteints ou fupprimés par notre prefent Edit, *ges, appointe-* *mens, & droits* emploïés par Nous ou par le Grand-Maître de notre Artillerie dans *fupprimés.* nos Etats & Ordonnances, en foient rejettés; & qu'à l'avenir il n'y ait d'emploïé dans lefdites Ordonnances & Etats, que les fommes qui feront accordées aux offices qui feront créés par le prefent Edit, *Ce qui fera com-* & encore celles qu'il conviendra pour les Officiers qui feront envoïés *pris dans les E-* *tats à l'avenir.* par notre Grand-Maître avec les Equipages de nos Armées, fuivant les Etats qu'il en arrêtera, & les Ordonnances qu'il fera expédier.

IV. Voulons que dans deux mois, à compter du jour de la publication *Liquidation des* du prefent Edit, ceux defdits Officiers fupprimés par icelui qui au- *Offices fuppri-* *més.* ront financé dans nos coffres, mettent leurs provifions, titres, quittances de finance, & contrats d'acquifition entre les mains du Sieur Chamillart, Contrôleur-général de nos Finances, pour être procédé à la liquidation de la finance de leurs offices, & pourvû à leur rembourfement.

V. Et par notre prefent Edit Nous avons créé & érigé, créons & éri- *Création d'un* geons en titre d'office un premier Lieutenant-général de notre Artil- *Lieutenant-gé-* *néral en Alface,* lerie, pour être départi & fervir fous les ordres du Grand-Maître *& fes fonctions.* dans le département d'Alface, où Nous voulons que tous les Lieutenans, Commiffaires provinciaux, & tous autres Officiers de notre Artillerie qui y feront emploïés, reçoivent fes ordres, qu'il veille à leur conduite, connoiffe des différens qui pourroient naître entre eux, faffe emprifonner, mettre en arrêt ou interdire ceux defdits Officiers qui pourroient faire des fautes à le mériter, dont ils ne pourront néanmoins être relevés que fur nos ordres que lui fera fçavoir le Grand-Maître & Capitaine-général de notre Artillerie qu'il informera de toutes chofes, auffi-bien que de la conduite & capacité defdits Officiers fervans dans les Places de fon département. Il fe fera donner les Inventaires de toutes les munitions qui feront dans les Magafins defdites Places, des remifes & des confommations, toutes fois & quantes qu'il le trouvera à propos pour le bien de notre fervice; lefquels Inventaires feront revêtus des formes néceffaires pour le mettre en état d'informer le Grand-Maître & le Secrétaire d'Etat de la Guerre, de l'état des Magafins. Fera fes tournées dans les Places de fon département au moins deux fois l'année pour en vifiter les Magafins, voir l'état auquel feront les Poudres, vifiter toutes les autres munitions, & faire remédier à tout ce qui fera défectueux. Verra le Canon, les

Mor-

Mortiers fur les remparts & ailleurs où ils feront, s'ils ne s'y gâtent point par la manière dont ils y feront expofés, les Affûts, les Avan-trains, & généralement tout ce qui a rapport à l'Artillerie, pour tenir toûjours le tout en bon état de fervice. Il fera exécuter nos ordres pour la manière dont lefdits Magafins doivent être gardés & tenus; il ré-glera avec les Commandans des Places les endroits où il faut du Ca-non & des Mortiers, & les quantitez de Poudres & autres munitions qui feront néceffaires dans chaque Place, par rapport à la Garnifon & au Canon ; comme auffi des Poudres & autres munitions de Guer-re qui devront être tranfportées d'une Place à l'autre, dont ils feront des états ou mémoires qu'ils envoieront au Grand-Maître & au Secrétaire d'Etat de la Guerre pour prendre nos ordres pour l'exé-cution.

Des logemens dans les Villes.

Il tiendra la main à ce que les Officiers d'Artillerie foient logés dans les Villes felon leur emploi, conformément à nos Ordonnan-ces & à l'ufage pratiqué. L'ordre ou mot que donnent les Gouver-neurs des Places, lui fera porté, & à ceux qui commanderont en fon abfence ladite Artillerie comme il eft accoutumé. Il ordonnera des dépenfes à faire pour l'Artillerie dans les Places de fon département, lorfque le Grand-Maître de notre Artillerie lui en aura donné fa com-miffion. Il fera fous la même autorité certains marchez & traitez qui ne peuvent être faits que fur les lieux, pour le paiement def-quels il donnera fes ordonnances qui feront païées par le Commis des Tréforiers-généraux de l'Artillerie, lorfque lefdits marchez & trai-tez auront été vifés de celui des Directeurs-généraux que Nous créons par le prefent Edit, dans le département duquel fera celui dudit pre-mier Lieutenant-général, & que lefdits marchez & traitez auront été contrôlés par le Contrôleur provincial dudit département que Nous créons par le prefent Edit. Voulons que lefdites ordonnances ainfi ren-dues fur lefdits marchez & traitez revêtus defdites formes, foient paf-fées fans difficulté dans les comptes que lefdits Tréforiers-généraux ren-dront en notre Chambre des Comptes à Paris & par-tout où befoin fera; & pour le furplus des fonctions qu'aura ledit premier Lieute-nant-général, il lui en fera donné des commiffions & des inftructions particulières par le Grand-Maître de notre Artillerie, qu'il fera tenu d'exécuter.

Directeurs-géné-raux de l'Artil-lerie, & leurs fonctions.

VI. Nous avons auffi par le prefent Edit créé & érigé, créons & éri-geons en titre d'offices deux nos Confeillers en nos Confeils, Direc-teurs-généraux de notre Artillerie, pour réfider dans l'Arfenal de notre bonne Ville de Paris, & être départis par le Grand-Maître de notre Artillerie, chacun par moitié des Provinces de notre Roïau-me & Païs de notre obéïffance, & recevoir les ordres directement du Grand-Maître auffi-bien que du Secrétaire d'Etat aiant le département

ment de la Guerre. Feront lefdits Directeurs-généraux tous les marchez & traitez concernant ladite Artillerie au nom du Grand-Maître, & fous celui du Secrétaire d'Etat aiant le département de la Guerre, ftipulant pour Nous, le Contrôleur-général de notre Artillerie prefent. Ils viferont lefdits marchez & traitez chacun pour ce qui concernera les Provinces où ils feront départis par le Grand-Maître, & feront lefdits marchez & traitez contrôlés dudit Contrôleur-général, auffi-bien que les autres acquits en la manière accoutumée. Lefdits Directeurs-généraux viferont toutes les ordonnances du Grand-Maître & de fes Lieutenans-généraux pour les dépenfes du Tréforier, chacun dans l'étenduë des Provinces où ils feront départis. Voulons que les marchez & traitez qui pourroient être faits pour toutes les Provinces, Païs de notre Roïaume & Armée, foient faits & vifés par eux, comme il eft dit ci-deffus, alternativement d'année en année. Et à l'égard de ceux que, pour le bien de notre fervice, les Intendans de nos Provinces, les Lieutenans-généraux & provinciaux de notre Artillerie, ou autres aiant caractére ou nos ordres, pourroient faire, foit dans nos Provinces, fur nos Frontières ou dans les Païs étrangers, Nous voulons qu'ils foient envoïés par ceux qui les feront, ftipulans pour Nous, à celui des Directeurs-généraux qui aura le département où ils fe pafferont; ou fi c'eft dans les Païs étrangers, à celui des Directeurs dont le département en fera le plus proche, pour être examinés & vifés par lui & renvoïés fur les lieux, après qu'il en aura rendu compte au Grand-Maître de notre Artillerie, & au Secrétaire d'Etat de la Guerre: & afin qu'il n'y ait aucun retardement apporté à l'examen defdits traitez, les paiemens pourront être ordonnés dans nos Provinces & Frontières par les Intendans ou Lieutenans-généraux & provinciaux de notre Artillerie, fans qu'il foit befoin des vifa dudit Directeur-général, qui fuffiront fur lefdits marchez dûement contrôlés, ainfi que les acquits defdits paiemens, par celui des Contrôleurs provinciaux que Nous créons par le prefent Edit qui fera dans le département où fe feront lefdits paiemens. Voulons que toutes les dépenfes ainfi faites pour notre Artillerie, & dont les acquits feront revêtus des formes que nous prefcrivons, foient paffées fans difficulté dans les comptes que rendront les Tréforiers-généraux de notre Artillerie de leurs maniemens en notre Chambre des Comptes; que lefdits Directeurs-généraux examinent, apoftillent & fomment les états au vrai des recettes & dépenfes des Tréforiers-généraux de notre Artillerie, & qu'après qu'ils y auront mis leur vifa, ils les préfentent au Grand-Maître pour les arrêter; & en cas que par empêchement l'un d'eux ne fe trouvât pas en état d'examiner lefdits états au vrai, ils le puiffent être par un feul dont le vifa fera fuffifant; qu'ils tiennent des états de tout ce qui fera dans les Magafins des Places & des Armées

dans

dans leurs départemens dont ils feront informés par ceux qui leur feront envoïés par les Commiffaires, Gardes provinciaux & particuliers de quartier en quartier, & plus fouvent s'il leur eft demandé, lefquels états feront fignés defdits Gardes, certifiés par les Commiffaires defdites Places, & contrôlés du Contrôleur provincial, & qu'où lefdits Gardes-Magafins provinciaux & particuliers ne fatisferoient pas avec affez d'exactitude à l'envoi defdits états, que lefdits Directeurs s'adreffent auxdits Commiffaires provinciaux & particuliers qui feront tenus de les faire envoïer ou les envoïer eux-mêmes auxdits Directeurs. Voulons qu'à la fin de chaque année les Directeurs-généraux, chacun dans l'étenduë de fon département, examinent & apoftillent les états ou comptes defdites munitions & attirails qui feront envoïés doubles par lefdits Gardes provinciaux avec les pièces juftificatives de recettes & de confommations; qu'ils les vifent & les portent au Grand-Maître de notre Artillerie pour être arrêtés, & dont les doubles feront renvoïés auxdits Gardes pour leur décharge; & que lefdits Directeurs-généraux foient informés par lefdits Commiffaires provinciaux de la conduite defdits Gardes provinciaux & particuliers, & de l'ordre qu'ils apportent aux munitions & autres chofes dont ils font chargés & de la régle de leurs régîtres, comme auffi de la conduite des autres Officiers fubalternes de notre Artillerie, pour être lefdits Directeurs en état de rendre compte de toutes chofes au Grand-Maître de notre Artillerie & au Secrétaire d'Etat de la Guerre. Voulons que fous l'autorité du Grand-Maître de notre Artillerie ils veillent à la police du dedans de notre Arfenal de Paris, & qu'ils préfident alternativement, lorfqu'ils le jugeront à propos, au Bailliage que nous rétabliffons par le préfent Edit audit Arfenal, dont les fentences feront néanmoins expédiées au nom du Bailly d'Epée qui y fera établi. Voulons que lefdits deux offices de Directeurs puiffent être réunis en un & poffédés par une même perfonne, avec faculté néanmoins à l'Acquereur de les defunir, vendre & difpofer comme bon lui femblera.

Secrétaire-général, & fes fonctions.

VII. Nous avons auffi par le préfent Edit créé & érigé, créons & érigeons en titre d'office un notre Confeiller-Secrétaire-général de notre Artillerie, pour être attaché auprès de la perfonne du Grand-Maître, pour exécuter & faire exécuter fes ordres, & être à cet effet toûjours à fa fuite, foit que ledit Grand-Maître foit auprès de Nous ou dans nos Armées. Ledit Secrétaire-général expédiera & contrefignera tous les brevets, commiffions, attaches, nominations, congez accordés par le Grand-Maître qui concerneront notre dite Artillerie, & les Officiers d'icelle, & les fauvegardes qui feront donnés par notre-dit Grand-Maître fuivant l'ufage; les états des Privilégiez que Nous avons fixés au nombre de cent un, comme étant Commenfaux de notre Maifon, qui doivent être portés au Greffe de la Cour

des

des Aides; l'état de diftribution du fel & des fonds deftinés à l'entretien & réparations de l'Arfenal, & autres dépenfes ordinaires qui fe font dans notre bonne Ville de Paris; les états des Officiers d'Artillerie & Equipages fervans dans nos Armées, celui du paiement de leurs appointemens ordinaires & extraordinaires, & tous autres états & ordonnances qui feront émanés du Grand-Maître de notre Artillerie, & généralement faire ce qui lui fera ordonné par le Grand-Maître pour notre fervice dans ladite Artillerie.

VIII. Nous avons auffi de la même autorité par le prefent Edit créé Lieutenans - généraux, & leurs fonctions. & érigé, créons & érigeons en titre d'office fept Lieutenans-généraux de notre Artillerie, pour fervir dans le département de l'Ifle de France, celui de la haute Meufe, de la Mofelle & de la Sarre, celui de Flandres, celui des Côtes feptentrionales de France, celui des Côtes occidentales de France, celui du Rouffillon & Languedoc, & celui du Dauphiné, Lyonnois & Provence, aux mêmes fonctions, honneurs & autoritez que le premier Lieutenant-général créé par notre-dit prefent Edit, & pour répondre de même directement au Grand-Maître de notre Artillerie.

IX. Nous avons pareillement par le prefent Edit créé & érigé, créons Lieutenans provinciaux, & leurs fonctions. & érigeons en titre d'offices vingt-cinq Lieutenans provinciaux de notre Artillerie, pour réfider le plus ordinairement, un dans l'Arfenal de notre bonne Ville de Paris, & les autres à Amiens ou Arras, à Lille, à Dunkerque, à Ypres, à Cambray, à Tournay ou Valenciennes, à Avennes, à Philippeville, à Metz, à Verdun, à Phalfebourg ou Mézieres, à Strasbourg, à Scheleftadt, à Bézançon, au Duché de Bourgogne, à Lyon, en Dauphiné, à Perpignan, à Marfeille, en Languedoc, à Bourdeaux, à la Rochelle, en Bretagne & en Normandie, lefquels feront fous les ordres du Grand-Maître, & fubordonnés aux Lieutenans-généraux de notre Artillerie des départemens defquels ils fe trouveront. Voulons que lefdits Lieutenans provinciaux, lorfqu'ils feront dans leurs Provinces, commandent notre Artillerie de la même manière & aux mêmes fonctions attribuées auxdits Lieutenans-généraux, auxquels ils rendront les mêmes comptes de toutes chofes, que lefdits Lieutenans-généraux font chargés de les rendre au Grand-Maître; & qu'en cas d'abfence defdits Lieutenans-généraux, lefdits Lieutenans provinciaux rendent compte directement au Grand-Maître, ou à celui defdits Lieutenans provinciaux qu'il aura pu choifir, & qui aura fa Commiffion expreffe pour commander notre Artillerie. N'entendons pas que lefdits Lieutenans-généraux foient reputés abfens de leurs départemens lorfqu'ils feront dans nos Armées à portée de leurs départemens. Voulons que, lorfque par la commiffion de notre Grand-Maître ils y commanderont nos Equipages de l'Artillerie, lefdits Lieutenans provinciaux continuent à leur

ren-

rendre compte de tout ce qui concerne l'Artillerie de leurs Provinces, & afin que lesdits Lieutenans provinciaux soient toûjours bien instruits de l'état des Magasins , & de tout ce qui concerne notre Artillerie dans les Places des Provinces où ils seront départis, Nous leur enjoignons d'y faire leurs tournées de trois mois en trois mois , & plus souvent s'il est besoin , ou qu'il leur soit ordonné par le Grand-Maître, ou même par le Lieutenant-général.

X. Créons aussi par le present Edit en titre d'offices, cinq Commissaires provinciaux de notre Artillerie, pour résider, un dans l'Arsenal de notre bonne Ville de Paris, & les autres à Strasbourg, à Grenoble, à Douay & à Perpignan ; lesquels sous les ordres du Grand-Maître seront subordonnés aux Lieutenans-généraux & provinciaux, pour y commander notre Artillerie en l'absence desdits Lieutenans provinciaux, dans lesquelles Provinces les Commissaires-Gardes provinciaux & particuliers & autres Officiers subalternes leur obéïront en tout ce qui concerne notre service dans ladite Artillerie. Feront des visites exactes des Magasins & munitions des Places aussi souvent qu'il en sera besoin, & qu'il leur sera ordonné par le Grand-Maître & par les Lieutenans général & provincial des départemens où ils seront ; tiendront la main à ce que nos Ordonnances au sujet de l'ordre qui doit être observé pour nos Magasins & pour leur sûreté & celles des munitions, soient exécutées ; se feront donner des états par les Gardes provinciaux & particuliers signés d'eux & certifiés des Commissaires ordinaires, & contrôlés du Contrôleur provincial, de toutes des munitions des Places desdites Provinces au commencement de chaque année, & à la fin de chaque quartier, des états des remises & des consommations, & plus souvent s'il est besoin, pour être toûjours en état d'en rendre raison au Grand-Maître & aux Lieutenans-généraux, & encore au Directeur-général du département dans lequel seront lesdits Commissaires provinciaux, toutes fois & quantes qu'ils lui demanderont. Voulons que lesdits états des munitions, des remises & des consommations, qui seront demandés directement aux Gardes provinciaux & particuliers, soit par le Grand-Maître, les Lieutenans qui commanderont notre Artillerie dans la Province, ou par le Directeur-général, soient certifiés desdits Commissaires provinciaux lorsqu'ils y seront.

XI. Créons encore par le present Edit en titre d'offices vingt autres Commissaires provinciaux pour commander notre Artillerie en l'absence des Lieutenans provinciaux, faire les mêmes fonctions avec les mêmes honneurs, pour résider le plus ordinairement dans nos Villes d'Amiens ou Arras, Dunkerque, Ypres, Cambray, Tournay ou Valenciennes, Avennes, Philippeville, Metz, Verdun, Phalsebourg ou Mézieres, Scheletstadt, Bézançon, au Duché de Bourgogne, à Lyon, à

Mar-

Marginal notes:

Commissaires provinciaux , & leurs fonctions.

Vingt autres Commissaires provinciaux, & leurs fonctions en l'absence des Lieutenans.

Marfeille, en Languedoc, à Bourdeaux, à la Rochelle, en Bretagne, & en Normandie.

XII. Créons pareillement en titre d'offices par le prefent Edit cinq Commiffaires-généraux des ponts & travaux, pour réfider dans les Villes de Strasbourg, de Metz, de Lille, de Bayonne & de Grenoble, pour fuivre fur les ordres du Grand-Maître, foit qu'ils leur viennent directement, ou leur foient donnés par les Lieutenans-généraux ou autres Commandans nos Equipages d'Artillerie par-tout où pour notre fervice ils feront envoïés. Ils ferviront à la conftruction des ponts, paffages des fleuves, rivières, canaux, & ruiffeaux. Feront raccommoder les chemins par-où nofdits Equipages devront paffer; pour quoi leur fera fourni les outils néceffaires pris dans lefdits Equipages, & des Soldats auxquels ils auront droit de commander tant qu'ils feront occupés à faire lefdites réparations & autres travaux de terres. Ils auront autorité fur tous les Batteliers, Ouvriers, Charpentiers, Menuifiers, Chaudronniers & autres fervans à la conftruction defdits ponts, enforte qu'ils puiffent fe faire obéïr, & auront le pouvoir, en cas de réfiftance defdits Ouvriers emploïés fous eux, de les faire mettre en prifon fur le champ, dont ils ne pourront fortir que par la permiffion du Commandant l'Equipage. Ils veilleront à la confervation & entretenement de tous lefdits ponts, uftenfiles, & attirails en dépendans, tant dans les Places qu'en Campagne.

Cinq Commiffaires-généraux des ponts & des travaux, & leurs fonctions.

XIII. Créons par le prefent Edit en titre d'offices cent cinquante Commiffaires ordinaires de notre Artillerie, pour être mis en réfidence dans les Places de notre Roïaume, où fous les ordres du Grand-Maître ils commanderont notre Artillerie en abfence des Lieutenans-généraux, & des Lieutenans & Commiffaires provinciaux, auxquels étant prefens ils feront fubordonnés, de même que le feront à leur égard tous Commiffaires, Gardes provinciaux & particuliers, & tous autres Officiers inférieurs. Lefdits Commiffaires ordinaires auront dans lefdites Places les mêmes fonctions des Commiffaires provinciaux exprimées en l'article qui les concerne. Ils exécuteront & feront exécuter nos Ordonnances au fujet des Magafins pour la manière d'être tenus & gardés, & dont ils auront une clefs, enforte qu'il n'y puiffe rien entrer ni fortir qu'ils n'en aient connoiffance. Ils auront foin de vifiter les Canons, les Mortiers, les Bombes, les Grénades, les Affûts, les Avantrains, Chariots, & généralement tous attirails & munitions de Guerre, pour les faire tenir toûjours en bon état de fervice. Ils certifieront les inventaires que les Gardes provinciaux & particuliers doivent envoïer dans le commencement de chacune année au Grand-Maître de notre Artillerie, aux Lieutenans-généraux & provinciaux, & aux Directeurs-généraux; comme auffi les états des remifes & des confommations de quartier en quartier, & plus fouvent s'ils font de-

Cent-cinquante Commiffaires ordinaires, & leurs fonctions.

mandés; & ils tiendront la main à ce qu'il n'y soit point apporté de retardement par lesdits Gardes, & se mettront eux-mêmes en état, à leur défaut, d'informer le Grand-Maître, lesdits Lieutenans & ledit Directeur-général, dans le département duquel seront les Villes de leur résidence, de l'état desdits Magasins & munitions.

Un Capitaine-Conducteur-général de l'Artillerie, & ses fonctions. **XIV.** Créons par le même present Edit un Capitaine-Conducteur-général de l'Artillerie pour résider le plus ordinairement dans l'Arsenal de notre bonne Ville de Paris, pour conduire le Canon & tous les attirails d'Artillerie & munitions de Guerre sur nos Frontières & dans nos Armées, lequel aura la préférence des marchez qui pourroient être faits pour les levées de chevaux & mulets de trait & de somme, qui pourroient se faire; pour être ledit Capitaine-Conducteur-général envoïé par le Grand-Maître à la suite de nos Armées, pour conduire lesdits Canons, & tous attirails & munitions de guerre par-tout où besoin sera; faire raccommoder les chemins & passages, & y commander aux autres Capitaines-Conducteurs qui lui seront subordonnés; veiller à la conduite des Chartiers, & à ce que les chevaux des Equipages soient bien nourris & bien entretenus: le tout suivant les ordres du Grand-Maître & des Commandans des Equipages de notre Artillerie dans nos Armées.

Douze Capitaines-Conducteurs, & leurs fonctions. **XV.** Créons pareillement douze Capitaines-Conducteurs pour servir tant dans nos Places frontières que dans nos Armées, aux mêmes fonctions exprimées pour le Capitaine-Conducteur-général, lesquels feront aussi par préférence les levées de chevaux qui seront nécessaires pour voiturer toutes les armes & munitions de guerre dont il sera nécessaire de pourvoir les Arsenaux, Fonderies & Atteliers; & pour cet effet tiendront sur pied & prêt à marcher le nombre de chevaux qui leur sera ordonné dans chacun des départemens généraux, pour faire les voitures au prix qui sera réglé tous les ans d'avance.

Cinq Contrôleurs provinciaux, & leurs fonctions. **XVI.** Nous avons de la même autorité par le present Edit créé en titre d'offices cinq nos Conseillers-Contrôleurs provinciaux pour résider le plus ordinairement à Douay, à Metz, à Strasbourg, à Lyon, & à Perpignan, pour contrôler toutes les dépenses qui seront faites par les commis des Trésoriers-généraux de l'Artillerie à l'occasion d'icelles, & qui seront ordonnées par ceux à qui Nous en aurons donné le pouvoir, ou par ceux que le Grand-Maître de notre Artillerie aura commis à cet effet. Ils seront appellés aux marchez & traitez de quelques fournitures que ce puissent être, à ceux des travaux, réparations, constructions de Fonderies, d'Arsenaux, & à tout généralement ce qui concernera notre Artillerie dans leurs départemens, lesquels ils contrôleront, & en connoissance de cause pourront rebuter les armes, les munitions, & tout ce qui pourroit être défectueux. Ils contrôleront généralement tout ce qui entrera & sortira des Magasins,

fins,

fins, auront une clef de ceux des Places où ils réfideront, & pourront
fe faire donner en entrant par les Gardes-Magafins provinciaux & particuliers des inventaires de tout ce qui fera dans iceux, qu'ils mettront
fur un régître qu'ils tiendront, & fur lequel ils ajouteront toutes
les remifes qui feront faites dans lefdits Magafins & les confommations, afin d'être toûjours en état d'informer ceux qui commanderont notre Artillerie, le Directeur-général dans le département duquel ils feront, & le Contrôleur-général, de tout ce qui y fera, &
leur donner les éclairciffemens qu'ils leur demanderont; & ils feront
des vifites dans tous lefdits Magafins auffi fouvent qu'il en fera befoin,
particuliè ement dans les tems que les commandans de notre Artillerie dans lefdites Provinces y feront leurs tournées, & prendront
garde que l'ordre y foit apporté en toutes chofes, conformément à
nos Ordonnances. Lefdits Contrôleurs provinciaux feront prefens
à toutes les revûës de chevaux & mulets, aux receptions d'iceux, aux
revûës des Officiers; ils donneront les certificats de fervices, de
morts ou de bleffés; ils contrôleront tous congez. Lorfqu'il décédera
des Officiers d'Artillerie, ils feront les inventaires de leurs effets, &
procès verbaux de vente, même celles des chevaux & mulets de ceux
qui en auront fait les entreprifes, de concert avec les Commiffaires
des Places ou Majors des Equipages.

XVII. Créons auffi dix-neuf autres nos Confeillers-Contrôleurs provinciaux pour réfider ordinairement dans les Villes d'Amiens ou Arras, à Dunkerque, à Ypres, à Cambray, à Tournay ou Valenciennes, à Avennes, à Philippeville, à Verdun, à Phalfebourg, ou Mézières, à Scheleftadt, à Bezançon, au Duché de Bourgogne, en Dauphiné, à Marfeille, en Languedoc, à Bourdeaux, à la Rochelle, en Bretagne, & en Normandie; ainfi qu'ils feront départis par le Grand-Maître
de notre Artillerie, & feront les mêmes fonctions exprimées ci-
deffus.

Dix-neuf autres Contrôleurs provinciaux, & leurs fonctions.

XVIII. Nous avons de la même autorité créé & érigé en titre
d'office, créons & érigeons un Commiffaire-Garde provincial de
l'Ifle de France, pour réfider dans l'Arfenal de notre bonne Ville
de Paris, où il fe chargera par inventaire général de tout ce qui fe trouvera dans les Magafins de l'Arfenal ou ailleurs, d'armes, munitions
& attirails de Guerre, & enfuite par récépiffez de tout ce qui lui
fera remis, & tiendra le tout en bon état de fervice. Ledit inventaire
fera tranfcrit fur un régître, lequel fera paraphé par le Contrôleur
de la Province, & enfin certifié par les Commiffaires provincial ou
ordinaire, & contrôlé dudit Contrôleur; enfuite duquel inventaire
fera mis fur le même régître, d'un côté les recettes de tout ce qu'il
recevra pendant & jufqu'en fin de l'année, où il obfervera les calibres,
le poids, la longueur, la qualité des Piéces de Canon & armes, la quantité,

Un Commiffaire-Garde provin-cial de l'Ifle de France, & fes fonctions.

tité , la qualité & le poids des munitions, le lieu d'où le tout sera venu, le jour de la reception, & les noms de ceux qui les auront remis, desquels récépissez il prendra soin de retirer des ampliations ; à l'autre côté du régître il écrira la dépense ou consommation de ce qu'il délivrera, qu'il désignera de même, dont il gardera par-devers lui les ordres des Commandans qui lui auront été remis , avec les récépissez dûement contrôlés de ceux à qui il les aura délivrés , & fera à la fin de chaque année certifier & contrôler ledit régître comme dessus. Les Commissaires-Gardes-Magasins particuliers des Places de l'Isle de France que Nous voulons être subordonnés audit Commissaire-Garde provincial , & qui observeront la même régle, tant pour leurs recettes que pour leurs consommations , lui envoïeront à la fin de chacune année leurs régîtres avec les ampliations de leurs récépissez , & les piéces justificatives desdites consommations, sur lesquelles il formera un état général , Place par Place, la sienne comprise , du montant desdits inventaires des remises & des consommations, où sera marqué en forme de reprise, aussi Place par Place, ce qui restera d'armes, munitions, & autres choses avec les mêmes observations, afin que chacun desdits Gardes puisse recommencer dans l'année suivante un pareil inventaire sur un nouveau régître, & y mettre de même les nouvelles remises & les consommations, & ne soit chargé que de ce qui le regardera. Ledit état général des recettes & consommations, ensemble des piéces justificatives, seront remis par l'ordre du Grand-Maître par ledit Commissaire-Garde provincial ou Directeur-général qui aura le département de l'Isle de France, pour être examiné & visé par lui, & ensuite arrêté par le Grand-Maître, dont lui sera délivré un double, lequel fera sa décharge, & sur lequel aussi Nous voulons que ledit Commissaire-Garde provincial puisse décharger lesdits Gardes particuliers. Ledit Garde provincial sera tenu en outre, aussi-bien que les Gardes particuliers, de donner tous les quartiers au Commandant de l'Artillerie de la Province des états certifiés & contrôlés de tout ce qui sera dans les Magasins du lieu, dont il sera chargé en particulier, aussi-bien qu'au Directeur-général, & même toutes fois & quantes qu'il y aura eu de grosses consommations, afin qu'ils soient toûjours en état de rendre compte desdits Magasins au Grand-Maître & au Secrétaire d'Etat de la Guerre, pour être pourvû aux besoins d'armes & munitions.

Vingt-cinq autres Commissaires-Gardes provinciaux, & leurs fonctions.

XIX. Créons pareillement vingt-cinq autres Commissaires-Gardes provinciaux qui seront chargés particulièrement des Magasins des Villes d'Amiens, Douay, Dunkerque, Lille, Ypres, Cambray, Tournay, Avennes, Philippeville, Metz, Phalsebourg, Verdun, Strasbourg, Sche'estadt, Bezançon, Auxonne, Lyon, de l'Entrepôt de Grenoble, Perpignan, Marseille, du Principal de Languedoc, de celui de

Bour-

Bourdeaux, la Rochelle, & des Principaux de Bretagne & de Normandie, aux mêmes fonctions ci-deffus expliquées pour celui de l'Ifle de
France ; auxquels Gardes provinciaux feront fubordonnés les Commiffaires-Gardes particuliers des Villes le plus à portée de celles de
leur réfidence, fuivant les départemens qui en feront donnés par le
Grand-Maître de notre Artillerie. Ils commanderont notre-dite Artillerie, foit dans la Ville de leur réfidence, ou dans la principale où ils
feront départis, en l'abfence de tous Lieutenans-généraux, Lieutenans
& Commiffaires provinciaux, & Commiffaires ordinaires, auxquels
ils feront fubordonnés : & comme ils doivent avoir foin que les Armes qui feront dans les Magafins defdites Villes dont ils feront chargés, foient en bon état de fervice, ils prendront des certificats des
Commiffaires provinciaux ou ordinaires des dépenfes qu'ils auront
faites à cette occafion, pour être portés aux Gouverneurs ou Commandans de nos Places pour avoir les leurs, fur lefquels nous voulons
que leur rembourfement foit ordonné par le Grand-Maître où par celui qu'il aura commis fur les lieux à cet effet.

XX. Créons auffi fix Commiffaires-Gardes-Parcs pour fuivre *Six Commiffai-*
nos Armées, lefquels en paix & pendant l'hiver qu'ils ne feront pas *res-Gardes-*
à la fuite de nos Armées, ferviront d'Aides aux Commiffaires-Gar- *Parcs, & leurs*
des provinciaux que Nous avons créés par le prefent Edit, qui doi- *fonctions.*
vent être dans les Villes de Strasbourg, de Metz, de Maubeuge, de
Douay, de Grenoble & de Perpignan, où ils pourront être chargés
par lefdits Commiffaires-Gardes provinciaux de foins particuliers d'armes & munitions, tels que lefdits Commiffaires-Gardes provinciaux
le trouveront à propos pour le bien de notre fervice. Lefdits Commiffaires-Gardes-Parcs, lorfqu'ils iront à la fuite de nos Armées, fe
chargeront par états ou inventaires certifiés des Commiffaires provinciaux ou de réfidence, & dûement contrôlés du Contrôleur provincial, de toutes les munitions de Guerre qui feront ordonnées pour
nofdites Armées, dont ils donneront leurs récépiffez auxdits Commiffaires-Gardes, auffi-bien que de ce qui fera envoïé par eux pendant la
Campagne, portant promeffe de leur en compter. Ils feront les diftri-
butions qui leur feront ordonnées dans lefdits Parcs par les Lieutenans-
généraux, particuliers, ou autres Commandans nos Equipages, dont
ils retireront les reçûs pour en compofer des états de confomations
qu'ils remettront auxdits Gardes après leur Campagne, certifiés defdits Commandans, & contrôlés du Contrôleur de la fuite des Equipages, pour être par eux déchargés.

XXI. Créons pareillement quarante Commiffaires-Gardes par- *Quarante Com-*
ticuliers des Magafins, pour être mis dans les Villes de Brifac, du *miffaires-Gar-*
Fort-Louis du Rhin, de Betfort, Hunninghen, Thionville, Longouy, *particuliers, &*
Sarlouis, Mézières, Marfal, Bergues, Gravelines, Calais, Arras, Aï- *leurs fonctions.*
re,

EEe 3

re, Saint-Omer, Menin, Condé, le Quenoy, Landrecy, Maubeuge, Charlemont, Givets, Rocroy, Sedan, Briançon, Narbonne, Ambrun, Dijon, Salins, Bayonne, Brouage, Oleron, l'Isle de Ré, Blaye, Saint-Malo, Belle-Isle, Brest, Havre-de-Grace, Caën & Dieppe; lesquels seront chargés de tout ce qui sera dans les Magasins desdites Places, sur les remparts & ailleurs, concernant ladite Artillerie, de la même manière qu'il a été exprimé pour les Commissaires-Gardes provinciaux, & compteront aussi dans la forme qui a été prescrite; commanderont l'Artillerie desdites Places en l'absence de tous Lieutenans-généraux, Lieutenans & Commissaires provinciaux, Commissaires ordinaires, & Commissaires-Gardes provinciaux, & seront remboursés, de même que lesdits Commissaires-Gardes provinciaux, des dépenses qu'ils feront à l'occasion de la propreté & entretien des Armes qui seront dans les Magasins dont ils seront chargés.

Cent autres Offices de Commissaires-Gardes-Magasins dans les Places, Citadelles, & Châteaux. XXII. Nous créons aussi par le present Edit cent autres offices de Commissaires-Gardes-Magasins, pour être départis dans cent autres Places, Citadelles, & Châteaux de notre Roïaume, & Païs de notre obéïssance, pour y faire les mêmes fonctions des quarante ci-devant créés pour quarante Places plus considérables.

Trente-cinq autres Offices de Commissaires-Gardes-Magasins dans les petites Places. XXIII. Créons encore par le present Edit trente-cinq autres offices de Commissaires-Gardes-Magasins, pour être départis par le Grand-Maître de notre Artillerie dans trente-cinq des plus petites Places de notre Roïaume & Païs de notre obéïssance, aux mêmes fonctions, & pour être chargés de même de toutes munitions, armes & attirails de Guerre, & d'en compter de la même manière que les Commissaires-Gardes ci-dessus.

Un Commissaire-général des Poudres & des Salpêtres. XXIV. Créons par notre-dit present Edit un notre Conseiller-Commissaire-général des Poudres & Salpêtres dans l'étenduë de notre Roïaume, auquel seul avons attribué la connoissance d'examiner la qualité des Poudres & Salpêtres, & qu'il tienne la main à ce qu'il ne soit rien altéré des qualitez & quantitez des matières énoncées dans nos Ordonnances, & à ce que les Salpêtriers se conforment à icelles pour la recherche du Salpêtre dans les maisons des Particuliers; & en cas que quelqu'un y contrevienne, il en fera faire des procès verbaux, pour être remis aux Intendans des Provinces où les contraventions seront arrivées pour y faire droit. Ledit Commissaire-général retirera des Gardes-Magasins des récépissez en bonne forme de toutes les Poudres & Salpêtres qu'il fournira, fera radouber & resécher conformément à son bail; & après qu'elles auront en sa presence, ou en celle de ses Commis ou Préposez, été éprouvées en la manière accoutumée, il sera païé de ladite fourniture sur lesdits récépissez, qui seront visés de celui des Directeurs-généraux dans le département duquel elle aura été faite, lesquels récépissez seront contrôlés des Contrôleurs général ou provincial. XXV.

XXV. Créons auſſi cinq Commiſſaires-Inſpecteurs des Poudres & Magaſins, pour réſider le plus ordinairement dans les Villes de Straſbourg, Metz, Douay, Lyon & Perpignan, où ils verront de tems en tems les Poudres deſdits Magaſins, leur qualité, & la manière dont elles feront tenues, en préſence des Officiers de l'Artillerie qui feront dans leſdites Villes, qui leur feront faire ouverture de tous les lieux où elles feront. Si elles font en mauvais ordre, ils en avertiront les Commandans, & en donneront avis au Directeur-général dans le département duquel ils feront. Ils aſſiſteront à toutes les épreuves des Poudres & Salpêtres, s'emploïeront d'ailleurs à faire ceſſer les troubles & empêchemens qui pourroient être faits aux Commis du Commiſſaire-général, ſur leſquels ils auront inſpection, auſſibien que ſur tous les Salpêtriers & Ouvriers fabricateurs deſdites Poudres & Salpêtres; ſolliciteront le jugement des procès qui pourroient intervenir à l'occaſion de la recherche & achats des matières ſervant auxdites fabrications.

Cinq Commiſſaires - Inſpecteurs des Poudres & des Magaſins.

XXVI. Créons encore & érigeons en titre d'office par notre preſent Edit un Commiſſaire-général des Fontes, pour réſider dans l'Arſenal de notre bonne Ville de Paris, être logé dans la Fonderie, avoir inſpection ſur tous les autres Fondeurs, & être emploïé à la confection de tous les ouvrages de fonte qui s'y feront, tant pour les Canons, Mortiers, qu'autres, de quelque nature qu'ils puiſſent être, dont il ſera païé ſuivant les marchez ordinaires, après que leſdits ouvrages auront été éprouvés & reçûs par les Officiers d'Artillerie que le Grand-Maître commettra à cet effet. Il aura droit d'aſſiſter à toutes les épreuves des différentes inventions qui ſe feront à Paris, tant pour les Canons, Mortiers, qu'autres Bouches à feu de fonte qui ſe couleront dans les fourneaux à feu.

Un Commiſſaire-général des Fontes, & ſes fonctions.

XXVII. Créons auſſi un notre Conſeiller premier Aumônier de notre Artillerie, pour réſider ordinairement dans l'Arſenal de notre bonne Ville de Paris, & pour ſuivre le Grand-Maître lorſqu'il ira en perſonne commander les Équipages d'Artillerie en nos Armées; un Chapelain pour célébrer la Meſſe tous les jours audit Arſenal aux Officiers & autres qui y font réſidence & y ſont habitués; quatre autres Aumôniers pour être départis dans nos Armées par le Grand-Maître pour y célébrer la Meſſe & adminiſtrer les Sacremens aux Officiers, Ouvriers, & autres emploïés dans nos Équipages.

Un premier Aumônier, un Chapelain, & quatre autres Aumôniers.

XXVIII. Créons pareillement un Maréchal des Logis de notre Artillerie, pour ſervir dans celle de nos Armées où il ſera envoïé par le Grand-Maître ſous les ordres de celui qui la commandera, & faire les logemens & campemens des Officiers, Ouvriers, & Troupes d'Artillerie ſervant à la garde d'icelle; pour quoi & pour ſçavoir les maiſons & terrains qui leur ſeront deſtinés, il ſuivra exactement

Un Maréchal des Logis, & ſes fonctions.

l'Officier

l'Officier Général de l'Armée qui ira avec le Maréchal-général des Logis de l'Armée aux Campemens, & marquera à chacun defdits Officiers, Troupes d'Artillerie, & Ouvriers, les endroits qu'ils devront occuper; & aux Equipages ceux où ils devront parquer, auffi-bien que ceux où les munitions devront être mifes en fûreté de feu. Il prendra garde qu'il y ait affez d'Officiers, Sergens, & Soldats pour la garde des Parcs, & pofera lui-même les Sentinelles néceffaires pour prévenir tous les defordres. Il aura foin auffi de fe faire donner des endroits pour les fourages des Equipages & ceux des Officiers, proportionnés au nombre de chevaux qu'il y aura, dont il aura connoiffance par un état général que le Commandant de l'Equipage lui fera remettre, & auquel Commandant il rendra compte de tout ce qu'il fera dans fon emploi.

Un premier Fourrier, & quatre Fourriers ordinaires.

XXIX. Créons auffi fous ledit Maréchal des Logis un premier Fourrier pour faire fous lui les fonctions ci-deffus, & quatre Fourriers ordinaires pour fervir dans nos Armées.

Un Prévôt-général, un Lieutenant, un Exempt, un Greffier, & douze Archers.

XXX. Créons pareillement un Prévôt-général, un Lieutenant de la Prévôté, un Exempt, un Greffier & douze Archers. Ledit Prévôt, ou ledit Lieutenant, fera envoïé par le Grand-Maître, avec lefdits Exempt, Greffier, & les Archers qu'il jugera à propos, à la fuite des Equipages de l'Artillerie de nos Armées, où il connoîtra des différends entre les Officiers & Ouvriers; arrêtera ceux qu'il lui fera ordonné par le Commandant de ladite Artillerie; inftruira les procès pour en être le jugement renvoïé par-devant le Bailly de l'Arfenal; paffera entre eux tous actes de procuration & autres néceffaires: lefdits Archers pourront fervir fous lui à porter les ordres du Grand-Maître, & de fes Lieutenans Commandans, par-tout où il leur fera ordonné; ferviront même aux convois de munitions, & à faire les vifites des quartiers dans lefquels on fera hiverner des chevaux d'Artillerie.

Un premier Médecin, un premier Chirurgien, un premier Apoticaire; deux Médecins, huit Chirurgiens & quatre Apoticaires ordinaires.

XXXI. Créons auffi par le prefent Edit un notre Conseiller premier Médecin de notre Artillerie, un premier Chirurgien, un premier Apoticaire, pour réfider ordinairement dans ledit Arfenal, pour fuivre le Grand-Maître dans nos Armées; deux autres Médecins, huit Chirurgiens, & quatre Apoticaires ordinaires, pour être départis par le Grand-Maître, lorfqu'il jugera à propos, à la fuite des Equipages de nos Armées. Jouïront lefdits Médecins, Chirurgiens & Apoticaires, des mêmes franchifes & libertez dont ont jouï en vertu de nos Edits & Déclarations ceux qui ont été ci-devant nommés fur les commiffions du Grand-Maître, en ce qui n'y aura pas été dérogé, & conformément à notre Déclaration du vingt Février mille fix cens foixante-dix-fept, de la même manière qu'en jouïffent actuellement ceux qui font pourvûs, & que Nous avons fupprimés

par

par le prefent Edit. Le premier Médecin examinera les Lettres des
deux Médecins ordinaires, donnera le fujet des chefs-d'œuvres aux
huit Chirurgiens & quatre Apoticaires ordinaires : il examinera conjointement avec le premier Chirurgien ceux des Chirurgiens, & ceux
des quatre Apoticaires avec le premier Apoticaire, pour préfenter au Grand-Maître lefdits Chirurgiens & Apoticaires, s'il les croit
capables d'en avoir fes nominations pour être pourvûs.

XXXII. Créons encore un Capitaine-général & huit autres Ca- Un Capitaine-
pitaines d'Ouvriers qui feront Armuriers, Artificiers, Forgeurs, Chau- général d'Ou-
dronniers, Charpentiers, Menuifiers, Charrons & Tonneliers; & huit vriers, huit au-
Maîtres-Ouvriers defdits métiers, pour être toûjours prêts à fuivre & huit Maîtres-
les ordres du Grand-Maître, foit qu'ils doivent être départis à la Ouvriers.
fuite des Equipages d'Armées ou dans les Provinces, ou refter aux
ouvrages qui pourront être néceffaires dans l'Arfenal de notre bonne
Ville de Paris. Lefdits Capitaines commanderont aux Maîtres-Ouvriers, & les Maîtres-Ouvriers à ceux qui travailleront où ils fe trouveront. Auront lefdits Capitaines & Maîtres-Ouvriers la liberté de
tenir boutique dans notre bonne Ville de Paris: ils joüiront des droits
de Maîtrife tant qu'ils poffféderont lefdits offices, & conferveront
ledit droit de Maîtrife lorfqu'ils ne vendront lefdits offices qu'après
les avoir poffédés vingt ans.

XXXIII. Et de la même autorité Nous avons créé, érigé, infti- Officiers du Bail-
tué & établi dans notre bonne Ville de Paris en titre d'office un liage du Louvre
notre Confeiller Bailly d'Epée du Bailliage du Château du Louvre, & leurs fonc-
Artillerie, Poudre & Salpetre par tout le Roïaume, Arfenal de Pa- tions.
ris & fes dépendances; un notre Confeiller Lieutenant-général audit Bailliage, un notre Confeiller Avocat, un notre Confeiller Procureur, un notre Confeiller Subftitut de notre-dit Procureur, un Greffier, quatre Procureurs poftulans, deux Huiffiers Audienciers Prifeurs
& Vendeurs de meubles, douze autres Huiffiers exploitans. Joüira le Privilége du
Bailly d'Epée des mêmes prérogatives & prééminences dont joüiffent Bailly d'Epée.
les autres Baillifs d'Epée dans nos autres Siéges, fuivant nos Edits &
Déclarations.

XXXIV. Voulons que le Lieutenant-général du Bailliage de l'Ar- Attributions du
tillerie connoiffe privativement à tous autres Juges de tous procès mûs Lieutenant-gé-
& à mouvoir pour le fait des Poudres & Salpêtres, & généralement néral du Baillia-
de tout ce qui concerne l'exécution des traitez & marchez de notre ge.
Artillerie, circonftances & dépendances par tout notre Roïaume &
Terres de notre obéïffance, fans préjudice néanmoins aux Habitans des
Frontières qui auront loué, ou fur lefquels auront été pris des chevaux ou harnois, ou qui auront fait des fournitures de munitions de
Guerre pour le fervice de l'Artillerie, d'en pourfuivre le paiement,
après le fervice fait, devant les Baillifs & Sénéchaux des lieux, con-

formément à l'Article trois cens quarante-huit de l'Ordonnance faite à Blois en 1579, que Nous voulons être exécutée selon sa forme & teneur.

Attributions du Bailliage du Louvre & de l'Arsenal.

XXXV. Connoîtront les Officiers du Bailliage de l'Artillerie, privativement à tous autres Juges, de toutes matières civiles, & criminelles, appositions des scellez, confections des inventaires, tutelles & curatelles, gardenobles & bourgeoisies, ventes judiciaires des meubles & effets appartenant aux Domiciliez dans l'enclos du Château du Louvre, du grand & petit Arsenal, qui consiste depuis la grande porte près les Célestins, jusqu'à la porte qui rend à la rue Saint-Antoine, Mail, circonstances & dépendances, même de la vente de leurs immeubles par saisies & criées, vente & adjudication par decret, & de la distribution des deniers en la manière accoutumée entre les opposans, & autres prétendans droit sur lesdits biens & effets. Connoîtront pareillement lesdits Officiers de notre Bailliage de l'Artillerie, par attribution, de toutes les causes des Officiers de l'Artillerie, comme aussi de celles des Domiciliez & Personnes demeurans dans l'enclos du grand & petit Arsenal, Mail, circonstances & dépendances; ensorte que ceux qui y sont domiciliez, ne puissent être assignés en défendant que devant le Bailly dudit Arsenal. Faisons très-expresses inhibitions & défenses à tous autres Juges d'en prendre aucune connoissance, & s'entremettre directement ou indirectement sous quelque prétexte que ce puisse être, des attributions & matières susdites accordées par notre present Edit aux Officiers du Bailliage de l'Artillerie, à peine de répondre des dommages & intérêts des Parties en leurs noms. Les sentences & jugemens de notre-dit Bailliage de l'Artillerie seront exécutés dans toute l'étendüe de notre Roïaume sans Visa, ni Pareatis, de même que si lesdites sentences & jugemens étoient scellés de notre grand Sceau. Défendons à nos Siéges Présidiaux & à tous autres Juges d'y apporter aucun empêchement sur les peines susdites. Faisons défenses à aucun Procureur autres que ceux que Nous avons créés par le present Edit, de postuler dans ladite Jurisdiction, à peine de mille livres d'amende.

Attributions aux Huissiers du Bailliage.

XXXVI. Voulons aussi que les deux Huissiers - Audienciers Priseurs & Vendeurs de meubles, créés par notre present Edit, fassent seuls dans l'enclos du grand & petit Arsenal, Mail, circonstances & dépendances, les prisées, expositions & ventes de meubles tant volontaires que forcées, des biens - meubles, après les appositions & levées de scellez ou inventaires, ou en exécutant les actes passés devant Notaires, sentences ou arrêts, à peine de trois mille livres d'amende contre les contrevenans. Jouïront en outre tant lesdits Huissiers - Audienciers Priseurs & Vendeurs de meubles, qu'autres Huissiers créés par notre present Edit, du droit & faculté d'exploiter par tout le Roïau-

Roïaume concurremment avec les Huiffiers du Châtelet & autres Huiffiers Roïaux, de mettre à exécution tous jugemens, fentences & arrêts
de quelques Cours & Jurifdictions qu'ils foient émanés, nonobftant
tous Edits à ce contraires, auxquels avons dérogé par ces Prefentes.

XXXVII. L'appel des fentences & jugemens de notre Bailly
de l'Artillerie fe relevera au Parlement de Paris, auquel feul l'avons attribué. Défendons à nos autres Cours de Parlement d'en prendre connoiffance. *Des appellations du Bailliage.*

XXXVIII. La Jurifdiction & Juftice du Bailliage de l'Artil-
lerie fera tenue, exercée & établie dans le Château de l'Arfenal à
Paris dans le lieu qui fera par Nous deftiné, fuivant l'arrêt de notre
Confeil Privé du 28 Décembre 1572. *Sa Séance à l'Ar-fenal.*

XXXIX. Voulons que ceux qui acquerront les offices créés par
le prefent Edit, en foient pourvûs fur les quittances du Tréforier de
nos revenus cafuels, qui leur feront délivrées par lui en vertu des Rolles qui en feront arrêtés en notre Confeil, pour faire les fonctions
exprimées audit Edit, & jouïr des gages & appointemens qui leur feront par Nous attribués, & dont le fonds fera fait annuellement dans
nos Etats, & remis aux Tréforiers-généraux de notre Artillerie, pour
être païés par eux ou leurs Commis auxdits Officiers de quartier en
quartier; & que lorfque pour le bien de notre fervice le Grand-Maître
& Capitaine-Général de notre Artillerie choifira & détachera aucuns des Officiers créés par le prefent Edit pour être dans nos Equipages d'Armées, ils y reçoivent, outre lefdits gages & appointemens
ci-deffus qui leur feront confervés comme s'ils étoient prefens, les
aides & extraordinaires qui feront réglés à cet effet par des états qui
feront arrêtés par le Grand-Maître, & qu'ils jouïffent des droits de
teries & de cloches fuivant les répartitions que ledit Grand-Maître en
fera entre eux. *Des provifions, des quittances de finance, des gages, appointe- mens, aides & droits des Offi- ciers.* *Droits des Offi- ciers lorfqu'ils ferviront dans les Equipages.*

XL. Voulons auffi qu'en cas que Nous rendions ou faffions démolir aucune des Places où feront lefdits Officiers en réfidence, lefdits gages & appointemens qui leur y feront attribués, leur foient confervés & païés jufqu'à ce qu'ils foient remplacés, & qu'ils foient lo-
gés dans les Villes de leur réfidence en la manière accoutumée. *Si le Roi rend ou fait démolir une Place, les droits des Offi- ciers feront con- fervés.*

XLI. Voulons que le premier Lieutenant-général de notre Artillerie, le Lieutenant-général de l'Ifle de France, le Lieutenant provincial, le Commiffaire provincial dudit département, le Secrétaire-
général, le premier Aumônier & le Chapelain, & autres Officiers
& Ouvriers de l'Arfenal de Paris créés par le prefent Edit, foient
logés dans ledit Arfenal, comme auffi ceux confervés par ledit prefent Edit en la manière accoutumée; & à l'égard des Directeurs, qu'ils
occupent le logement qui étoit attribué à la charge de Surintendant-
général des Poudres & Salpêtres. *Quels Officiers auront leurs lo- gemens dans l'Arfenal.*

FFf 2　　　　　　　　　　　XLII.

Les Lieutenans & Commissaires pourront obtenir des Lettres d'Etats.

XLII. Voulóns pareillement que les Lieutenans & Commissaires qui serviront actuellement, soit dans nos Equipages d'Armées ou dans nos Places frontières pendant la Guerre, aient nos Lettres d'Etat ainsi que les Officiers de nos Troupes.

Quels Officiers jouïront du droit de Committimus.

XLIII. Jouïront le premier Lieutenant-général, les deux Directeurs-généraux, les sept autres Lieutenans-généraux, les vingt-cinq Lieutenans provinciaux, les cinq Commissaires provinciaux premiers créés par le présent Edit, le Capitaine-Conducteur-général, les six Contrôleurs provinciaux premiers créés par ledit présent Edit, le Commissaire-Garde provincial de l'Arsenal de Paris, le Commissaire-général des poudres & salpêtres, les cinq Commissaires-généraux des ponts & travaux, le Commissaire-général des fontes, le Secrétaire-général de notre Artillerie, le premier Aumônier, le premier Médecin, le premier Chirurgien, & le premier Apoticaire de notre-dite Artillerie, le Bailly d'Épée de notre Bailliage de l'Arsenal de Paris, le Lieutenant-général, notre Avocat, notre Procureur audit Bailliage, le Substitut de notre-dit Procureur & le Greffier dudit Bailliage, le Maréchal-général des Logis, le Prévôt-général & son Lieutenant, du droit de Committimus en notre grande Chancellerie en qualité d'Officiers Commensaux de notre Maison.

Places de Commensaux à la disposition du Grand-Maître.

XLIV. Et pour les autres places de Commensaux restant du nombre de cent-un que nous avons accordées par le présent Edit, dans lesquels sont aussi compris les Contrôleurs & Trésoriers-généraux réservés; elles pourront être données par le Grand-Maître à ceux des autres Officiers d'Artillerie qu'il jugera à propos de recompenser des services qu'ils Nous auront rendus; & ceux auxquels cette-dite qualité de Commensaux sera accordée, seront emploïés dans l'Etat que le Grand-Maître & Capitaine-Général de notre Artillerie envoye tous les ans en notre Cour des Aides, en vertu duquel ils jouïront des priviléges & exemptions qui y sont attribués.

Quels Officiers pourront prendre la qualité d'Ecuyer.

XLV. Et pourront les Lieutenans & Directeurs-généraux, le Secrétaire-général, les Lieutenans provinciaux, les Commissaires provinciaux créés Commensaux, le Commissaire-général des poudres & salpêtres, & le Bailly d'Epée, prendre la qualité d'Ecuyer, tant qu'ils posséderont lesdits Offices.

Committimus dans les Provinces.

XLVI. Et les autres Officiers créés par le présent Edit jouïront du droit de Committimus près nos Cours, dans le ressort desquels ils feront leur résidence conformément à notre Ordonnance du mois d'Août 1669.

Exemptions.

XLVII. Jouïront aussi de l'exemption de logement de Gens de Guerre, de tutelle, curatelle, nomination à icelles, séquestres & autres charges publiques, même de l'exemption de tailles, crües y jointes, & d'ustensile de nos Gens de Guerre, s'ils n'y ont point été impo-

sés

fés avant l'acquifition de leurs offices, & pour quoi ils ne pourront être augmentés, mais feulement au fol la livre des autres acquifitions qu'ils pourroient faire.

XLVIII. Jouïront auffi les Lieutenans, Directeurs, Contrôleurs, Tréforiers-généraux, le Secrétaire-général, aucuns des Lieutenans & Commiffaires provinciaux, le Capitaine-Conducteur-général, l'Aumônier, le Bailly d'Epée, & aucuns des autres Officiers, du droit de Franc-falé: au moyen de quoi il fera délivré chaque année au Secrétaire de l'Artillerie la quantité de fel qui fera par Nous ordonnée, pour être enfuite diftribué fuivant l'état de repartition qui en fera arrêté par le Grand-Maître. *Franc-falé.*

XLIX. Voulons que tous les Officiers fervans actuellement dans notre Artillerie qui acquereront des offices créés par le prefent Edit, confervent leur rang entre lefdits Officiers du jour de la date de leurs commiffions. *Les Officiers garderont leur rang du jour de leur Commiffion.*

L. Et que nos Lettres de provifions leur foient expédiées fur les nominations du Grand-Maître de notre Artillerie. *Nomination du Grand-Maître.*

LI. Que les Lieutenans & Directeurs-généraux, les Lieutenans & Commiffaires provinciaux, le Secrétaire-général, les Commiffaires ordinaires, le Capitaine-Conducteur-général, le Commiffaire-Garde provincial de l'Ifle de France, le Commiffaire-général des poudres & falpêtres, les cinq Commiffaires-généraux des ponts & travaux, le Commiffaire-général des fontes, le premier Aumônier, le Maréchal-général des Logis, le Prévôt-général & fon Lieutenant, les premiers Médecin, Chirurgien, & Apoticaire, prêtent le ferment par-devant le Grand-Maître, ou devant ceux qu'il aura commis dans les Provinces pour les recevoir en fon nom, & qu'ils prennent fur leurfdites provifions fon attache. *Serment, par qui prêté devant le Grand-Maître.*

LII. Que les Capitaines-Conducteurs particuliers de notre Artillerie, les Commiffaires-Gardes provinciaux, les Commiffaires-Gardes-Parcs, les Commiffaires-Gardes particuliers, les Commiffaires Infpecteurs des fontes, poudres & Magafins, les Capitaines & Maîtres-Ouvriers, lefquels, comme dit eft, feront tous nommés par le Grand-Maître, & fur les nominations duquel leurs provifions feront expédiées, foient reçûs, & prêtent le ferment devant celui des Directeurs-généraux dans le département duquel ils devront fervir, & prennent fon certificat, à l'effet de quoi les Directeurs-généraux pourront commettre dans les Provinces, à leur choix, un des Commiffaires provinciaux ou Commiffaires ordinaires, pour recevoir ceux auxquels notre fervice ne permettra pas de fe rendre auprès d'eux. *Serment, par qui prêté devant les Directeurs-généraux.*

LIII. Que les Contrôleurs provinciaux qui obtiendront nos Lettres de provifions fur la nomination du Grand-Maître, foient reçûs & prêtent le ferment devant les Contrôleurs-généraux dont ils prendront le certificat. *Serment, par qui prêté devant les Contrôleurs-généraux.*

LIV.

Les Aumôniers & le Chapelain feront préſentés par le premier Aumônier.

LIV. Que les Aumôniers qui devront ſervir à la ſuite des Equipages de nos Armées, & le Chapelain de l'Arſenal de notre bonne Ville de Paris, ſoient préſentés au Grand-Maître par le premier Aumônier, après qu'il aura été fait par-devant lui une information de leurs bonne vie & mœurs, dont il délivrera acte, pour être préſenté au Grand-Maître, lequel donnera ſes nominations, ſur leſquelles ils obtiendront nos Lettres de proviſions.

Les Médecins & Chirurgiens feront préſentés par le premier de leur Art. Comment les Officiers du Bailliage préteront ſerment.

LV. Et que les Médecins & Chirurgiens ſoient de même préſentés au Grand-Maître par les premiers de leur Art, que Nous avons créés par le preſent Edit, & reçûs de même ſur nos Lettres.

LVI. Et quant aux Officiers du Bailliage, voulons qu'après que le Grand-Maître Nous les aura nommés pour obtenir nos Lettres de proviſions, ledit Bailly d'Epée, le Lieutenant-général, notre Avocat & notre Procureur, prétent le ſerment devant les Gens tenans notre Cour de Parlement, & les autres Officiers dudit Bailliage par-devant le Lieutenant-général d'icelui.

Les rangs feront gardés ſuivant les Ordonnances entre les Officiers.

LVII. Et à l'égard des rangs qui doivent être gardés entre leſdits Officiers d'Artillerie, ceux de nos Troupes de ladite Artillerie, & ceux de nos autres Troupes; Nous nous réferons aux Ordonnances qui ont été ci-devant rendues, auxquelles Nous nous réſervons d'ajouter dans la ſuite ce que Nous jugerons à propos pour le bien & l'avantage deſdits Officiers d'Artillerie.

Tous les Offices créés à titre de ſurvivance, dont ne ſera païé aucun droit pour la première fois.

LVIII. Tous leſquels offices contenus au preſent Edit Nous avons créés à titre de ſurvivance, enſemble les gages & appointemens qui ſeront fixés par les Rolles qui ſeront arrêtés en notre Conſeil, & dont le fonds ſera fait par nos Etats, & païés aux Acquereurs, comme il eſt dit ci-devant, ſans que les Pourvûs ſoient tenus de Nous païer, ni au Grand-Maître, aucun droit de ſurvivance pour cette première fois ſeulement, dont Nous les avons diſpenſés & diſpenſons.

Fixation du droit de ſurvivance.

LIX. En afin de faciliter auxdits Officiers les moyens de conſerver leſdits offices à leur famille, Nous avons réduit & modéré le droit de ſurvivance à la moitié des gages d'une année, que Nous voulons qui appartienne au Grand-Maître de notre Artillerie à toutes mutations deſdits offices.

Privilèges des Prêteurs, même par préférence au Roi.

LX. Voulons que ceux qui prêteront le tout ou partie de la finance pour acquerir les offices créés par le preſent Edit, aient la préférence par privilège à tous autres Créanciers des Acquereurs, même à Nous, ſur le prix des offices, juſqu'à concurrence des ſommes qu'ils auront prêtées, & que les Tréſoriers de nos revenus caſuels en faſſent mention, s'ils en ſont requis, dans les Quittances de finance qu'ils expédieront, & des noms & qualitez de ceux qui auront prêté, ſans que le défaut d'expreſſion du prêt dans les quittances puiſſe nuire ni préjudicier

dicier au privilége & préférence que Nous avons accordés, pourvû que dans les contrats ou obligations il soit stipulé que les deniers prê- tés sont pour être emploïés aux paiemens de partie ou de tout le prix desdits offices.

Si donnons en Mandement à nos amez & feaux Conseillers les Gens tenans notre Cour de Parlement, Chambre des Comptes & Cour des Aides à Paris, que notre present Edit ils aient à faire lire, publier & régistrer, & le contenu en icelui faire exécuter de point en point selon sa forme & teneur, sans permettre qu'il y soit contrevenu en quel- que sorte & manière que ce soit, nonobstant tous Edits, Déclarations, Réglemens, & autres choses à ce contraires, auxquels Nous avons déro- gé & dérogeons par le present Edit; car tel est notre plaisir. Et afin que ce soit chose ferme & stable à toûjours, Nous y avons fait mettre notre Scel. Donné à Versailles au mois d'Août l'an de grace mille sept cens trois, & de notre Regne le soixante-unième. *Signé,* L O U I S. Et plus bas: Par le Roi, C H A M I L L A R T. Visa, P H E L Y P E A U X. Vû au Conseil, C H A M I L L A R T. Et scellé du grand Sceau de cire verte.

Régistrées, oüï & ce requerant le Procureur-Général du Roi, pour être exécutées selon leur forme & teneur; & copies collationnées en- voïées dans les Sièges, Bailliages & Sénéchauffées du Reffort, pour y ê- tre pareillement lûes, publiées & régistrées. Enjoint aux Substituts du Procureur-Général d'y tenir la main, & d'en certifier la Cour dans un mois, suivant l'Arrêt de ce jour. A Paris en Parlement le 3 *Décembre* 1703. Signé D O N G O I S.

Régistrées en la Chambre des Comptes, oüï & ce requerant le Pro- cureur-Général du Roi, pour être exécutées selon leur forme & teneur, les Bureaux assemblés, le 4 *Janvier* 1704. Signé. R I C H E R.

Régistrées en la Cour des Aides, oüï & ce requerant le Procureur-Géné- ral du Roi, pour être exécutées selon leur forme & teneur, suivant l'Arrêt de ce jour. A Paris le 11 *Février* 1704. Signé, R O B E R T.

Collationné à l'original par Nous Conseiller- Secrétaire du Roi, Maison, Couronne de France & de ses Finances.

EDIT

EDIT DU ROI,

Portant création d'un Office de Lieutenant - Général en Bre-
tagne, de cinquante Commissaires ordinaires, & de cent
cinquante Commissaires - Gardes - Magasins de l'Artille-
rie dans les Villes & autres lieux du Roïaume. Donné
à Versailles au mois de Mai 1704. Régistré en Parle-
ment.

LOUIS, par la grace de Dieu, Roi de France & de Navarre: A
tous presens & à venir, Salut. L'attachement que les Officiers de
notre Artillerie font paroître pour notre service en toutes sortes
d'occasions, Nous a porté à chercher les moyens de perpétuer dans
leurs familles les emplois qu'ils ont exercés jusqu'à present, afin que
Nous puissions trouver dans leurs successeurs, instruits par leur exemple, le même zéle & la même fidélité que Nous trouvons en eux;
c'est par cette raison que nous avons érigé en charge & à titre de
survivance par notre Edit du mois d'Août 1703 les fonctions qu'ils
ne remplissoient auparavant que par commission. Mais le stile de notre
Chancelerie n'étant pas d'ordinaire bien connu dans nos Provinces,
& plusieurs des Officiers de notre Artillerie doutant que le titre de
survivance donne suffisamment l'hérédité des charges que Nous avons
créées, Nous avons jugé à propos d'expliquer plus particulièrement
nos intentions sur ce sujet, d'augmenter le nombre de Lieutenans-généraux, de Commissaires ordinaires, & de Commissaires-Gardes Magasins créés par notre premier Edit, même d'étendre les privilèges de
quelques-uns de ces Officiers, & enfin de donner au Grand-Maître
de notre Artillerie le pouvoir de régler les départemens des Officiers-généraux ou particuliers qui ne sont ni assez expliqués, ni assez
déterminés par notre premier Edit. A ces causes, de l'avis de notre
Conseil qui a vû notre Edit du mois d'Août 1703, & de notre certaine science, pleine puissance & autorité Roïale, Nous avons par le
present Edit perpétuel & irrevocable, dit, statué & ordonné, & en in-
terprétant, en tant que besoin seroit, notre Edit du mois d'Août 1703,
disons, statuons & ordonnons, voulons & Nous plaît:

Toutes les Char-
ges créées héré-
ditaires.
I.　Que toutes les charges & tous les offices de notre Artillerie
créés par notre premier Edit, ensemble ceux qui seront créés par ces
Présentes, & les gages & les appointemens qui y ont été, ou qui y seront
attribués, soient & demeurent à perpétuité créés en titre d'office
formé & héréditaire, à la charge néanmoins de païer à toutes mutations,

tions, excepté pour cette première fois, & dans les deux mois du jour des provisions du nouvel Acquereur, un droit de survivance que Nous avons attribué au Grand-Maître de notre Artillerie, & que Nous avons réduit & modéré à la moitié des gages d'une année attribués à chacune desdites charges. En païant un droit de survivance.

II. Nous avons pareillement créé en titre d'office formé & hérédi-taire un Lieutenant-Général de notre Artillerie, pour servir dans le département de la Haute & de la Basse Bretagne sous les ordres du Grand-Maître, aux mêmes fonctions, honneurs, autoritez, pré-rogatives, priviléges, exemptions, gages, appointemens & droits, que Nous avons créés les autres Lieutenans-généraux de notre Artillerie par notre premier Edit; & au moyen de la presente création celui qui est pourvû de la Lieutenance-générale du département des Côtes Occidentales, ne pourra prétendre aucune indemnité. Création d'un Lieutenant-gé-néral en Bre-tagne.

III. Créons aussi en titre d'office formé & héréditaire cinquante Commissaires ordinaires de notre Artillerie, pour être départis par le Grand-Maître; sçavoir, trente dans notre bonne Ville de Paris, y compris cinq desdits Commissaires qui y sont déja établis, & le sur-plus dans les Villes, les Places, & les Châteaux de notre Roïaume, aux mêmes fonctions, honneurs, autoritez, prérogatives, priviléges, exemptions, gages, appointemens & droits, que les cent cinquante Commissaires ordinaires créés par notre premier Edit. Création de cin-quante Com-missaires.

IV. Créons en outre cent cinquante offices de Commissaires-Gardes-Magasins de notre Artillerie, pour être pareillement départis par le Grand-Maître dans les Villes, les Places & les Châteaux de notre Roïaume, aux mêmes fonctions, honneurs, autoritez, prérogatives, priviléges, exemptions, gages, appointemens & droits, que les autres Commissaires-Gardes-Magasins créés par notre premier Edit. Création de cent cinquante Com-missaires - Gar-des - Magasins.

V. Lesquels cinquante Commissaires ordinaires, aussi-bien que les-dits cent cinquante Commissaires-Gardes-Magasins, joüiront de l'ex-emption de la taille personnelle & de l'ustensile dans les Païs d'élec-tion, en cas qu'ils n'y aient point été imposés avant l'acquisition des-dits offices, de logemens de Gens de Guerre, de collecte, de tutelle, de curatelle & de la nomination auxdites tutelle & curatelle, & autres charges publiques dans l'étenduë de notre Roïaume. Exemptions.

VI. Voulons que les départemens généraux & particuliers des Officiers de l'Artillerie créés par notre present Edit, & par celui du mois d'Août dernier, dont l'étenduë n'y est point précisément expli-quée ni déterminée, soient réglés par le Grand-Maître, auquel en cas de besoin Nous en attribuons par ces Presentes toute connoissance & jurisdiction. Les départemens seront réglés par le Grand-Maître.

Si donnons en mandement à nos amez & feaux Conseillers les Gens tenans notre Cour de Parlement, Chambre des Comptes & Cour des

Tome II. G G g Aides

Aides à Paris que notre preſent Edit ils aient à faire lire, publier & régiſtrer, & le contenu en icelui faire exécuter de point en point, ſelon ſa forme & teneur, ſans permettre qu'il y ſoit contrevenu en quelque ſorte & manière que ce ſoit; nonobſtant tous Edits, Déclarations, Réglemens, & autres choſes à ce contraires, auxquelles Nous avons dérogé & dérogeons par le preſent Edit: aux copies duquel collationnées par l'un de nos amez feaux Conſeillers-Secrétaires voulons que foi ſoit ajoutée comme à l'original; car tel eſt notre plaiſir. Et afin que ce ſoit choſe ferme & ſtable à toûjours, Nous y avons fait mettre notre Scel. Donné à Verſailles au mois de Mai l'an de grace mille ſept cens quatre, & de notre Regne le ſoixante-deuxième. *Signé*, LOUIS. *Et plus bas*, Par le Roi, CHAMILLART. Viſa, PHELY-PEAUX. Vû au Conſeil, CHAMILLART. *Et ſcellé du grand Sceau de cire verte en lacs de ſoie rouge & verte.*

Régiſtrées, où & ce requerant le Procureur-Général du Roi, pour être exécutées ſelon leur forme & teneur, & copies collationnées envoïées aux Bailliages & Sénéchauſſées du Reſſort, pour y être lûes, publiées & régiſtrées. Enjoint aux Subſtituts du Procureur-Général du Roi d'y tenir la main, & d'en certifier la Cour dans un mois, ſuivant l'Arrêt de ce jour. A Paris en Parlement le 18. Juin 1704. Signé, DONGOIS.

Régiſtrées en la Chambre des Comptes, où & ce requerant le Procureur-Général du Roi, pour être exécutées ſelon leur forme & teneur, les Bureaux aſſemblés, le 10 de Juillet 1704. Signé, RICHER.

Régiſtrées en la Cour des Aides, où & ce requerant le Procureur-Général du Roi, pour être exécutées ſelon leur forme & teneur, ſuivant l'Arrêt de ce jour. A Paris le 31 Juillet 1704. Signé, ROBERT.

Collationné à l'original par Nous Conſeiller-Secrétaire du Roi, Maiſon, Couronne de France & de ſes Finances.

EDIT

EDIT DU ROI,

Portant création en titre d'Office formé & héréditaire d'un Lieutenant-Général d'Artillerie, pour servir dans l'étenduë du département qui lui sera donné par le Grand-Maître, qui a depuis donné le département de Picardie & d'Artois au Sieur de Ressons en vertu du présent Edit. Donné à Versailles au mois d'Octobre 1704. Régistré en Parlement.

LOUIS par la grace de Dieu, Roi de France & de Navarre : A tous presens & à venir, Salut. Nous avons créé en titre d'office par nos Edits du mois d'Août 1703, & du mois de Mai 1704, les offices de notre Artillerie par la connoissance que Nous avons que les Titulaires qui exercent leurs emplois en conséquence de nos provisions, se perfectionnent dans les fonctions qu'ils doivent remplir avec plus d'application que ceux qui les exercent par commission, & par les mêmes Edits Nous avons créé neuf Lieutenans-généraux de notre Artillerie pour servir sous les ordres du Grand-Maître dans les départemens qui leur seront assignés ; & considérant l'étenduë des Provinces où nous entretenons de grandes Armées, Nous estimons qu'il est nécessaire d'en créer un dixième pour servir comme ceux ci-devant créés. A ces causes, de l'avis de notre Conseil qui a vû les Edits du mois d'Août 1703, & du mois de Mai 1704, & de notre certaine science, pleine puissance & autorité Roïale, nous avons par ce present Edit créé & érigé en titre d'office héréditaire un Lieutenant-général de notre Artillerie, pour servir dans l'étenduë du département qui lui sera donné par le Grand-Maître & sous ses ordres. Voulons que le Lieutenant-général créé par le present Edit jouïsse de tous les priviléges contenus dans notre précédent Edit, tant pour les fonctions que pour les lettres d'Etat, droit de Committimus au grand Sceau, qualité d'Ecuyer, Franc-salé, rang du jour de sa commission, s'il en a ci-devant exercé, exemption du droit de survivance pour la première provision, & de la fixation que Nous en avons faite pour l'avenir aux mutations d'Officiers, que de tous les autres droits, honneurs, & exemptions, concernant les offices de Lieutenans-généraux, ainsi qu'ils sont plus au long expliqués par nos précédens Edits. Si donnons en Mandement à nos amez & feaux Conseillers les Gens tenans notre Cour de Parlement, Chambre des Comptes & Cour des Aides à Paris, que

notre

notre prefent Edit ils aient à faire lire, publier & régiftrer, & le contenu en icelui faire exécuter de point en point felon fa forme & teneur, sans permettre qu'il y foit contrevenu en quelque forte & manière que ce foit, nonobftant tous Edits, Déclarations, Régle- mens, & autres chofes à ce contraires, auxquels Nous avons déro- gé & dérogeons par le prefent Edit: aux copies duquel collationnées par l'un de nos amez & feaux Confeillers-Secrétaires voulons que foi foit ajoutée comme à l'original ; car tel eft notre plaifir. Et afin que ce foit chofe ferme & ftable à toûjours, Nous y avons fait met- tre notre Scel. Donné à Verfailles au mois d'Octobre l'an de grace mille fept cens quatre , & de notre Regne le foixante - deuxième. *Signé*, LOUIS. *Et au-deffous*, Par le Roi, CHAMILLART. *Et plus bas*, Vû au Confeil, *Signé*, CHAMILLART.

Régiftrées, oüi & ce requerant le Procureur - Général du Roi , pour être exécutées felon leur forme & teneur , fuivant l'Arrêt de ce jour. A Paris en Parlement le 9 Décembre 1704. Signé, DONGOIS.

Régiftrées en la Chambre des Comptes, oüi & ce requerant le Pro- cureur - Général du Roi , pour être exécutées felon leur forme & teneur , les Bureaux affemblés , le 5 Mai 1705. Signé, RICHER.

Régiftrées en la Cour des Aides , oüi & ce requerant le Procureur - Géné- ral du Roi, pour être exécutées felon leur forme & teneur , fuivant l'Arrêt de ce jour. A Paris le 9 Juin 1705. Signé, ROBERT.

DÉCLA-

DÉCLARATION DU ROI,

*Portant que, lorſque le premier Lieutenant-Général de l'Ar-
tillerie, commandant un Equipage d'Artillerie, ſe trouvera par la jonction de deux Armées avec un autre Lieutenant-Général du même Corps auſſi commandant un Equipage, le premier Lieutenant-Général commandera en Chef
l'Artillerie des deux Armées. Donnée à Verſailles le 11
Janvier 1705. Régiſtrée en Parlement le 6 Février 1705.*

LOUIS par la grace de Dieu, Roi de France & de Navarre: A
tous ceux qui ces preſentes Lettres verront, Salut. Nous avons
créé par notre Edit du mois d'Août 1703 un premier Lieutenant-
Général de notre Artillerie, pour être départi, & pour ſervir dans le
département d'Alſace ſous les ordres du Grand-Maître; & Nous avons
attribué à cette charge de premier Lieutenant-Général pluſieurs fonctions qui ſont expliquées en détail dans le même Edit. Mais déſirant
faire connoître plus préciſément nos intentions ſur le pouvoir de ladite charge: A ces cauſes & autres à ce nous mouvans, de l'avis de
notre Conſeil qui a vû notre Edit du mois d'Août 1703, & de notre
certaine ſcience, pleine puiſſance & autorité Roïale, Nous avons
par ces Preſentes ſignées de notre main, dit, déclaré & ordonné, di-
ſons, déclarons & ordonnons, voulons & nous plaît, que lorſque le
premier Lieutenant-Général de notre Artillerie, commandant un E-
quipage d'Artillerie, ſe trouvera par la jonction de deux Armées
avec un autre Lieutenant-Général du même Corps auſſi commandant
un Equipage, le premier Lieutenant commandera en chef l'Artillerie
des deux Armées, en attendant la commiſſion du Grand-Maître pour
ce nouveau commandement; & au ſurplus notre Edit du mois d'Août
1703 ſera exécuté en ce qui n'y eſt dérogé par ces Preſentes. Si donnons en Mandement à nos amez & feaux Conſeillers les Gens tenans
notre Cour de Parlement, Chambre des Comptes & Cour des Aides à
Paris, que ces Preſentes ils aient à faire lire, publier & régiſtrer, &
le contenu en icelles faire exécuter de point en point ſelon ſa forme &
teneur, ſans permettre qu'il y ſoit contrevenu en quelque ſorte & manière que ce ſoit, nonobſtant tous Edits, Déclarations, Réglemens,
& autres choſes à ce contraires, auxquels Nous avons dérogé & dérogeons par ces Preſentes: aux copies deſquelles collationnées par
l'un de nos amez & feaux Conſeillers-Secrétaires voulons que foi

foit ajoutée comme à l'original ; car tel eſt notre plaiſir. En témoin de quoi Nous avons fait mettre notre Scel à ceſdites Preſentes. Donné à Verſailles le onzième jour de Janvier, l'an de grace mille ſept cens cinq, & de notre Regne le ſoixante-deuxième. *Signé*, LOUIS. *Et plus bas*, Par le Roi, CHAMILLART. Vû au Conſeil, CHA-MILLART. *Et ſcellé du grand Sceau de cire jaune.*

Régiſtrées, ouï & ce requerant le Procureur-Général du Roi, pour être exécutées ſelon leur forme & teneur, ſuivant l'Arrêt de ce jour. A Paris en Parlement le 6 Février 1705. Signé, DONGOIS.

Régiſtrées en la Chambre des Comptes, ouï & ce requerant le Procureur-Général du Roi, pour être exécutées ſelon leur forme & teneur, le 10 Mars 1705. Signé, RICHER.

Régiſtrées en la Cour des Aides, ouï & ce requerant le Procureur-Général du Roi, pour être exécutées ſelon leur forme & teneur, ſuivant l'Arrêt de ce jour. A Paris le 6 Avril 1705. Signé, ROBERT.

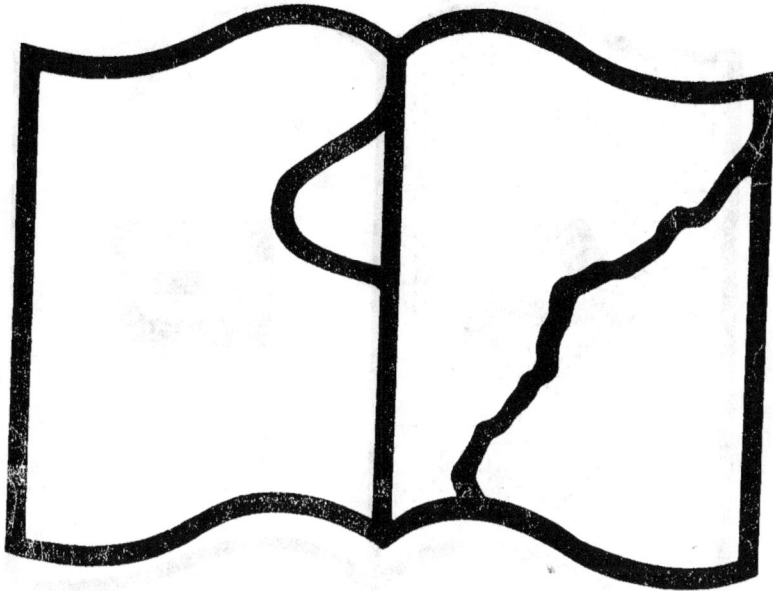

Texte détérioré — reliure défectueuse

NF Z 43-120-11

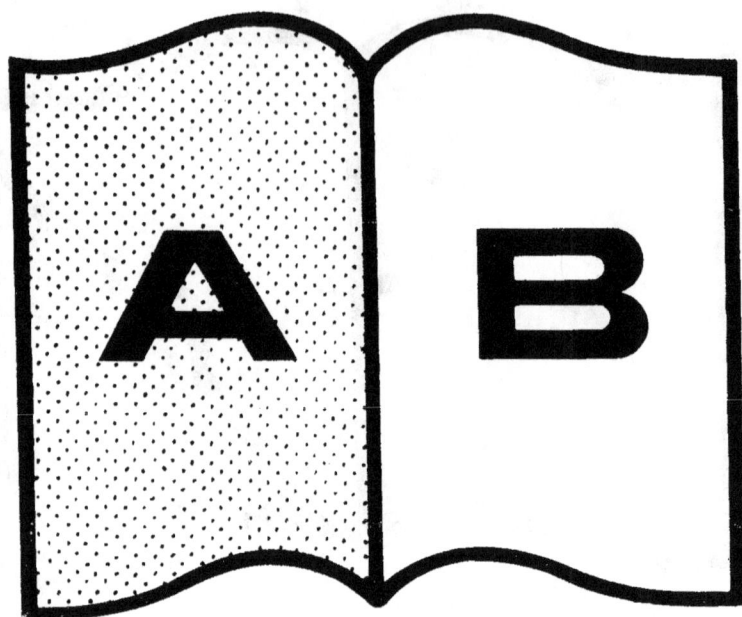

Contraste insuffisant

NF Z 43-120-14